U0463654

全本全注全译

讀書錄

（上）

〔明〕薛瑄 撰著
倪超 注译
倪超 修订

團結出版社

图书在版编目（CIP）数据

读书录 / (明) 薛瑄撰著 ; 倪超注译. -- 北京 : 团结出版社, 2018.12

（谦德国学文库）

ISBN 978-7-5126-6779-2

Ⅰ. ①读… Ⅱ. ①薛… ②倪… Ⅲ. ①读书笔记—中国—明代 Ⅳ. ①Z429.48

中国版本图书馆CIP数据核字(2018)第282296号

出版：团结出版社

（北京市东城区东皇城根南街84号 邮编：100006）

电话：（010）65228880 65244790 （传真）

网址：www.tjpress.com

Email：65244790@163.com

经销：全国新华书店

印刷：北京天宇万达印刷有限公司

开本：148×210 1/32

印张：25

字数：495千字

版次：2019年9月 第1版

印次：2023年6月 第2次印刷

书号：978-7-5126-6779-2

定价：88.00元（全二册）

《谦德国学文库》出版说明

人类进入二十一世纪以来，经济与科技超速发展，人们在体验经济繁荣和科技成果的同时，欲望的膨胀和内心的焦虑也日益放大。如何在物质繁荣的时代，让我们获得内心的满足和安详，从经典中获取智慧和慰藉，或许是我们不二的选择。

之所以要读经典，根本在于，我们应当更好地认识我们自己从何而来，去往何处。一个人如此，一个民族亦如此。一个爱读经典的人，其内心世界必定是丰富深邃的。而一个被经典浸润的民族，必定是一个思想丰赡、文化深厚的民族。因为，文化是民族之灵魂，一个民族如果不能认识其民族发展的精神源泉，必定就会失去其未来的生机。而一个民族的精神源泉，就保藏在经典之中。

今日，我们提倡复兴中华优秀传统文化，当自提倡重读经典始。然而，读经典之目的，绝不仅在徒增知识而已，应是古人所说的"变化气质"，进一步，是要引领我们进德修业。《易》曰："君子以多识前言往行，以畜其德。"实乃读经典之要旨所在。

基于此理念，我们决定出版此套《谦德国学文库》，“谦德”，即本《周易》谦卦之精神。正如谦卦初六爻所言：“谦谦君子，用涉大川”，我们期冀以谦虚恭敬之心，用今注今译的方式，让古圣先贤的教诲能够普及到每一个人。引导有心的读者，透过扫除古老经典的文字障碍，从而进入经典的智慧之海。

作为一套普及型的国学丛书，我们选择经典，不仅广泛选录以儒家文化为主的经、史、子、集，也将视野开拓到释、道的各种经典。一些大家所熟知的经典，基本全部收录。同时，有一些不太为人熟知，但有当代价值的经典，我们也选择性收录。整个丛书几乎囊括中国历史上哲学、史学、文学、宗教、科学、艺术等各领域的基本经典。

在注译工作方面，版本上我们主要以主流学界公认的权威版本为底本，在此基础上参考古今学者的研究成果，使整套丛书的注译既能博采众长而又独具一格。今文白话不求字字对应，只在保证文意准确的基础上进行了梳理，使译文更加通俗晓畅，更能贴合现代读者的阅读习惯。

古籍的注译，固然是现代读者进入经典的一条方便门径，然而这也仅仅是阅读经典的一个开端。要真正领悟经典的微言大义，我们提倡最好还是研读原本，因为再完美的白话语译，也不可能完全表达出文言经典的原有内涵，而这也正是中国经典的魅力所在吧。我们所做的工作，不过是打开阅读经典的一扇门而已。期望藉由此门，让更多读者能够领略经典的风采，走上领悟古人思想之路。进而在生活中体证，方能直趋圣贤之境，真得圣贤典籍之大用。

经典，是古圣先贤留给我们的恩泽与财富，是前辈先人的智慧精华。今日我们在享用这一份恩泽与财富时，更应对古人心存无尽的崇敬与感恩。我们虽恭敬从事，求备求全，然因学养所限、才力不及，舛误难免，恳请先贤原谅，读者海涵。期望这一套国学经典文库，能够为更多人打开博大精深之中华文化的大门。同时也期望得到各界人士的襄助和博雅君子的指正，让我们的工作能够做得更好！

团结出版社

2017年1月

前　言

《读书录》是明代著名思想家薛瑄的重要著作。

薛瑄(公元1389年—1464年)，字德温，号敬轩，河津(今山西省运城市万荣县里望乡平原村)人，明代著名的政治家、思想家、文学家、教育家，河东学派的创始人，世称“薛河东”。薛瑄于永乐十九年（1421年）中进士，累官至通议大夫、礼部左侍郎兼翰林院学士等。卒后赠礼部尚书，谥文清，故后世称其为“薛文清”。隆庆五年（1571年），从祀孔庙，他是明朝第一个获准从祀孔庙供后人祭拜的贤哲。薛瑄著述颇丰，其著作今人整理为《薛瑄全集》，亦有《河汾诗集》《薛子道论》《从政录》《读书录》《读书续录》等单行本。其学术思想精华主要凝结于《读书录》和《读书续录》中。

据史载，薛瑄出生于书香世家，祖父薛仲义精通经史，是乡间饱读诗书的儒者。父亲薛贞于洪武十七年（1384年）中举后，历任河北元氏、河南荥阳、河北玉田、河南鄢陵等县的儒学教谕（即主管地方教育工作的官员）达三十余年。薛瑄童年时期接受了良好的教育，七岁时便在祖父的启蒙下学习《小学》《四书》等经典，每日诵读千百言，昼夜不辍。薛瑄十二岁时，跟随父亲薛贞到达四川马湖府任官。据《年谱》和《行状》记载，薛瑄聪敏好学，能善诗文，颇受当地土官子弟的欢迎。十三四岁时，薛瑄便能通晓四书五经的大义。他曾作《平云南赋》，献给镇守云南的沐国公沐英，赞颂其平定云南的功绩，沐国公“大奇其才”。

永乐十七年（1419年），已过而立之年的薛瑄听从父命进入县学，准备参加科考。永乐十八年（1420年）八月，他参加了河南全省乡试，并取得了第一名的好成绩；翌年（1421年），又赴京师参加了全国会试，名列二甲第14名，赐进士及第。考中进士的薛瑄并没有选择即刻做官，而是回到了家乡，侍奉父亲。父亲病重，薛瑄“亲尝汤药，日夜不离左右”，父亲去世后，又为父亲守孝三年。

宣德三年（1428年），经历重大变故、丁忧期满的薛瑄已经四十岁，赴京拜官上任，从此便开始了他的从政生涯。在内阁首辅杨士奇等人的举荐下，薛瑄被任命为广东道监察御史，监察湖广银场。湖广银场即沅州银场，地处今湖南、贵州边界地带，辖湘西10余县20多处银矿，有民夫50余万人。这里多年管理混乱，贪污成风，亟待整治。薛瑄刚上任时，深知肩负责任重大，便以唐诗“此乡多宝玉，切莫厌清贫”自警。为了惩戒贪官，肃清腐败风气，他明察暗访，承办要案，始终公正执法，严惩贪污受贿者，使当地的风气焕然一新。他在任三年，从未回过一次家。期满离任时，武陵当地百姓为他修建祠堂，以表达对他的感激拥戴之情。在沅州工作期间，他洁身自好，严于律己，甘受清贫。也正是在这三年多的时间里，他日夜钻研性理之学，抄录记诵《性理大全》。《性理大全》由永乐年间大学士胡广组织编纂，是关于宋代理学著作和理学家言论的汇编，其卷帙浩繁，几乎涵盖了宋至明代所有理学家的书籍。薛瑄在阅读经典著作之时，逐字逐句加以标注，遇到有感悟的地方，立即记录下来，集腋成裘，最终写成理学名著《读书录》。

其后，薛瑄又被授予云南道监察御史、山东提学佥事、大理寺少卿等职，分别主管监察、教育、司法等职，均取得了卓越的政绩。在山东工作期间，薛瑄以宋代大儒朱熹制定的《白鹿洞学规》开示学者，并亲自讲授，大力推动儒学教育，培养了许多人才，深受学生的爱戴，被尊称为“薛夫子”。

年届七十的薛瑄在致仕后一直生活在家乡，平时深居简出，研究性理学说，四面八方来求学的人络绎不绝，以至于家里的学馆都容纳不下。七十一岁时，写成《读书续录》。天顺八年（1464年），薛瑄预知时至，将所写诗文、旧书以及《读书录》《读书续录》等整理好，放在桌上，穿戴整齐，坐在桌前展开纸笔，写诗道：“土坑羊褥纸屏风，睡觉东窗日影红。七十六年无一事，此心惟觉性天通。”“通”字尚未写完，一代大儒便悠然而逝，享年七十六岁。

在对薛瑄的人生经历有所了解之后，我们再对他的代表作《读书录》做一下介绍。《读书录》共十一卷，是薛瑄平素读书时为了避免遗忘而做的读书笔记，通常以简略的文辞对所阅读的内容做一番评论，也是他生前最看重的著作之一。薛瑄读书的范围十分广泛，其中涉及四书五经、诸子百家、《史记》《汉书》等历史典籍、历代大儒的经典著述等等，书中也包括了他对于日常活动、情绪心境的反思。同其他一些理学著作相比，这本书的特点在于，它没有按一定的主题来论述，而是通过记录随笔的方式来写下自己的心得体会，能够让读者借以窥见薛瑄个人的思想，因具有真实性而能使人产生共鸣。

概括而论，《读书录》的内容大致可以分为四类：第一类是对哲学议题的思考，比如阐发宋明理学中常常提到的“太极”“道”“理”“气”“性”“心”等概念。第二类是从读书为学角度出发，有不少关于教育方面的论述。第三类是对自己平时工作、生活的反思，其中有不少是对为政的思考。第四类是对四书五经、诸子百家、历代贤哲和其他历史人物的评论。下面笔者依次对这四方面内容进行简要的介绍。

首先，在哲学思想方面，薛瑄全面继承了程朱理学系统历代学者的基本思想，但又对其中的一些观点提出了不同的意见。比如，大儒朱熹认为“未有天地之先，毕竟先有此理，有此理便有此气”，薛瑄则认为理和气是不可分离且不分先后的，并且理蕴含在气中。他说：“天地之形虽未成，而所以为天地之气，则浑浑乎未尝间断止息，而理涵乎气之中也。”（《读书录》卷三）从总体上看，薛瑄坚持理气统一的观点，他认为万事万物都是气化而产生的，理就存在于万事万物之中，表现为事物的属性和应当遵守的法则，没有一个孤立存在的理。在人性论方面，薛瑄也有自己的创见。他认为“自孔孟后，皆不识性”（《读书录》卷一），无论是荀子的“性恶”论，还是扬雄的“性善恶混”论，都是偏颇的观点。他认为只有唐代的韩愈从性和情的角度来阐明“性三品说”最为精粹。同时，薛瑄综合了宋代理学家周敦颐、二程、张载、朱熹等人的性论，将性看作是“万理之统宗”，并与太极、道、德、诚、命、忠、恕等概念关联起来，他说：“太极只是性。太极是性之表德。”（《读书录》卷八）又说：“仁义礼智即是性，非四者之外别有一理为性也；道只是循此性而行，非性之外别有一理为道也；德即是行此道而有得于心，非性之外别有一理为德也；诚即是性之真实无妄，非性之外别有一理为诚也；命即是性之所从出，非性之外别有一理为命也；忠即尽是性于心，非性之外别有一理为忠也；恕即推是性于人，非性之外别有一理为恕也。”（《读书录》卷五）不同于程朱理学的“理本论”，关学的“气本论”，陆王心学的“心本论”，薛瑄则更多地强调“性”。换言之，薛瑄的思想理论基石是“性本论”。明末大儒黄宗羲称薛瑄“以复性为宗”，可谓的论。薛瑄倡导“复性”的教育宗旨，要求学者改变不善的气质，他说：“为学者，正欲变此不美之气质。”（《读书录》卷五）通过教育，使学者能认识和恢复自己所固有的伦理天性，成为儒学所推崇的圣贤君子。

其次，从读书为学方面来说，薛瑄提出了很多富有洞见的教育思想。在薛瑄看来，书有雅俗之分。他说：“《小学》《四书》《六经》、濂、洛、关、闽诸圣贤之书，雅也”；“百家小说、淫词绮语、怪诞不经之书，郑也。”（《读书录》卷三）因此，为学之人应当注意对书籍的选择，选择阅读圣贤之书才能有益于人道德修养的提升。关于为学的阶梯，薛瑄认为应当以朱熹编订的《小学》《四书》入手，遵循此道才具有成为圣贤的可能性。对于初学者，他认为应该先读朱熹的《四书章句集注》和《小学》，这比由弟子所编的《朱子语录》更具有真实性。他认为在《四书》方面，朱熹的解释是近于本义的，值得学者认真研读，薛瑄引证元代大儒许衡也是以《小学》和《四书章句集注》为修己教人之法来说明其权威性。关于读书的要领，薛瑄认为，“读书必专精”（《读书录》卷四）。具体而言，应当“以正文、传、注为本”，只有将经、传、注等内容精熟于心，才可去泛观其他诸儒之说。否则，一味地泛观博览非但无益，反而会增加学习者的负担，障碍学习者的认知和理解。不仅如此，薛瑄还指出，读书贵在“寻思”，应当仔细思考圣贤书中的一字一句其中所蕴含的道理和作用，“使圣贤言语皆有着落，则知一言一语皆是实理”（《读书录》卷二），只有这样才能对自己的身心有益。倘若读书不认真思考，就如同迅风飞鸟在眼前穿过一样，无影无踪，那就无法体会圣贤所说的事情和效用了。关于读书的目的，时人或为辞章之学，或做科举之阶。薛瑄早年在辞章诗赋上亦颇有造诣，但在与诸儒生切磋琢磨后，便被理学所吸引，甚至焚烧掉一部分辞赋手稿来表明求道的志向。薛瑄直到三十余岁才参加科考，就是因为他不屑于把《四书》作为考试来谋取功名利禄的工具。日后他所建立的事功及所体现出的人格，真可谓是理学所铸就的。此外，薛瑄分析了当时读书人所普遍存在的问题，指出人们读书之所以不见“德崇业广”的原因在于“只是讲说，不曾实行”，他还说：“看得为学无别法，只是知一字行一字，知一句行一句，便有益。”（《读书录》卷四）从这个角度上说，他是明代较早具有“知行合一”思想渊源的学者。

第三，薛瑄十分重视实学修养功夫，并将其运用于日常生活与工作方面。所谓实学，在薛瑄那里更多地体现为一种道德实践之学和经世致用之学。薛瑄说：“人而不实，无一而可”，“致知力行，惟在于实。”（《读书录》卷十）可见，“实”是一个人立身处世之本，是一个人求学与实践的落脚点和归宿。在他看来，人应当随时随地在言行举止、居家处事、待人接物等方面反省考察，一念一事都要出于实，只有这样，才能有助于道德修养的提升。薛瑄自觉将圣贤经典的道理运用于实际生活，他认为“读书讲明道义，求日用之实理”（《读书录》卷八），圣贤之书，字字句句都有实际用处，只有将这些实际用处发挥出来，才能实现圣贤学问的价值。如果仅仅停留在口头讲说和书面文字上，是没有学到圣贤思想的精髓。基于这样的信念，薛瑄将实学修养功夫运用到经世致用、为政治国的工作之中，形成了实事求是、刚正不阿、公私分明、秉公执法、廉洁从政的品格和作风。据史载，宣德三年（1428年），四十岁的薛瑄赴京拜官上任，大名鼎鼎的内阁“三杨”（杨士奇、杨荣、杨溥）想私下见一见这个青年才俊，派人邀请，薛瑄却推辞不往，他的理由是“自己负责监察弹劾百官，与你们没有相识之理”。知道薛瑄不肯来见，三杨也只好作罢。后来面对当朝权臣宦官王振的召见，他还是持同样的态度。由此可见薛瑄为官正直，坚守底线，绝不巴结高官权臣。薛瑄曾担任过多年的司法官员，负责审理诉讼案件。在长期的执法工作生涯中，锤炼了他坚毅的品格，使他总结出治狱有四大要领，即：公、慈、明、刚。他说：“公则不偏，慈则不刻，明则能照，刚则能断。”（《读书录》卷四）薛瑄也在实际工作中践行这些理念，平反了很多冤假错案。此外，他在工作实践中总结了很多廉政思想。比如，他将官员的廉洁分为三个层次：“有见理明而不妄取者，有尚名节而不苟取者，有畏法律、保禄位而不敢取者”（《读书录》卷七）。意为明白事理，就不会任意获取财物；珍惜名誉，就不会随意获取财物；害怕法律制裁，就不敢轻易获取财物。他提出的“不妄取”“不苟取”“不敢取”的“廉政三境界”，与新时代推动构建的“不敢腐”“不能腐”“不想腐”的党风廉政建设“三不”体制机制，有着异曲同工之妙。

最后，《读书录》有相当大的篇幅是薛瑄对四书五经、诸子百家、历代贤哲和其他历史人物、事件等的评论，这充分体现了他宏阔的视野和敏锐的洞察力。先看薛瑄对四书五经的评论。比如，他说：“《大学》之‘至善’、《论语》之‘一贯’、《孟子》之‘性善’、《中庸》之‘诚’、周子之‘太极’，言虽殊而其义一也。”（《读书录》卷七）可见，他将《四书》中的重要概念同宋学开山祖师周敦颐强调的“太极”联系起来。同时，他对

《五经》也做了深入的阐发。在《诗经》方面，他推崇朱熹的《诗集传》，认为朱熹解《诗》言简意赅，深得圣贤解经的心法。在《尚书》方面，他推崇周公所作的《无逸》这篇文章，认为后世君主应当将其抄写一遍放在身边来作为警戒。在《周易》方面，薛瑄用了不少篇幅评注《周易》，对《周易》各卦和《十翼》部分内容进行了点评，从中可见他是十分精通易学的。薛瑄对《春秋》有不少评论，他认为《春秋》的写作手法“意在言外”，《春秋》的大义可以概括为“尊君父，讨乱贼，内中国，外夷狄，贵王贱霸”（《读书录》卷八）。就诸子百家而言，薛瑄对儒家、墨家、道家、法家、阴阳家、兵家、佛家等各家的代表人物和著作都进行了评论，为我们进一步了解诸子百家的思想提供了全新的视角。就历代贤哲而言，薛瑄推崇韩愈、周敦颐、二程、张载、朱熹、许衡等学者，认为他们对儒学道统的传承做出了重大贡献，并对他们的思想做出了精要的评述。此外，薛瑄还选取了一些帝王将相等重要历史人物和相关历史事件来发表评论，比如他认为汉高祖刘邦之所以能夺取天下，就在于“能用群策”（《读书录》卷八），能够充分吸收下属好的意见和计策，因此能够破秦灭楚不到五年时间就能成就帝业。又如，他认为南宋奸臣秦桧之所以能够施展奸计与金人议和，主要原因在于宋高宗很久以来就有偷安自保的打算，从这个角度而言，皇帝也是要负责任的。可以说，薛瑄评论历史客观公正，见解独到深刻。

以上四类固然不能囊括《读书录》的所有内容，但可以为读者了解《读书录》提供参考和借鉴。下面笔者对《读书录》的版本和整理注译情况做一下介绍。

《读书录》在明清两代经过多次刊刻，主要有十一卷、十卷、二十四卷、二十卷、八卷等几种形式。原刊本可能是十一卷，并且十一卷本是

《读书录》流传过程中的主线，其他几种卷数的刻本皆经过了或多或少的编排整理。[1]本书的整理点校采用十一卷本，以乾隆本作为底本，同时参考河津本、石门本等其他版本来校勘。就笔者目力所及，当前已有山西人民出版社、三晋出版社、凤凰出版社、复旦大学出版社等多家出版社对《读书录》进行了点校整理，但均没有注译本出版。笔者在参考以上整理本的基础上重新对《读书录》文本进行点校修订，并附上注释和译文，希望给读者朋友们奉献一个权威的整理注译本。

关于经典的翻译，严复先生曾提出“信、达、雅”的翻译原则。我们认为，这一原则同样适用于文言文翻译为白话文的工作上。文言文的翻译绝非易事，这需要综合版本、文字、音韵、训诂、校勘、考订、语法、历史、哲学等多方面领域的知识。尤其是像薛瑄这样学识渊博、思想深邃、底蕴深厚的大儒，能将他的著作以“信、达、雅”的白话文标准翻译出来十分不易。《读书录》的今注今译工作始于2018年，初稿由笔者与李冲、车其磊、王静珍等同仁合力完成，本书第一版于2019年9月出版。此次再版，由笔者耗时近一年时间对全书进行修订，更正了第一版中原文标点、断句以及注释、译文等方面的诸多错误，有不少译文甚至推翻重译。需要特别交代的是，在《读书录》原文中，薛瑄对前代贤哲均尊称其字号或称“子”，为了方便读者朋友们认识这些人物，笔者在翻译时都改成了他们的原名。其中，薛瑄多次引用程子的观点，笼统来说，程子包括北宋理学家二程兄弟程颢和程颐。但为了让读者更加精准地了解何者为程颢、何者为程颐，笔者依据《二程集》《朱子语类》等典籍做了详细的考证，力求

1.许雪涛：《薛瑄<读书录>版本源流考》，《华南师范大学学报》（社会科学版）2008年第5期，第74页。

在翻译时将他们兄弟二人的观点区分清楚，实在无法区分的情况下才译为“程子”。在此次修订过程中，对于一些标点、断句、译文难以定夺的地方，笔者多次与叶静燕、刘春红等学友讨论交流，以精益求精的态度来完善文稿。此次修订力度较大，谦德国学文库的萧祥剑、傅志咏、王静珍等编辑付出了艰苦的劳动，在此一并致谢。

《读书录》是薛瑄读书治学、为政从教思想的精华，能够宣扬该书，并将一代儒宗的思想推广于世，是我辈的荣幸，亦是我辈的责任！我们以为，此版《读书录》注译本不仅适合专业学者开展研究，还适合普通读者学习阅读。无论在修身、齐家、为政、治学、教育等方面，薛瑄的《读书录》都给我们指明了切实的门径和功夫，能为我们建立和乐的身心秩序、和睦的家庭氛围、和洽的人际关系、和谐的社会环境提供有益的启发和思考。我们希望对《读书录》的注译，能给读者朋友们提供一个了解、研究薛瑄思想以及历代贤哲、重要经典著作的桥梁和阶梯。如此，我们这一注译工作就十分有价值，我们也为能够传承文明、净化人心而做出的一点点贡献而感到欣慰备至了！由于译者学识有限，原文与注译部分虽然经过多次校改与修订，难免会有遗漏和不足之处。如有不妥之处，敬请方家不吝指正。

倪超

作者简介：倪超，贵州大学公共管理学院讲师，中国人民大学哲学博士，致力于中国政治思想史、儒家哲学、道家哲学等方向的研究。发表学术论文多篇，曾参与并出版《少年丛书》《荀子》《遵生八笺》《六祖坛经》等古籍的整理译注。

目 录

重刊薛文清公读书录序

薛文清所著《读书录》，前代已表彰之，海内志道之士，守为津梁者，数百年来如一日矣！文清之学主乎敬，践乎实，根柢六经而酝酿濂、洛、关、闽[1]诸子。予尝受其书而读焉，则见其笃实纯粹，正大精微，单语只词，无非萃前圣之蕴而会心体身以出，信乎为明儒之冠！顾其书流布甚广，板藏河津者条分类编，较监本及金陵本稍有异同，而漫漶[2]磨灭，寖不可识。有薛天章者，为文清裔孙，虑无以为久远也，爰走四方，购金付剞劂[3]，且得当世名公语弁其首。工逮竣，复索序于予。予末学肤浅，何敢以芜词污简编？第以津多名贤，如太史公以《史记》与文中子《中说》并驰千秋，矧[4]夫大道津梁，实在兹《录》。自宜与濂、洛、关、闽诸大儒书，共为后学之所宗已！予既获莅文清之乡而沐其教泽，兼迫于天章之请，辞不获已，因述数言，以寄“高山仰止”之意焉。

乾隆辛未花月锡山后学侯锦云序

【注释】①濂、洛、关、闽：宋代理学的四个学派。“濂”指周敦颐，因其原居道州营道濂溪，世称濂溪先生，为宋代理学之祖，世称其学为“濂学”。“洛”指程颢、程颐兄弟，因其家居洛阳，世称其学为“洛学”。“关”指张载，因其家居关中，世称横渠先生，张载之学称“关学”。“闽”指朱熹，朱熹曾讲学于福建考亭，故称“闽学”。②漫漶：木石上所刻的文字，长时间受风雨侵蚀，变得模糊不可辨认。引申作东西敝坏不能分辨。③剞劂（jī jué）：雕版、刊印。④矧（shěn）：况且。

【译文】薛文清所著的《读书录》，前代已经被表彰过了，海内外的有志之士，将其坚守并作为引导读书人学习的桥梁的，已经是数百年如一日了！文清公的学问主要在于“敬”，强调实践的重要性，以六经为根源，而发展了濂、洛、关、闽等诸子的学问。我曾经得到他的书而仔细阅读，只见其思想内容笃实纯粹，正大精微，只言片语中，也无非集前代圣贤的思想而由自己“体贴”出来，他的确是明儒中的佼佼者啊！据我观察，他的书流传很广，出版、收藏于河津地区的人将其分类整理编纂起来，与监本和金陵本比较而言稍有不同，但是其中的文字模糊不清，难以辨识。有一位叫薛天章的人，是文清公的后裔子孙，担心先祖的著作不能流传久远，于是奔走四方，悬赏重金来雕版、刊印，而且得到当代名流对他的称赞。出版的工作即将完成，他邀请我写一篇序言。我才疏学浅，怎么敢以杂乱的文辞来玷污这部著作呢？只不过是因为河津这个地方多名人，正如太史公以《史记》和文中子以《中说》而享誉千秋，更何况行大道的渡口和桥梁，其实都在这篇《读书录》里面记载了。我自认为它应当与濂、洛、关、闽等大儒的著作，共同作为后学者所尊奉的典籍！我已经到达了文清公的家乡，并且沐浴他的教导、恩泽，同时迫于天章的请求，推辞不掉，于是简述几句，以表达和寄托我对文清公“高山仰止”的意思吧！

乾隆辛未二月锡山后学侯锦云序

重刊薛文清公读书录序

明代道学，莫醇于薛文清公。由文清公上溯许鲁斋，由鲁斋上溯朱子，虽后先相望，实一脉渊源，斯道之寄意在斯乎！向受《读书录》于先君子，尝卒业焉。窃谓是书于《五经》《四书》、宋五子微言奥义皆熟，复穿弗体验于身心事为，卓尔确有所据依，然后就其所得随时札记，以期无忘所能，故其言虽旁见错出，莫不莹然粹精，其于朱子所言伊川先生践履尽《易》，其为《易传》只是因而写成者，庶几彷佛！明代镂版颇多，其存在河津者，则万历间邑人松盘侯氏所编订也，岁久漫漶，公裔孙天章将谋于郡邑大夫，重新其刻橐其书，徒步至京求序于合河孙公，复因孙公之言丐予序。末学浅陋，无由窥见高深，顾以向曾从事于斯，不能辞，谨赘数言于简端。

时乾隆丙寅嘉平高邮后学王安国序

【译文】明代的道学，没有比薛文清公更淳厚的啊。由薛文清公上溯到许鲁斋，由许鲁斋上溯到朱子，虽然前后相望，实际上一脉相承，大道的寄托之意大概就在此吧！以前我受教于父亲大人学习《读书录》，曾经以为学习毕业了。私下认为这部书对于《五经》《四书》、宋代五子学说的微言妙义都很纯熟，又贯穿了作者自身身心事为的心得，其高见确实是有所依据，然后就其所得而随时记录，以期不要忘记自我所能，所以其言语在旁人看来有点错综复杂，但是内容没有哪一句不是精粹。这和朱子所言程颐实践《易》的精神，作《易传》只是把自己的心得写出来而已，差不多就是这般吧！这部书在明代刻印的很多，还保存有的是"河津本"，是万历年间邑人松盘侯氏所编定的，时间久了，木板模糊了，文清公的后裔子孙薛天章和郡邑大夫商量，重视刻版流通这部书，步行到京城请求合河孙公作序，又因孙公的话请我作序。我学识浅陋，不能窥见高深的义理，回顾自己曾经跟随合河孙公学习，不能推辞，因此写了这些啰嗦的话放在前面。

时乾隆丙寅嘉平高邮后学王安国序

重刊薛文清公读书录序

太上立德，其次立功，其次立言[1]。德隐而不可见，立功亦有命焉，其自我为之而可传于后者，惟言为然。然而有见道之言，有有德之言。见道之言，言其所仰而望之者也；有德之言，言其所俯而历之者也。夫天下之境，未有不亲历而能言其详者。处平地而望高山，虽泰、华可见其顶，执笔记之，亦能道其峰峦之隆崇，林木之茂密；然如其言以入山，则迷而不知其径之所从。登高丘而望远海，蜃楼烟市之奇时或睹之，然终不能使人乘桴而浮之也。虞人舟师[2]，不言山之崇高与海之汪洋，但于峰回路转之时，一述其途之曲折；风顺帆扬之处，一指其针之邪正。闻之者循其言而往焉，遂可以登泰岱而凭日观，跻华岳而窥井莲，涉重洋而游绝域。无他，言其身之所已经也。人之于道亦然。三代以前，圣贤之言皆其身之所经，故愈简而愈明；循而习焉，可以辟贤关而跻圣域。自汉以后，著述日繁，聆其议论，皆有可采；举而措之事业，则不可以施行。无他，未尝身至其域而迂意之，宜其言愈多而旨愈晦也。有明一代，立言以阐圣人之道者，指不胜屈，而必以文清公为首。盖其主敬存诚之功，砥砺于人所不见之地者深矣！所立之德，固已升圣人之堂而入其室。本其德以立言，未有不纯粹以精者。观其《读书录》中所载，约而远，微而臧，平正而通达，皆本其躬行心得以自叙其阅历之甘苦，此如虞人之言山，舟师之言海。循其言而往焉，可以登五岳而游四海。固宜家弦户诵，人置一编于坐右，以自警者也。顾其书版，日久残缺，而不可以行远。今其后裔天章，将重镌而广布之，诚盛事也。夫大道之不行久矣！古之人既已行之，举其所行者而笔之于书以告后人。后之人果有志焉，循其言而行之可也；或广布其言，使人间而行之，亦不啻其自行也。则是书之传，其有益于天下后世，岂浅鲜哉！

时乾隆十一年岁在丙寅冬至日晋阳后学孙嘉淦序

【注释】①太上立德，其次立功，其次立言：语出《左传·襄公二十四年》："太上有立德，其次有立功，其次有立言，虽久不废，此之谓不朽。"②虞人：古代官名，西周时开始设置，掌管山泽。舟师：船夫。

【译文】人生最高的目标是成就德行，其次是建立功业，再次是著书立说。德行是隐秘而不容易被看见的，建立功业也是有一定时命的，自己能做并且可以流传后世的，大概只有著书立说了。但是有亲见大道的学说，有保有德行的学说。大道的学说，是需要仰望的；德行的学说，是需要俯下身子而亲身经历的。天下的情况，没有不亲自经历而能够说清楚的。站在平地望高山，即使是泰山、华山也能见到它们的山顶，用笔记录下来，也能描绘出它们的峰峦高耸，树木茂盛。但是如果按照这些话的指引进入山里，就会迷惑而不知道走哪条路。登上高山去眺望远处的大海，能不时的看到海市蜃楼的奇幻，但终究不能使人乘小船飘到那个地方。掌管山林的官员和船夫，不说山的崇高与海的博大，但能在峰回路转之时说清楚路途的曲折；在扬帆起航的时候，也能指出航向的正误。听闻的人根据他们所说的去行动，就能够登上泰山而观看日出，登上华山而看到井莲，远涉重洋而游览遥远的地方。没有其他原因，因为他们所说的都是他们曾经亲身经历的啊！人们对于道也是这样，在夏商周三代以前，圣贤人说的都是他们亲身经历的，所以越简单越明了；顺着这些话去做，就能够达到贤者乃至圣人的境界。汉代以后，著书立说日益繁杂，聆听他们所议论的，有可以采用的地方；用来做事情，就不行了。没有其他原因，只是他们没有亲身经历而是凭着自己的主观想象来立言，所以话越多却越难把问题说明白。整个明朝，通过著书立说来阐释圣人之道的人，扳着指头数也数不过来，但说得最明白的无疑要数薛文清公。想必是他的主敬存诚的功夫，自我砥砺达到人们看不到的境界很深很深了！他所树立的德行，已经优入圣域而达到登堂入室的地步了。根据他的德行来著书立说，没有不纯粹精炼的。看他《读书录》所记载的，简约而深远，隐微而美好，平和中正而事理通达，都是根据他的亲身经历和感受来叙述他所经历的酸甜苦辣，就像山林之官说山，船夫说海一样。依着他的话去行动，可以登上五岳，也可以游览四海。他的书确实值得家家户户诵读，人人身边都应该备上一本，用以随时随地警醒自己。但是原来出版的书时间长了难免会有残缺，不能长远流传。现在他的后代薛天章，将此书重新出版而广泛流传，真是件大好事啊。世间人不遵循大道去做已经很久了！古代的人曾经行过大道，他们把所行之道写在书上用来告知后人。后人如果真的有心，依着这些话去做就行了；也有人能将这些话广泛传播，让世上的人都照着去做，那就不是只限于自己去做那么简单了。所以这本书的流传，对于天下后世的好处，哪里能说得完呢？

乾隆十一年（1746年）丙寅年晋阳学者孙嘉淦作序

读书录卷一

扫码听谦德君为您导读

横渠张子云："心中有所开，即便札记，不思则还塞之矣。"余读书至心有所开处，随即录之，盖以备不思而还塞也。若所见之是否，则俟正于后之君子云。（河东薛瑄谨识）

【译文】横渠先生张载说："心中有所领悟，就随即记录下来，如果不思考，就会又陷入迷惑困顿了。"我读书时如果遇到心里有什么领悟之处，就马上记录下来，这是为了防备不思考而又陷入迷惑困顿的缘故啊。你们所看到的是否如此，那么就等待后世的君子来判断吧。（河东薛瑄谨识）

"无极而太极"[①]，非有二也。以无声无臭而言，谓之"无极"，以极至之理而言，谓之"太极"；无声无臭而至理存焉，故曰："无极而太极。"以性观之，无兆朕之可窥而至理咸具，即"无极而太极"也。

【注释】①无极而太极：出自北宋周敦颐的作品《太极图说》。无极，源于《老子》，指无形无象的宇宙原始状态。太极，指天地万物的本源，一切变化的枢纽。

【译文】“无极而太极”，两者并非是二。从没有声音没有气味而言，称之为“无极”，以最高的至理而言，称之为“太极”；没有声音没有气味，但是至理却存于其中，所以说：“无极而太极。”从性来看，没有预兆可以窥视而到至理都完全具备，就是“无极而太极”了。

“统体一太极”[①]，即万殊之一本；“各具一太极”，即一本之万殊。“统体”者，即大德之敦化；“各具”者，即小德之川流。

【注释】①统体一太极：与下句“各具一太极”均出自朱熹《太极图说解》：“合而言之，万物统体一太极也；分而言之，一物各具一太极也。”

【译文】“统体一太极”，说的是宇宙万事万物都有一个共通的“理”；“各具一太极”，说的是这个共通的“理”之下又会因事物的不同而表现出不同的“理”。“统体”，就如同“大德”一样敦厚，能够化育万物；“各具”，就如同“小德”一样，好比江河分流，川流不息。

天地间只有理气而已，其可见者气也，其不可见者理也。故曰：“君子之道费而隐。”[①]

【注释】①君子之道费而隐：出自《中庸》。费：广大。隐：精微。

【译文】天地间只有理和气罢了，其中可以看到的称之为“气”，不能看到的则称之为“理”。所以说：“君子之道既广大而又精微。”

教本于道，道本于性，性本于命。命者，天道之流行而赋于物者也。故曰：“道之大原出于天。”①

【注释】①道之大原出于天：出自班固的《汉书·董仲舒传》：“道之大原出于天，天不变，道亦不变。”董仲舒认为，“天”是指自然界的最高主宰或天意，封建社会的最高原则是由天决定的，天是永恒不变的，因而按天意建立的社会运行法则也是永恒不变的。

【译文】教化来源于“道”，“道”来源于“性”，而“性”则来源于“命”。所谓“命”，就是天道的流行而赋予万物以各种特性的体现。所以说：“道的根本来自于天。”

大而六合，小而一尘，气无不贯而理无不寓。故曰：“君子语大，天下莫能载焉；语小，天下莫能破焉。”①

【注释】①“君子语大”句：出自《中庸》。破：分开。

【译文】大至天地四方，小至一粒尘土，气没有不贯穿其中，而理没有不包含其中的。所以说：“君子说到‘大’，就大得连整个天下都承载不下；君子说到‘小’，就小得连一点儿也分不开。”

《远游篇》曰：“道可受兮而不可传，其小无内兮其大无垠[①]。”形容道体之言也。

【注释】①无垠（yín）：形容广阔无边、没有边际。此句出自屈原《楚辞·远游篇》。

【译文】《楚辞·远游篇》说：“道可以从内心感受，却不可以口耳相传。说它小则无处不可容纳，说它大则大到无边无际。”这是形容道体的说法。

“天下无性外之物，而性无不在”[①]，故道不可离。

【注释】①“天下无性外之物”句：出自朱熹《太极图说解》。

【译文】“天下没有性理之外的其他事物，而性理又无时无处不体现出来”，所以说道并不是脱离人伦日用的。

元、亨、利、贞[①]，天之四德；仁、义、礼、智，人之四德。天德流行而不息者，刚健而已。人虽有是德，而不能无间断者，由有私柔杂之也。故贵乎“自强不息”。

【注释】①元、亨、利、贞：出自《周易》中乾卦的卦辞，代表乾卦的四种基本性质。元，元始。亨，亨通。利，和谐有利。贞，贞正坚固。

【译文】元、亨、利、贞，是天的四种德行；仁、义、礼、智，是人的四种德行。天德流行而永不停息的原因，就是刚健罢了。虽然人也有这种德行，却不能做到不间断的原因，就是由于人有私欲杂糅其中罢了。所以说一个人贵在追求“自强不息”的精神。

人心有一息之怠，便与天地之化不相似。

【译文】人的心中如果有一丝毫的懈怠，那么就和天地的变化不相似。

天地之间，时时处处皆是道之流行，人之道即天之道，故当随时随处省察，不可有毫发之间断也。

【译文】天地之间，时时处处都是道的流行变化，人道就如同天道一样，所以人应当随时随地反省、检查自己的思想、行为，不可有丝毫的间断。

天理无内外、隐显之间，故贵乎“谨独”①，独处不能谨而徒饰乎外，伪也。

【注释】①谨独：犹慎独，即在独处时谨慎不苟。

【译文】天理无处不在，没有内外、隐显的区别，所以一个人贵在“谨独”。如果一个人独处时不能够谨慎，而只是在外表现得很好，那是一种虚伪的表现。

为学之要，莫切于动静。动静合宜者便是天理，不合宜者便是人欲。

【译文】为学的关键，没有比动静合宜更重要的了。能做到动静合宜就是天理，而如果不合理便是人欲。

人心一息之顷，不在天理便在人欲，未有不在天理人欲而中立者也。

【译文】人心即在呼吸之间，不是天理便是人欲，没有不在天理人欲之外而保持中立的。

吾于静时亦颇识是理，但动有与静违者，由存养省察[①]之不至也。

【注释】①存养省察：儒家的修养方法。存养，保存本心，培养善性。省察，反省检查自己的思想和行为。

【译文】我在安静时也很懂得这个道理，但动有时与静相违背对立，那是由于存养和省察的工夫还不够的缘故罢了。

尝念："颜子三月不违仁，诸子或日一至焉，或月一至焉。”[①]吾自体验：此心一日之间，不知几出几入也，以是知圣贤之学极难，而亦不可不勉。

【注释】①此句出自《论语·雍也》：子曰：“回也，其心三月不违仁，其余则日月至焉而已矣。”这里，“颜子”指的是颜回，“诸子”即孔门的其他弟子。颜回（公元前521年—公元前490年），曹姓，颜氏，名回，字子渊，鲁国人，后世尊称复圣颜子，春秋末期鲁国思想家，孔门七十二贤之首。

【译文】我曾经思考：“颜子这个人能够做到三个月乃至更长的时间不离开仁德，其余的孔门弟子要么是能做到一天，要么是做到一个月不离开仁德而已。”我自己体会到：这种求仁之心在一天之间不知道会来回几出几入啊，由此可知，追求圣贤之学是非常难的，我们不可不勤勉用功啊。

吾于所为之失，随即知而改之，然未免再萌于心。因谓：有不善未尝不知，易；知之未尝复行，难。

【译文】我对于自己所犯的过失，知道了就马上改正，然而难免再次在心中萌发，犯同样的过失。所以说：自己有不善就会意识到，这是容易做到的；知道自己的不善而没有再去做，做到这一点是比较困难的。

遍满天下皆气之充塞，而理寓其中。

【译文】遍布天下的都是气充满在其中，而理又包含在其中。

天者万物之祖，生物而不生于物者也。释氏亦人耳，其四肢百骸固亦天之所生也，岂有天所生者而能擅造化之柄邪？若如其说，则天不在天而在释氏矣。万物始终，莫非阴阳合散之所为。释氏乃有“轮回之说”，则万物始终不在造化而在释氏矣，宁有是理邪？

【译文】天是万物的祖宗，它产生万物而不是被万物所生。释迦牟尼也是人啊，他的身体也是上天所生的，难道有上天所生的东西而能自己拥有创造化育的权力吗？如果像这样说，那么天就不在天，而根源在佛教了。万物的开始和终结，没有不是阴阳二气相结合、离散所导致的。佛教有“轮回之说”，那么万物的开始和终结就不在于上天的创造化育，而在于佛教了，哪有这样的道理呢？

“道大无外”，知者鲜矣。

【译文】“道非常广大，没有穷尽，没有边际”，知道的人太少了。

天理流行，随处充满，无少欠缺。故程子作字时甚敬，曰：“只此是学。”

【译文】天理流行，到处都充满在万事万物之中，没有一点欠缺。所以程颢写字时非常恭敬，他说："这样才是学习。"

物之栽[①]者根乎气，其生理向盛，故天因有以培之；若物之倾者，则与气不相连属，而生理已绝，故天因有以覆之。圣人之德，根乎天理，浩浩不息，犹物之栽而根乎气也，是以保佑眷顾，而天之培养者，自不能已；凶人则戕贼[②]仁义，自绝其固有之理于天，亦犹物之生气已绝，故天之所以覆亡者有必至。是以培之、覆之，虽若出于天之所为，而实皆有以自取之也。

【注释】①栽：秧子，可以移植的植物幼苗。②戕（qiāng）贼：伤害，残害。戕，残杀，杀害。贼，残害。

【译文】植物的幼苗根源在气，如果它的生命力旺盛，上天就会培植它；如果植物衰败了，那么就不能够与气相连接，生命迹象已经停止，所以，上天就会消灭它。圣人的德行，根源于天理，浩浩荡荡，周流不息，就像植物的幼苗根源于气一样，因此上天对他们保佑、眷顾和培养就不会停止；凶恶的人就会残害仁义，自己断绝其原本的天赋之理，这也像是万物的生长发育之气已经断绝，所以上天要使他灭亡的情况就一定会出现。因此，无论是培养还是覆灭，尽管都是出于上天所为，而实际上都是万物咎由自取的结果。

《易传》曰："易，变易也，变易以从道也。"[①]如人之一动一静者，变易也；而动静之合乎理者，即道也。

【注释】①此句出自程颐《周易程氏传·易传序》：“易，变易也，随时变易以从道也。”变易是指《周易》里“易”的三种含义之一。宇宙万物，时刻变化，人事也是如此，在《周易》里叫变易。

【译文】《易传》说：“易，就是改变的意思，以改变来符合道的变化。”这就如同人的一动一静，这就是变易；而动静又合乎理的法则，这就是道。

少欲觉身轻。

【译文】欲望减少就会感觉身体轻安。

心中无一物，其大浩然无涯。

【译文】心中没有一丝物欲的障碍，这种气象和境界浩大刚正、没有穷尽。

人之一身，五脏、耳、目、口、鼻、四肢、百骸，凡有形者，皆形而下之器也；其五脏、耳、目、口、鼻、四肢、百骸之理，即形而上之道也。推之君臣、父子、夫妇、长幼、朋友，皆形而下之器也；其仁、义、礼、智、信之理，即形而上之道也。以至大而天地万物，小而一发一尘，凡可见者，皆形而下之器；其不可见者，皆形而上之道。然器即囿乎道之中，道不离乎器之外，故曰：“道亦器也，器亦道也。”

【译文】人的身体，五脏、耳、眼、口、鼻、四肢、骨骼，凡是有形体的地方，都是形而下的器物；而人的五脏、耳、眼、口、鼻、四肢、骨骼中所蕴含的理，就是形而上的道理了。推而广之，君臣、父子、夫妇、长幼、朋友等五种伦常，都是形而下的器物；而仁、义、礼、智、信的准则，就是形而上的道理了。以至于大到天地万物，小到一发一尘，凡是所有可以看到的，都是形而下的器物；而不可以看见的，都是形而上的道理。然而器就蕴含在道之中，道也不脱离器之外，所以说：“道也是器，器也是道。”

《周书》曰：“惟天地万物父母，惟人万物之灵。亶聪明，作元后，元后作民父母。”①此言“理一分殊”②，《西铭》之原，疑出于此。

【注释】①此句出自《尚书·周书·泰誓上》。②理一分殊：这是宋明理学最为重要的核心观念之一，既包含本体论和宇宙论的意义，又有方法论和认识论的意义。天地万物共同具有一个理，分开来，每个事物都各自有一个理。

【译文】《尚书·周书》说：“天地是万物的父母，人是万物中的灵秀。真聪明的人就作大君，大君作人民的父母。”这是说“理一分殊”的道理，《西铭》的源头，我怀疑出自于这里。

先儒曰："在物为理，处物为义。"如君之仁，臣之敬，父之慈，子之孝之类，皆在物之理也；于此处之，各得其宜，乃处物之义也。

【译文】先儒说："存在于事物之中的为理，处事接物的原则为义。"就如同君仁、臣敬、父慈、子孝之类的情况，都是事物之理；而将这些"理"来待人接物，使其各得其宜，这就是处事的原则。

《易》曰："显诸仁，藏诸用。"[①]盖"显诸仁"是"藏诸用"之发见处，"藏诸用"是"显诸仁"之机缄[②]处。"显诸仁"是"元亨，诚之通"[③]，所以著"藏诸用"之妙；"藏诸用"是"利贞，诚之复"[④]，所以为"显诸仁"之本。

【注释】①显诸仁，藏诸用：出自《周易·系辞上》。显诸仁，"道"显现于仁德。藏诸用，"道"潜藏于人伦日用之中。②机缄：机关开闭。谓推动事物发生变化的力量。③元亨，诚之通：出自周敦颐《通书》。通，通达。④利贞，诚之复：出自周敦颐《通书》。复，恢复。

【译文】《易》说："'道'显现于仁德，而潜藏于人伦日用之中。"所以，"显诸仁"是"藏诸用"的发见之处，"藏诸用"是"显诸仁"的机关开闭之处。"显诸仁"是"元亨，诚之通"，是表现"藏诸用"神妙的原因；"藏诸用"是"利贞，诚之复"，是成为"显诸仁"的根本的原因。

“显诸仁”是“藏诸用”之所为，乃发见而可见者；“藏诸用”是能为“显诸仁”之机缄，而不可见者。

【译文】“显诸仁”是“藏诸用”之所体现的，是发用出来而可以见到的；“藏诸用”是可以成为“显诸仁”的机关开闭之处的，是不可见的。

“显诸仁”似隐而费，“藏诸用”似费而隐。

【译文】“显诸仁”看似隐微却广大，“藏诸用”看似广大却隐微。

“仁”本在内，以显则在外；“用”本在外，以藏则在中。

【译文】“仁”原本在内，显现出来就会在外面；“用”原本在外，潜藏起来就会在里面。

《中孚》：“二体皆中实，全体则中虚。”①中虚则无物，中实则有理，故曰：“中虚信之本，中实信之质。”②无物而有理，即“无极而太极”也。

【注释】①出自《周易程氏传》：“在二体则中实，在全体则中虚。”在二体则中实，指下兑上巽这二卦的中爻为阳（九二、九五）。在全体则中虚，指六三、六四为阴。②出自《周易程氏传》。本，根本。质，实质。

【译文】《中孚》说："从上下两卦各自来看，中间一爻都是实的；而把它作为一个整体来看，中间则是虚的。"中间是虚空的，那么就不会有物；中间是坚实的，那么就蕴含了理。所以说："中间虚空是信的根本，中间坚实是信的实质。"没有物却包含了理，这就是所说的"无极而太极"了。

每日所行之事，必体认某事为仁，某事为义，某事为礼，某事为智，庶几久则见道分明。

【译文】每一天所做的事，一定要体认某件事为仁，某件事为义，某件事为礼，某件事为智，这样过不了多久就会见道分明了。

吾居察院中，每念疏韦苏州"自惭居处崇，未睹斯民康"[①]之句，惕然有警于心云。

【注释】①自惭居处崇，未睹斯民康：出自唐代诗人韦应物的《郡斋雨中与诸文士燕集》。韦苏州，即韦应物，中国唐代诗人。因他出任过苏州刺史，世称"韦苏州"。诗风恬淡高远，以善于写景和描写隐逸生活著称。

【译文】我居住在察院中，每当想到韦苏州所写"自己惭愧所处地位太过高贵，未能顾及平民百姓有无安康"的句子，我就感到心理有所恐惧。

孔子曰："不患无位，患所以立。"[①]惟亲历者知其味。余忝清要[②]，日夜思念于职事，万无一尽，况敢恣肆于礼法之外乎！

【注释】①不患无位，患所以立：出自《论语·里仁》。意为不要担心没有官位，就怕自己没有学到赖以立足的东西。②清要：谓地位显贵、职司重要，但政务不繁的官职。

【译文】孔子说："不要担心没有官位，就怕自己没有学到赖以立足的东西。"只有亲身经历的人才知道它的味道。我有幸身居要职，日夜思念自己的职责，总想做到万无一失，哪里敢放纵于礼法之外呢！

自京师至沅，六七千里，涉越名山大川，见万物生生之盛，不以远迩有异，所谓"语大，天下莫能载；语小，天下莫能破"[①]者，当有以默识之。

【注释】①"语大，天下莫能载"句：出自《礼记·中庸》。破：分开。

【译文】从京师到沅州，有六七千里，我爬山涉水，跨越名山大川，看到万物欣欣向荣，不会因为远近的不同而有差别，正所谓"君子说到'大'，就大得连整个天下都承载不下；君子说到'小'，就小得连一点儿也分不开"，这个应当默然体会啊。

余昨自京师来湖南，濒行，院中僚友有诵唐人“此乡多宝玉，慎莫厌清贫”[①]之句。余每不忘其规戒之厚。

【注释】①此乡多宝玉，慎莫厌清贫：出自唐代诗人岑参的《送杨瑗尉南海》。意为这个地方盛产宝玉，千万不要嫌弃这里生活的清贫。

【译文】我昨天从京城去湖南，临行时，院中的朋友有人诵读唐人“此乡多宝玉，慎莫厌清贫”的诗句。我每每想到此诗句，就提醒自己不要忘记其规戒人心的深厚含义。

程子书“视民如伤”[①]四字于座侧。余每欲责人，尝念此意而不敢忽。

【注释】①视民如伤：看待人民就像看待自己身上的伤痛一样。也可理解为把百姓当作有伤病的人一样照顾，只可抚慰，不可惊动。

【译文】程颢写了“视民如伤”四个字在座位旁。我每当想责备别人时，想到这一点就不敢忽视了。

“为政以法律为师”，亦名言也，既知律己，又可治人。

【译文】“为政以法律为师”，这也是名言，（通过这句名言）既能知道自律的重要性，又可以懂得治人的方法。

凡国家礼文制度、律法条例之类，皆能熟观而深考之，则有以酬应世务而不戾[①]乎时宜。

【注释】①戾：违背，违反。

【译文】凡是国家的礼仪文化制度、法律条例的种类，都能仔细观察而深入研究，那么就能够应酬世事而不违背时宜。

为官最宜安重，下所瞻仰，一发言不当殊愧之。

【译文】当官的人最应该稳重，因为其备受下面的人所仰望，一旦发言不当就令人很羞愧。

尝观山势高峻直截，即生物不畅茂；其势奔赴溪谷、合辏回还者，即其中草木畅茂。盖高峻直截者，气散走难畜聚，故生物之力薄；回还合辏者，元气至此蓄积包藏者多，故生物之力厚。水亦然，滩石峻，即水急而鱼鳖不留；渊潭深，则鱼鳖之属聚焉。以是而验之人，其峭急浅露者，必无所蓄积，必不能容物，作事则轻易而寡成；宽缓深沉者，则所蓄必多，于物无所不容，作事则安重有力而事必成。善学者观于山水之间，亦可以进德矣。

【译文】我曾经观察山势险峻直截的地方，植物就不能茂盛地生长；而山势连接溪谷、来回聚合的地方，其中的草木就生长很茂盛。因为山势险峻直截的地方，元气容易散开难以积聚，所以生长万物的能力单薄；来回聚合的地方，元气到这里积蓄包藏的多，所以生长万物的力量厚实。水也是这样，滩石陡峻，水势急，鱼鳖就无法停留；潭水深，那么鱼鳖之类的动物就聚集了。由此来观察人，如果一个人严苛、急躁、浅薄的话，那么他一定没有什么积蓄，一定不能容物，做事轻率而很少成功；而一个宽和沉稳的人，所积蓄的一定多，对于外物没有什么不包容的，做事稳重而一定成功。善于学习的人能够在山水之间观察，也可以增进德行了。

气直是难养。余克治用力久矣，而忽有暴发者，可不勉哉！二十年治一“怒”字，尚未消磨得尽，以是知“克己最难”。

【译文】气一直是很难修养的。我克制私欲邪念用力很久了，但有时也会突然发作，难道可以不勉力吗！二十年对治一个“怒”字，还没有消磨得尽，因此了解“克制自己最难”。

天地之间，物各有理。理者，其中脉络条理合当是如此者是也。大而天之所以健而不息，地之所以顺而有常，皆理之合当如此也；若天有息而地不宁，即非天地合当之理矣。以万物观之，如花木之生，春夏秋冬之各有其时，青黄赤白之各有其色，万古常然不易，此花木合当之理也；若春夏者发于秋冬，秋冬者发于春夏，青黄者变为赤白，赤白者变为青黄，即非花木合当之理矣。以至昆虫鸟兽，莫不各有合当之理。以人言之，自一心之所存，以至一身之所具，皆有降衷秉彝[1]之性而不可易者，乃合当如是之理也；不如是，则非人之理矣。以至君之仁，臣之敬，父之慈，子之孝，夫妇之别，皆合当如是之理也；凡此一有不尽，则非人伦合当之理矣。此理之所以"无物不有，无时不然"，"语大，天下莫能载；语小，天下莫能破也"。

【注释】①降衷秉彝：指上天赐予的好善的本性。衷：善。彝：常，即规律、本性。

【译文】天地之间，万物各有其理。理，就是万物中脉络条理合乎相应法则的情况。从大的方面来说，天之所以能够刚健不息，地之所以柔顺而有常道，都是理能够合宜的缘故啊；如果天停止运动，地变得不安宁，那就不是天地运行合宜的道理了。从万物来看，如同花草树木的生长，在春、夏、秋、冬的时节有不同变化，有青、黄、赤、白等不同颜色，这都是万古以来永恒不变的，这正是花草树木符合自然的道理；如果春夏季节的植物生长在秋冬季节，秋冬季节的植物生长在春夏季节，青黄颜色的变成赤白，赤白颜色的变为青黄，这就不是花草树木符合自然的道理了。以至于昆虫鸟兽，都各自有合当的道理。就人而言，从心灵所存在的东西，到身体所具备的东西，都有不可改变的上天赐予的好善的本性，就应该是这样的道理；如果不是这样，就不符合人的身心之理。以至于君仁臣敬、父慈子孝、夫妇有别，都是合乎人伦之理的；所以这些一旦有不完善的地方，就不符合人伦之理了。这种"理"也就是"没有一个事物不存有，没有一个时刻不如此”，“（君子）说到‘大’，就大得连整个天下都承载不下；（君子）说到‘小’，就小得连一点儿也分不开”。

观崖石，每层有纹横界而层层相沓，盖天地之初，阴阳之气荡磨而成。若水之漾沙，一层复一层也。意其初必柔软如湿泥，然及凝结之久，遂成坚刚。北方石炭，未出穴时，其软如泥，出穴见风即硬，此可验崖石始柔终刚也。

【译文】我观察岩石，每层有裂纹横隔，层层相互重叠，这大概是因为天地之初，阴阳之气相互荡磨而成。就如同水把沙子漾出来，一层又一层的。我想到当初这些沙子一定像湿泥一样柔软，然而等到凝结的时间长了，于是就形成坚硬的石头。北方的石炭，还没有出洞时，非常柔软就如泥一样，一旦出洞见风就立即变硬了，这可以证明岩石开始柔软而最后刚硬。

孟子言“浩然之气，至大至刚”。至大，则大而六合①，细而一尘，无非此气之充周；至刚，则贯崖石而草木生，透金铁而绣涩出。人之气，即天地之正气也，能“直养而无害，则塞天地”，贯金石，至大至刚者可见矣。

【注释】①六合：指上下和四方，泛指天地或宇宙。

【译文】孟子说“浩然之气，至大至刚”。（这种气）非常弘大，则大到天地四方，小到一粒尘土，无非都是此种气的充满周遍；（这种气）非常刚强，能够穿过岩石，使得草木生长，透过金属，而铁锈就出来了。人的气就如同天地之间的正气一样，能够“直养而无害，则塞天地”，穿透金石，那么至大至刚之处就可以看见了。

人之子孙，富贵贫贱莫不各有一定之命。世之人不明诸此，往往于仕宦中昧冒礼法，取不义之财，欲为子孙计。殊不知子孙诚有富贵之命，今虽无立锥之地以遗之，他日之富贵将自至；使其无富贵之命，虽积金如山，亦将荡然不能保矣。况不义而入者，又有悖出之祸乎！如宋之吕蒙正、范文正公诸公，咸以寒微致位将相，富贵两极，曷尝有赖于先世之遗财乎？然则取不义之财欲为子孙计者，惑之甚矣！

【译文】人的子孙，无论富贵贫贱都各自有一定的命数。世上的人不明白这些道理，往往在做官中冒犯、违背礼法，取不义之财，希望为子孙后代着想。殊不知如果子孙确实有富贵的命，现在虽然没有立锥之地留给他们，但有朝一日富贵也会亲自到来；假使子孙没有富贵的命，即使为他们积累财富，堆积如山，也将荡然无存不能保有啊。何况通过不正义的手段而得到的财富，又将会有意想不到的灾祸啊！像宋代的吕蒙正、范仲淹诸公，都是贫寒出身而最终位居将相，富贵两极，哪里是依赖于祖先留下的财富呢？然而取不义之财来为子孙后代着想的人，真是太糊涂了！

富贵利达在天，无可求之理；德业学术在人，有可求之道。诚欲厚其子孙，以可求者教之，善矣；欲以不可求者厚之，岂非愚之甚邪？

【译文】一个人富贵显达在天，没有可求的理；德业学术则在人，有可以追求的方法。如果真想厚待自己的子孙，就用可以追求的方法来教导他们，这是最好不过的了；而想用不可求的方法来厚待他们，这难道不是愚蠢之极吗？

余在长沙道中，偶得两句云："忽悟天无际，方知道不穷。"

【译文】我在去长沙的路中，偶然悟得两句话："忽然感悟到天没有边际，才明了道也是没有穷尽的。"

一日偶思："性"非特具于心者为是，凡耳、目、口、鼻、手、足动静之理，皆是也；非特耳、目、口、鼻、手、足动静之理为是，凡天地万物之理皆是也。故曰："天下无性外之物，而性无不在。"

【译文】一天我偶然想到："性"不仅只在心中具备，凡是耳朵、眼睛、嘴巴、鼻子、手、脚等动静之理，都是一样的；不只是耳朵、眼睛、嘴巴、鼻子、手、脚等动静之理如此，凡是天地万物的道理也是如此。所以说："天下没有性理之外的其他事物，而性理又无时无处不体现出来。"

中夜思：凡圣贤之书所载者，皆道理之名也。至于天地万物所具者，皆道理之实也。书之所谓某道某理，犹人之某名某姓也，有是人之姓名，则必实有是人；有是道理之名，则必实有是道理之实。学者当会于言意之表。

【译文】我半夜思考：大凡圣贤之书所记载的，都是道理的名称啊。至于天地万物所具有的，都是道理的实际情况。书上所说的某道某理，就像人的某名某姓一样，有这个人的姓名，那一定有这个人；有这种道理的名称，那一定是有这个道理的实质。学者应该对这些言意关系有所领会。

余每夜就枕，必思一日所行之事。所行合理，则恬然安寝；或有不合，即辗转不能寐，思有以更其失。又虑始勤终怠也，因笔录以自警。

【译文】我每天晚上上床睡觉，就一定要想一天所做的事。所行合理，那么恬静安然入睡；有的不合理，就辗转不能入睡，想办法改正过错。又考虑到刚开始努力而最终懈怠了，因此用笔记录下来以自我警戒。

《中孚传》曰："中虚信之本，中实信之质。"盖中虚者无物也，中实者有理也；无物而有理，即所谓"冲漠无朕之中，万象森然已具"也。

【译文】《中孚传》说："中间虚空是信的根本，中间坚实是信的实质。"这大概是因为中间虚空就不会有物，中间坚实就蕴含了理；没有物而有理就是所说的"在世界万物形成之前的无形无际的虚寂状态中，万事万物之理早已具备了"。

"视富贵如浮云"，许鲁斋[①]其人也。

【注释】①许鲁斋：即许衡（1209年—1281年），字仲平，号鲁斋，世称"鲁斋先生"。怀庆路河内县人。金末元初著名理学家、教育家。

【译文】"把富贵看作浮云一样"，这就是许鲁斋的为人啊。

鲁斋，余莫测其为何如人，但想其大而已。

【译文】许衡，我不知道他是怎样的人，但能想到他非常伟大啊。

欲淡则心清，心清则理见。

【译文】欲望淡泊就会心地清净，心地清净就会天理显现。

《五经》《四书》皆圣贤之言也。由其言以得其心，则在人焉耳。

【译文】《五经》《四书》都是圣贤的言语。通过这些言语来体会圣贤之心，就在人罢了。

经书，形而下之器也；其理，形而上之道也。滞于言词之间而不会于言词之表者，章句之徒也。

【译文】经书，是形而下的器具；其中蕴含的道理，是形而上的法则。仅仅停留在言词之间而不融会贯通言词内外含义的，就是章句之徒罢了。

程子曰："求言必自近。易于近者，非知言者也。"积累之久，涵泳之深，当别有所见。

【译文】程颐说："追求理解言辞一定从浅近的地方开始。轻视浅近言辞的，不是真正理解言辞的人。"积累的时间越久，涵泳体会得越深刻，就更会有新的见解。

圣贤千言万语，皆说人身心上事。诚能因其言以反求诸身心，猛省而摆脱尽私累，则身心皆天理，而大可知矣。

【译文】圣贤千言万语，都说的是人的身体和心灵上的事。如果能通过圣贤的话来反观自己，努力反省自己，从而摆脱私欲的拖累，那么身心都具备了天理，就可以知道了。

尝默念：为此七尺之躯，费却圣贤多少言语！于此而尚不能修其身，可谓自贼之甚矣。

【译文】我曾经默默地思考：为了人这七尺之躯，费了圣贤多少的言语！对此如果还不能够修养自身，那就可以说是自己贼害自己了。

老、庄虽翻腾道理，愚弄一世，奇诡万变，不可摸拟，卒归于自私，与释氏同。

【译文】老子、庄子虽然翻腾道理，愚弄世人，奇怪难测，变化多端，不可摹拟，但最终都归于自私，这和佛教一样。

圣人之所以为圣人，以其公天地万物为一体，屈伸、消长、进退、存亡，一由乎理之自然而不自私也；老、庄必欲外天地万物，极其智术为巧免之计，其自私也甚矣。

【译文】圣人之所以成为圣人，是因为他将天地万物视为一体，屈伸、消长、进退、存亡，都是遵循自然的道理而并不自私；老、庄则一定要超越于天地万物之外，极尽智谋之术来形成巧妙逃脱的计谋，实在是太自私了。

老、庄于道理非无所见，但不胜其避害自私之心，遂鄙薄而不为是，岂圣人大公至正之心乎？

【译文】老、庄对于道理不是没有任何见解，只是不能胜过其逃避祸害、自私的心，于是就变得鄙陋刻薄而无所事事，这难道是圣人大公至正的心吗？

庄子之言，虽曰“形容道体”，然不能必信而行之，是亦知之实有未至也；使知之至，则必信之笃，信之笃，则行之必至矣。程子所谓“窥测天道未尽者”，盖谓此。

【译文】庄子的话，虽然说是“形容道体”，但不一定能坚信并去践行的，这也是知道真实情况却不能达到完全了解的缘故啊；假使让他完全的知道，那一定非常笃定的相信，非常笃定的相信，就能够完全践行了。程子所说的“窥测天道还不能穷尽的人”，大概说的就是这个吧。

元人有以“北有许衡，南有吴澄”[①]并称者，此非后学所敢轻议。然即其书，求其心，考其行，评其出处，则二公之实可见矣。

【注释】①吴澄：字幼清，晚字伯清，抚州崇仁凤岗咸口（今属江西省乐安县鳌溪镇咸口村）人。元代杰出的理学家、经学家、教育家。吴澄与许衡齐名，并称为“北许南吴”，以其毕生精力为元朝儒学的传播和发展做出了重要贡献。有《吴文正公全集》传世。

【译文】元代有人提出“北有许衡，南有吴澄”并称，这不是后代学人敢随便议论的。然而通过他们的书，探求他们的思想，考察他们的行为，评论其中的出处，那么二公的实践工夫就可以看出来了。

许鲁斋在后学固莫能窥测。窃尝思之：盖真知实践者也。

【译文】许衡在后代的学者中当然不能窥测。我曾经想到：这大概是他真正知道并且能付诸实践的缘故吧。

许鲁斋，余诚实仰慕，窃不自揆，妄为之言曰：其质粹，其识高，其学纯，其行笃，其教人有序，其条理精密，其规模广大，其胸次洒洛，其志量弘毅，又不为浮靡无益之言，而有厌文弊从先进之意，朱子之后，一人而已！

【译文】许衡，我确实非常仰慕，私下不自量力评论他说：他的气质纯粹，见识高远，学问纯正，行为笃实，他教育人循序渐进，思想学说条理精密，规模广大，他超逸洒脱，志向度量宽宏坚毅，又不说一些浮华无益的话，他厌恶浮华文风的弊病而有师从先进的意愿，在朱子的后面，仅此一人而已！

《四书集注章句》《或问》皆朱子萃群贤之言议而折衷[①]以义理之权衡，至广至大，至精至密，发挥先圣贤之心殆无余蕴，学者但当依朱子“精思熟读，循序渐进”之法，潜心体认而力行之，自有所得。窃怪后人之于朱子之书之意，尚不能遍观而尽识，或辄逞己见，妄有疵议[②]，或剿拾成说，寓以新名，炫新奇而掠著述之功，多见其不知量也。

【注释】①折衷：调节使适中。②疵议：非议；指责。

【译文】《四书章句集注》《四书或问》等都是朱子聚集了众多贤人的言论而以义理的综合考虑来调节折衷的，至广至大，至精至密，发扬前代圣贤的心几乎没有保留，学者只要依照朱熹“熟读精思，循序渐进”的方法，潜心体会而努力践行，自然而然会有所得。我私下觉得后人对于朱熹书中的想法，尚且不能遍观而尽识，有人却总是自以为是，随便非议指责，有人则剽窃以前完善的学说，赋予新的名称，炫耀自己新奇的想法而掠夺他人著述之功，这些大多是不自量力而已。

《四书》当先以《集注章句》为主，参之于《或问》。如《辑释》诸书，固多有发明处，但《语录》或因人浅深而发，或有未定之论，诸儒又或各持所见，间有与朱子异者。若经文《集注章句》未通而泛观，此则本义反为所隔，使人将有望洋之叹；若经文《集注章句》《或问》既已通贯，在己之权度既定，然后兼考诸书，则知所择矣。

【译文】读《四书》应当先以《四书章句集注》为主，再参考《四书或问》。如《四书辑释》等诸书，当然有很多阐发义理的地方，但《语录》要么是根据不同人资质深浅不同而阐发，要么是没有确定的言论，学者们大都各持己见，其中有与朱熹不同的观点。如果经文《四书章句集注》没有贯通而去广泛地阅读，本是原义而反为所阻隔，让人有望洋兴叹之感而无可奈何；如果经文《四书章句集注》《四书或问》已经贯通，在自己权衡度量确定之后，再参考诸书，就知道如何选择了。

余读《集释》"洒扫应对"条下载朱子语录曰："洒扫应对①，有形而上者；精义入神②，亦有形而上者。"窃疑此语或记者之误。盖"精义入神"，谓精究事物之理入于神妙，是即形而上者也；若谓"精义入神"以上又有形而上者，则"精义入神"为何物邪？

【注释】①洒扫应对：洒水扫地，酬答宾客。古代儒家教育、学习的基本内容之一。②精义入神：出自《周易·系辞下》：“精义入神，以致用也。”意为精研事物的微义，达到神妙的境地。

【译文】我读到《集释》中“洒扫应对”条目下记载的朱熹语录说：“洒水扫地，酬答宾客，有形而上的道理；精义入神，也有形而上的道理。”我怀疑这句话可能有记录的错误。这是因为，“精义入神”说的是精研事物的微义而达到神妙的境地，这就是形而上的表现；如果说“精义入神”以上又有形而上的存在，那么“精义入神”是什么东西呢？

许鲁斋自谓学孔子。观其去就从容而无所系累，真“仕止久速”①之气象也。

【注释】①仕止久速：出自《孟子·公孙丑上》：“可以仕则仕，可以止则止，可以久则久，可以速则速，孔子也。皆古圣人也，吾未能有行焉；乃所愿，则学孔子也。”意思是：可以做官时就做官，可以隐居时就隐居，可以久留便久留，需要快速离去便快速离去；这是孔子的作风。（伯夷、伊尹、孔子）都是古圣人，我都未能做到，至于我心里向往的，就是学习孔子啊！

【译文】许衡认为自己学习孔子。观察他的去留从容而无所牵绊，真是“做官、停止、久居、速去”的气象呢。

鲁斋，召之未尝不往，往则未尝不辞，善学孔子者也。

【译文】许衡，君王召见他时从来没有不去，去了就没有不推辞的，可以算是善于学习孔子的人了。

尝观周子、二程子、张子、邵子，皆与斯道之传者也。而朱子作《大学》《中庸》“序”，惟以二程子继孟氏之统，而不及三子，何邪？盖三子各自为书，或详于性命、道德、象数之微，有非后学造次所能窥测；二程则表章《大学》《中庸》《语》《孟》，述孔门教人之法，使皆由此而进，自“洒扫应对”“孝弟忠信”之常，以渐及乎“精义入神”之妙，循循有序，人得而依据。此朱子以二程子上继孔孟之统，而不及三子欤？然朱子于《太极图》《通书》，则尊周子；于《西铭》《正蒙》，则述张子；于《易》，则主邵子。又岂不以进修之序，当谨守二程之法；博学之功，又当兼考三子之书邪？及朱子又集《小学》之书，以为《大学》之基本，注释《四书》，以发圣贤之渊微，是则继二程之统者，朱子也。至许鲁斋专以《小学》《四书》为修己教人之法，不尚文辞，务敦实行，是则继朱子之统者，鲁斋也。

【译文】我曾经观察周敦颐、二程、张载、邵雍，他们都参与了道统的传承。而朱熹在《大学》《中庸》所作的序言中，只说二程继承了孟子的道统，而不提及另外三子，为什么呢？大概是因为三位先生各自为书，在性命、道德、象数等方面各有侧重，这不是后学在短时间内所能测度理解的；二程则表彰《大学》《中庸》《论语》《孟子》，阐述孔子教人的方法，使弟子们都由此而进，从“洒扫应对”“孝弟忠信”的伦常之道，逐渐达到“精义入神”之妙，循序渐进，人人都可以以此作为修学的根据。这是朱熹认为二程向上继承了孔孟的道统，这还赶不上其他三子吗？但朱熹对于《太极图》《通书》，则尊周子；对于《西铭》《正蒙》，则阐述张子；对于《周易》，则推崇邵子。读书进学，又怎能不遵循次第，谨守二程的方法；博学贯通的功夫，又怎能不兼考三子的书呢？朱熹又辑录了《小学》的书，把它作为《大学》的根基，注释《四书》，以阐发圣贤的微言大义，那么继承二程道统的学者，就是朱熹啊。到后来许衡专门以《小学》《四书》为修身教人的方法，不崇尚浮华文辞，力求笃实践行，那么继承朱子道统的学者，就是许衡啊。

异端欲知其得失，亦不可不观其书。但吾学既明，虽观其书，不为所惑；苟吾学未明，而先观之，鲜不陷溺其中矣。

【译文】想知道异端其中的得失，也不可不看他们的书。但我如果已经学得明白通达了，即使看他们的书，也不会被迷惑；如果我学得不明白，而很早地去看他们的书，很少有人不陷入其中的了。

老、庄之书，切不可深溺；若溺其说而诵习不已，犹居齐齐言，居楚楚语，发于心术、文辞，有不觉者矣。

【译文】老子、庄子的书，切不可以沉溺其中；如果沉溺于他们的学说之中而时常读诵并践行，那就如同居住在齐国说齐国的话，居住在楚国说楚国的话，通过内心、文章言辞表达出来，而不会觉察到了。

庄子好文法，学古文者多观之。苟取其法，不取其词，可也；若并取其词为己出而用之，所谓“钝贼”也。韩文公作《送高闲上人序》，盖学其法而不用其一词，此学之善者也。

【译文】庄子喜欢文章的书写法则，学习古文的人多看他的文章。如果只取其法，不吸取其中的言词，这是可以的；如果都把他的言词拿来为自己使用，这就是所谓的“钝贼”。韩文公作《送高闲上人序》，学习其中的文法，却不使用其中的言词，这是善于学习的例子啊。

存诸心者不杂，见于行者不杂，措诸事业者不杂，形诸文词者不杂，斯谓真儒矣；数者有一杂焉，其得为真儒乎？

【译文】保存在心里的不混杂，出现在行为上的不混杂，放置在事业上的不混杂，表现在文词上的不混杂，能够做到这些才算是真正的儒者；这些如果有一点驳杂的，还能称之为真正的儒者吗？

明道先生著述极少，先儒谓其作用“近圣”者，言其气象也；后人著述虽多，而气象有不近似者，知者必识之。

【译文】程颢先生著述极少，先儒说他“近似圣人”，这是说他的气象；后人著述虽多，而气象则有不近似圣人的，智慧的人一定要辨别了解啊。

余少知王霸之名而不知其实，近日方思得之。盖谓之王者，自一念、一虑、一心、一身，形于妻子，达之家国天下，无非仁义礼智之充周，初无内外、隐显、远近之间也。程子所谓“有天德者便可语王道”。天德，即仁义礼智之德；王道，即是德推之政事，达之家邦天下者是也。谓之伯者，形诸念、虑、身、心者，无非人欲之私，施诸政事征伐者，则假夫仁义之名，其内外、隐显、远近、名实，判然不相须矣。此王霸诚伪之所以不同也欤？

【译文】我很小时知道王霸的名称而不知道它们的实质，最近才考虑清楚。大概是所谓的“王”，能够从一个念头、一点思虑、一心、一身，表现在妻子儿女身上，扩充到家国天下，无不是仁义礼智的充满周遍，最初是没有内外、隐显、远近的差别。程子所说的“有天德的人就可以与之谈论王道”。天德，就是仁、义、礼、智的德行；王道，就是道德推广到政事，从而通达到家国天下了。所谓的“伯”，表现在念头、思虑、身体、心灵等方面，无非就是人的私欲，施加在政事和战争讨伐之事上，假借仁义的名号，实际上内外、隐显、远近、名实等方面，根本就毫不相关了。这大概就是王霸诚伪的不同吧？

圣人未尝有自圣之心。后世儒者，未有所至即高自品置。如扬雄之《法言》，王通之《续经》，皆以孔子自拟也。二子非特不知圣人，亦不自知为何如人矣。自今观之，岂能以逃识者之鉴!

【译文】圣人不曾有自己把自己当作圣人的心。后世的儒者，没有能达到一定的境界就自高自大。比如扬雄的《法言》，王通的《续经》，都把自己当作孔子。二人不但不知道圣人，也不知道自己是什么样的人了。现在看来，哪里能逃避有辨识之人的鉴赏呢!

圣人作经，皆写其身心之实耳；使非写其身心之实，则人作一书皆可谓之经矣。

【译文】圣人作经，都是写自己修养身心的实际工夫；如果没有写自己修养身心的真实状况，那么只要有人写了一本书都可以称之为经了。

余往年在中州，尝梦一人，儒衣冠，其色黯然，谓是朱文公。告余曰：“少嗜欲，多明理。”明发，遂书其言于壁。一日，在湖南靖州读《论语》，坐久假寐，既觉神气清甚，心体浩然，若天地之广大。忽思前语，盖欲少则气定，心清，理明，几与天地同体，其妙难以语人。

【译文】我去年在中州，曾经梦见一个人，穿戴着儒生衣服和帽子，他的脸色暗淡，说是朱文公。他告诉我说："少嗜欲，多明理。"明日出发，我于是就把他的话写在墙上。一天，我在湖南靖州读《论语》，坐久了打瞌睡，随后醒来觉得神清气爽，心体浩然，就如同天地一般的辽阔广大。忽然想起以前的话，大概是欲望减少则神气安定，心灵清净，天理显明，几乎与天地同体，这种美妙的境界难以用言语来表达而告知于人。

庄子曰："嗜欲深者，天机浅。"盖嗜欲昏乱此心，则理无自而见。故周子曰："一者，无欲也。"无欲其至矣。

【译文】庄子说："如果一个人的欲望过多，他就缺少智慧与灵性。"因此，欲望会扰乱此心，那么天理就不能显现出来。所以周子说："最重要的要领是没有私欲。"无欲真的很重要啊。

"视民如伤"，当铭诸心。

【译文】"看待人民就像看待自己身上的伤痛一样"，这一点应当铭记在心上。

深以刻薄为戒，每事当从忠厚。

【译文】自己应当以刻薄为警戒，每件事都应当以忠厚之心来对待。

“宁人负我，毋我负人。”此言当留心。

【译文】“宁人负我，毋我负人。”这句话应当放在心上。

圣贤之言，坦易而明白；异端之言，崎岖而茫昧。

【译文】圣贤的言语，坦诚平易而清楚明白；异端的言辞，崎岖不平而苍茫蒙昧。

无形而有理，所谓“无极而太极”；有理而无形，所谓“太极本无极”。形虽无而理则有，理虽有而形则无，此纯以理言，故曰“有无为一”。老氏谓“无能生有”，则“无”以理言，“有”以气言，以无形之理，生有形之气，截有、无为两段，故曰“有无为二”。

【译文】没有形体而有天理存在，这就是所谓的“无极而太极”；有天理存在而没有形体，就是所谓的“太极本无极”。形体虽然没有而天理却存在，天理虽然存在而形体却没有，这是单纯从理上说，所以说“有无为一”。老子说“无能生有”，那么“无”是从理上来说的，“有”从气上说，因此，无形的理产生有形的气，把有、无截成两段，所以说“有无为二”。

圣贤之言，顺之则吉，逆之则凶。

【译文】圣贤的言论，遵循它就会获得吉祥，违逆它就会导致凶祸。

有欲，则人得而中之；惟无欲，则彼无自而入。

【译文】一个人有私欲，那么别人知道了就会迎合他；如果没有私欲，那么别人就无从而入。

惟宽可以容人，惟厚可以载物。

【译文】宽可以容纳他人，厚可以承载万物。

中夜忽思：“天下无性外之物，而性无不在。”如君臣、父子、夫妇、长幼、朋友，皆物也，而其人伦之理即性也。佛氏之学，有曰“明心见性”者。彼既举人伦而外之矣，安在其能明心见性乎？若果明心见性，则必知“天下无性外之物，而性无不在”，必不举人伦而外之也。今既如此，则偏于空寂而不能真知心、性、体、用之全，审矣！程子谓其“言为无不周偏，实则外于伦理”，不其信欤？

【译文】我半夜忽然想起：“天下没有性理之外的其他事物，而性理又无时无处不体现出来。”如君臣、父子、夫妻、长幼、朋友等，都是物，而其中的人伦之理即是性。佛教的学说，有说“明心见性”的。他既然是从人伦中出来的而又将它视作外在的东西，怎么能明心见性呢？如果真的明心见性，就一定要知道“天下没有性理之外的其他事物，而性理又无时无处不体现出来”，那么也不会从人伦中出来而将其视作外在的东西了。现在既然如此，就偏于空寂而不能真正知道心、性、体、用的全部道理，的确如此啊！程子说其（佛教）“言论没有不周普遍的，实际上却是外于伦理”，难道不是这样吗？

余读《泰》《否》卦辞，“内君子而外小人，君子道长，小人道消”，为“泰”；“内小人而外君子，小人道长，君子道消”，为“否”。因是以念诸葛武侯之言，曰：“亲贤臣，远小人，此先汉所以兴隆；亲小人，远贤臣，此后汉所以倾覆。”呜呼！岂独汉室也哉！历观数千载以来，家国天下之治乱兴亡，未有不原于此者。若武侯之言，可谓深得《大易》[①]之旨，而足为万世之明戒矣。

【注释】①《大易》：即《周易》。

【译文】我读了《泰》《否》两卦的卦辞，“内君子而外小人，君子道长，小人道消”，为“泰”；“内小人而外君子，小人道长，君子道消”，为“否”。由此而想到诸葛亮的话，他说：“亲近贤臣，远离小人，这就是先汉兴隆的原因；亲近小人，远离贤臣，这就是后汉衰败的原因。”哎！难道唯独汉朝是这样吗！纵观几千年以来，家国天下的治乱兴亡，没有不是这个原因的。武侯的话，可以说是深得《周易》的宗旨，而足以成为世世代代的训诫了。

“尽心”工夫，全在“知性”“知天”上。盖性即理，而天即理之所从出。人能知性、知天，则天下之理无不明，而此心之体无不贯；苟不知性、知天，则一理不通，而心即有碍，又何以极其广大无穷之量乎？是以知尽心工夫，全在知性、知天上。

【译文】“尽心”的工夫，全在“知性”“知天”上面。因为性即理，而天即是理的来源。人能知性、知天，那么天下的道理也没有不明白的，而这个心的本体没有不贯通的；如果不能知性、知天，那么一个道理不贯通，而心就有障碍，又如何达到广大无穷的境界呢？因此可以得知尽心工夫，全在知性、知天上面。

“不怨天，不尤人”，理当如是。

【译文】“不埋怨天，不责怪人”，按理应该如此。

人之出处，当安于义命；不安于义命，妄也。

【译文】人的出仕和隐退，应当安于义命；不能够安于义命，就是一种狂妄的表现。

修德行义之外，当一听于天；若计较利达，日夜思虑万端，而所思虑者又未必遂，徒自劳扰，只见其不知命也。

【译文】修养德行、行使正义之外的事情，就应该听命于天；如果计较利弊得失，日日夜夜思虑万端，而所思虑的事情又未必能实现，白白地劳扰自身，这就是不知命啊。

安往而非事？安往而非道？人惟当即所遇以为其事，则道无不安矣；苟不能安于所遇，在此念彼，则不能以道自处，审矣。

【译文】遇到的什么不是事呢？遇到的什么不是道呢？人只有就所遇到的才认为是事，那么道没有不安的了；如果不能安于所面对的境遇，在这里想那里，就不能以道来坚守自己，的确如此啊。

“博文”是明此理，“约礼”是行此理。

【译文】“博文”是明白这个理，“约礼”是践行这个理。

《临》卦当十二月阳刚浸长之时，而以来年八月阳消阴长为戒。圣人之虑远矣。

【译文】《临》卦在十二月阳刚逐渐增长的时候，便以来年的八月阳消阴长为警戒。圣人的担心忧虑很长远啊。

余在沅辰，令一小童烧栗，忽壳破，声爆可畏。盖热气在内不得出，故奋裂而有声。先儒论雷霆之理，盖如此。

【译文】我在沅辰，让一个小孩烧栗子，忽然壳破了，声音爆裂可怕。大概是因为热气在里面不能出去，所以爆裂而有声响。先儒谈论有关雷霆的道理，大概也是这样。

朱子释“弥高”“弥坚”曰“无穷尽”。释“在前”“在后”曰“无方体”。盖“无穷尽”者，理之大而不可限量；“无方体”者，理之妙而无所不在。其实一也。

【译文】朱熹把“弥高”“弥坚”解释为“无穷尽”。把“在前”“在后”解释为“无方体”。“无穷尽”，说的是理非常广大而不可限量；“无方体”，说的是理的妙用无所不在。其实说的是一回事。

“枢始得其环中[①]，以应无穷”，庄生形容道体之言也。

【注释】①环中：圆环的中心。庄子用以比喻无是非之境地。

【译文】“枢始得其环中，以应无穷”，这是庄子形容道体的话。

元来只一理，贯彻天地万物，分之不为少，合之不为多也。

【译文】原本只有一个理，能够贯通天地万物，分开来不为少，合起来也不算多了。

“无欲”非道，入道自“无欲”始。

【译文】“无欲”不是道，但要进入道就应该从“无欲”开始做起。

无一物而外理者。

【译文】没有一个事物是在理之外的。

举目而物存，物存而道在，所谓“形而下”“形而上”者是也。

【译文】张开眼睛就能看到万物存在，万物存在而道也就存在，这就是所谓的“形而下”“形而上”了。

“道”本无名，姑以万物万事必由是以行，故强名之曰“道”耳。

【译文】“道”原本没有名字，姑且因为万事万物由此而行，所以勉强称之为“道”了。

读书当因其言以求其所言之实理于吾身心，可也；不然，则滞于言语，而不能有以自觉矣。

【译文】读书应当根据其中的话来寻求言语在我身心所表达的真实道理，这样是可以的；不然，如果仅仅滞留在言语上，就不能自己察觉了。

是何足与言仁义也？庄周有之，其不恭莫大焉。

【译文】怎么值得与他谈论仁义呢？庄子就有这种心，他的不恭敬非常严重啊。

天以“一”故实，地以“二”故虚。

【译文】天因为得理气之源所以呈现实象，地因为分阴分阳所以呈现虚象。

“利贞”者乾之静也，“元亨”者乾之动也；动不生于动而生于静，静不生于静而生于动，“互根”之谓也。

【译文】“利贞”是乾卦中静的表现，“元亨”是乾卦中动的表现；动不生于动而生于静，静不生于静而生于动，这说的是“互根”啊。

“导友善，不纳，则当止。”宜体此言。

【译文】“劝导朋友做善事，（朋友）不采纳，那么就应当停止了。”应该仔细体会这些话啊。

不可因小人包承而易其志。

【译文】不能因为小人的奉承而改变志向。

未合者，不可强言以钩之。若然，则近于“谲”。

【译文】不能相合的人，不可以勉强与他交往。如果非要这样的话，那就接近于“诡诈”了。

“慎言其余”，深有味。

【译文】“慎言其余”，这句话意味深长。

诚不能动人，当责诸己。

【译文】真诚不能打动人，就应当反求自己。

韦应物诗曰：“所愿酌贪泉，心不为磷缁。”亦可以为守身之戒。

【译文】韦应物的诗中写到：“希望喝了贪泉的水，内心仍然磨不透染不黑。”这也可以作为守身的警戒啊。

张子曰：“当知天下国家无皆非之理。”盖人能仁必实仁，自足以得亲；义必实义，自足以得君；礼必实礼，自足以事长；知必实知，自足以治人；信必实信，自足以得友。如是而不得者，命也，亦何责人之有！若在己者皆不能尽，一有不得，即怀责人之心，是岂君子之道哉？故学至于不责人，则其学进矣。

【译文】张载说："应当知道没有一无是处的天下国家。"这大概是因为人如果能有真实的仁德，自然能够得到亲人的认可；能够有真实的义行，自然能够得到君长的赏识；有真实的礼敬，自然能够事奉长上；有真实的智慧，自然能够管理人；有真实的信用，自然能够得到朋友的信任。像这样而得不到的，那就是天命了，又有什么需要责怪他人的呢！如果本该自己承担的责任和义务都不能尽到，一旦有得不到的东西，就有责人之心，这哪里是君子之道啊？所以说学习到了不责怪别人的地步，那么其学问就进步了。

"一故神"，太极也；"两故化"，阴阳也。

【译文】"一故神"，说的是太极；"两故化"，说的是阴阳。

水柔石刚。石为水渐浸荡薄之久，销削剥落。刚不能胜柔，此亦可见。

【译文】水柔弱而石头刚硬。石头被水浸泡的时间越长，就会逐渐不断被侵蚀剥落。刚不能胜柔，从这里也可以看到。

不能感人，皆诚之未至。

【译文】不能感动人，都是因为真诚还不够。

太极一圈，中虚无物，盖有此理而实无形也。

【译文】太极一圈，中间空虚无物，因为有这个道理而实际上没有形体表现出来。

“无极而太极”，惟“无形而有理”一言括尽。

【译文】“无极而太极”，只有“无形而有理”这一句话概括得尽。

扬子“四重”“四轻”[1]之说，吾有取焉。

【注释】①四重”“四轻”：出自扬雄《扬子法言·修身卷第三》：曰：“何谓四重？”曰：“重言，重行，重貌，重好。言重则有法，行重则有德，貌重则有威，好重则有观。”“敢问四轻。”曰：“言轻则招忧，行轻则招辜，貌轻则招辱，好轻则招淫。”

【译文】扬雄“四重”“四轻”的说法，我是赞同的。

学以静为本。

【译文】学习应当以静心为根本。

常沉静，则含蓄，义理深，而应事有力。

【译文】一个人能做到时常沉静，那么就会含蓄，有深厚的义理，从而处事很有能力。

少言沉默最妙。

【译文】少说话，能保持沉默最好。

厚重、静定、宽缓，进德之基。

【译文】厚重、静定、宽缓，这些是增进德行的根基。

无欲，则所行自简。

【译文】没有私欲，那么行为处事就会自然而然的简约。

读朱子《语录》，不若读《易本义》《四书集注章句》《或问》诸手笔之书为定论。有余力，则参考《语录》之类可也。

【译文】读朱熹《语录》，不如读《周易本义》《四书章句集注》《四书或问》等这些由朱熹亲手所作、有定论的书。如果有余力，那么参考《语录》之类的书也是可以的。

科举之文，盛而理明者，间有之；因而晦者，尤多矣。

【译文】科举的文章，盛大而道理明白的，偶尔有之；承袭前人并且晦涩难懂的，尤其多啊。

才欲“修辞以立诚”，则言自简，是何也？以可言者少也。

【译文】才想到“通过修饰言辞来建立真诚”，而自己的言语就很简约，这是为什么呢？因为可以说的很少啊。

“必有事焉而勿正”①，与“正其谊不谋其利，明其道不计其功”②之语略同。但董子就事言，孟子就理言。

【注释】①必有事焉而勿正：出自《孟子·公孙丑上》。意为对于一定要发生的事情先不要有所预期。②正其谊不谋其利，明其道不计其功：出自《汉书·董仲舒传》。意为端正道义却不谋取私利，阐明道德却不计较自己的功劳。

【译文】“必有事焉而勿正”，与“正其谊不谋其利，明其道不计其功”这句话的含义大略相同。但董子是从事上说的，孟子是从理上说的。

"六虚"[1]者，卦爻六位皆虚，随所值或阳或阴居之。

【注释】①六虚：《周易》六十四卦每卦六爻的位置。爻分阴阳，每卦之爻变动无定，故爻位称虚。

【译文】"六虚"，是说卦爻六位皆虚，根据其所遇到的或阳或阴的位置来作为居所。

四方、上下、远迩、内外，在在处处皆是理之充塞，而生物之机未尝息，视之虽不可见，然冲漠无朕之中，万象森然已具，所谓"无极而太极"也。

【译文】四方、上下、远近、内外，到处都是理在充满周遍，而生物的生机从来没有停息，用眼睛看它虽然看不见，然而在世界万物形成之前的无形无际的虚寂状态中，万事万物之理早已具备了，这就是所谓的"无极而太极"。

敬则中虚无物。

【译文】内心恭敬则能保持虚空无物。

自敬则人敬之，自慢则人慢之。

【译文】自己能保持恭敬，那么别人也会尊敬他；自己很傲慢，那么别人就会轻慢他。

不行而至，此神之妙也。

【译文】不必行动而能够到达，这真是神妙的作用啊。

处人之难处者，正不必厉声色与之辨是非，较长短，惟谨于自修，愈谦愈约，彼将自服；不服者，妄人也，又何校[①]焉！

【注释】①校（jiào）：计较；考虑。

【译文】与难以相处的人相处时，不必声色严厉地与他争辩是非，计较长短，只有在自我修养方面谨小慎微，越谦虚越守礼，别人就会心悦诚服；如果有不服气的，只不过是狂妄的人罢了，又有什么值得计较的呢！

涵养深，则怒已即休，而心不为之动矣。

【译文】如果一个人涵养的工夫足够深，那么即使他发怒的话也会很快停止，而心不为所动。

人于声色臭味之乐，取快须臾，真所谓过客止耳，何苦深溺其中，而害吾固有之德哉？

【译文】人们在声音、颜色、气味、味道等方面的快乐，只是片刻的快乐，真是过客而已，何苦要沉溺于其中，而戕害我本有的德性呢？

自修，则人不得以非理相加，所谓“不恶而严”也。

【译文】一个人如果能自我修养，那么别人就不能以不合理的要求施加在他的身上了，这就是所谓“不恶而严”的意思吧。

法未有久而无弊者。周之封建，初则藩屏王室，翼戴天子，未尝不善也；至于春秋之间，则有尾大不掉之势，而周因以微；秦矫其失罢侯置守，又以孤立无助而亡；汉又惩秦失，遂大封同姓，至景帝有“七国之变”；武帝下推恩之令，诸侯王削弱，而王莽又得奋其奸；魏仍汉末之失，宗室疏远，而晋得以窃其国；晋鉴魏亡，分封太广，而骨肉自戕，夷狄因之以乱华。由是观之，法虽善，久必有弊，要在随时以审其势之轻重以救之，勿使至于偏甚，则善之善者也；不然，则积之久至于偏甚而不可举正，自有大可虑者生乎其间矣。

【译文】法制没有时间一久而无弊端的情况。周王室的封建制度，刚开始是保卫王室，拥戴天子，没有不好的；到了春秋战国时期，就出现了尾大不掉的趋势，因此出现周王室衰微的趋势；秦朝纠正其错误而废除分封，设置郡县，又因为孤立无助而灭亡；汉朝又借鉴秦朝的过失，于是大封同姓诸侯，到汉景帝时有“七国之变”；随后，汉武帝颁布推恩令，诸侯王削弱，而王莽又得以施展奸诈的计谋；魏重复汉末的失误，使得宗室疏远，导致晋从中窃取了国家；晋鉴于魏灭亡的教训，于是广泛分封，使得骨肉相残，因此夷狄来扰乱华夏。由此看来，法制虽好，时间长了就会有弊端，关键在于随时能够审视其时势的轻重来补救，不要使其过于偏颇，那就算是非常完善的了；否则，积累那么多年的弊端而不可改正，就会有非常值得忧虑的情况出现了。

“时中[①]”似“义”字。

【注释】①时中：儒家谓立身行事，合乎时宜，无过与不及。中，即中庸之道，在天地自然之道的正中运行，既不太过，又无不及。时，指与时势一致。

【译文】“时中”就如同“义”字的含义一般。

“时中”是活法而不死；“执中”[①]是死法而不活。

【注释】①执中：语见《孟子·尽心上》：“子莫执中，执中为近之，执中无权，犹执一也。”指执着于一个僵化的原则和标准。

【译文】“时中”是灵活运用法度而不死守教条；“执中”是死守法度而不灵活运用。

不可因喜而蹉过当为之事。

【译文】不可因高兴而耽误应该做的事情。

才舒放即当收敛，才言语便思简默。

【译文】才舒放就应当收敛，才说话就应该考虑沉默不语。

只于坐次，便见“时中”之义。坐，一也：我尊人卑，我坐于上，人坐于下，中也；我与人同等，相对而坐，中也；我卑人尊，人坐于上，我坐于下，中也。行，一也：我长人幼，我先人后，中也；我幼人长，我后人先，中也。至于当语而语，语为中；当默而默，默为中。中无定体，乃所谓“时中”也。

【译文】只在座次方面，就可以见“时中”的意思。坐，是一个例子：我地位尊贵而别人卑微，那么我坐在上面，别人坐在下面，这是中；我和别人地位同等，那么彼此就面对面而坐，这是中；我地位卑微而别人尊贵，别人坐在上面，我坐在下面，这是中。走，也是一个例子：我年长而别人年幼，那么我先走别人随后，这是中；我年幼别人年长，那么我后走别人先走，这是中。至于该说话的时候说话，说话为中；该沉默的时候沉默，沉默是中。中没有固定的形体，这就是“时中”的意思。

有益者不为，无益者为之，所以苦其劳，而不见成功。

【译文】有益处的不去做，没有益处的却来做，这就是辛苦劳累，而不见成功的原因啊。

不可乘喜而多言，不可乘快而易事。

【译文】不可以乘着高兴而多说话，不能乘着快速而改变事情。

唐初边将未有久握兵者。至天宝间，李林甫为固宠之计，杜绝边将入相之路，遂致拥兵年久，而成藩镇之势。

【译文】唐朝初年的守边将领从来没有长时间手握重兵的。到了天宝年间，李林甫为了得到皇帝的专宠，杜绝边将入相的路，结果导致边将拥兵时间久，而形成藩镇割据的态势。

须要有包含，则有余意；发露太尽，则难继。

【译文】一个人应该要有包容之心，那么才有余意；发泄暴露太尽，则难以长久。

势到七八分即已，如张弓然，过满则折。

【译文】气势到七八分就应该停止了，如同张开的弓一样，太过满了就会折断。

因喜而多言，觉气流而志亦为动。

【译文】因高兴而多说话，会觉得气息流散而心志也有所动摇。

常默最妙。己心既存，而人自生敬。

【译文】常常静默最妙。自己的心性已经存养，那么别人就会生出敬意来。

轻言轻动之人，不可以与深计；易喜易怒者，亦然。

【译文】轻易说话、轻举妄动的人，不可以与之深谋远虑；容易高兴、容易发怒的人，也是如此。

闻事不喜不惊者，可以当大事。

【译文】听闻事情能够做到不喜不惊的人，可以担当大事。

小事易动，则大事可知；大事不动，则小事可知。

【译文】遇到小事情容易激动，那么大的事情就可以知道了；遇到大事而不为所动，那么小的事情也就可以知道了。

自修为要。

【译文】修养自己是十分必要和关键的。

应事接物，惟在“时中”。

【译文】应事接物，主要在于做到“时中”。

人当自信、自守。虽称誉之，承奉之，亦不为之加喜；虽识谤之，侮慢之，亦不为之加沮。

【译文】人应当自信、自律。即使有人称赞他，奉承他，也不会为之而高兴；即使有人诽谤他，轻慢他，也不会为之而沮丧。

和而敬，敬而和，处众之道。

【译文】和谐而恭敬，恭敬而和谐，这是处众的方法。

不可因人曲为承顺而遂与之合，惟以义相接，则可以与之合。

【译文】不能因为人委屈顺从而与之结合，只有以道义相连接，才可以与之结合。

轻言则纳侮。

【译文】轻易说话就容易招致侮辱。

自喜，则自矜之心生。

【译文】自我欣赏，那么自负、自夸之心就容易产生。

张文忠公[①]曰："左右非公故，勿与语。"予深体此言，吏卒辈不严而栗然也。

【注释】①张文忠公：即张养浩（1270—1329），字希孟，号云庄，谥文忠，元代政治家、文学家。

【译文】张文忠公说："左右的人不是公职人员，不要跟他说话。"我深深体会这句话，官吏士兵们对此不严而栗啊。

待吏卒辈，公事外不可与交一言。

【译文】对待官吏士兵们，除了公事之外不可与他们谈论一句话。

待下固当谦和，谦和而无节，反纳其侮，所谓“重巽，吝”也；惟和而庄，则人自爱而畏。

【译文】对待下属应该谦虚温和，但谦虚温和而无节制，反而招致侮辱，这就是所谓的“重巽，吝”的意思；只有对待下属温和而庄重，那么别人才会爱戴而敬畏自己。

周子曰：“天下势而已，在乎早识而亟反之。”余论前古封建之势，意亦如此。

【译文】周敦颐说：“天下的事不过是顺应形势变化罢了，要点在于及早认识而迅速拨乱反正。”我论古代封建之形势，意思也是这样。

慎动，当先慎其“几”于心，次当慎言、慎行、慎作事，皆慎动也。

【译文】谨慎行动，首先要在心上谨慎“几微”之处，其次要谨慎说话、谨慎行为、谨慎行事，这些都是谨慎行动了。

凡作事谨其始，乃所以虑其终，所谓“永终知敝”[①]是也；不能谨始虑终，乘快作事，后或难收拾，则必有悔矣。

【注释】①永终知敝：见《周易·归妹卦》：“泽上有雷，归妹，君子以永终知敝。”意为君子当长久地保持夫妇之道不可淫佚而敝坏此道。

【译文】凡是做事都要谨慎其开始，才可以考虑结局，这就是所谓的“永终知敝”了；不能谨慎开始并且考虑结局，很快地做事，后来一旦难以收拾，那就一定会后悔了。

事才入手，便当思其发脱。

【译文】事情刚刚入手，就应当思考事情的发展变化。

事已往，不追最妙。

【译文】事情已经过去了，不再追悔是最好的。

“理一[①]”，乃所以包乎“分殊”；“分殊”，即所以行夫“理一”。“分殊”固在乎“理一”之中，而“理一”又岂离“分殊”之外哉？

【注释】①理一:“理一”“分殊”是宋明理学里关于“一理”与“万物”关系的重要命题。即天地间有一个理,而这个理又能在万事万物中得以体现,也即每个事物中存在自己的一个理。

【译文】“理一”,包含了“分殊”;“分殊”,即为了体现“理一”。“分殊”就在“理一”之中,而“理一”又怎么会离开“分殊”之外呢?

接下言贵简,不可一语冗长。

【译文】接待下人说话贵在简洁,不可说一句啰嗦的话。

发言须句句有着落方好。人于忙处,言或妄发,所以有悔;惟心定则言必当理,而无妄发之失矣。

【译文】发言必须句句有着落才好。人在忙的时候,说话可能会随意出口,所以会有后悔;只有心神安定,说话才能合理,而没有随意说出所导致的过失啊。

有一毫取人之意,则言必谀,貌必谄,所谓“巧言令色,鲜矣仁”[①]也。

【注释】①巧言令色,鲜矣仁:语出《论语·学而》。意思是花言巧语,假装和颜悦色的样子,这种人的仁心是很少的。

【译文】有一丝毫想从别人那里取得好处的想法，那么说话就会奉承，容貌就会谄媚，这就是所谓的“巧言令色，鲜矣仁”了。

只理顺，便是行道。

【译文】只有顺应道理，才是践行圣人之道。

人能于言动事为之间不敢轻忽，而事事处置合宜，则“浩然之气”[①]自生矣。

【注释】①浩然之气：浩大刚正的精神。浩，盛大、刚直的样子。气，这里指精神。语出《孟子·公孙丑上》：“我善养吾浩然之气。”

【译文】人如果能在说话做事之间不敢轻视怠慢，而每件事都能处置合理，那么“浩然之气”就自然产生了。

《诗》之变者何其多，而正者何其少邪？是皆气化人事之自然也；《易》之阳奇阴偶亦然。噫！

【译文】为什么《诗经》里的变风变雅是如此之多，而正风正雅如此之少呢？这都是天道人事变化的自然现象；《周易》的阳奇阴偶也是这样。唉！

程子作字甚敬，曰：“只此是学。”余谓“洒扫应对[①]”亦然。“洒扫应对”之所以然，即“精义入神[②]”之妙也。

【注释】①洒扫应对：即洒水扫地等日常家务的教育和待人接物的处世教育。这是传统教育的基本内容之一。②精义入神：精研事物的微义，进而达到神妙的境地。语出《周易·系辞下》：“精义入神，以致用也。”

【译文】程颢写字时很恭敬，说：“这样才是学。”我说“洒扫应对”也是这样。“洒扫应对”之所以重要，是因为这是“精义入神”的妙用啊。

“洒扫应对”，虽小子事尊长之礼，然礼即天理之节文[①]，精粗本末又岂二乎？

【注释】①节文：制定礼仪，使行之有度。

【译文】“洒扫应对”，虽然是小辈事奉长辈的礼节，但礼就是天理的节文，从精粗本末而言又怎么是两回事呢？

读书至圣贤言不善处，则必自省，曰：吾得无有此不善乎？有不善则速改之，毋使一毫与圣贤所言之不善有相似焉；至圣贤言善处，则必自省，曰：吾得无未有此善乎？于善则速为之，必使事事与圣贤所言之善相同焉。如此，则读书不为空言，恶日消而善日积矣。

【译文】读书读到圣贤所说的缺点，就必须自我反省：我没有这些缺点吗？有缺点就迅速改正，不要让自己有一点与圣贤所说的缺点相似；至于圣贤所说的优点，就必须自我反省：我到底有没有这些优点呢？对于善事就立刻去做它，一定要让每件事和圣贤所说的善相同啊。像这样，读书就不会流于空言，恶就会每天减少而善就会每天增加了。

“费”是“隐”之流行处，“隐”是“费”之存主处。“体用一源，显微无间。[①]”

【注释】①体用一源，显微无间：出自程颐《伊川易传》。体，即本原、本体。用，即显现、作用。隐微的理与显著的象，二者统一，没有间隙。无形的理，当以物象来显示其意义和功能，而有形之象，本于无形之理。所谓一源，即源于一理，理为根本。

【译文】“广大”是“隐微”的盛行发用处，“隐微”是“广大”的存储包含处。“体用一源，显微无间。”

如阴阳五行流行，发生万物，“费”也；而其所以化生之机不可见者，“隐”也。

【译文】比如阴阳五行流行，产生万物，这就是“费”；而之所以能化生的气机不能够显现，这就是“隐”了。

常默可以见道。

【译文】时常静默就可以看到道了。

“活泼泼地[①]”，“无物不有，无时不然”，只是生生之机。

【注释】①活泼泼地：宋明理学家常用的一个词语。一般认为有自然灵活、广布充满、秩序层次等意义。

【译文】“活泼泼地”，“无物不有，无时不然”，这些都是道体生生不息的征兆。

德进则言自简。

【译文】德行增进那么言语自然就简约了。

“修辞以立诚”[①]，则言不妄发。

【注释】①修辞以立诚：出自《周易·乾·文言》。意指写文章应表现出作者的真实意图。

【译文】“修辞以立诚”，那么说话就不会随意地出口了。

欲深，欲厚，欲庄，欲简。

【译文】要深邃，要厚重，要庄敬，要简约。

多言，最使人心志流荡而气亦损；少言，不惟养得德深，又养得气完，而梦寐亦安。

【译文】多说话，最容易使人心志流荡而减损元气；少说话，不只是培养德行深厚，又能够使得元气饱满，并且睡梦也安稳。

常乘快不觉多言，至夜枕席不安，盖神气为多言所损也。此虽近于修养之说，然养德亦自"谨言"始。

【译文】经常趁着快乐不知不觉就多说话，到了晚上睡觉不安，大概是精神、元气由于多说话而损耗了。这虽然接近修身养性的学说，但是养德也该从"谨言"开始。

养之深，则发之厚；养之浅，则发之薄。观诸造化可见。穷冬大寒，天地闭塞，而元气蓄藏既固，至春则发达充盛而不可遏；若冬暖元气露泄，则春亦生物不盛，而疫疠作矣。

【译文】培养的深，就生发的厚；培养的浅，就生发的薄。观察万物的造化便可看到。严冬寒冷，天地闭塞，元气储备就很牢固，到了春季就生长得茂盛而不可遏制；如果冬天温暖，元气便会泄露，那么春天就会生长得不繁盛，并且瘟疫也会因此而产生了。

矫轻警惰，只当于心志、言动上用力。

【译文】改变轻慢，警惕懒惰，只应在思想意志、言语行动上用功。

宋太祖若能大居正，以天下传子，可也；必若重违[①]母氏之命，为宗社之计，亦宜早断；当断不断，致晋邸生疑，而有灯影离席逊避之变。昔鲁隐公欲传位桓公而不即授，乃使营菟裘[②]曰："吾将老焉。""将"之一词，卒致钟巫[③]之及，其事正与宋祖相类。当时秉史笔者，皆其臣子，义所当讳，故为微词，而其事迹晦昧不彰于后世。窃谓晋邸之罪，固不可胜诛矣；而宋祖乃所谓"为人君父，不通《春秋》之义者，必蒙首恶之名"乎！

【注释】①重违：犹难违。②菟裘：古邑名。春秋鲁地，在今山东泰安东南楼德镇。后世因称士大夫告老退隐的处所为"菟裘"。典出《左传·隐公十一年》："羽父请杀桓公，以求大宰。公曰：'为其少故也，吾将授之矣。'使营菟裘，吾将老焉。"③钟巫：神名。春秋时诸侯及大夫立以为祭主。典出《左传·隐公十一年》："公之为公子也，与郑人战於狐壤，止焉。郑人囚诸尹氏，赂尹氏而祷于其主钟巫，遂与尹氏归而立其主。十一月，公祭钟巫，齐于社圃，馆于寪氏。壬辰，羽父使贼弑公于寪氏，立桓公而讨寪氏，有死者。"

【译文】宋太祖如果能遵循常道以处事，把天下传给儿子，这是可以的；如果难违他母亲的命令，为天下国家考虑，也应该早点决断；当断不断，导致晋王府中产生怀疑，而有“烛影斧声”的政变。从前鲁隐公想传位给桓公，但没有立即传，于是派人在菟裘营造告老的居所，说：“我即将告老退休了。”“将”这一个词，最终导致“钟巫”之事，这件事正与宋太祖相类似。当时秉笔直书的史官，都是他的臣子，按理来说应当避讳，所以有一些隐晦的批评，但他的事迹晦暗不明，不被后世知晓。我私底下认为晋王的罪恶，当然是不可以杀尽的了；但宋太祖才是所谓的“作为君主、父亲，若不通晓《春秋》大义，一定会蒙受首恶之名”啊！

“隐”者，无声无臭之妙也。

【译文】“隐而不显”的，正是上天没有声音没有气味而化育万物的妙用啊。

常充无欲害人之心。

【译文】应该常常扩充不伤害他人之心。

知天地万物为一体，则能爱矣。

【译文】知道天地万物是一体的，那么就能懂得如何去爱了。

行其无事[1]，则顺理矣，顺理则心安而体适。

【注释】①行其无事：出自《孟子·离娄下》："禹之行水也，行其所无事也。"意即大禹治水时顺势而为，做的是不违反自然的、好像无为的事。

【译文】让事情顺其自然地运行，那么就顺理成章了，顺理成章那么就心神安定而身体舒适了。

文中子[1]曰："僮仆称恩，可以从政矣。"

【注释】①文中子（584—617）：即王通，字仲淹，门人私谥曰"文中子"。隋朝河东郡龙门县通化镇（今山西省万荣，一说山西河津）人，著名教育家、思想家。

【译文】文中子说："如果仆人都能够称颂他的恩德，那么就可以从事政治了。"

文中子曰："同不害正，异不伤物。"

【译文】文中子说："赞同要不违背公正，反对却不伤及外物。"

文中子曰："多言不可与远谋，多动不可与久处。"

【译文】文中子说："说话多的人不可以与之深谋远虑，好动的人不可以与他长久相处。"

文中子曰："我未见欲仁好义而不得者也，如不得，斯无性者也。"此言近理。

【译文】文中子说："我还没有看到喜好仁义而不可得的情况，如不能得到，这是违背了本性的原因。"这句话很有道理。

经书所载，皆天地间事；天地间事，皆吾分内事。知天地间事皆吾分内事，则德盛而不矜，功大而不伐矣。

【译文】经书所记载的，都是天地之间的事情；天地之间的事情，都是我分内的事情。知道天地之间的事情都是我分内的事情，那么就会道德隆盛而不骄矜，功劳巨大而不自夸了。

须是尽去旧习，从新做起，乃有进。张子曰："濯去旧见，以来新意，极有益。"宣德五年闰十二月初二日夜，余在辰州府分司，睡至五更，忽念己德所以不大进者，正为旧习缠绕，未能掉脱，故为善而善未纯，去恶而恶未尽，当自今一刮旧习，一言一行，求合于道，否则匪人矣。

【译文】必须是完全去除旧的恶习，从新做起，于是才会有进步。张载说："洗去旧的见解，获得新的创见，这是非常有好处的。"宣德五年闰十二月初二那天的夜晚，我在辰州府工作，睡到五更黎明时分，忽然想到自己的德行不能较大的增进，正是由于旧的恶习缠绕，不能摆脱，所以行善而善不能纯粹，去恶而恶不能尽除，应当从现在开始全部清除旧习，一言一行，力求合于道，否则就不是人了。

德不进，病在意不诚；意诚，则德进矣。

【译文】德行不增进，病根在于意念不真诚；意念真诚，德行就能增进了。

安于故习，则德不新。

【译文】安于固有的习气，那么德行就不会进步。

性本自然，非人所能强为也。顺其自然，所谓"行其所无事"也；有所作为而然，则凿矣。

【译文】性原本是自然的，不是人能强迫做的。顺其自然，就是所谓"行其所无事"的意思；有刻意的作为的话，那么就穿凿附会了。

“理一”犹一大城子，无不包罗，其中千门万户，大衢小巷，即所谓“分殊”也；“理一”所以统夫“分殊”，“分殊”所以分夫“理一”，其实一而已矣。

【译文】“理一”就像一个大城，没有什么不包罗，其中的千门万户，大街小巷，就是所谓的“分殊”的意思；“理一”统驭“分殊”，“分殊”分有“理一”，其实都是相互统一的。

实有向道之心，则道必进。

【译文】如果确实有向道之心，那么道德就会增进。

近看得处事有二法：“知”以别可否；“义”以决取舍。斯无过举矣。

【译文】最近看到处事有两种方法：“知”用来判断是否可以；“义”用来决断取舍。这样做的话就没有过错了。

处事便当揆之以义。

【译文】处理事情就应当要考察是否符合道义。

当于心、意、言、动上做工夫，心必操，意必诚，言必谨，动必慎。内外交修之法也。

【译文】一个人应当在心、意、言、动上做功夫，心志必须操持，意念必须真诚，言语必须恭敬，行为必须慎重。这是内外双修的方法。

若胸中无物，殊觉宽平快乐。

【译文】如果心中没有什么东西挂碍，就会觉得宽阔、平静而快乐。

一念之非即遏之，一动之妄即改之。

【译文】一个错误的念头就立即遏制住，一个轻妄的举动随即改正掉。

心虚有内外合一之气象。

【译文】心中保持虚空状态就会有内外合一的气象。

公则人己不隔，私则一膜①之外便为“胡越”②。

【注释】①膜：比喻细微的间隔。②胡越：胡在北，越在南，比喻相隔遥远。

【译文】一个人能公正的话，那么别人和自己就不会有隔阂，如果有私心的话，那么一膜之外便是“胡越”。

发奋诚心要做好人，一切旧习定须截断。

【译文】发奋诚心要做一个好人，所有旧的恶习必须斩断。

古人功名不立，有忧“老之将至”者；吾于道德无成，亦忧“老之将至”。诚心如此。

【译文】古人如果没有建立功名，就有“衰老将要到来”的忧虑；我在道德上没有什么建树，也担心“衰老将要到来”啊。真诚心就应该如此。

万起万灭之私，乱吾心久矣，今当悉皆扫去，以全吾湛然之性。

【译文】万起万灭的私念，扰乱我的心已经很久了，现在要全部都扫除，以保全我清澈湛然的本性。

见枯树则心不悦，见生荣之花木则爱之，亦可验己意与物同也。

【译文】看见枯树就心里不高兴，看见生长茂盛的花木就喜爱，这也可以验证自己的意念想法与外物是相通的。

静中有无限妙理皆见。

【译文】在静观中有无限的妙理都能够发现。

俯仰天地无穷，知斯道之大，觉四海为小矣。

【译文】仰观俯察天地浩渺无穷，体悟到无形无象的道体之大，便觉得四海小了。

学举业[1]者，读诸般经书，只安排作时文[2]材料用，于己全无干涉。故其一时所资以进身者，皆“古人之糟粕[3]”，终身所得以行事者，皆生来之气习。诚所谓书自书，我自我，与不学者何以异？

【注释】①举业：指应科举考试。②时文：这里特指科举应试的文章。③古人之糟粕：出自《庄子·天道》。意即（读的书不过就是）古人留下的糟粕罢了。

【译文】学习科举考试的人，读各种经书，只安排作应试文章材料用，对于自己修身等完全没有关系。所以用于一时之需来提高自己身份地位的，都是“古人之糟粕”，终身所用来做事的，都是生来的习气。真的是书是书，我是我，这与不学的人有什么不同呢？

因思：学不进，大病在见；理不明，信道不笃。今欲学道，又怕既学道，为道理拘束，与自家身心上受用外物相妨；欲不学道，又见说此是个好道理。若见理明，则必知外物之乐不如是道之乐；信道笃，则必使外物之乐不得以夺是道之乐。如是而学，其有不进者乎？

【译文】我思考到：学问不增进，主要的病根在见解；道理不明白，是因为信道不笃定。现在想学道，又怕学道之后，被道理所拘束，妨碍了自己对外物的享受；不想学道，又说这是个好道理。如果能明白道理，就一定会知道享受外物的乐趣不如学道的乐趣；信道笃定，就一定会让享受外物的乐趣不能剥夺学道的乐趣。像这样学习，有不进步的吗？

势不内重外轻，则内轻外重，权其轻重，使不至于一偏，则无患矣。

【译文】形势不内重外轻，那么就内轻外重，权衡轻重，使得不至于偏重于一个方面，就没有祸患了。

凡与人言，即当思其事之可否。可则诺，不可则无诺。若不思可否，而轻诺之事或不可行，则必不能践厥言矣。有子曰：“信近于义，言可复也。”意盖如此。

【译文】凡是与人说话，就应该思考这件事是否可做。可以就承诺，不可以就不承诺。如果不考虑是否可做，而轻易许诺的事情倘若不可行，那就一定不能履行承诺了。有子说：“所守的诺言如果符合于道义，那么所说的话就应该兑现。”意思就是这样。

朱子语录、杂论，散见于诸书者甚多，当时门人从旁记录，岂无一二之误？况传写之久乎！尝窃谓读朱子语录、杂论，不若读朱子手笔之书为无疑；然语录、杂论中有义理精确明白，发手笔之未发者，则不可不考也。

【译文】朱子语录、杂论，散见于各书的很多，当时门徒在旁边记录，怎么能确保没有丝毫的错误？何况传写的时间已经很长了啊！曾经我认为读朱子语录、杂论，不如读朱子亲笔写的书，这是毫无疑问的；然而语录、杂论中有义理精确明白，阐发了他亲手写的书中未阐发的内容，这就不能不考虑了。

子思姑举“鸢”“鱼”二物示人以道体耳，其实，盈天地间无一物而非道体之所寓也。夫子“川流”之叹，亦举一端以示人。

【译文】子思举了“老鹰”“鱼”两种动物给人讲授道体，其实，天地之间没有一物不是道体所寄托的。孔子“川流”的叹息，也是举一个例子来给人看的。

“左之左之，右之右之”[①]，无非此理识得。诚不知“手之舞之，足之蹈之”。

【注释】①左之左之，右之右之：此句出自《诗经·小雅·甫田之什·裳裳者华》：“左之左之，君子宜之。右之右之，君子有之。”意为左边有人来辅佐，右边有人来相助。

【译文】“左之左之，右之右之”，表达的无非是明白了这个理之后的状态。真是令人手舞足蹈无法言喻啊！

《西铭》[①]曰：“予兹藐焉，乃混然[②]中处。”混然则内外一致，物我无间也。

【注释】①《西铭》：宋代张载所著。②混然：浑然一体，不见痕迹。

【译文】《西铭》说：“我如此藐小，却混有天地之道于一身，而处于天地之间。”浑然一体，那么内外就是一致的，物和我都没有间隔了。

心大，则如天之无物不包；心小，则如天之无物不入。

【译文】心大，就像天一样无物不包；心小，就像天一样无物不入。

《西铭》“混”字，“塞”字，“帅”字皆一意，但有理、气[①]之别。

【注释】①理、气：中国哲学的一对基本范畴。理，即事物的条理或准则。气，即一种极细微的物质。

【译文】《西铭》中的“混”字、“塞”字、“帅”字都是一个意思，只是有理、气的区别。

斯须苟且，即非敬矣。

【译文】一个人如果行事苟且，得过且过，那就不是恭敬了。

仁则不间断，间断则非仁矣。

【译文】仁德修养不能间断，间断就不是仁了。

仁，只是此心之理与万物都相贯通，故欣戚相关而能爱；

才不贯通，便相间隔，只知有己，不知有物，欣戚[①]不相关而不能爱矣。然贯通非仁，其贯通之理，仁也。

【注释】①欣戚：喜乐和忧戚。

【译文】仁，只是这个心的理和万物都相互贯通，所以悲喜相关而能爱；如果不贯通，就相互隔绝，只知道有自己，不知道有外物，悲喜不相关而不能爱。然而贯通的不是仁，贯通它的道理，是仁。

敬，则都是一片公正的心；不敬，则无限私窃[①]的心生矣。

【注释】①私窃：私自。

【译文】恭敬，那都是一片公正的心；不恭敬，那无限的私心就产生了。

常人之言，犹有可信者；不信圣人之言，可乎？

【译文】一般人的话，还有可以信赖的；不相信圣人的话，可以吗？

曾子"忠恕"，姑借学者尽己推己，其施不穷，以著明"一贯"之体用无穷耳。其实，圣人之"一贯"，从大本大原中自然流出，初无待于尽而推也。程子曰："此与'违道不远'异者，动以天尔。”则见《论语》之“忠恕”为自然,《中庸》之“忠恕”为勉然;然“忠恕”依旧以《中庸》为定名,要在看得活,则知《论语》之“忠恕”,乃曾子借彼移上一步,以明圣人之“一贯”耳。

【译文】曾子的“忠恕”,只是借学者的尽己推己工夫,施用不尽,以阐明“一贯”的体用无穷啊。其实,圣人的“一贯”之道,从本源中自然流出,起初不必穷尽而推广。程子说:“这和‘违道不远’是不同的,是天机的发动处。”可见《论语》的“忠恕”为自然而然,《中庸》的“忠恕”为勉强而然;然而“忠恕”依旧以《中庸》为确定的名称,要领在看得灵活,就知道《论语》中的“忠恕”,是曾子用尽己推己的功夫来提点学人,说明圣人的“一贯”之道啊。

“参伍以变”①,只是以不齐之数互考之,欲见其齐耳。

【注释】①参伍以变:出自《周易·系辞上》:“参伍以变,错综其数。”参,三;伍;五。“参伍”,指“三番五次”,与“错综”互文。

【译文】“三番五次地变化研求”,只是用不齐之数互相参考,想看到其中的规律啊。

读《西铭》,不敢慢一人,轻一物。

【译文】读了《西铭》,便不敢怠慢一人,轻视一物。

读《西铭》，著不得一毫私意。

【译文】 读《西铭》，留不得一点私心。

读《西铭》，有“天下为一家，中国为一人[①]”之气象。

【注释】 ①天下为一家，中国为一人：见《礼记·礼运》：“故圣人耐以天下为一家，以中国为一人者，非意之也，必知其情，辟于其义，明于其利，达于其患，然后能为之。”耐，古“能”字。

【译文】 读《西铭》，有“整个天下和合如一家，华夏各族同心如一人”的气象。

读《西铭》，知天地万物为一体。

【译文】 读《西铭》，就知道天地万物是一体的啊！

《西铭》，天德[①]、王道[②]备焉。

【注释】 ①天德：指天地覆载化育万物的德性。②王道：见《尚书·洪范》：“无有作好，遵王之道。”意为先王正道，喻大中至正之道。儒家提出的一种以仁义治天下的政治主张，与霸道相对。

【译文】 《西铭》，天德、王道都具备了啊。

《西铭》，立心可以语王道。

【译文】《西铭》，确立心志便可以谈论王道。

读《西铭》，则知小智自私，诚可耻也。

【译文】读了《西铭》，便明白小智是自私的，实在可耻啊。

所见既明，当自信，不可因人所说如何，而易吾之自信。

【译文】所见既已明白，就应当自信，不能因为别人说怎么样，而改变我的自信。

君子取人之德义，小人取人之势利。

【译文】君子吸取人的品德和道义，小人攫取人的权势和利益。

疑人、轻己者，皆“内不足”。

【译文】怀疑别人、轻视自己的人，都是“内在不足”的人啊。

圣贤欲人皆善之心，读其书亲若见之；而不能体其心以为心，可谓自弃者矣。

【译文】圣贤希望人人都有善的心，读他们的书就如同亲眼看到一样；而不能体会他们的用心来修养自己的心性，那可以说是自我放弃啊！

不可强语人以不及。非惟不能入彼，将易吾言矣。

【译文】不可勉强告诉别人达不到的事情。他不但不能进入那种状态，还会轻视我的言论。

自孔孟后，皆不识性。荀子谓“性恶”，扬子谓“善恶混”，先儒固已辨其非矣。唐韩子《原性》，以仁、义、礼、知、信论“性”，以喜、怒、哀、惧、爱、恶、欲论“情”，独于“性情”为有见“三品之说”。盖孔子“唯上智与下愚不移①”之意，兼气质而言也，是虽不明推出“气”字，而意已在其中矣。窃谓自孟子后，论性惟韩子为精粹，又岂荀、扬偏驳者可得同年而语哉！

【注释】①唯上智与下愚不移：出自《论语·阳货》。意为只有上等的聪明人与下等的愚笨人是不可改变性情的。

【译文】从孔子、孟子以后，人们都不能辨识人性了。荀子说“性恶”，扬雄说“性善恶混”，先儒原本已经辨识清楚这是错误的了。唐代韩愈写了《原性》，以仁、义、礼、智、信论“性”，以喜、怒、哀、惧、爱、恶、欲论“情”，唯独从“性情”来阐明“三品之说”。大概是孔子“唯上智与下愚不移”的意思吧，同时兼有气质而言，这虽然没有明确推出“气”字，而意思已经在里面了。我私下认为从孟子后，论性只有韩愈最为精粹，又怎能将荀子、扬雄偏颇的观点与其相提并论呢？

“不下带而道存焉”[①]，此道不可离也。

【注释】①此句出自《孟子·尽心下》：“君子之言也，不下带而道存焉。”意为君子的言谈，讲的都是眼前的事，然而道却蕴含其中。

【译文】“不下带而道存焉”，说明道是一刻也不可离开的啊。

孔子读《烝民》之诗，曰：“为此诗者，其知道乎！故有物必有则；民之秉彝也，故好是懿德。”[①]子思《中庸》引《诗》曰：“‘维天之命，於穆不已！’盖曰天之所以为天也。‘於乎不显！文王之德之纯！’盖曰文王之所以为文也，纯亦不已。”[②]圣贤说《诗》，只加数字，转换过而义自见，未尝费词也。朱子《诗集传》，盖得此法矣。

【注释】①此句出自《孟子·告子上》。懿德：美德。②此句出自《中庸》。於穆：对美好的赞叹。

【译文】孔子读《烝民》这首诗，说：“写这首诗的人，大概是了解道啊！因此，有事物就一定有法则；老百姓掌握了这些法则，所以喜爱和崇尚美好的品德。”子思在《中庸》中引《诗经》说：“‘天命多么深远啊，永远无穷无尽！’这大概说的就是天之所以为天的原因吧。‘多么显赫光明啊，文王的品德纯真无二！’这大概说的就是文王之所以被称为‘文’的原因吧。纯粹也是没有止息的。”圣贤解说《诗经》，只加几个字，转换过而含义自然显现，从来没有浪费言词。朱熹的《诗集传》，大概也采取了这种方法啊。

机在心，当慎所发，发不以正，其害事。

【译文】关键在于心，应当谨慎所发出来的意念，如果发出来的不正当，就会妨害行事。

愈日新，愈日高。

【译文】每天不断自新，就会每天不断提高。

笃志此道，使天下之物不能尚，其庶有进乎！

【译文】将志向笃定在学道上，使天下的事物都不能高过它，这样大概就有进步了吧！

匹夫之志，未必皆出于正，而犹不可夺，况君子之志于道，孰得而夺之哉！

【译文】匹夫的志向，不一定都是出于正当的，但仍不可剥夺，更何况君子立志于学道，谁能改变呢！

势无两重之理，此重则彼轻，此轻则彼重；故道义重则外物轻，道义轻则外物重。为学之士，常使外物不能胜其道义，则此日重，彼日轻，积久惟见道义，而不复知有外物矣。

【译文】情势没有两边都重的道理，这边重则那边轻，这边轻则那边重；所以道义重则外物轻，道义轻则外物重。做学问的人，应当常常使外物不能超过道义，那么道义不断加重，外物不断减轻，积累时间长了就只看到道义，而不再知道有外物了。

因思：千古圣贤垂训炳明，盖欲人读其书，行其道也；苟徒资为口耳文词之用，而不行其道，即先儒所谓“买椟还珠”[①]也，可不戒哉！

【注释】①买椟还珠：见《韩非子·外储说左上》。原意是买来装珍珠的木匣而退还了珍珠。比喻没有眼力，取舍不当。

【译文】我思考到：自古以来的圣贤垂示教训已经十分显著，大概是希望后人读他们的书，实践他们的道；如果只是当作口耳相传的文词来使用，而不行其道，这就是先儒所说的“买椟还珠”了，能不引以为戒吗！

舍《小学》《四书》《五经》、宋诸儒性理之书不读，而先读他书，犹恶睹泰山而喜邱垤[①]也。藐乎！吾知其小矣。

【注释】①邱垤（dié）：小土山。

【译文】舍弃了《小学》《四书》《五经》、宋代诸儒关于性理的著作不读，而先读其他的书，就如同是讨厌看泰山而喜欢小土山啊。真是藐小啊！我知道这样就是很小的了。

圣人论道，多兼理气而言。如所谓“一阴一阳之谓道[①]”“形而上下[②]”之语，皆兼理气而言也。

【注释】①一阴一阳之谓道：语出《周易·系辞上》。意即一阴一阳就是“太极生两仪再生四象，继之生八卦至六十四卦乃至成之与天高”的道路。②形而上下：即形而上与形而下，是中国古代哲学术语。语出《周易·系辞上》。法则是无形的，称为形而上；器用之物是有形的，称为形而下。

【译文】圣人论说道，多兼理气一起来讲。像“一阴一阳之谓道”“形而上下”之类的话，都是兼理气一起而说的。

《太极图》上面大圈子即阴阳，中小圈子在阴阳中，见其不离；在上，见其不杂。其实一而已矣，非小圈外别有一圈为太极也。

【译文】《太极图》上面的大圈子就是阴阳，中小圈子在阴阳里，能看见它不分离；在上面，能看见它不杂乱。其实只是一体而已，不是小圈外另外有一圈为太极啊。

孔子曰："《易》有太极[①]。"又曰："一阴一阳之谓道。"又曰："形而上者之谓道，形而下者之谓器。"皆兼理气而言。周子"无极而太极"，则纯以理言。至"动而生阳，静而生阴"，则兼以气言矣。

【注释】①《易》有太极：语出《周易·系辞上》："《易》有太极，是生两仪"。意即《周易》的原始有太极，太极即阴阳未生浑茫广大之气，太极变而产生天地，是谓两仪。

【译文】孔子说："《易》有太极。"又说："一阴一阳之谓道。"又说："形而上者之谓道，形而下者之谓器。"这些都是兼理气来说的。周敦颐提出的"无极而太极"，则是单纯从理来说的。到了"动而生阳，静而生阴"，就是兼以气来说了。

"无极"立言，本欲明此理之无方所[①]，无形象耳，后人将作"虚无"之"无"看，则失周子之意矣。

【注释】①方所：方向处所，范围。

【译文】用“无极”来立言，本想阐明理没有具体的处所，没有形象，后来人们把它当作“虚无”的“无”来看，就失去了周敦颐原来的意思了。

读书录卷二

扫码听谦德
君为您导读

孔子所谓“《易》有太极”者，言阴阳变易之中，而有至极之理，是就气中指理以示人；周子“无极而太极”，言虽无形之中而有至极之理，则专以理言；至“太极动而生阳，静而生阴”，则亦兼以气言矣。学者知“无”者，太极之无形，“有”者，太极之有理，则“有无合一”。

【译文】孔子所说的“《易》有太极”，是说在阴阳变化之中，有最高的理，这是从气中指出理来给人看的；周敦颐提出的“无极而太极”，说的是在无形之中就有最高的理，这是专门从理方面来说的；到“太极动而生阳，静而生阴”，这也就同时从气上来说了。学习的人知道“无”是指太极的无形，“有”是指太极的有理，这样就是“有无合一”了。

工夫切要①，在夙夜、饮食、男女、衣服、动静、语默、应事接物之间，于此事事皆合天则，则道不外是矣。

【注释】①切要：要领，纲要。

【译文】下工夫的要领，在早晚、饮食、男女、衣服、动静、说话或沉默、应事接物之间，在这些方面事事都符合天地运行法则，那么道就不外乎此了。

阳明[①]者善也，阴浊[②]者恶也。人见天气晴明，则心意舒畅；见天气阴晦，则心意黯惨。亦可以验好善恶恶之一端[③]。

【注释】①阳明：阳光、光明。②阴浊：阴沉，昏暗不明。③一端：指事情的一点或一个方面。

【译文】阳明的是善的，阴浊的是恶的。人们看见天气晴朗，就心情舒畅；看见天气阴暗，就心情黯淡。这也可作为验证好善恶恶的一个方面。

“吉凶者，贞胜者也”。治乱兴衰，相寻[①]无端[②]，气化[③]之自然也。

【注释】①相寻：寻访，找寻。②无端：指无因由，无缘无故。③气化：泛指阴阳之气化生万物。

【译文】“吉凶的规律，说明守正可以获胜”。天下的治乱兴衰，寻找起来是没有缘由的，这是气化自然的结果啊。

眼底万物不出水、火、木、金、土，万善不出仁、义、礼、智、信。

【译文】眼睛里看到的万物不外乎水、火、木、金、土这些物质，万种善行不出仁、义、礼、智、信这些德行。

凡大小有形之物，皆自理气至微至妙中生出来，以至于成形而著。张子曰："其来也几微易简，其究也广大坚固。"

【译文】凡是大小有形状的事物，都是从理气中非常微妙之处创生出来的，以至于成形进而变得显著。张载说："它开始出现是细微、简约的，最终变得宽广高大、牢固结实。"

"元①"无亏欠，"元"无止息。

【注释】①元：即"元亨利贞"之"元"。元者万物之始，统领着天道自然，是万事万物的本源。

【译文】"元"没有亏欠，"元"没有止息。

念虑一毫杂妄即非仁，便当克去。

【译文】思虑中有一点杂乱妄想就不是仁，应该努力克服。

一念之差，心即放；才觉其差，而心即正。

【译文】一个念头的差错，心便放逸了；才察觉到其中的差错，心就归正了。

心存则理见，心放则理与我相忘矣。

【译文】心能存养则天理自然显现，心若放逸则天理与我就彼此忘却了。

水清则见毫毛，心清则见天理。

【译文】水清澈就能够看见极细微的东西，心清净就可以显现天理。

斯须[①]心不在而动，即妄矣。

【注释】①斯须：片刻，一会儿。
【译文】刹那心不存养而随意乱动，就是妄了。

习举业者，借经书之文以徼利达，而不知一言之可用，诚所谓侮圣人之言也。

【译文】准备科举考试的人，如果是借着经书的文字来谋求利禄和显达，却不知道其中的可用之处，这真是侮辱圣人的言论啊！

科目进身者有一第之后，《四书》[①]本经悉置而不观，则身心事业[②]从可知矣。

【注释】①《四书》：即《大学》《中庸》《论语》《孟子》等儒家经典。②身心事业：身心，指人的品德修养。事业，指事情的成就；功业。

【译文】有些参加科举考试的人一旦考上之后，《四书》本经全部都放置而不看，那么他的身心事业也就可以知道了。

人伦明则礼乐兴。

【译文】人伦明达那么礼乐就能振兴。

“礼”只是序，“乐”只是和。如君臣、父子、兄弟、夫妇、朋友，各得其分而不相侵越，所谓序也，序则礼立矣。君仁臣敬、父慈子孝、兄友弟恭、夫义妻听、朋友有信，所谓和也，和则乐生焉。是则人伦，礼乐之本；人伦不序不和，则礼乐何自而兴哉？

【译文】“礼”只是讲次序，“乐”只是导和谐。比如君臣、父子、兄弟、夫妇、朋友，各得其分而不互相侵犯，这就是次序，能够有序那么礼就确立了。君仁臣敬、父慈子孝、兄友弟恭、夫义妻听、朋友有信，这就是所谓的和谐，如果能做到和谐，那么乐就产生了。因此，人伦是礼乐的根本，人伦没有秩序、不和谐，那么礼乐又怎么能振兴呢？

人有斯须之不敬，则怠慢之心生，而非礼矣；有斯须之不和，则乖戾之心生，而非乐矣。故曰："礼乐不可斯须去身。"①

【注释】①礼乐不可斯须去身：出自《礼记·乐记》。意为礼乐不可片刻离开身心。

【译文】人有片刻的不恭敬，那么怠慢之心就会产生，这就不是礼了；有片刻的不和谐，那么乖戾暴躁的心就会产生，这就不是乐了。所以说："礼乐片刻都不能离开身心。"

礼者，因天理之自然而品节①之，以为制也；仁者，天理也。人而不仁，则天理亡矣，礼何自而立哉？

【注释】①品节：按等级、层次而加以节制。

【译文】礼，是因循天理的自然法则按等级、层次而加以节制，从而形成具体的制度；仁，是天理的体现。一个人如果没有仁德，那么天理就消失了，礼又从何而立呢？

读书记得一句，便寻一句之理，务要见得下落方有益。先儒谓“读书只怕寻思”。近看得“寻思”二字最好。如圣贤一句言语，便反复寻思：在吾身心上何者为是？在万物上何者为是？使圣贤言语皆有着落，则知一言一语皆是实理，而非空言矣。

【译文】读书时记得一句，就寻思一句话所蕴含的道理，一定要看到道理落实了才会有好处。先儒说“读书只怕寻思”。我最近看到“寻思”二字最好。比如看到圣贤的一句话，就反复思考：在我身心上体现的是什么？在万物上体现的又是什么？使圣贤所说的话都有着落，那么就知道一言一语都是真实的道理，而不是空话了。

程子谓“朞月三年一世，大国五年，小国七年之类，皆当思其作为如何，乃有益”。窃谓为学亦然。凡读圣贤书，于其一字一句皆当思其作为如何，乃有益也。

【译文】程子说“朞月三年一世，大国五年，小国七年之类，皆当思其作为如何，乃有益”。我私下认为学习也是这样。凡是读圣贤书，对于其中的一字一句都应当考虑其作用如何，这才是有好处的。

读书不寻思，如迅风飞鸟之过前，响绝影灭，亦不知圣贤所言为何事，要作何用。惟精心寻思，体贴[①]向身心事物上来，反复考验其理，则知圣贤之书，一字一句皆有用矣。

【注释】①体贴：细心体会。

【译文】读书不认真思考，就如同疾风飞鸟穿过跟前一样，无影无踪，也不知道圣贤所说的是什么事，作什么用。只有精心思考，向身心、事物上来细心体会，反复考查其中的道理，就知道圣贤的典籍，一字一句都有效用啊。

天于善恶必有其报，但人以浅近之见窥测天道，便谓茫昧差爽而不可信。如夏商之后，皆统承先王，修其礼物，作宾于王家，虽改姓易物，而宗庙之血食，子孙之封爵，皆与时王匹休而不泯，非其先世有大德大功于民，能如是乎？因是以观，魏晋以来以及五胡、南北朝、杨坚、五代之世，皆素无功德于天下，徒以狙诈兵力，窃命一时，皆不数传，而子孙无容足之地，庙祀遂以绝飨。则天于善恶之报，岂不明甚矣乎？

【译文】上天对于善恶都一定有其回应的，但人们往往用浅近的见解来窥测天道，便说这是愚昧有差错而不可相信的。比如夏朝、商朝的后代，都统统继承了先王的传统，完善他们的典礼文物，作王家的宾客，即使改姓换物，而宗庙的祭祀，子孙的爵位，都与当时君王媲美而不泯灭，要不是他们的先辈有大德大功于民，能这样吗？由此来看，魏、晋以来以及五胡、南北朝、杨坚、五代等时代，他们都对天下没有功德，只是因为诡诈武力，一时间获得了天命，都不能往下传，最终子孙没有立足之地，宗庙祭祀便被废除。那么上天对于善恶报应，难道不是十分清楚吗？

颜子“终日不违如愚[1]”。喋喋多言而能存者，寡矣！

【注释】①终日不违如愚：语出《论语·为政》：“子曰：‘吾与回言终日，不违，如愚。退而省其私，亦足以发，回也不愚。’”意思是，孔子说：“我整天对颜回讲学，他从不提出反对意见，像个愚笨的人。等他退下，我观察他私下里同别人讨论时，却能发挥我所讲的，可见颜回并不愚笨呀！”

【译文】颜回“终日受教不违，好像很愚笨的样子”。喋喋不休而能长久的人，实在很少啊！

人性，分而言之有五，合而言之则一；一不可见，而五则因发见者可默识也。

【译文】人性，分开来说有五个方面，合起来说则是一个方面；一个方面不可见，而五个方面则因容易显现而可以默然体会了。

“咸其辅颊舌”[1]。人未信，不可强以言聒之。

【注释】①咸其辅颊舌：出自《周易·咸卦》。意为交感相应在口头上。咸，交感，感应。

【译文】“交感相应在口头上”。别人如果不相信，就不可勉强用言语去频繁地称说。

先儒曰："他山之石，可以攻玉。①"与小人处，则动心、忍性、增修、豫防，而德乃进。

【注释】①他山之石，可以攻玉：出自《诗经·小雅·鹤鸣》。意为别的山上的石头，能够用来琢磨玉器。原比喻别国的贤才可为本国效力。后比喻能帮助自己改正缺点的人或意见。

【译文】先儒说："他山之石，可以攻玉。"与小人相处，就应该动心忍性、增强修养、加以预防，从而德行就能够增进了。

人未己知，不可急求其知；人未己合，不可急与之合。

【译文】别人还没有了解你的时候，不要急着让人了解你；别人还不能与你相处融洽时，不要急着与其相处。

闻人毁己而怒，则誉己者至矣。

【译文】听到有人批评自己就生气，那么吹捧自己的人就会到来。

人誉己，果有善，但当持其善，不可有自喜之心；无善，则增修焉可也。人毁己，果有恶，即当去其恶，不可有恶闻之意；无恶，则加勉焉可也。

【译文】别人称赞自己，果真有值得称赞的地方，应当继续保持，不可以有自喜的心；如果没有，就加强修养也是可以的。别人毁谤自己，果真有恶，就应当努力去除，不能有厌恶听到的想法；如果没有，就用来勉励自己也是可以的。

闻人毁己即怫然怒，是水不可矶[①]也。其小也固矣。

【注释】①矶：水冲击岩石。引申为激怒，触犯。

【译文】听到有人诋毁自己就勃然大怒，就像大水不可触犯一样。这个人的气量确实很小啊。

颜子“犯而不校”[①]，乃其量大无所不包，譬以寸莛[②]而撞千石之钟，固不能使之鸣也。

【注释】①犯而不校（jiào）：出自《论语·泰伯》。指受到别人的触犯或无礼也不计较。犯：触犯。校：计较。②莛（tíng）：草茎。

【译文】颜回“犯而不校”，说明他的心量很大，无所不包，譬如用草茎去撞击千石的钟，当然不能使它鸣响了。

“中庸不可能”，犹颜子所谓“如有所立卓尔；虽欲从之，末由也已”之意。

【译文】“中庸不容易做到”，就像颜回所说“夫子的道依然卓立在我的面前，我想再追上去，但总感到无路可追上去”的意思。

程子曰：“克己最难。”诚哉，斯言也！

【译文】程颢说：“克己最难。”这句话果然不错啊！

易摇而难定、易昏而难明者，人心也；惟“主敬[1]”则定而明。

【注释】①主敬：中国宋代理学家程颐提出的一种道德修养方法。敬，有谨慎的意思。

【译文】容易动摇而难以坚定、容易昏沉而难以明澈的，就是人心；只有做“主敬”的工夫才能让人坚定而明澈。

荀子“性恶”之论，先儒固已辨其非，然“粹而王，驳而霸”[1]之语则甚当。其他犹知尊二帝、三王之法，屡举以为言，以圣学律之，固极偏驳；在战国时言之，视纵横之徒为“近醇”。韩子所以取之者，以是欤？

【注释】①粹而王，驳而霸：治国之道纯粹是德治的可以尊奉为王，治国之术驳杂的可以称霸。

【译文】荀子“性恶”的说法，先儒已经辨明了他的错误，但“粹而王，驳而霸”却很恰当。其他方面比如知道尊二帝、三王的法制，多次采用这样的说法，用圣学来衡量它，当然是极其不纯正的；在战国时代来说，把纵横家看作为“近醇”。韩愈所采用的观点，是在这里吗？

荀子为人，意必、刚愎、咈戾，观其书，其气象可见；果为时用，未必不贻害于生人。

【译文】荀子的为人，臆断偏执、刚愎自用、乖张暴戾，看他的书，其气象便可以见到；如果真的为当时所用，未必不会有害于人。

知莫先于知人。荀子不取孟子、子思，则是以二子为非贤也；使其见用于时，有若孟子、子思尚不为所取，则其所取者又何等人耶？既无知人之明，而欲成治功[①]也难矣！

【注释】①治功：泛指治理国家的政绩。

【译文】知没有比首先了解他人更重要的了。荀子不取法孟子、子思，而认为他们不是贤人；假使让他为当时所用，而孟子、子思还不为所取，那么他所选取的又是什么样的人呢？既没有知人之明，而又想成就功业，那就困难了！

仰不愧，俯不怍，心广体胖。人欲净尽，天理浑全[①]，则颜氏之乐可识矣。

【注释】①浑全：完整，完全。

【译文】对上不愧于天，对下不愧于地，故心胸广大宽平，而体常舒泰。人欲去除干净，天理全体显现，那么，颜子之乐就可以认识了。

虽富累千金，而心为物役，寒冰焦火犹不乐也。颜子虽“箪瓢陋巷”之窭[1]，而举天下之物不足以动其中，俯仰无愧，胸次洒然，乐可知矣。

【注释】①窭（jù）：贫穷。

【译文】虽然富有千金，但心被外物所奴役，内心像寒冰焦火一般不能快乐。颜子虽然有“箪瓢陋巷”的贫穷，但是就算拿天下的东西也不足以扰动他的内心，俯仰无愧，胸怀洒脱，他的快乐就可以知道了。

尝验之天下之人，虽至富者求无不遂，欲无不得，自他人观之，不啻足矣。自其心察之，彼方愈富愈不足，计较得失之私，日夜汲汲，无须臾宁息，是曷尝有泰然之乐邪？

【译文】我曾经考察天下的人，即使是最富有的人，所追求的没有不满足的，想要的没有不得到的，在他人看来，已经很满足了。从他的心来观察，他们越富有越不满足，计较得失的利害，一天到晚急切追求，没有片刻的安宁休息，这哪里有泰然之乐呢？

实尝用力于颜子之学，则能知颜子之所乐。不然，但得其乐之名，而未知其乐之实也。譬之泰山，人皆知其高，然必亲至其处，方知其所以高。若听人传说泰山之高，而未尝亲至其处，则亦臆想而已，实未见其高之实也。

【译文】确实致力于颜子的学问，就能知道颜子的快乐所在。如果不是这样，只得到颜子之乐的名，但不知道颜子之乐的实。譬如泰山，人人都知道它很高，但一定要亲自到那里，才知道它真的高。如果听人传说泰山有多高，而不曾亲自到那里，也就是主观想象而已，实际上并没有看到高的实际情况啊。

“主一”，则作事不差；才“二三”，则动作小事亦差矣，况大事乎！

【译文】专心，那么作事就不会有差错；才散乱用心，那么行动举止这些小事也会有偏差，何况大事呢！

“中庸不可能”，即“化”不可为也。

【译文】“中庸非仁熟义精者难以做到啊”，即是非至诚之人难以行“化”天下。

孔子曰：“一阴一阳之谓道，继之者善也，成之者性也。[1]”皆兼理气而言。

【注释】①此句出自《周易·系辞上》。

【译文】孔子说：“一阴一阳的矛盾变化就叫作‘道’，传继此道的就是‘善’，蔚成此道的就是‘性’。”这是皆兼理气来说的。

“天下同归而殊途，一致而百虑”[1]，“一以贯之”。

【注释】①此句出自《周易·系辞下》。

【译文】“天下有共同的归宿只是路径不同，目标一致但意见却千差万别”，“是用一个根本性的事理贯通事情的始末”。

须知己与物皆从阴阳造化中来，则知天地万物为一体矣。

【译文】要知道自己和万物都是从阴阳造化中产生的，就知道天地万物是一体了。

孟子曰：“天之生物也，一本。”[1]知《易》者莫若孟子。

【注释】①此句出自《孟子·滕文公上》："且天之生物也，使之一本。"儒家认为人生的本原只有一个，那就是父母。

【译文】孟子说："天生万物，只有一个本原。"没有比孟子更通晓《易》的了。

处事不可令人喜，亦不可令人怒。

【译文】处事不可让人过喜，也不可让人生气。

夫子所谓"一"，即统体之太极也；夫子之所谓"贯"，即各具之太极也。

【译文】孔子所说的"一"，就是整体的太极；孔子所说的"贯"，就是各部分的太极。

太极即理也。合天地万物之理言之，"万物统体一太极也"；就天地万物之理言之，"一物各具一太极也"。"统体"者，所以涵夫"各具"者，似合矣，而未尝不分也；"各具"者，所以分夫"统体"者，似分矣，而未尝不合也。

【译文】太极即是理。将天地万物的理合起来说，"万物统体就是一个太极"；从天地万物的理来说，"一物各自具有一个太极"。"统体"，包含了"各具"，看似是合起来的，但从来没有不分开啊；

“各具”，共同分有“统体”，看似是分开的，但从来没有不合啊。

太极中阴阳、五行、男女、万物之理，无所不有，所谓“冲漠无朕之中，万象森然已具”[①]也。“无极”是虚字，正以无声无臭明太极之无形耳。

【注释】①冲漠无朕之中，万象森然已具：出自《二程遗书》。

【译文】太极中阴阳、五行、男女、万物之理，没有一样是不含有的，这就是所谓的“在世界万物形成之前的无形无际的虚寂状态中，万事万物之理早已具备了”。“无极”是虚字，正是以无声无臭表明了太极的无形罢了。

天地万物，惟“性”之一字括尽。

【译文】天地万物，只一个“性”字就可以全面概括。

“思无疆”，为学思索义理者当深体之。盖义理深远无穷，苟思虑浅近，则不足以造其蕴；惟思虑无疆，则可以得高深玄达之旨。《易》曰：“惟深也，故能通天下之志。”[①]

【注释】①惟深也，故能通天下之志：语出《周易·系辞上》。意为正因为深入，所以能贯通天下的心意。

【译文】“思无疆”，为学思索义理的人应当深刻体会啊。这是因为义理深远无穷，如果只是思考浅近的地方，就不足以理解其中的意蕴；只有不断思考，才可以领悟高深玄远的主旨。《周易》说：“正因为深入，所以能贯通天下的心意。”

万理之名虽多，不过一“性”。

【译文】万种理的名字虽多，不过一个“性”字。

性之一言，足以该众理。

【译文】性这一个字，足以概括万事万物之理了。

朱子谓《孟子》七篇，皆不能外性善之一言。窃意岂独《孟子》七篇哉！学者默识而旁通之，则虽诸经之所言，皆不外于是理矣。

【译文】朱熹说《孟子》七篇，不外乎性善这一句话。我私下认为哪里只是《孟子》七篇呢！求学之人可以默然体会并触类旁通，那么即使是各经所说的内容，都不外乎这样的道理啊。

“秉心塞渊”[①]，可以为积德之要；“思无疆”[②]，“思无斁[③]”，可以为进学之要；“思无邪[④]”，乃诚身之要。

【注释】①秉心塞渊：出自《诗经·鄘风·定之方中》："匪直也人，秉心塞渊。"意为内心充实又深沉。秉心：用心、操心。塞渊：踏实深远。②思无疆：与"思无斁""思无邪"均出自《诗经·鲁颂·駉》。③斁（yì）：厌倦。④邪：偏斜。

【译文】"秉心塞渊"，可以为积德的要领；"思无疆"，"思无斁"，可以为进学的要领；"思无邪"，是诚身的要领。

圣贤之书，神而明之在乎人。

【译文】圣贤的书，能将神圣的道理阐明出来的完全在于人啊。

凡读书必虚心定气，缓声以诵之，则可以密察[①]其意；若心杂气粗，急声以诵之，真村学小儿读诵斗高声，又岂能识其旨趣之所在邪？

【注释】①密察：细致明察。

【译文】凡是读书必须虚心定气，放缓声音来诵读，那么就可以细致体察其中的意思；如果心杂气粗，用急切的声音来诵读，真是像乡村里的小孩子读书一样，只是争着比较谁的声音高，又怎么能了解其中的旨趣所在呢？

读书当出己之口，入己之耳。

【译文】读书应当从自己的口中读出来，进入自己的耳中去。

观书惟宁静、宽徐、缜密，则心入其中而可得其妙；若躁扰、褊急、粗略以求之，所谓“视而不见，听而不闻，食而不知其味”者也，乌足以得其妙乎？

【译文】读书应当宁静、宽松缓慢、细致周密，那么心能进入书中而可以得到其中的妙趣；如果浮躁、急切、粗略地去读书，这就是所谓的“虽然在看，但却像没有看见一样；虽然在听，但却像没有听见一样；虽然在吃东西，但却一点也不知道是什么滋味”，哪里能够得到其中的妙趣呢？

口念书而心他驰，难乎有得矣。

【译文】口中念书而心却飞驰到他处，这就难以有收获了。

惟敬足以“神明其德”。

【译文】只有恭敬才足以“让德行更加光明”。

耳、目、口，天下之善由于此，而恶亦由于此，《阴符经》

所谓“三要”也。

【译文】耳朵、眼睛、嘴巴，天下的善事都是源于此，而恶事也是源于此，这就是《阴符经》中所说的“三要”啊。

“主一”则气象清明，“二三”则昏昧矣。

【译文】专心就能使得一个人的气象清明，三心二意就会让人变得昏昧了。

各安其分，而天下平矣。

【译文】各自安守本分，那么天下就太平了。

宋太祖取天下，与五代无异，然能用赵普之谋，收宿将之柄，削藩镇之势，挈数百年涂炭之生民，置诸衽席[1]之上，其功大矣！

【注释】①袵（rèn）席：亦作“衽席”。原本指床褥与莞簟。借指太平安居的生活。

【译文】宋太祖取得天下，与五代没有什么区别，但是他能用赵普的计谋，收回将领的兵权，削弱藩镇的势力，带领数百年苦难的人民，过上了太平安定的生活，他的功劳太大了！

宋祖取天下之失，安天下之功，不相掩焉可也。

【译文】 宋太祖夺取天下的过失与安定天下的功劳，不能相互掩盖，这是可以的。

《易》曰："形而上者谓之道。"又曰："一阴一阳之谓道。""道"者何？太极是也。

【译文】《周易》说："形而上者谓之道。"又说："一阴一阳之谓道。""道"是什么呢？就是太极啊。

读书不体贴向自家身心上做工夫，虽尽读古今天下之书，犹无益也。

【译文】 读书不去体会向自己身心上做功夫，即使读完古往今来天下的书，那还是没有益处的。

赵普功之首，罪之魁。

【译文】 赵普立功是首位的，获罪也是首位的。

自家一个身心尚不能整理，更论甚政治！

【译文】自己的身心尚且不能修治好，还谈论什么为政治民呢！

后人开口论天下事，若指诸掌，然自治空疏，作事无本，果能有成乎？

【译文】后人开口谈论天下的事情，好像了如指掌一样，然而自我修养空疏，做事情没有根本，这样能够成功吗？

将圣贤言语作一场话说，学者之通患。

【译文】把圣贤的言语当作一场话来谈论，这是学者的通病。

当官不接异色人最好，不止巫祝、尼媪宜疏绝；至于匠艺之人，虽不可缺，亦当用之以时，大不宜久留于家，与之亲狎，皆能变易听闻，簸弄是非。儒士固当礼接，亦有本非儒者，或假文辞，或假字画以媒进，一与之款洽[1]，即堕其术中。如房琯[2]为相，因一琴工董庭兰出入门下，依倚为非，遂为相业之玷。若此之类，皆能审察疏节，亦清心省事[3]之一助。

【注释】①款洽：亲密；亲切。②房琯（697—763）：字次律，河南（今河南偃师）人，唐朝宰相，正谏大夫房融之子。③清心省事：指心境清静，政事杂务简省。

【译文】做官不接待不同职业的人最好，不只是巫祝、尼姑宜疏远；至于工匠之类的人，虽然不可或缺，也应当合时宜地使用他们，大不宜久留在家，与他们亲近，他们都能改变听闻，搬弄是非。儒士本来应当以礼相待，但也有人原本不是儒者，有的是假借文章，有的是用字画来谋求做官，一旦与他们亲密接触，即中计了。比如房琯担任宰相，因为一个琴工董庭兰进出门下，相互依靠做不正当的事情，于是成为他担任宰相时的污点。诸如此类，都能仔细审察其中疏忽的细节，这也是清心省事的助益了。

心不可有一毫之偏向，有则人必窥而知之。余尝使一走卒[①]，见其颇敏捷，使之稍勤，下人即有趋重之意，余遂逐去之。此虽小事，以此知当官者当正大明白，不可有一毫之偏向。

【注释】①走卒：指供人差遣奔走的奴仆。

【译文】心不可有丝毫的偏向，如果有的话，别人就一定会注意到。我曾经役使一个仆人，看到他很机灵敏捷，就多次使唤他，下人就有趋重他的意思，于是我就逐渐撤去他了。这虽然是个小事情，但因此知道当官的人应该正大光明，不可有丝毫的偏向。

清心省事，居官守身之要。

【译文】清心省事，这是居官守身的关键。

申公曰："为治不在多言，顾力行何如耳。"余谓为学不在多言，亦顾力行何如耳。

【译文】申公说："为政不在于多说，而是要看力行得怎么样而已。"我说为学不在多说，也是要看力行得怎么样而已。

读书体贴到自己身心上方有味，皆实理也，圣贤岂欺我哉！

【译文】读书若能细心体会到自己身心上才有味道，这些都是真实的道理啊，圣贤怎么会欺骗我呢！

《诗》曰："至于太王，实始翦商。"①朱子《论语集注》用旧说最是。惟如此，则与"三以天下让"之言相合。《通》《考》中，金履祥②、熊禾③皆力辨诗人之言，谓姑取其王迹之所由始耳，太王实未始有翦商之志。若如其说，则泰伯"三以天下让"之言为不通矣。

【注释】①至于太王，实始翦商：出自《诗经·鲁颂·閟宫》：“后稷之孙，实维大王。居岐之阳，实始翦商。”大（tài）王：即“太王”，周之远祖古公亶父。翦：即“剪”，灭。②金履祥（1232—1303）：字吉父，号次农，自号桐阳叔子，兰溪（今浙江省兰溪市桐山后金村）人。宋、元之际的学者。为浙东学派、金华学派的中坚，“北山四先生”之一，学者尊称为仁山先生。著有《尚书注》《大学疏义》《论语集注考证》《孟子集注考证》《通鉴前编》《举要》《仁山集》，编有《濂洛风雅》。③熊禾(1247—1312)：字位辛，一字去非，号勿轩，晚号退斋。元初著名理学家、教育家。建阳崇泰里(今莒口乡)人，世居云谷鳌峰之阳熊墩。著有《三礼考异》《春秋论考》《勿轩集》等。

【译文】《诗经》说：“到了太王时期，就开始筹划讨伐昏乱的殷商。”朱熹在《论语集注》中用过去的说法是最准确的。只有这样，才与“三以天下让”的说法相符合。《通鉴前编》《论语集注考证》中，金履祥、熊禾都极力辨别诗人的话，称拿太王发迹的由来作为开始，实际上太王从未有灭商的意图。如果真像他们这么说，那么与泰伯“三以天下让”的说法就不相通了。

夫子既称泰伯“三以天下让”，则诗人之言为有自；太王果无翦商之志，则必不称泰伯“三以天下让”。

【译文】孔子既然称泰伯“三以天下让”，那么诗人的话就是有根据的；太王如果没有灭商的想法，那么孔子一定不说泰伯“三以天下让”。

只泰伯之逃，便见与太王之志有不合处。

【译文】只通过泰伯逃离这件事，就能看见他与太王的志向有不合的地方。

使太王无翦商之志，天下无归周之势，周一侯国耳，泰伯之去，夫子当称其“三以国让”足矣，何至称其“三以天下让”邪？以夫子之言，证诗人之语，则《集注》尤为确论，而《通》《考》金、熊之说有不然矣。

【译文】假如太王没有灭商的意图，天下就没有归附周的趋势，周只是一个侯国罢了，泰伯的离开，孔夫子应当称其“三以国让”就够了，哪里至于称其“三以天下让”呢？通过夫子的言论，证明诗人的话，那么《论语集注》是更为准确的论断，而《通鉴前编》《论语集注考证》中金履祥、熊禾的说法便有不对的地方。

金氏、熊氏辨太王事，所以为名教虑，其意固美；但以夫子称泰伯“三以天下让”之语观之，则当时天下盖有归周之渐，周之子孙又多圣贤，太王亦已逆知天命人心之微矣，故欲传位季历以及昌，泰伯知之，遂逃去。若如金氏之说，诗人皆假设张大之词，则太王欲传季历以及昌之意又何为耶？

【译文】金履祥、熊禾之所以辨别太王的事，是为名教考虑，他们的本意固然是好的；但从孔夫子说泰伯“三以天下让”的话来看，当时天下大概有归附周的趋势，周朝的子孙又多圣贤，太王也已经预先知道天命人心的微妙了，所以想传位季历随后又传给姬昌，泰伯知道这一点，于是就逃走了。如果真如金履祥的说法，诗人们都假设夸大之词，那么太王想传季历以及姬昌的意图又是什么呢？

《书》言太王“肇基王迹”[①]，《诗》言“实始翦商”[②]，皆相合。

【注释】①肇基王迹：出自《尚书·武成》：“至于大王，肇基王迹。”意为到了太王，开始经营王事。②实始翦商：出自《诗经·鲁颂·閟宫》：“居岐之阳，实始翦商。”意为他早在定居岐山之南之时，就开始筹划讨伐昏乱殷商。

【译文】《尚书》说太王“肇基王迹”，《诗经》说“实始翦商”，两处都相合。

生天，生地，神鬼，神帝[①]，太极也。

【注释】①生天……神帝：出自《庄子·大宗师》：“神鬼神帝，生天生地。”这是说“道”产生了鬼神和上帝，产生了天和地。

【译文】产生了天，产生了地，产生了鬼神，产生了上帝，这就是太极啊。

学力未能胜旧习，正如药力未能除旧病。顷刻学力不至，则旧习仍在；一日不服药，则旧病复作。学力胜，则无此病矣。

【译文】学习的能力不能胜过旧的恶习，正如药力不能清除旧病一样。学习有一刻懈怠，那么旧的恶习便仍旧存在；一天不服药，那么旧病就又发作了。学习的能力强胜，就没有这个毛病了。

“志动气”多，为理；“气动志”多，为欲。

【译文】“心志带动意气”多，就是天理；“意气扰动心志”多，就是人欲。

不可以色词说人。

【译文】不可以用颜色和文词来取悦人。

求民而不已者，其“东野毕之御”[①]乎！

【注释】①东野毕之御：据《韩诗外传》《孔子家语》记载，东野毕是一个善于御马的人，但是当马已经筋疲力尽了，他却仍然对马责求不止。

【译文】要求百姓而不停止的，就是“东野毕之御”啊！

“下学上达”[①]。如事君、事亲、事长，皆人事也，能尽事之之道，则仁义之理不外于是，所谓“上达”也。以至视、听、言、动、饮食、男女之类，皆人事也，于是而处之，各得其宜，则天理也。

【注释】①下学上达：出自《论语·宪问》。指学习人情事理，进而认识自然的法则。

【译文】“下学上达”。比如事君、事亲、事长，都是人事，能把每件事都尽力做好，那么仁义的道理也不外乎此，这就是所谓“上达”的意思。以至于视、听、言、动、饮食、男女等方面，都是人事，以此来处理好，使之各得其所，这就是天理啊。

“下学人事”，“形而下之器”也；“上达天理”，“形而上之道”也。有是事则有是理，有是器则有是道，精粗本末无二致也。

【译文】“下学人事”，即《易经》中所说的“形而下者谓之器”；“上达天理”，即《易经》中所说的“形而上者谓之道”。有这个事就有这个理，有这样的形器，背后就有这样的规律，精粗本末是没有区别的。

程子所谓“意在言表”者，在人因人事而默识天理耳。

【译文】程子所说的“意在言表”，就是人们通过人事而默然体会天理罢了。

人皆知夫子为圣，而不知夫子所以为圣；欲知夫子所以圣，则默契①化育之妙，有非言语所能及也。故曰：“知我者其天乎②！”

【注释】①默契：暗相契合。②知我者其天乎：出自《论语·宪问》。

【译文】人们都知道孔夫子是圣人，而不了解孔夫子之所以成为圣人的原因；想知道孔夫子之所以成为圣人的原因，那么就默默体会造化的微妙，这不是语言所能达到的。所以说：“知道我的大概只有上天吧！”

“洗心，退藏于密①”，“以约失之者，鲜矣②。”

【注释】①洗心，退藏于密：出自《周易·系辞上》：“圣人以此洗心，退藏于密。”②以约失之者，鲜矣：出自《论语·里仁》。

【译文】“圣人以此来洗濯心灵，退而密藏其功用”，“用礼来约束自己而犯错误的人，是很少的。”

循理则事自简。

【译文】遵循理那么事情就自然而然地变得简洁了。

虽数十年务学之功，苟有一日之间，则前功尽弃。故曰：“为山九仞，功亏一篑。”[①]

【注释】①为山九仞，功亏一篑：出自《尚书·旅獒》。原意指堆九仞高的山，只缺一筐土而不能完成。比喻做事情只差最后一点没能完成。

【译文】虽然下了数十年努力学习的功夫，如果有一天的间断，那么就前功尽弃了。所以说：“为山九仞，功亏一篑。”

德性之学，须要时时刻刻提撕[①]警省，则天理常存而人欲消熄；苟有一息之间，则人欲长而天理微矣。

【注释】①提撕：警觉，提醒。

【译文】德性的学问，要时时刻刻警惕反省，那么就会使得天理常存而人欲消灭；如果有一刻停息，那么便会人欲增长而天理衰微了。

不察理之有无，而泛读一切不经驳杂之书，务以闻见该博取胜于人。吾知其记愈多而心愈窒，志愈荒，而识愈昏矣。如此读书，非徒无益，是又适所以为心术之害也。

【译文】不考察是否有道理，而泛读一切驳杂的书，致力于以见闻广博来取胜于人。我知道这样记得越多，心越窒碍，志向越荒芜，而见识更加昏昧了。这样读书，不仅没有好处，还对思想心志有害处啊！

学至于心中无一物，则有得矣。

【译文】学习达到心中没有一物，就有收获了。

自有文籍以来，汗牛充栋之书日益多，要当择其是而去其非，可也。

【译文】从有文字典籍以来，杂乱的书籍越来越多，要选择那些好的而去掉那些不好的，这是可以的。

郑声乱雅乐，杂书乱圣经。

【译文】郑、卫之地的民间音乐扰乱了正统的雅乐，驳杂的书籍扰乱了圣人的典籍。

《诗》困于《小序》①之牵强，晦于诸家之穿凿。至朱子《集传》，一洗相沿之陋习，洞开千古之光明，真所谓豁云雾而睹青天也。

【注释】①小序：指《毛诗》中冠于各篇之首解释主题的简短序言。

【译文】《诗经》困于《小序》的牵强，在各家的穿凿附会中显得隐晦。到了朱子作的《诗集传》，一洗相习的陋习，敞开千古的光明，真是拨开云雾而看到青天啊。

"'人生而静'以上不容说，'继之者善'也。"

【译文】"'人生而静'以上的不用说，'继承的就是善'啊。"

曰"命"，曰"性"，曰"诚"，曰"道"，曰"理"，曰"太极"，一也。

【译文】说"命"，说"性"，说"诚"，说"道"，说"理"，说"太极"，都是一个道理。

一念不谨，即作狂之端兆；一念能谨，即作圣之端兆。充其极，则尧、桀分矣。

【译文】一个念头不谨慎，就是作狂妄之人的兆头了；一个念头能谨慎，就是作圣贤之人的兆头了。扩充到极致，那么尧和桀就分辨出来了。

于圣贤言"理"处，若天理，若人心，若性、命、道、德、诚、善、忠、恕、一贯、太极之类，要当各随其旨而知所以异，又当旁通其义，而知所以同也。

【译文】在圣贤说“理”的地方，比如天理，比如人心，比如性、命、道、德、诚、善、忠、恕、一贯、太极之类，要根据各自的旨趣来判断有什么不同，又应当类推旁通其意义，而知道所以相同的地方。

鸟雀巢茂林，蛟龙潜深渊，“圣人洗心，退藏于密”。

【译文】鸟雀在茂盛的树林中筑巢，蛟龙在深渊中潜藏，“圣人以此来洗濯心灵，退而密藏其功用”。

言不谨者，心不存也；心存，则言谨矣。

【译文】说话不谨慎的人，心不懂得存养；懂得存养，那么说话就会很谨慎了。

“谨言”乃为学第一工夫。言不谨而能存心者，鲜矣！

【译文】“谨言”才是做学问的第一工夫。说话不谨慎而能存养心性的人，少啊！

《文言》曰：“修辞以立其诚。[①]”为学不能立诚，皆不能谨言也；能谨言，斯能立诚。谨言之功大矣！

【注释】①语出《周易·乾·文言》。意为建立言辞以表现自己的美好品德。

【译文】《文言》说："修辞以立其诚。"为学不能确立真诚，都是不能谨慎说话的结果啊；能谨慎说话，这样才能建立真诚。说话谨慎的功劳太大了！

一语妄发即有悔，可不慎哉！

【译文】一句话随便说出就有后悔，能不谨慎吗！

《易》有"修辞立诚"之训，《书》有"惟口出好兴戎①"之训，《诗》有"白圭②"之训，《春秋》有"食言③"之讥，《礼》有"安定辞④"之训，铜人有"三缄⑤"之诫，《论语》《孟子》与凡圣贤之书，谨言之训尤多。以是知谨言乃修德之切要，所当服膺其训，而勿失也。

【注释】①惟口出好兴戎：出自《尚书·大禹谟》。指口舌容易惹出是非。用来劝诫别人说话要谨慎。②白圭：典出《诗经·大雅·抑之》："白圭之玷，尚可磨也，斯言之玷，不可为也。"意为白玉上的污点尚可以磨掉，我们言论中的毛病，就无法挽回了。这是告诫人们要谨慎自己的言语。③食言：典出《左传·哀公二十五年》："公宴于五梧。武伯为祝，恶郭重，曰：'何肥也？’季孙曰：‘请饮彘也！以鲁国之密迩仇雠，臣是以不获从君，克免于大行，又谓重也肥。’公曰：‘是食言多矣，能无肥乎？”意为不履行诺言，不讲信用。④安定辞：出自《礼记·曲礼》：“毋不敬，俨若思，安定辞。”意为凡事都要恭敬，态度要端庄持重而慎重思考，说话安稳平静而充满自信。⑤三缄：典出《孔子家语·观周》：“孔子观周，遂入太祖后稷之庙。庙堂右阶之前有金人焉。三缄其口，而铭其背曰：‘古之慎言人也。’”缄，封。三缄其口，指在嘴上贴了三张封条，形容说话谨慎。

【译文】《周易》有“修辞立诚”的训导，《尚书》有“惟口出好兴戎”的训诫，《诗经》有“白圭”的训诫，《春秋》有“食言”的讥讽，《礼记》有“安定辞”的训诫，铜人有“三缄”的训诫，《论语》《孟子》和所有圣贤之书，关于谨慎说话的训诫特别多。因此知道谨慎说话是修养德行的关键，应当谨记他们的教导，而不要失去了。

余于坐立方向、器用安顿之类，稍有不正即不乐，必正而后已。非作意为之，亦其性然。

【译文】我在坐立方向、器物安放之类的事情，稍有不正就不快乐，一定要端正了才行。不是故意为之，是本性如此啊。

公则一，私则殊；正则大，邪则小。

【译文】公心都是一样的，私心则形形色色、千差万别。为人正直则宏大，为人邪曲则渺小。

众人非不视也，而圣人则异乎众人之视；众人非不听也，而圣人则异乎众人之听。盖众人之视、听，徒得其形、声；而圣人之视、听，则独得其所以为形、声。此圣人聪明睿知、卓冠群伦也欤！

【译文】一般人不是不观察，而圣人则不同于一般人的观察；一般人不是不听，而圣人则不同于一般人的听闻。大概是一般人的视、听，只能得其形貌、声音；而圣人的视、听，能专门获得其形貌、声音的原因。这就是圣人聪明睿智、卓越超群的地方吧！

四方八面之声无不闻者，窍虽在耳，神则在心。“不行而至，不疾而速”[①]，心之谓欤！

【注释】①不行而至，不疾而速：出自《周易·系辞上》：“唯神也，故不疾而速，不行而至。”

【译文】四面八方的声音没有不听说的，关键虽然在耳朵，而神则在心里。“不必行动而已经到达，不匆忙却很迅速”，这就是心啊！

《易》曰：“君子行此四德，故曰‘乾，元亨利贞’。”《阴符经》曰：“观天之道，执天之行，尽矣。”

【译文】《周易》说：“君子要实行这四种德行，所以说‘乾代表元始、亨通、适宜、贞固’。”《阴符经》说：“认识宇宙的奥妙，乃至执掌宇宙的运行，人生就完备了。”

天地之所以大，日月之所以明，四时之所以运，鬼神之所以灵，是皆理之自然也。圣人体道无二，“与天地合其德①”矣；知周万物，“与日月合其明”矣；动静以时，则“与四时合其序”矣；屈伸以正，则“与鬼神合其吉凶”矣。天地也，日月也，四时也，鬼神也，圣人也，形虽有异，而道则无间，是皆自然一致，夫岂有一毫强合之私哉？惟其自然一致，是以圣人之心，即天地之心，圣人意之所为，与天无毫忽之差爽，所谓“先天而天弗违”也；天理所在，圣人率而循之，无一息之差缪，所谓“后天而奉天时”也。天且不违，则人与鬼神之不违者从可知矣。此圣人之所以为圣人也欤？

【注释】①与天地合其德：此句与后文五句所引同出《周易·乾·文言》。“夫大人者，与天地合其德，与日月合其明，与四时合其序，与鬼神合其吉凶，先天而天弗违，后天而奉天时。”意为：君主的德性，要和天地的功德相契合，要和日月的光明相契合，要和春、夏、秋、冬四时的时序相契合，要和鬼神的吉凶相契合。他先于天象而行动，天不违背他；后于天象而处事，也能遵循天的变化规律。

【译文】天地之所以广大，日月之所以光明，四季之所以运行，鬼神之所以灵验，这些都是自然而然的道理。圣人体悟道没有别的，就是“与天地合其德”了；知道周遍万物，就是“与日月合其明”

了；动静按时有规律，就是“与四时合其序”了；屈曲与伸舒都能正常，那么就“与鬼神合其吉凶”了。天地，日月，四季，鬼神，圣人，他们的形体虽然有差别，而道则没有间隔，这都是自然一致的，哪里有一点勉强结合在一起的私心呢？只有与自然保持一致，因此圣人之心，就是天地之心，圣人想做的事情，与天一样没有丝毫的差错，这就是所谓的“先天而天弗违”；天理存在的地方，圣人能够全部遵循，没有一点差错，这就是所谓的“后天而奉天时”。天尚且不能违背，那么人与鬼神的不违背就可以知道了。这大概就是圣人之所以成为圣人的原因吧？

“从心所欲不逾矩[①]”，“先天而天弗违”也；“上律天时[②]”，“后天而奉天时”也。

【注释】①从心所欲不逾矩：出自《论语·为政》：子曰：“吾十有五而志于学，三十而立，四十而不惑，五十而知天命，六十而耳顺，七十而从心所欲不逾矩。”②上律天时：出自《礼记·中庸》：“上律天时，下袭水土。”意为上要顺应天道，下要顺应地道。

【译文】“遵从内心的想法而不逾越规矩”，这是“先天而天弗违”啊；“对上遵照天时天道”，这是“后天而奉天时”啊。

“◎”，太极第二圈。“◎”，太极阴阳皆具，道器合一，上以包“无极而太极’，下以包“五行、男女、万物”。故朱子于解剥《图》意终曰：“‘《易》有太极，’‘◎’之谓也。”道器、精粗、本末，此圈尽之。

【译文】“◑”，太极的第二圈。“◑”，太极阴阳都具备了，无形的气场和有形的物象合而为一，上面可以包括“无极而太极’，下面可以包括“五行、男女、万物”。所以朱子解析《太极图》的意思最后说：“‘《易》有太极，’说的就是‘◑’啊。”道器、精粗、本末，这个圈都包括尽了。

周子作《太极图》，乃心得之妙，画出造化以示人。

【译文】周敦颐作《太极图》，是他心与造化同游所得的妙谛，画出造化的图示来给人看。

为学于应事接物处尤当详审，每日不问大事小事，处置悉使合宜，积久则业广矣。

【译文】做学问在处事接物中尤其要详细审察，每天不论大事小事，处理都要使其合理，时间久了事业就广大了。

言动举止，至微至粗之事，皆当合理，一事不可苟。先儒谓“一事苟，其余皆苟矣。”

【译文】言行举止，小事大事，都应当合理，任何一件事都不可苟且随便。先儒说“一件事苟且，其余的也都苟且了。”

目欲视，即当思其邪与正；耳欲听，即当思其是与非；口欲言，即当思其可与否。正焉，是焉，可焉，则视之、听之、言之；邪焉，非焉，否焉，则以止之，此之谓“三要”。

【译文】眼睛想看时，就应当考虑是邪还是正；耳朵想听时，就应当考虑是对还是错；嘴巴想说时，就应当考虑是否可以。正的，对的，可以的，那么就看、就听、就说；邪的，错的，不可的，就停止去做，这就叫做“三要”。

观太极中无一物，则性善可知；有不善者，皆阴阳杂糅之渣滓也。

【译文】观察太极中原本没有一物，那么性善就可以知道了；有不善的，都是阴阳混合在一起的残留物啊。

“无极而太极”，天地之性也；“太极动而生阳，静而生阴”，气质之性也。天地之性，以不杂者言之，故曰“无极而太极”，“○”是也；气质之性，以不离者言之，故曰“太极动而生阳，静而生阴”，“◎”是也。然“无极而太极”，即阴阳中之太极；阴阳中太极，即“无极而太极”。太极虽不杂乎阴阳，亦不离乎阴阳。天地之性，气质之性，一而二，二而一者也。

【译文】“无极而太极”，这是天地之性；“太极动而生阳，静而生阴”，这是气质之性。天地之性，是以不杂糅来说的，所以说“无极而太极”，“○”就是了；气质之性，是以不分离来说的，所以说“太极动而生阳，静而生阴”，“◎”就是了。“无极而太极”，就是阴阳中的太极；阴阳中的太极，就是“无极而太极”。太极虽然不夹杂在阴阳当中，但也离不开阴阳。天地之性，气质之性，一分为二，合二为一就是如此。

“无极而太极”，气未用事，故纯粹至善而无恶；及“动而生阳，静而生阴”，则善恶分矣。

【译文】“无极而太极”，气还没有起作用，所以纯粹至善而没有恶；到了“动而生阳，静而生阴”，善恶就分开了。

见事贵乎理明，处事贵乎心公。理不明则不能辨别是非，心不公则不能裁度可否。惟理明心公，则于事无所疑惑，而处得其当矣。

【译文】看待事情贵在道理明白，处理事情贵在持心公正。道理不明白就不能辨别是非，持心不公正则不能裁断对错。只有道理明白、持心公正，那么对事情就无所疑惑，而能处理得当了。

暑不生于暑而生于寒，寒不生于寒而生于暑；动不生于动而生于静，静不生于静而生于动；治不生于治而生于乱，乱不生于乱而生于治。盛衰相根之理，微矣！

【译文】暑热不产生于暑热而产生于寒冷，寒冷不产生于寒冷而产生于暑热；运动不产生于运动而产生于静止，静止不产生于静止而产生于运动；太平不产生于太平而产生于战乱，战乱不产生于战乱而产生于太平。盛衰相互依存的道理，非常微妙啊！

细看万物，皆自冲漠无朕①之微，以至于形著坚固。

【注释】①冲漠无朕：空寂无形。

【译文】仔细观察万物，都是从空寂无形的微小状态，不断形成坚固的形体。

天地之气相感，而物乃成形。如星在天，乃气之精英耳，及陨于地，得地气遂凝而为石。

【译文】天地之气相交感，外物就成形了。比如星星在天上，这是气的精华，等到它坠落在地上，得到大地之气便凝结成石头。

才资始即资生，无纤毫之间也。

【译文】才开始就产生了，没有丝毫的间歇。

天之气一着地之气，即成形。如雪、霜、雨、露，天气也，得地气则成形矣。

【译文】天上的气一遇到地上的气，就立即成形了。比如雪、霜、雨、露，这些都是天上的气，它们遇到大地之气就成形了。

雨、露、雪、霜，近地方有形；若太虚至高，则气愈清，而不能凝聚。尝在湖南，登山之极高处，日色晴霁，俯视山下，则云合而雨。以此知雨、露、霜、雪之类，皆得地气而成形也。

【译文】雨、露、雪、霜，在近的地方有形体；如果太虚非常高，那么气就越清，而不能凝聚。我曾经在湖南，登上山的最高处，天色晴朗，俯视山下，云交合而下雨。因此知道雨、露、霜、雪之类的自然现象，都是得到地气而形成的。

观阴阳互根之微，则知治乱盛衰之端，其来远矣。

【译文】观察阴阳相互依存的微妙，就能知道治乱盛衰的端倪，其由来很久了。

有意悦人，便失其本心。

【译文】有意地取悦人，便失去了人的本心。

才敬，便渣滓融化，而不胜其大；不敬，则鄙吝即萌，而不胜其小矣。

【译文】恭敬心刚刚升起，内心不好的念头便融化掉了，不管它有多庞大；失掉恭敬心，庸俗的念头就当即萌发了，不管它有多微小。

人外无道，道外无人，见天人之合一也；才有间，即非道矣。

【译文】人外没有道，道外没有人，可见天与人是合一的；才有间隔，就不是道了。

动为静根，故父生长女而为《姤》；静为动根，故母孕长男而为《复》。

【译文】动为静的根本，所以父亲生长女而为《姤》卦；静为动的根本，所以母亲怀孕长子而为《复》卦。

造化一岁一番新，往者既过，则草木之枯落者，皆煨烬糟粕也。

【译文】大自然一年一番新，过去的已经过去了，那么花草树木中已经枯落的，都是灰烬糟粕啊。

万物之始终，虽有迟速不同，其理皆然。

【译文】万物的始终，虽然有快慢的区别，但其中的道理都是一样的。

非力所及而思者，妄也。故“君子思不出其位”[①]。

【注释】①君子思不出其位：出自《论语·宪问》：“曾子曰：‘君子思不出其位。’”意为君子所思虑的不应超出自己的身份和职位。

【译文】不是自己力所能及而去思考的，是一种虚妄的表现。因此“君子思不出其位”。

“知止”所包者广。就身言之，如心之止德，目之止明，耳之止聪，手之止恭，足之止重之类皆是；就物言之，如子之止孝，父之止慈，君之止仁，臣之止敬，兄之止友，弟之止恭之类皆是。盖“止”者，止于事物当然之则，“则”即至善之所在。“知止”，则“定”“静”“安”“虑”“得”，相次而见矣。

【译文】“知止”所包含的内容很广。就身而言，比如心止于德，目止于明，耳止于聪，手止于恭，足止于重之类的都是；就物而言，比如子止于孝，父止于慈，君止于仁，臣止于敬，兄止于友，弟止于恭之类的都是。因此，“止”就是停留在事物存在的法则中，“则”即是至善所在的地方。“知止”，就能够“定”“静”“安”“虑”“得”，相继而可以见到了。

不能“知止”，则耳目无所加，手足无所措。

【译文】不能“知止”，那么耳目就无法运用，手脚就无处安放。

“知止”，即“知者不惑”①之事。

【注释】①知者不惑：出自《论语·子罕》：“子曰：‘知者不惑，仁者不忧，勇者不惧。’”意为智慧的人不会迷惑。

【译文】“知止”，就是“知者不惑”的事。

“知止”，则万理明，而心自定矣。

【译文】“知止”，那么就明了万理，而使得心自然安定下来。

不能“知止”，犹迷方之人，心摇摇而莫知所之也。

【译文】不能“知止”，就如同迷失方向的人，心摇摆而不知道去哪里了。

“知止”，则能素其位而行，不愿乎其外矣。

【译文】“知止”，就能够安于本分去行事，而不企望本分以外的东西。

“知止”，则动静各当乎理。

【译文】“知止”，那么动静都各自合乎理啊。

万物不能碍天之大，万事不能碍心之虚。

【译文】万物不能阻碍天的广大，万事不能阻碍内心的虚灵。

朱子作《濂溪赞》，其曰“风月无边”，以言乎远则不御也；其曰“庭草交翠”，以言乎近则静而正也；其曰“《书》不尽言，《图》不尽意”，此理之微妙，诚有非《图》《书》[1]所能尽者。

【注释】①《图》《书》：均为北宋哲学家周敦颐所作。《图》指《太极图》，《书》指《通书》。

【译文】朱熹作了《濂溪赞》，他说“风月无边”，这是说从远处看而不能抵御啊；他说“庭草交翠”，这是说从近处看则安静而端正啊；他说“《书》不尽言，《图》不尽意”，这个道理非常微妙，这果然不是《图》《书》所能描绘的。

心静能处事。

【译文】心静能处理好事情。

平旦虚明，气象最可观。使一日之间，常如平旦之时，则心无不存矣。

【译文】在清晨，一个人的内心清虚纯洁，气象最可观。假使在一天的时间，常常像清晨的时候一样，那么心就没有不能存养的了。

平旦虚明之气象，有难以语人者，惟无忘者能识之。

【译文】清晨内心清虚纯洁的气象，是难以告诉别人的，只有不会忘记的人能识别出来。

平旦未与物接之时，虚明洞彻，胸次超然，真所谓“清明在躬，志气如神”[①]者。此盖夜气澄静之验。苟一日之间，勿使物欲汩杂，而神清气定，常如平旦之时，则心恒存，而处事无过不及之差矣。

【注释】①清明在躬，志气如神：出自《礼记·孔子闲居》：“清明在躬，气志如神。”意为圣人自身的德行极其清明，他的气志微妙如神。

【译文】清晨还没有与外界接触的时候，内心清澈明亮，心胸开阔，真是所谓“清明在躬，志气如神”啊！这是夜气澄静的验证。如果在一天之中，不要让物欲混杂，而保持神清气定，常常像清晨的时候一样，那么心就能常存，处理事情就不会有过或不及的差错了。

瑄因忆少年时晚间诵书，愈数而不能诵，至来早即心志豁然，昨晚所读之书，悉能成诵。今思之，晚间诵多不能记者，气昏也；早间能背诵者，气清也。此亦可验“夜气”之说。

【译文】我想起自己少年时晚上读书，越频繁反而不能背诵，到第二天早上就感到思想开阔，昨天晚上所读的书，都能背诵。现在想起来，晚上背诵多而记不清的原因，是气昏沉；早上能背诵的原因，是气清新啊。这也可以验证“夜气”的说法。

因思：古来事势之去，有非人力所能及，虽圣贤亦无如之何。

【译文】我因此想到：自古以来事情形势的变化，都不是人力所能达到的，即使圣贤也无可奈何。

理盛则能胜气，气盛亦能胜理。

【译文】理盛大则能战胜气，气旺盛也能胜过理。

因思：古来治乱盛衰，固有因人事得失所致，然所以或生圣哲而人事修，或生昏暴而人道乖，亦莫非气运之自然，有非人力所能与也。

【译文】我因此想到：自古以来的治乱盛衰，固然有因为人事得失所导致的，但有的时候产生圣哲君王而人事修明，有的时候产生昏庸暴虐之君则人道乖戾，这也是气运行的自然原因，不是人力所能达到的。

治世之音，文、武、成、康而已，下此则“变风”“变雅”盛焉。人事之得失，气化之盛衰，于此可考矣。

【译文】治世的音乐，周文王、周武王、周成王、周康王而已，这之下就是“变风”“变雅”比较多了。人事的得失，气化的盛衰，于此可以考察了。

“亢极”之治，惟圣人有道以持之，使不至于倾。如尧之治极矣，时当衰也，有舜则能持其盛；舜之治极矣，时当衰也，有禹则能保其治。使尧之后无舜，舜之后无禹，则鸣条、牧野之事，不待后世而后见也。乃知治乱、盛衰相寻无端者，理之常然；或当衰不衰，当乱不乱者，则圣人斡旋造化之功也。

【译文】“亢极”之治，只有圣人才有方法来维持，使不至于倾覆。比如尧治理天下到达顶点，时运当衰退了，有舜能维持着当时的繁盛；舜治理天下到达极点，时运当衰退了，有禹能保有其治理的状况。假使尧之后没有舜，舜之后没有禹，那么鸣条、牧野之事，不用等到后世就要出现了。这才知道治乱、盛衰相互循环没有尽头，这是理的常态啊；有时应当衰落而没有衰落，应当混乱而没有混乱的，那是圣人斡旋造化的功劳啊。

伪学之谤，正如毁日月者，初何损其明！

【译文】对于伪学的毁谤，正如毁谤日月一样，怎么能损害它的光明呢！

法立贵乎必行，立而不行，徒为虚文，适足以启下人之顽而已。故论事当“永终知敝”[①]。

【注释】①永终知敝：出自《周易·归妹卦》：“君子以永终知敝。”原意为君子因此长久地保持夫妇之道并悟知不可淫佚而敝坏此道。

【译文】法令确立贵在一定要落实，确立了而不实行，只是成为一纸空文，恰好足以启发下人的愚蠢罢了。所以谈论事情应该“慎始善终，长久保持，并预知可能存在的弊病”。

立法之初，贵乎参酌，事情必轻重得宜，可行而无敝者，则播告之；修既立之后，谨守勿失信如四时。坚如金石，则民知所畏，而不敢犯矣。或立法之初，不能参酌，事情轻重不伦，遽施于下，既而见其有不可行者，复遂废格，则后有良法，人将视为不信之具矣。令何自而行，禁何自而止乎？

【译文】立法之初，贵在参考商量，事情一定要轻重适当，可以实行而没有弊病的，就广而告之；法令确立之后，就应该遵守而不要失信，就像四季一样。法令坚固如同金石，那么百姓就知道有所畏惧，而不敢违犯了。有时在立法之初，不能参考商量，事情轻重不等，立即对下施行，随后又发现有不可行的，就再一次废除，那以后有好的法令，人们也会将其看作不值得相信的法令了。法令从哪里施行，禁止又从哪里停止呢？

中者，立法之本；信者，行法之要。

【译文】中，是确立法令的根本；信，是施行法令的关键。

为政以爱人为本。

【译文】治理政事以爱人为根本。

法者，因天理，顺人情，而为之防范禁制也。当以公平正大之心，制其轻重之宜。不可因一时之喜怒而立法，若然，则不得其平者多矣！

【译文】法令，是因循天理，顺遂人情，而为防范禁止过失来设置的。应当以公平正大的心，来控制法令确立的轻重缓急。不能因为个人一时的喜怒而立法，如果是这样的话，不公平的情况就会很多了！

论事不可趋一时之轻重，当思其久而远者。

【译文】谈论事情不可以追求一时的轻重，应当考虑其长久而深远的影响。

日入而群动息者，气机阖也；日出而群动作者，气机辟也。一阖、一辟，至理昭然。

【译文】日落之后生物的活动都停息了，这是气机关闭了；日出之后生物的活动开始了，这是气机打开了。一闭、一开，这个道理非常清楚明白。

人之性与气，有则一时俱有，非有先后也。

【译文】人的性与气，有的话就一时都有，不是有先有后啊。

望道未见之心，即求道不已之心。学者以是自励，则其进自不能止矣。

【译文】渴望圣道而未获得的心境，即是探求圣道而永不停止的心境。学者以此来自我激励，那么他的进步就不可限量了。

许鲁斋力行之意多。

【译文】许衡力行的思想很多。

不力行，只是学人说话。

【译文】不去努力践行，只是学人说话罢了。

文士学做圣贤文词，如外国人学中国人言语，学得虽是，自身却只是外国人，做得虽是，自身却只是庸众人。

【译文】文人学做圣贤的文章，就如同外国人学中国人说话，学得虽然好，自身却只是外国人，做得虽然好，自身却只是平庸的人。

禽鸟，得气之先者也。丑前鸡先鸣者，阳气动也，午中鸡亦鸣者，阴气动也，是皆天机之自然。玄鸟、鸿雁往来，亦如此。

【译文】家禽飞鸟，都是先得气的生物。丑时之前鸡先叫，这是阳气动了，正午时鸡也叫，这是阴气动了，这都是天机的自然。玄鸟、鸿雁往来，也是如此。

鲁斋不陈伐宋之谋，其志大矣。

【译文】许衡不向元朝陈述征伐南宋的谋略，他的志向很大啊。

鲁斋不对伐宋之谋，“伐国不问仁人[①]”之意也。

【注释】①伐国不问仁人：出自汉朝董仲舒的《春秋繁露·对胶西王越大夫不得为仁》。意为讨伐别国这样的事，是不询问仁德的人的。

【译文】许衡不回应讨伐宋朝的谋略，这就是“攻伐他国不问仁人”的意思啊。

鲁斋出处合乎圣人之道。

【译文】许衡的处事待人符合圣人之道。

鲁斋以王道望其君，不合则去，未尝少贬以狥[①]世，真圣人之学也！

【注释】①狥：同“徇”。顺从，曲从。

【译文】许衡以王道来期望他的君王，不合则离开，没有一遭贬谪就迎合世道，真是圣人之学啊！

世祖虽不能尽行鲁斋之道，然待之之心极诚，接之之礼极厚。自三代以下，道学君子未有际遇之若此也。

【译文】元世祖虽然不能完全实行许衡的理念方法，然而对待他的心非常真诚，接待他的礼非常厚重。自三代以下，道学君子从来没有得到这样的际遇啊。

鲁斋学徒，在当时为名臣则有之，得其传者，则未之闻也。

【译文】许衡的学生，在当时成为名臣的是有的，得到他真传的人，却从没有听说过啊。

程、朱之外，诸儒性理杂论，尤当大著眼力以辨其真是真非，不可执以为先儒成说，而悉从其言。鲁斋谓其言有“弥近理而大乱真”者，盖谓是也。

【译文】二程、朱熹之外，诸位儒者的性理杂论，尤其应当睁大眼睛去辨别真假对错，不能坚持认为这是先儒的说法，而全部听从他们的话。许衡认为有的内容存在“看似接近真理而实际上是扰乱真相”，大概说的就是这样的情况。

鲁斋厌宋末文弊，有从先进之意。

【译文】许衡厌恶宋末文风的弊端，就有了回归质朴的想法。

处事即求是处，“格物致知”之一端。

【译文】处事就是寻求正确的方法，这是“格物致知”的一个方面。

“格物”所包者广。自一身言之，耳、目、口、鼻、身、心，皆物也。如耳则当格其聪之理，目则当格其明之理，口、鼻、四肢则当格其止、肃、恭、重之理，身、心则当格其动静、性情之理。推而至于天地万物，皆物也。天地则当格其健顺之理，人伦则当格其慈、孝、仁、敬、智、信之理，鬼神则当格其屈伸、变化之理，以至草木、鸟兽、昆虫则当格其各具之理。又推而至于圣贤之书，六艺之文，历代之政治，皆所谓物也。又当各求其义理精粗、本末、是非、得失，皆所谓“格物”也。然天下物众矣，岂能遍格而尽识哉？惟因其所接者，量力循序以格之，不疎以略，不密以穷，澄心精意，以徐察其极。今日格之，明日格之，明日又格之，无日不格之，潜体积顽之久，沉思力探之深。已格者不敢以为是而自足，未格者不敢以为难而遂厌，如是之久，则塞者开，蔽者明，理虽在物，而吾心之理则与之潜会而无不通。始之通也，见一物各一理；通之极也，则见千万物为一理。朱子所谓“众物之表里精粗无不到，而吾心之全体大用无不明”者，可得而识矣。

【译文】“格物”所包括的内容很广泛。从一个人的身体来说，耳、目、口、鼻、身、心，都是物。比如耳朵就应当探究耳朵听得清的道理，眼睛就应当探究眼睛看得清的道理，口、鼻、四肢就应当探究静止、严肃、恭敬、庄重的道理，身、心就应该探究动静、性情等方面的道理。推而至于天地万物，都是物啊。对于天地则应当探究其健顺的道理，对于人伦就应该探究其慈、孝、仁、敬、智、信的道理，对于鬼神就应当探究其屈伸、变化的道理，以至于花草树木、鸟兽、昆虫，都应当探究其各自具有的道理。又推而至于圣贤的典籍，六艺的文章，历代的政治，都是所谓的物啊。又应当各自探求它们的义理精粗、本末、是非、得失，都是所谓的“格物”。然而天下的事物太多了，哪里能全部格尽并认识呢？只是根据所接触的事物，量力而行，循序渐进地来探究，不疏远忽略，不严守穷尽，静心专一，慢慢观察其变化。今天格一点，明天格一点，第三天又格一点，没有一天不格的，深入体会、沉思积累的时间久远，探究的力度深远。已经探究的不敢认为是正确而自我满足，没有探究的不敢认为困难而随即放弃，这样时间一长，那么堵塞的就会打开，蒙蔽的就会明白，理虽然在物上，而我的心中之理则暗中与它们会合而没有不畅通的。刚开始的通，看见一物各存在一理；通的极点，则是看见千万物都为一个理。朱子所说的“万物的表里精粗没有不达到，而我心中的全体大用没有不明了”这个道理，就可以知道了。

“有不速之客三人来，敬之终吉。”处横逆之道也。

【译文】“有不召而至的三位客人来访，恭敬相待，终将获得吉祥。”这是在身处横祸逆境时需要遵守的原则。

“人非尧舜，安能每事尽善？”真名言也。

【译文】“人不是尧、舜，怎么能把每件事都做得很好呢？”真是名言啊。

学贵乎“日新”。

【译文】为学贵在“日新”。

“履端”[①]者，时之新也，为学亦当与时俱新。宣德辛亥元日书于辰溪分司。

【注释】①履端：年历的推算始于正月朔日，谓之“履端”。也泛指事物的开始。

【译文】“履端”，这是时下的新说法，做学问也要与时俱新。宣德辛亥元日书于辰溪分司。

一语、一默、一坐、一行，事无大小，皆不可苟处之，必尽其方。

【译文】说话、沉默、坐下、行动，事情不论大小，都不可以随便处置，一定要想尽办法。

程子作字甚敬，曰："只此是学。"盖事有大小，理无大小，大事谨而小事不谨，则天理即有欠缺间断。故作字虽小事，必敬者，所以存天理也。

【译文】程颢写字时很恭敬，他说："这就是学问。"因为事情有大有小，理没有大小，大事谨慎而小事不谨慎，那么天理就有欠缺间断了。所以写字虽然是小事情，但一定要恭敬，这就是存天理啊。

勿起一念之妄，"诚"可存矣。

【译文】不要起一念的妄心，那么"诚"就可以存养了。

观经书所载之道，即当求吾身固有之道。

【译文】观察经书所载的道，就是应当追求我自身本来就有的道。

心常存，则因事触发有开悟处，所谓"左右逢原"[①]者可见；心不存，则与理相忘，虽至近至明之理，亦无觉无见也。

【注释】①左右逢原：出自《孟子·离娄下》："资之深，则取之左右逢其原。"原，指学问工夫到家后，处处皆得益。后泛指做事得心应手。

【译文】心常常存养，那么因为事情触动便会有启发开悟之处，所谓的"左右逢源"的人可以看到；心不存养，就与理相互忘记，即使最浅近明白的道理，也不会发觉、看见啊。

圣贤知觉运动，虽不能不以气，而理则为主；众人知觉运动，但气之所为，漫不知理为何物。

【译文】圣贤的知觉运动，虽然不能不以气为本，而理则是主要的；众人的知觉运动，只是气的运行，全然不知理是什么东西。

斯须无序，即非礼；斯须不和，即非乐。然不和由于无序，是知礼又乐之本也。如数人在坐，尊卑贵贱各得其序，自无乖争，失序则争矣。以是知礼先而乐后。

【译文】片刻的无序，即不是礼；片刻的不和，即不是乐。但是不和是由于无序所导致的，因此知道礼是乐的根本。如同有数人在坐，尊卑贵贱各得其序，自然没有争斗，失序则有争斗了。因此知道礼在先而乐在后。

度数[①]，所以辨人伦自然之序；声音，所以发人伦自然之和；无序，不和。礼云，礼云，度数云乎哉！乐云，乐云，声音云乎哉！

【注释】①度数：标准；规则。

【译文】规则，是用来辨别人伦自然的秩序的；声音，是发出人伦自然的和谐的；无序，就是不和谐。礼啊，说的就是秩序规则吧！乐啊，乐啊，说的就是和谐之声吧！

古之乐正人心，后之乐荡人心。

【译文】古代的音乐端正人心，后代的音乐扰乱人心。

古称唐太宗语及礼、乐，房、杜有愧，论者因谓房、杜无制作之才。余谓非特房、杜有愧，盖太宗有愧也。上有虞舜之德，则天叙天秩[①]明而上下和，由是伯夷、后夔得以推其序与和，形之度数，播之声音，而为礼、乐。太宗之德，果如有虞之盛乎？天叙天秩果明而上下和乎？不然，虽使伯夷、后夔生于其时，亦无如礼、乐何矣。是又不得为房、杜病也。

【注释】①天叙天秩：天叙，天然的次第、等级。天秩，天然的品秩等级，即礼法制度。

【译文】古人称唐太宗说到礼、乐，房玄龄、杜如晦都有愧，研究者因此认为房玄龄、杜如晦没有制礼作乐的才能。我认为不是房玄龄、杜如晦有愧，而是唐太宗有愧啊。上有虞舜的德行，那么天然的品秩等级、礼法制度就能昭明而使上下和睦，因此伯夷、后夔得以推明秩序与和谐，以规则来表现，以声音来传播，而成为了礼、乐。唐太宗的德行，果然如虞舜的盛大吗？果然能够使得品秩等级、礼法制度昭明，上下和睦吗？如果不是，即使让伯夷、后夔在那个时代出生，也无法制礼作乐啊。这不能作为房玄龄、杜如晦的过失啊。

用人当取其长而舍其短，若求备于一人，则世无可用之才矣。

【译文】用人应当取其长处而舍其短处，如果对人求全责备，那么世上就无可用之才了啊。

凡取人当舍其旧而图其新。自圣人以下，皆不能无过，或早年有过中年能改，或中年有过晚年能改，当不追其往而图其新可也。若追究其往日之过，并弃其后来之善，将使人无迁善之门，而世无可用之才也，以是处心刻亦甚矣！

【译文】凡是用人应当舍弃其过去的行为而谋求新的发展。自圣人以下，都不能没有过错，有的早年有过而中年能改，有的中年有过而晚年能改，应当不追究他的过往而谋求新的发展，这是可以的。如果追究他往日的过错，同时舍弃他后来的善行，将会使人没有改恶从善的路径，而世上也没有可用之才了，像这样来用心也太刻薄了！

大抵常人之情，责人太详，而自责太略，是所谓“以圣人望人，以众人自待”也。惑之甚矣！

【译文】一般来说常人之情，要求别人太详细，而要求自己太简略，这就是所说的“用圣人的标准来要求别人，用众人的标准来对待自己”啊。真是太糊涂了！

作诗、作文、写字，皆非本领工夫，惟于身心上用力最要，身心之功有余力，游焉可也。

【译文】写诗、写文章、写字，这些都不是本领工夫，只有在自己身心上用力最重要，身心的功夫做好之后还有余力，再去做这些是可以的。

作诗、作文、写字，疲弊精神，荒耗志气，而无得于己。惟从事于心学，则气完体胖，有休休自得之趣；惟亲历者知其味，殆难以语人也。

【译文】写诗、写文章、写字，耗费精神和志气，而自己没有什么收获。只有从事于心的学问，才能气质完善，体貌安详，有安闲舒适的乐趣；只有亲身经历的人才知道它的味道，几乎很难用语言来告诉人啊。

养深，则发于文词者沛然矣。“有德者必有言”[①]是也。

【注释】①有德者必有言：出自《论语·宪问》：“有德者必有言，有言者不必有德。”意为有道德的人一定有好的言论。

【译文】涵养深厚，那么散发在文词上就很充沛了。这就是“有德者必有言”啊。

“明德”，指此心昭然不昧而言，盖心明则理亦明。故朱子释“明德”曰：“明德者，人之所得乎天，而虚灵不昧，以具众理而应万事者也。”重在“虚灵不昧”上，其曰“具”，曰“应”，皆虚灵之所为，所谓“心统性情者也”。

【译文】“明德”，是指此心光明而不晦暗来说的，因为心明那么理也就明了。所以朱子解释“明德”说：“明德，就是人从上天所得，光明而不晦暗，以此来具备众理而应对万事啊。”关键在于“虚灵不昧”上，他说“具”，说“应”，都是虚灵的作用，这就是所谓的“心统领性情啊”。

求在外者未可必，求在内者必可得；未可必者一听于天，必可得者当责之己。

【译文】向外追求不一定能得到，向内追求一定可以得到；不一定能得到的需要听命于天，一定可以得到的应该严格要求自己。

万金之富，不以易吾一日读书之乐也。

【译文】万金的财富，也不能改变我一天读书的快乐啊。

外物之味，久则可厌；读书之味，愈久愈深，而不知厌也。

【译文】外部事物的味道，时间久了就感到厌倦；读书的味道，越久越深，而不知道厌倦啊。

酒色之类，使人志气昏酣[①]、荒耗，伤生败德，莫此为甚，俗以为乐，余不知果何乐也？惟心清欲寡，则气平体胖，乐可知矣。

【注释】①昏酣（hān）：沉醉，大醉。

【译文】酒色之类的东西，使人精神沉醉、荒废，伤害生命败坏道德，没有什么比这更严重的了，一般人还以此为乐，我不知道到底有什么快乐的？只有心地清净、欲望减少，才能心气平和、体貌安详，快乐就可以知道了。

事无小大，即求合理。

【译文】 事情没有大小，追求合理就可以了。

听言杂，则与之俱化，遂失其正，故贵乎“听德惟聪”。

【译文】 听取言论驳杂，就与他们一起变化，从而失去了公正之心，所以一个人贵在“能听从有德之言、鉴别真伪，这才算是听觉灵敏”啊。

理气本不可分先后，但语其微、显，则若理在气先，其实有则俱有，不可以先后论也。

【译文】 理气原本不可分先后的次第，只是说它们有微、显之别，那么如果理在气先，其实有就都有，不可用先后来论述啊。

理气决不可分先后。

【译文】 理气决不可以分先后的次第。

读书录卷三

扫码听谦德
君为您导读

"太极动而生阳"，但就动之端说起，其实，动之前又是静也。天地一终翕寂之余，"太极动而生阳"，而天复开；"动极而静，静而生阴"，而地复成；"一动一静，互为其根"，天命流行无穷，而万物生生不息焉。其天地翕寂之前，如是之"动而生阳，静而生阴"，如是之"一动一静，互为其根"，如是之"天命流行""化生万物"者，盖不可胜穷也。斯所谓"动静无端，阴阳无始"也欤！

【译文】"太极运动而产生阳气"，这是从运动的开端说起，其实运动之前又是静止的。天地在一次终结寂灭之后，"太极运动而产生阳气"，那么天就会重新开始；"运动到极点就会静止下来，静止就会生出阴气"，那么地就会重新生成；"运动和静止，互相作为对方的根源"，天命流行不断，万物也生生不息。在天地终结寂灭之前，像这样的"运动产生阳气，静止产生阴气"，像这样的"运动和静止，互相作为对方的根源"，像这样的"天命流行""化生万物"，是不能穷尽的。这就是所说的“运动和静止没有开端，阴阳二气没有开始”吧！

《太极图》一言以蔽之，曰理、气而已。

【译文】《太极图》用一句话来概括，就是理和气而已。

程子“性即理也”之一言，足以定千古论性之疑。

【译文】程颐“性就是理”这句话，足以消除长久以来讨论性的疑问。

圣人之所以教，贤者之所以学，“性”而已。

【译文】圣人要教的东西，贤人要学习的东西，不过都是“性”字罢了。

今天地之始，即前天地之终。其终也，虽天地混合为一，而气则未尝有息。但翕寂之余，犹四时之贞，乃静之极耳。至静之中，而动之端已萌，既所谓“太极动而生阳”也。“动极而静，静而生阴，静极复动。一动一静，互为其根；分阴分阳，两仪立焉。”原夫前天地之终静，而太极已具；今天地之始动，而太极已行。是则太极或在静中，或在动中，虽不杂乎气，亦不离乎气也。若以太极在气先，则是气有断绝，而太极别为一悬空之物，而能生夫气矣。是岂“动静无端，阴阳无始”之谓乎？以是知前天地之终，今天地之始。气虽有动静之殊，实未尝有一息之断绝，而太极乃所以主宰流行乎其中也。

【译文】现在天地的开始，是以前天地的终结。它终结的时候，虽然天地混合为一体，但是气却不曾有停息。只是在终结寂灭之后，就像四时中的贞一样，是静止的极点。在极致的静止中，已经萌生了运动的开端，这就是所说的“太极运动而生出阳气”。“运动到极点就会静止，静止会生出阴气，静止到极点会重新运动。运动和静止，互相作为对方的根源；分出阴阳二气，天地两仪于是得以建立。”原来的天地在静止的时候，太极已经具备；现在的天地开始运动的时候，而太极已经运行。于是太极或者在静止中，或者在运动中，虽然不和气掺杂，也不和气分离。如果说太极在气的前面，那么气就有断绝，而太极就是另外一个悬在虚空中的东西，并且能够产生气。这难道是“运动和静止没有开端，阴阳二气没有开始”的说法吗？以此可以知道，以前天地的终结是现在天地的开始。气虽然有运动和静止的区别，但实际上没有一刻是断绝的，太极是主宰气并在其中流行的。

“无极而太极”，乃周子指出阴阳中之理[①]以示人，实未尝离乎阴阳也。若误认阴阳别有一物为太极，则非矣。

【注释】①理：宋明理学的重要概念，既指事物的性质、规律，也指事物的原则。

【译文】“无形无象的太极是创化宇宙万物的本原”，这是周敦颐指出阴阳二气中的理给人看，实际上理是没有离开阴阳二气的。如果误认为阴阳之外另有一物为太极，就不对了。

造化人事，虽万变不齐，而理则一定也。

【译文】万物的造化与人间的事情，虽然千变万化而不一致，但其中的理都是一样的。

《泰》之九三[①]，当盛之极，而衰之端兆焉，可不慎欤！

【注释】①《泰》之九三：其爻辞为：“无平不陂，无往不复。艰贞无咎。勿恤其孚。于食有福。”

【译文】《泰》卦的九三爻，说的是当兴盛到极点，那么就有了衰落的征兆，能不谨慎吗？

否、泰[①]相因，无一息之停，盛衰之理微矣。

【注释】①否、泰：不通达和通达。

【译文】否、泰相互沿袭，没有一刻停息，兴盛和衰败的道理很微妙。

无我，则内外合，而与天为一矣。

【译文】无我，那么内外便合一，而与天成为一体。

或言："未有天地之先，毕竟先有此理。有此理便有此气。"[①]窃谓理气不可分先后。盖未有天地之先，天地之形虽未成，而所以为天地之气，则浑浑乎未尝间断止息，而理涵乎气之中也。及动而生阳，而天始分，则理乘是气之动而具于天之中；静而生阴，而地始分，则理乘是气之静而具于地之中。分天分地，而理无不在；一动一静，而理无不存。以至"化生万物，万物生生而变化无穷"[②]。理、气二者，盖无须臾之相离也，又安可分孰先孰后哉？孔子曰"《易》有太极"，其此之谓与！

【注释】①语出《朱子语类》卷一。②语出周敦颐《太极图说》。

【译文】有人说："在没有天地之前，必定先有理存在。有理就会有气。"我私下认为理和气不能分先后。在没有天地之前，天地的形状虽然没有形成，但是生成天地的气，则浑然没有断绝停息，理就包含在气之中。等到运动生出阳气，天刚开始分出来，那么理乘着气的运动而充满于天之中；静止生出阴气，那么地就开始产生，那么理乘着气的静止而充满于地之中。天地相分，而理无所不在；一动一静之间，而理无所不存。以至于“创化出宇宙万事万物，万物生生不已，而阴阳的变化没有穷尽”。理和气没有顷刻是相分离的，又怎么能区分谁先谁后呢？孔子说“《易》有阴阳未分的太极”，说的就是这个吧！

程子曰：“老子窃弄阖辟者也。”盖造化之翕聚，所以为发散；发散，所以为翕聚。老子“将欲取之，必固与之；将欲翕之，必固张之”，是所谓“窃弄阖辟者也”。

【译文】程颢说：“老子玩弄自然的闭合与开启。”大概自然的收敛凝聚是为了发散；发散是为了收敛凝聚。老子说的“想要得到，必须要先给予；想要收敛，必须先张开”，这就是所说的“玩弄自然的闭合与开启啊”。

用力于词章之学者，其心荒而劳；用力于性情之学者，其心泰然而乐。

【译文】把精力用在文章之学上的人，他的内心荒芜而疲惫；把精力用在性命、气质学问上的人，他的心泰然而安乐。

涵养之深，玩索之久，涣然冰释，怡然理顺矣。

【译文】道德学问方面的修养逐渐深厚，体味探求的时间长了，疑惑就会像冰融化了一样立刻消除，内心喜悦而能把道理阐释清楚。

“无极而太极”，本然之性也。“太极动而生阳，动极而静，静而生阴，静极复动”，“二五流行，化生万物”者，气质之性也。

【译文】“无形无象的太极是创化宇宙万物的本原”，这是本然之性。“太极运动生出阳气，运动到极点就会静止，静止生出阴气，静止到极点会重新运动”，“阴阳二气和五行流行，创造产生万物”，这是气质之性。

圣贤千言万语，只是明此理。

【译文】圣贤千言万语，只在于说明这个理。

程子曰：“善固性也，恶亦不可不谓之性也。”性一而已矣。气质清粹而无所蔽，则皆以仁、义、礼、智之性，发而为恻隐、羞恶、辞让、是非之情，所谓“善固性也”；气质浊杂而有所蔽，则仁流为耽溺，义流为残忍，礼流为矫伪，智流为谲诈，所谓“恶亦不可不谓之性也”。

【译文】程颐说："善固然是性，恶也不能说不是性。"性只是一个罢了。人的气质清洁纯粹而没有堵塞，都是以仁、义、礼、智之性，表现为恻隐、羞恶、辞让、是非之情，这就是说"善固然是性"；人的气质浑浊掺杂而有所蒙蔽，那么仁会流于沉溺，义会流于残忍，礼会流于虚伪，智会流于奸诈，所以说"恶也不能说不是性啊"。

天理本一也，由阴阳之运，参差而不齐；人性本一也，由人心之感，而善恶有异。

【译文】天理本是一个，由于阴阳二气的运行，在不同事物上表现得参差不齐；人性本是一样的，由于人的内心受外界事物的影响不同，而有了善恶的差异。

程子曰："有主则中虚。虚，谓心中无物也。"又曰："有主则中实。实，谓有理也。"

【译文】程颐说："有主宰那么就会虚心。虚，是说心中没有杂念。"又说："有主宰那么心中充实。实，说的是有理在其中。"

《河图》[①]乃万数、万理、万象、万化之源。

【注释】①《河图》：相传上古伏羲氏时，洛阳东北的黄河中浮出龙马背负的河图，献给伏羲。

【译文】《河图》乃是万种方术、万种道理、万种现象，万种造化的根源。

水，阴也，生于阳；火，阳也，生于阴。见阴阳有互根之义。

【译文】水是阴的，从阳中生出；火是阳的，从阴中生出。可以看到阴阳互为根据和条件。

画前之《易》[①]即太极也，所谓“冲漠无朕之中，而万象森然已具”也。

【注释】①画前之《易》：宋代邵雍区分了《易》之道和《易》之书，认为《易》之道先于《易》之书而存在，所以称为“画前之《易》”。它是宇宙生成的本源和万物遵循的客观规律。

【译文】伏羲画卦以前的《易》就是太极，所以说“宇宙还是一片混沌之时，万事万物之理就已经具备了。”

太极之中，无所不有，所谓“画前之《易》”也。

【译文】太极之中，无所不有，这就是所说的“画前之《易》”啊。

开卷即有与圣贤不相似处，可不勉乎！

【译文】读书就会发现自己有与圣贤不一样的地方，能不努力吗？

若实见得，虽生死犹不可易，况取舍之间乎！

【译文】如果真实见道，即使是生死也不能拿来交换，况且是取舍之间的小事呢！

一阳在上下五阴之间，张子所谓“阴在外，阳在内而不得出，则奋击而为雷霆”。观《豫》卦之象，亦可见矣。

【译文】一个阳爻在上下五个阴爻之间，就是张载所说的“阴气在外，阳气在内不能出来，就奋发搏击成为雷霆”。看豫卦的卦象，也可以见到啊。

观太极生两仪、四象、八卦，则物之一本可知矣。

【译文】看太极生出两仪、四象、八卦，那么可以知道万物都是一个本源。

懈意一生，即为自弃。

【译文】 懈怠的念头一产生，就是自己放弃自己。

春日和气薰心，有恻然之意。

【译文】 春天温和之气熏染内心，会产生恻然怜悯的情感。

一花即具元、亨、利、贞之理。花始萼而未开者，元也；开而盛者，亨也；盛而就实者，利也；实已成熟者，贞也。成熟可种而复生，又为贞下之元矣。生理循环，盖未尝毫发止息间断。

【译文】 一朵花就具有元、亨、利、贞的道理。花刚有花萼而没有盛开时，是元；花盛开时，是亨；茂盛而结果实是利；果实成熟，是贞。果实成熟后种子可以种下而重新生长，又是贞后面的元啊。生长的道理循环往复，没有丝毫的间断。

人恻然慈良之心，即天地蔼然[①]生物之心。

【注释】 ①蔼然：温和、和善貌。

【译文】 人的哀怜慈悲心，就是天地和气友善生育万物的心。

汉光武不任三公，而事归台阁[1]，势然也。

【注释】①事归台阁：汉光武帝刘秀为了加强中央集权，名义上中央的最高官职是三公，但没有实权。设置尚书台，加强了尚书的职权。

【译文】汉光武帝不倚重三公，而把重要事务都交由尚书台处理，局势使然啊。

“继之者善”，其理一；“成之者性”，其分殊。

【译文】“传继此道的就是善”，是说理是一个；“蔚成此道的就是性”，是说万事万物各有自己的理。

理、气在天地，为公共之物；一丽于形，则万殊矣。

【译文】理、气是天地之间共有的事物；一旦附着在形体上，就会出现万种差别。

古者，宰相窃柄，显而犹可攻。惟近习窃柄，如恭显[1]辈，则深而难去。所谓“城狐社鼠”[2]是也。

【注释】①恭显：汉宦官弘恭、石显的并称，这里代指宦官。②城狐社鼠：狐狸在城墙上打洞便住在里面，老鼠在土地庙里打洞便住在里面。比喻依仗别人势力胡作非为的小人。

【译文】古代宰相窃取权力，因为很明显而可以讨伐。只有身边的小人窃取权力，像宦官这些人，因为隐秘而不容易去除。所谓的“城狐社鼠”说的就是他们啊。

天地万物，形体皆虚，而理则实。

【译文】天地万物的形体都是虚妄的，但是理却是实在的。

薰然慈良恻怛之心，与温然春阳之气为一。

【译文】人的温和、慈悲、恻隐之心，与春天温和的阳气是一致的。

为人不能尽人道，为官不能尽官道，是吾所忧也。

【译文】做人不能尽力践行做人的道理，做官不能尽力践行做官的道理，这是我所担忧的。

德行道艺皆不如古人，岂可不自勉！

【译文】自己的德行技艺都不如古人，能不自我勉励吗？

生之理，仁也；“活泼泼地”，仁之发也。

【译文】生命成长的理是仁；“活泼泼地”是仁的发用。

“礼者，天理之节文”。孔子谓“克己复礼为仁”，何也？盖仁即天理也，人欲炽，则天理不行，必克去己私，事事皆复于礼，则天理流行而为仁矣。

【译文】“礼是天理所规定的礼节和仪式”。孔子说“克己复礼为仁”，是什么意思呢？大概仁就是天理，人的私欲旺盛，那么人就不会按天理去做，必须要去除私欲，事事都符合礼的要求，那么天理盛行而能实现仁了。

余思仁数日，未得其说，忽于恻然隐恤慈良之端，似可即用以窥体；有一毫忮害之心，即非仁矣。

【译文】我思考仁很多天都没有得到它的要义，忽然觉得在哀怜体恤慈悲这些情感中，似乎可以窥见并体会到仁；有一丝一毫的忌恨残害的心思，就不是仁了。

一气流行，一本也，著物则各形各色而分殊矣。

【译文】一气周流，是讲事物本源的统一性；展现在不同的事物上又会多姿多彩，是讲事物表现的差异性。

敬天，当自敬吾心始。不能敬其心，而谓能敬天者，妄也。

【译文】敬畏上天，应当从敬畏自己内心开始。不能敬畏内心，却说能敬畏上天，是荒谬的。

天包地外，水在地中，地中之水，即天所生也。

【译文】天在地的外面包围着地，水在地中间，地中间的水就是天所生的。

山泽通气，地中之气，为地中之水也；山川出云，地中之气，为天上之雨也。地中之水，天上之雨，统一气之流行郁蒸耳，非有二也。

【译文】山和大泽之间的气息是相互贯通的，地上的气又变成地上的水；高山和河流生出云，这是地上的气变成天上的雨。地上的水，天上的雨，都是一个气的流行凝结蒸发的过程，并非有两个事物。

人知水生于地中，而不知乃天所生也。盖天包地外，地处天中，地外之天气，无时止息，而郁积流通于地中，故能生水而不穷也。

【译文】人们知道水是大地生出的，而不知道水是天所生的。天包围在地的外面，地处在天的里面，大地外面的天的气流，没有一刻是停息的，气流凝结并在地上流淌，所以能够没有穷尽地生出水来。

大丈夫心事，当如青天白日，使人得而见之可也。

【译文】大丈夫心里面的事，应当像晴好的天气一样，使其他人可以见到。

春秋时，辞命[①]犹有言礼义者，乃先王之泽未泯也；至战国纵横之徒，唯言利害而不及礼义，先王之泽尽矣。

【注释】①辞命：古代列国之间使者聘问应对之辞。

【译文】春秋时期，外交辞令还有讲礼义的，这是先王的恩泽还没有完全泯灭；到了战国时期的纵横之士，只讲利害而不讲礼义，先王的恩泽就消失殆尽了。

民心至柔，真有不可强者；惟顺其心而道之，则无不从矣。

【译文】民众的心是至为柔软的，的确是不可以强求的；顺从他们的心来引导，就没有不服从的。

自古未有逆民心而得天下者；幸而得之，亦不过数传耳。

【译文】自古以来没有违背民众的心愿而得到天下的；即使侥幸得到，也不过是短暂地传位几代罢了。

欲以虚假之善盖真实之恶，人其可欺，天其可欺乎？

【译文】想要用虚假的善来掩盖真实的恶，可以欺骗人，能欺骗天吗？

阴多而阳少，小人多而君子少，鹰隼多而凰凤少，豺虎多而麒麟少，荆棘多而芝兰少，碔砆[①]多而良玉少。其理一也。

【注释】①碔砆（wǔ fū）：像玉的石头。

【译文】阴气多而阳气少，小人多而君子少，鹰隼多而凤凰少，豺狼虎豹多而麒麟少，荆棘多而芝兰少，美石多而美玉少。它们的道理都是一样的。

《夬》九三："壮于頄，有凶；独行遇雨。若濡，有愠无咎。"决小人之道，怒见于面必有凶；惟从容和柔以决之，则无咎。

【译文】《夬》卦的九三爻辞说："颧骨强壮，有凶险；独自前行遇雨，打湿衣服，有怒气无咎害。"处理小人的方法，如果在脸上表现出怒气，必然要遇到灾祸；只有从容柔和地处理他们，才没有灾祸。

单襄公[①]曰："君子不自称也，非以让也，恶盖其人也。夫人性凌下者，不可盖也；求盖其人，抑下滋甚。故圣人贵让。"此乃名言。

【注释】①单襄公：春秋时期单国国君。

【译文】单襄公说："君子不自我吹嘘，并非为了谦让，而是厌恶掩盖他人。凡人性，都喜欢凌驾于他人之上，不愿被他人掩盖；想掩盖他人，则会被他人抑制在下。所以圣人崇尚礼让。"这是至理名言。

单襄公曰："君子目以定体，足以从之，是以观容而知其心矣。目以处事，足以步目。今晋侯视远而足高，目不存体，而足不步目，其心必异矣。目体不相从，何以能久？"此亦名言。

【译文】单襄公说："君子以眼睛确定行动的方向，脚步随之配合，所以观察他的容貌就可以知道他的内心。用眼睛观察怎样做事，用脚步来配合眼睛的指引。现在晋侯眼望远处而脚步抬得很高，目光与四肢形体不相协调，脚步不按照目光的指引走，他的心一定在想别的。目光与形体不配合，怎么能长久呢？"这也是至理名言。

川流不息之意，余于《先天图》[①]见之。

【注释】①《先天图》：北宋邵雍所作。
【译文】川流不息的意蕴，我在《先天图》中看到了。

一阳复而为之喜，一阴生而为之戒。圣人扶阳抑阴之意至矣。

【译文】一个阳爻恢复而为之喜悦，一个阴爻生成而为之警戒。圣人推崇阳而贬抑阴的意图到了极致。

观《复》《姤》[①]，则知君子小人盛衰之理微矣。

【注释】①《复》《姤》：《复》卦，下面一个阳爻，上面五个阴爻。具有重新取得活力而新生，君子、正气、生命力重新抬头的意思。《姤》卦，下面一个阴爻，上面五个阳爻。表示阴气越来越强盛。

【译文】看《复》和《姤》两卦，就会知道君子和小人兴盛衰败的道理很微妙。

心诚、色温、气和、辞婉，必能动人。

【译文】心意真诚、脸色温和、语气平和、言辞委婉，必定能感动人。

虚心接人，则于人无忤；自满者反是。

【译文】虚心对待别人，那么就不会触犯别人；自满的人则与此相反。

人有负才能而见于辞貌者，其小也可知矣！

【译文】有的人自负自己的才能而表现在言辞和容貌上，可以知道其格局的狭小。

天赋人以才德，本无不备。才德全，始称为人之名，初无一毫加于本分之外。乃知自矜自伐者，皆妄也。

【译文】上天赋予人才能和品德，本来就是完备的。才能品德全备，才称得上人这个名称，起初并没有一丝一毫超过本分之外。于是知道自负自夸的人都是狂妄的。

人知天下事皆分内事，则不以功能夸人矣。

【译文】人们如果知道把天下事当作分内事，就不会向别人夸耀自己的功劳和才能了。

读《夬》九三[①]之辞，而知决小人之道；读九五[②]之辞，而知克己私之功。

【注释】①《夬》九三："壮于頄，有凶。君子夬夬，独行遇雨，若濡，有愠，无咎。"意思是强行向前顶撞就有凶。②九五："苋陆夬夬，中行无咎。"意思是九五处在中位，向上行进没有咎害，在中位不行进就不够光大。

【译文】读《夬》卦九三的爻辞，得知处理小人的方法；读九五爻辞，知道克制自己私欲的功绩。

天无不包，地无不载，君子法之。

【译文】天没有不包含的，地没有不承载的，君子应当效法它们。

人须有容乃大。古谓“山薮藏疾，川泽纳污，瑾瑜掩瑕”，有容之谓也。

【译文】人必须能宽容才能有宏大的气度。古人所说“山林草莽可以藏纳毒害之物，江河湖泽可以容纳污泥浊水，美玉也可以掩盖瑕疵”，说的都是能宽容啊。

觉人诈而不形于言，有余味。

【译文】发觉别人的欺诈而不在语言上表现出来，耐人寻味。

戒太察。太察则无含弘之气象。

【译文】戒除过于繁琐和严苛。过于严苛就没有包含容纳的气度。

《经》曰“有容，德乃大；有忍，乃济”[①]者，宜深体之。

【注释】①出自《尚书·君陈》。
【译文】《尚书》说“有所包容，德行才能光大；有所忍耐，事情才能成功”，应该深刻地体会。

行有不得，皆当反求诸己。[①]

【注释】①出自《孟子·离娄上》。原文为："行有不得者，皆反求诸己，其身正而天下归之。"

【译文】行动没有达到预期效果，都要从自己本身进行反省。

不愧于天，不愧于人，不愧于心，斯近道矣；不愧于心，其本乎！

【译文】不愧对上天，不愧对他人，不愧对内心，这就接近道了；不愧对内心，这是根本啊！

君子之志，固非常人所识也。

【译文】君子的志向，本来就不是一般人所能认识的。

少陵[①]诗曰："水流心不竞，云在意俱迟。"从容自在，可以形容有道者之气象。

【注释】①少陵：即杜甫，唐代伟大的现实主义诗人，与李白合称"李杜"。因居住在长安汉宣帝许皇后陵墓少陵附近，因此自称少陵野老，后世称杜少陵。引诗意为：江水缓缓流动，和我的心一样不与世间竞争。云在天上飘动，和我的意识一样悠闲自在。

【译文】杜甫的诗说："水流心不竞，云在意俱迟。"从容自在，可以形容有道之人的气象。

少陵诗："寂寂春将晚，欣欣物自私。[①]"可以形容物各付物[②]之气象；"江山如有待，花柳自无私。[③]"唐诗皆不及此气象。

【注释】①寂寂春将晚，欣欣物自私：出自杜甫的《江亭》。孤寂的春天即将进入晚春，我悲伤忧愁，而万物却兴盛，在大自然里各随其性。②物各付物：语出《二程集·遗书》，即是要按照事物的本来面目去认识对待事物，不能夹杂人的主观臆断。③江山如有待，花柳自无私：出自杜甫的《后游》。意为江山好像在那儿等着我；花柳也无私地奉献着一切，欢迎我再度登临。

【译文】杜甫的诗："寂寂春将晚，欣欣物自私。"可以用来形容按照事物的本来面目去认识事物的情状；"江山如有待，花柳自无私。"其他的唐诗都没有这样的气象。

天，阳也，其气浑然无间，故其数奇，"—"以象之；地，阴也，其形中虚而开，故其数偶，"--"以象之。

【译文】天是阳的，它的气浑然一体没有间断，所以它的数是奇数，用"—"来象征它；地是阴的，它的形状中间空虚而有缺口，所以它的数是偶数，用"--"来象征它。

“立天之道，曰阴与阳；立地之道，曰柔与刚；立人之道，曰仁与义。”[①]阴阳以气言，刚柔以质言，仁义以德言。三才分殊，而理一也。

【注释】①语出《周易·说卦传》。

【译文】“用阴和阳来确立天道；用柔与刚来确立地道；用仁与义来确立人道。”阴阳说的是气，刚柔说的是质，仁义说的是德性。天地人三才不一样，但理是一样的。

欲动情胜，“气壹之动志也”[①]。

【注释】①语出《孟子·公孙丑上》：“志壹则动气，气壹则动志也。”

【译文】欲望发动情感强盛，这就是“意气情感专一，就会影响思想意志”。

“系恋之私恩”[①]，“畜臣妾，吉”[②]。此待小人女子之道也。

【注释】①系恋之私恩：语出《周易程氏传》。②畜臣妾，吉：语出《周易·遁》九三爻辞。

【译文】“牵挂眷恋小的恩德”，“蓄养奴仆婢妾，吉利”。这是对待地位低下的人以及女子的方法。

待左右当严而惠。

【译文】 对待身边的人应当严厉而又宽惠。

孟子“一暴十寒[①]”之喻，皆格心之学。

【注释】 ①一暴十寒：原意为最容易生长的植物，晒一天，冻十天，也不可能生长。后用以比喻学习或工作一时勤奋，一时又懒散，没有恒心。

【译文】 孟子“一暴十寒”的比喻，都是正心的学问。

孟子告君，皆先正其心。

【译文】 孟子告诫君主，都是先端正他们的思想。

宋道学[①]诸君子，有功于天下，万世不可胜言。如“性”之一字，自孟子以后，荀、扬以来，或以为“恶”，或以为“善恶混”，议论纷然不决，天下学者莫知所从。至于程子“性即理也”之言出，然后知性本善而无恶；张子“气质之论”明，然后知性有不善者，乃气质之性，非本然之性也。由是“性”之一字大明于世，而无复异议者，其功大矣！自孟子之后，汉、唐以及五代之间，异端[②]与吾道争为长雄，至有读圣人之书，游圣人之门，以儒自名者，犹匍匐而归之，况其余乎！独唐之韩子[③]，不顾侮笑，力救其失，而"一齐众楚"[④]，犹莫之能胜也。至宋道学诸君子出，直捣异端之巢穴，而辨其毫厘似是之非，由是邪正之分，昭然若睹黑白，虽未得悉绝其道，无使并行，然吾道既明，如精金而不得淆以铅锡，明珠而不得混以鱼目，彼虽援引比附，亦无自而入也。是以庠序育才，科举取士，讲学命词，粹然一出于尧、舜、禹、汤、文、武、周公、孔、颜、曾、思、孟之正，绝口于异端之教，是皆道学诸君子距邪闲正之功也。呜呼，盛哉！

【注释】①道学：即理学。②异端：古代儒家称其他学说、学派为异端。③韩子：即韩愈。④一齐众楚：出自《孟子·滕文公下》："一齐人傅之，众楚人咻之，虽日挞而求齐也，不可得矣。"即一个齐国人施教，众多楚国人在旁边喧扰。形容由于环境的干扰，难以取得成绩。

【译文】宋代道学的诸位先生，他们对天下的功劳，万代都不能说完。如"性"这个字，从孟子之后，荀子、扬雄以来，有人认为人性是恶的，有人认为人性善恶混同，议论纷纷不能决断，天下学习的人不知听从哪个观点。直到程颐"性就是理"的言论出来，然后才知道性本善而没有恶；张载"气质之性"的论说阐明后，然后知道人性中有不善的成分，乃是气质之性，并不是性的本来状态。于是"性"这个字在世界上得到了彰明，而不再有异议，他们的功绩很大啊！从孟子之后，汉唐和五代时期，异端与我们儒家争夺高低，以至于有读圣人之书、在圣人门下游学，说自己是儒家的人，也匍匐着去归附异端，何况其他人呢？只有唐代的韩愈，不管侮辱和嘲笑，力救世道的缺失，但是一人施教而众人喧扰，也难以取得成绩。到了宋代道学诸位先生出来，直捣异端的巢穴，辨别他们细微的似是而非的观点，于是正义与邪恶的区别昭然若揭，像看黑白一样明显，虽然没有全部灭绝异端，使他们不与儒家并行，但是我们儒学已经彰明，像精粹的金子一样不被铅和锡混淆，像明珠一样不被鱼眼睛混淆。他们虽然援引比附，但也没有可以进入的门径。于是学校培养人才，科举选拔士人，讲授学问遣词用字，纯粹都是出于尧、舜、禹、商汤、周文王、周武王、周公、孔子、颜子、曾子、子思、孟子的正确言论，绝口不提异端学说，这都是道学诸先生贬斥奸邪、崇尚正直的功劳啊。啊，真盛大啊！

斯须省察不至，则妄念发。

【译文】片刻的省察工夫不到位，那么虚妄的念头就会生出来。

有于一事心或不快，遂于别事处置失宜，此不敬之过也。

【译文】因为一件事情心里不愉快，于是在别的事情上处置不恰当，这是不敬的过失。

天地万物，浑是一团理气。

【译文】天地万物，浑然是一团理和气。

人只为拘于形体，自小；若能不为形气所拘，则内外合一，而不胜其大矣。

【译文】人如果只是被形体所束缚，自然就限制了自己的格局；如果能不被形体所拘束，那么内外合一，他的格局就无尽广大。

斯须心有不存，则与道相忘。要当常持此心而不失，则见道不可离矣。

【译文】有片刻之心不存养，就会与道相背离。应当常常持守这个心不丢失，那么才发现道是不可以片刻离开的。

或读书，或处事，或论人物，必求其“是”处，便是“格物致知”之功。盖“是”者，天理也；“非”者，人欲也。得其“是”，则天理见矣。

【译文】对于读书、处事或议论人物，必须要探求他们好的方面，这便是“格物致知”的功夫。大概好的方面，就是天理；不好的方面，就是人欲。得到他们好的方面，就能够使天理显现了。

中夜以思：只“公”之一字，乃见克己之效验。

【译文】我深夜思考：仅仅“公”这一个字，就可以见到克制自己的效果。

人所以千病万病，只为“有己”。为“有己”，故计较万物。惟欲己富，惟欲己贵，惟欲己安，惟欲己乐，惟欲己生，惟欲己寿，而人之贫贱、危苦、死亡，一切不恤，由是生意不属，天理灭绝，虽曰有人之形，其实与禽兽奚以异！若能克去“有己”之病，廓然大公，富贵、贫贱、安乐、生寿，皆与人共之，则生意贯彻，彼此各得分愿，而天理之盛，有不可得而胜用者矣。

【译文】人之所以有多种苦恼，只是因为“有己”。因为“有己”，所以计较万事万物。只想着自己富裕，只想着自己高贵，只想着自己安康，只想着自己快乐，只想着自己生存，只想着自己长寿，而别人的贫贱、危险苦难、死亡都一概不管，于是生机消灭，天理灭绝，虽然说还有人的形体，其实与禽兽没有什么区别！如果能去除“有己”这个苦恼，宽厚而公允，富贵、贫贱、安乐、寿命都与别人分享，那么生机就能够贯彻，彼此都能实现自己的心愿，那么天理的兴盛，就多得用也用不完啊。

万物万事各有分，各安其分，自然无事矣。

【译文】万事万物都有自己的本分，各自都安于自己的本分，自然而然就没有事端了。

己与人、物，本同一理、一气，而或不能公好、恶于天下者，蔽于“有己”之私也。

【译文】自己同他人、万物都是来自于同一个理和气，但是不能够公正无私地在天底下表达自己的喜好、厌恶，是因为被“有己”这个私欲给蒙蔽了。

凝定最有力。

【译文】坚定是最有力量的。

往时怒觉心动。近觉随怒随休，而心不为之动矣。

【译文】以往发怒时，内心也跟着波动。最近发现随即发怒随即停止，内心不为之所动。

一息不可不涵养，涵养只在坐、作、动、静、语、默之间。

【译文】人在每时每刻都不能没有涵养，涵养就在端坐、做事、行动、静止、说话、沉默的时候。

轻，当矫之以重；急，当矫之以缓；褊，当矫之以宽；躁，当矫之以静；暴，当矫之以和；粗，当矫之以细。察其偏者而悉矫之，久则气质变矣。

【译文】轻浮，应当用稳重来矫正；急躁，应当用平缓来矫正；偏狭，应当用宽厚来矫正；暴躁，应当用沉静来矫正；残暴，应当用温和来矫正；粗心，应当用细致来矫正。观察偏失的地方并且全部矫正，久而久之气质就变化了。

作事切须谨慎仔细，最不可怠忽疏略。先儒谓：前辈作事多周详，后辈作事多阔略。余觉有“阔略”之失，宜谨之！

【译文】做事情必须要谨慎仔细，最不可以懈怠疏忽。先儒说：前辈们做事多周密详细，后辈们做事多粗疏。我发现自己也有粗疏的缺点，应该谨慎啊！

“使民如承大祭”[①]。然则为政临民，岂可视民为愚且贱而加慢易之心哉！

【注释】①出自《论语·颜渊》。

【译文】“役使民众就像承办大的祭祀一样庄重”。既然这样，那么治理老百姓，怎么能够把百姓视为愚蠢且卑贱并用轻慢之心来对待他们呢！

作官者，虽愚夫、愚妇，皆当敬以临之，不可忽也。

【译文】做官的人，即使是对于平民百姓，也应当恭敬地对待他们，不可以轻慢。

余性偏于急，且易怒，因极力变化。

【译文】我的脾气偏于急躁，而且容易发怒，因此要尽力改变。

心一操而群邪退，听一放而群邪并兴。

【译文】把持住内心，那么众多邪恶的念头就消退；一听任放松，众多邪恶的念头就会兴起。

一念不谨，即有偷惰之意，所谓“惟圣罔念作狂”[①]者，岂虚语哉！

【注释】①惟圣罔念作狂：出自《尚书·多方》。

【译文】只要一个念头不谨慎，就会有懒惰的心思，所谓的“即使是圣人有一念不正就会成为狂人”，难道是虚妄的话吗！

为学最要务实，知一理则行一理，知一事则行一事，自然理与事相安，无虚泛不切之患。

【译文】学习最重要的是务实，知道一个道理就去践行这个道理，知道一件事务就去完成这件事务，自然而然道理与事务相匹配，没有虚浮不贴切的担忧。

操心，一则义理昭著而不昧，一则神气凝定而不浮。养德养身，莫过于操心之一法也。

【译文】操持内心，一方面义理显著而不蒙昧，一方面气定神闲而不浮躁。培养德性与养护身体，莫过于操持内心这种方法。

许鲁斋诗曰：“万般补养皆为伪，只有操心是要规。”惟心得而实践者，乃知其言之有味。

【译文】许衡的诗说：“各种补养都是虚伪无用的，只有操存心性才是最重要的规范啊。”只有心中明白并去实践的人，才知道他的话中有深刻内涵。

学者大患，在行不著，习不察，故事理不能合一。处事即求合理，则行著习察矣。

【译文】求学之人的最大毛病，在于做事不明白为什么要做，习以为常而不知道所以然，所以事务与道理不能合一。在处理事情上力求合乎道理，那么行为就能显著而习惯也能被审察到了啊。

圣贤立教，明白恳切，直欲天下万世之人，皆入于圣贤之域。

【译文】圣贤设立教化，明白而又恳切，只是想要天下万世的人，都达到圣贤的境界。

才收敛身心便是“居敬”，才寻思义理便是“穷理”，二者交资而不可缺一也。

【译文】一旦收敛身心就是“居敬”，一旦思考义理就是“穷理”，两者相互促进而一个都不能缺少。

一于“居敬”而不“穷理”，则有枯寂之病；一于“穷理”而不“居敬”，则有纷扰之患。

【译文】专一于心存恭敬而不穷究道理，就会有枯燥烦闷的弊病；专一于穷究道理而不心存恭敬，就会有纷乱繁杂的忧患。

“居敬”有力，则“穷理”愈精；“穷理”有得，则“居敬”愈固。

【译文】心存恭敬越努力，那么穷究道理就越精微；穷究道理有收获，那么心存恭敬就越稳固。

“居敬”以立本，“穷理”以达用。

【译文】心存恭敬以确立修身之本，穷究道理以付诸实际应用。

造化翕寂专一，则发育万物有力；人心宁静专一，则穷理作事有力。

【译文】创造化育专注于一点，那么生育万物就有力量；人心宁静专注于一点，那么穷究道理处理事务就有力量。

如存心端坐之时，此“居敬”也。或读书而思索义理，或处事而求其当否，即“穷理”也。

【译文】比如在用心端坐的时候，这就是心存恭敬。或者是读书而思索其中的义理，或者是处理事务而看其是否恰当，这就是穷究道理。

初学时，见“居敬”“穷理”为二事，为学之久，则见得“居敬”时敬以存此理，“穷理”时敬以察此理，虽若二事而实则一矣。

【译文】刚开始学习的时候，以为“居敬”和“穷理”是两件事情，等学习时间长了，就发现“居敬”的时候需要恭敬来保全道理，“穷理”时需要恭敬来体察道理，虽然是两种事情但实际上却是一个。

《尧典》以“钦”[①]之辞始，《益稷》以“钦”之辞终，则尧、舜传心之要可知矣。

【注释】①钦：在《尚书》中是敬的意思。

【译文】《尧典》以“钦”字作为开始，《益稷》以“钦”字作为结束，那么尧、舜传授心法的要领就可以知道了。

天理流行赋予人物之机，无须臾之止息，兹所谓“命”也欤！

【译文】天理运行赋予人和万物生机，没有片刻是止息的，这大概就是所说的“命”吧！

好议前辈得失，乃初学之大病；前辈诚有不可及者，未可轻议也。

【译文】喜欢议论前辈的得失，是初学者的大忌；前辈诚然有不足的地方，也不可以轻易议论啊。

在古人之后，议古人之失则易；处古人之位，为古人之事则难。

【译文】生在古人之后，议论古人的过失很容易；处在古人的位置上，做古人的事情则很困难。

以纸上之言观往事，率皆轻议古人处事之失。设使身居其地，吾见其错愕失措者多矣。

【译文】从书本上的文字来观察过往的事，大多数人都轻易地议论古人做事的不足。假设让他们处在古人的位置上，我可以预见他们大都会惊慌失措。

言不及行，可耻之甚。非特发于口者谓之言，凡著于文词者皆是也。尝观后人肆笔奋词，议论前人之长短，及夷考[①]其平生之所为，不及古人者多矣。岂非言不及行，可耻之甚乎？吾辈所当深戒也！

【注释】①夷考：考察。

【译文】言行不一，非常可耻。不仅仅从嘴里说的话是言，凡是写出的文章诗词都是。我曾经看到后人纵笔书写，议论前人的长短，等到考察这些后人的所作所为，有很多不及古人的地方。难道不是言行不一，非常可耻吗？我们应当引以为戒啊！

切不可随众议论前人长短，要当己有真见方可。

【译文】切记不可以跟随一般人议论前人的长短，需要自己有真知灼见才可以。

唐之韩子，乃孟子以后绝无仅有之大儒。《原道》《原性》篇虽“博爱”“三品”之语有未莹者，然大体明白纯正，程子所深许，朱子又为考正其书，诚非浅末者可得而窥也。后学因见朱子兼论其得失，而不知此乃责备贤者之意，遂妄论前贤若不屑为者，其可谓不知量也甚矣！当韩子之时，异端显行，百家并倡，孰知尧、舜、禹、汤、文、武、周公、孔子、孟轲为相传之正统？又孰知孟轲氏没而不得其传？又孰知仁、义、道、德合而言之？又孰知“人性有五，而情有七”？又孰知尊孟氏之功不在禹下？又孰敢排斥释氏滨于死而不顾？若此之类大纲大节，皆韩子得之遗经，发之身心，见诸事业，而伊洛真儒[①]之所称许而推重者也。后学因见先儒有责备之言，遂剿拾其说，妄议韩子若不足学者。设使此辈生韩子之时，无先觉以启其迷，无定论以一其志，吾见沦于流俗，惑于异端之不暇，又安敢窥韩子之门墙[②]哉！故论韩子之得失，在周、程、张、朱数君子则可，苟未及数君子，皆当自责自求，殆未可轻加诋议，以取僭妄之罪也。

【注释】①伊洛真儒：即二程。②门墙：喻老师之门，此处指学问。

【译文】唐代的韩愈，是孟子之后绝无仅有的大儒。《原道》《原性》两篇文章中“博爱”与“三品”的说法虽然有不够完善的地方，但是大体上清楚纯正，为程颐所赞许，朱熹又为他考据订正文字，这真不是浅薄的人可以窥见的。后来学习的人因为看到朱熹议论韩愈的得失，却不知道这是朱熹对于贤人求全责备的意思，于是狂妄地议论贤人就像对其不屑一样，这可以说是很不知道自己的分量啊！在韩愈的时代，异端盛行，百家学问一并被提倡，谁知道尧、舜、禹、商汤、周文王、周武王、周公、孔子、孟子是儒家代代相传的正统呢？又怎么会知道孟子死后就没有传承了呢？又怎么知道仁、义、道、德结合起来说呢？又怎么能知道“人性有五种德行，而情感有七种呢”？又怎么知道尊崇孟子的功绩不在于大禹之下呢？谁敢不顾死亡去排斥佛家呢？像这样的大原则与大节操，都是韩愈从遗留的经典上得到，发用在身心上，表现在事业上，二程所以称赞并推崇他。后来学习的人因为看到先代儒者对韩愈有责备的话语，于是攻击他的学说，狂妄地议论韩愈，就好像他不值得学习一样。假设这些人生活在韩愈的时代，没有先知先觉的人来启发迷悟，没有确定的理论来使人志向专一，我可以预见他们将沦落于流俗，被异端迷惑都来不及，又怎么敢窥见到韩愈的学问呢！所以评论韩愈的得失，周敦颐、二程、张载、朱熹这些先生是有资格的，如果没有达到这些先生的水平，应该先自我责备和要求，恐怕不可以轻易地加以诋毁议论，而造成僭越狂妄的罪过啊。

性理之学，经周、程、张、朱诸君子发挥，如此明白。当时亲炙者尚失其意，而韩子生于道术坏烂之余，无所从游质正，乃能卓然有见，排斥异端，扶翼正道，遂有立于天下后世，直可谓豪杰之才矣！

【译文】性理之学，经过周敦颐、二程、张载、朱熹诸位先生的阐述，已经如此明白透彻。当时直接得到传授的人尚且不能完全领会意旨，而韩愈生活在道术朽坏的时代，没有能跟从学习并质询请教的人，竟然能够卓越地有独特见解，排斥异端邪说，扶持正道，最终使儒学在天下后世得以树立，真可以说是豪杰之才啊！

韩子气质明敏刚正，乐易宽厚，皆过于人，但生于学绝道散之时，无所讲明切磋以底大就。使生宋时，得与道学诸君子游，则其所立当不止是矣。

【译文】韩愈的气质聪敏刚毅，和蔼可亲宽厚待人，这些品行都超过常人，但是生活在学问灭绝、道术散落的时代，没有人能够讲解、切磋，以达到更大的成就。假使他生在宋代，能够与道学诸位先生交游，那么他的成就应当就不只是原来的样子了。

性理自宋道学诸君子反复辨论发挥蕴奥之后，粲然如星日丽天[①]；而异学曲说，直如区区之爝火，自不得乱其明也。

【注释】①星日丽天：太阳和星星悬挂在天空，比喻永恒不变。

【译文】性理之学自从宋代道学诸位先生反复辩论，发挥出深刻内涵之后，鲜明光亮，如同星星和太阳悬挂在天空一样；而异端邪说，只不过像是小小的火把，不能够扰乱性理之学的光明。

人不持敬，则心无顿放处。

【译文】人如果不持守恭敬，那么心就没有安顿的地方。

人不主敬[①]，则此心一息之间驰骛出入，莫知所止也。

【注释】①主敬：程颐提出的一种修养方法。指使心专一谨慎。

【译文】人一旦不主敬，那么心在瞬间就会驰骋乱跑，不知道应该在哪里停止。

人不主敬，则嗜欲无涯，驰骛不止，真病风狂惑之人耳。

【译文】人一旦不主敬，那么感官欲望就无穷无尽，驰骋不止，实在是狂乱迷惑的人啊。

小人有功，可优之以赏，不可假之以柄。

【译文】小人有功劳，可以用赏赐优待他们，不能把权力交给他们。

群阴长而阳道消，《大易》之深戒也。

【译文】群阴生长那么群阳就消退，这是《周易》的深刻警戒啊。

主敬，则思不出位而分定矣。

【译文】主敬，那么考虑事情不超出自己的位置而职责就确定了。

只一理而改头换面，做出无穷物事，神矣哉！

【译文】理只有一个，而改头换面创造出无穷的事物，真的很神妙啊！

万古不易者，“理”而已。

【译文】万古不变的，只有“理”罢了。

气无穷，理亦无穷。

【译文】气是无穷的，理也是无穷的。

古人于小人有功，可深虑而不可喜。《易》曰：“开国承家，小人勿用。”[①]汉诛窦宪，五侯有功[②]，而其势自此盛。故功由君子立，国家之大庆；功由小人立，知者所深虑也。

【注释】①语出《周易·师》。②汉诛窦宪，五侯有功：指两件事情，前者指汉和帝为巩固政权，诛杀外戚窦宪，在此过程中宦官郑众有功被封侯。后者指汉桓帝诛外戚梁冀后，封有功的五位宦官为侯。

【译文】古人看待小人有功，深深忧虑而不高兴。《周易》说：“建立国家，小人不要使用。”汉和帝诛杀窦宪，汉桓帝时五侯有功劳，宦官的势力自此兴盛。所以功劳由君子建立，这是国家的大好事；功劳由小人建立，有智慧的人应该深深忧虑。

读《易》则知阴阳消长之机，皆由微以至著。圣人谨其微，故不至于著；众人图其著，则亦莫之及矣。

【译文】读《周易》就会知道阴阳消长的机制，都是从细微到显著。圣人谨小慎微，所以不至于到明显的时候才行动；一般人在很明显的时候才想有所作为，已经来不及了。

上蔡[①]有一砚，极爱之，遂屏去。此可为克己之法。

【注释】①上蔡：即谢良佐（1050年—1103年），字显道，河南上蔡县人，人称谢上蔡，北宋学者。

【译文】谢良佐有一砚台，非常喜爱，最终去除不要。这可以作为克制自己的方法。

《诗》曰："不愆不忘，率由旧章。"《孟子》曰："遵先王之法而过者，未之有也。"盖祖宗更事，多为虑深，故立法周且密，后世率而循之，何失之有！

【译文】《诗经》说："不犯错不迷狂，遵循先祖的旧典章。"《孟子》说："遵循先王的法度而有过失的，是从来没有的。"大概是祖宗处理事情，多是深谋远虑，所以建立法度周详且细密，后代的人直接遵循，哪里会有什么过失啊！

不能克己者，志不胜气也。

【译文】不能克制自己的人，是意志不能战胜自己的习气啊。

器用当用者不可缺，有私吝之心则不可。

【译文】器物用具需要使用的不能缺乏，但是不能有自私和吝啬之心。

外物得亦不喜，失亦不怒，则心定矣；得失而喜怒生焉，是犹累于外物而心未定也。

【译文】外在的事物得到也不欢喜，失去也不愤怒，那么心就安定；得到或失去而心生喜怒，那么心依然是被外物牵累而没有安定啊。

人之克己，或能克于此，不能克于彼，此是克之有未尽也；能推其所能以及其所不能，则克无不尽矣。

【译文】人们在克制自己方面，或者在这方面能克制，在另一方面不能克制，这是克制还不够全面；把能够做到的推到不能做到的，那么克制自己就很全面了。

私无大小，觉即克去。

【译文】私欲无论大小，一经觉察就要克制下去。

爱外物好，则心不好矣。

【译文】偏爱外在的事物，那么内心的修养就会被忽视。

“以言乎远则不御”①，六画之上，生生而无穷；“以言乎近则静而正”②，六画③之中，当体而理无不具。

【注释】①②均出自《周易·系辞上》。③六画：指六十四卦。

【译文】“用以说明极远的事情则遥无止境”，六十四卦之外，生生不息而变化无穷；“用以说明极近的事情则宁静而端正”，六十四卦之中，应当体会到理没有不具备的。

“以言乎远则不御”，生生而无穷；“以言乎近则静而正”，禀赋各定。

【译文】“用以说明极远的事情则遥无止境”，生生不息而变化无穷；“用以说明极近的事情则宁静而端正”，各种事物都有自己的禀赋。

制服私意而不拔其根，如蓄火于毛羽之中，得风复然矣。故克、伐、怨、欲不行，固为难，不若克、伐、怨、欲净尽之为至也。

【译文】制服自己的私欲但没有连根拔除，就像在羽毛下面埋下火种，遇到风就会重新燃烧。所以好胜、自夸、怨恨和贪心四种毛病都不曾表现过，固然难能可贵，不如达到好胜、自夸、怨恨和贪心都扫除殆尽的至高境界。

读书以防捡此心，犹服药以消磨此病。病虽未除，常使药力胜则病自衰；心虽未定，常得书味深则心自熟。久则衰者尽，而熟者化矣。

【译文】读书用来戒备检查内心，就像服药来消磨疾病。疾病虽然没有去除，经常使药力加强那么疾病自然衰退；心虽然没有安定，常常深入读书那么心志自然会成熟。时间长了衰退的就会消除，而成熟的就会变化。

因一事不快于心而迁怒之心妄发，此学者之通病。

【译文】因为一件事情不愉快而迁怒的情绪胡乱发作，这是求学之人的通病。

许鲁斋曰："责己者可以成人之善，责人者适以长己之恶。"

【译文】许衡说："责备自己可以成就别人的善行，责备别人恰恰会增长自己的恶行。"

周公告成王曰："厥亦惟我周太王、王季，克自抑畏。"[①]盖"抑"乃捡束收敛之意，"畏"乃恐惧兢慎之意。岂惟王者当然？实为学修省之至要也！

【注释】①语出《尚书·无逸》。

【译文】周公告诫周成王说："只有我们周国的太王、王季能够谨慎小心。"大概"抑"就是约束收敛的意思，"畏"就是恐惧谨慎的意思。难道只有在王位的人应当这样吗？实在是学习修行反省的最好的方法啊！

周公曰："无皇曰：'今日耽乐。'乃非民攸训。"[①]至哉言乎！盖人君者天下之表仪，人君一日之耽乐，虽若不至于大害，然作于上即应于下。上以耽乐纵，则下以耽乐从，是其为训于民，非言语之训，乃以身训之训，宜其感应之机为尤速也。益之告舜曰："罔游于逸，罔淫于乐。"[2]皋陶告舜曰："无教逸欲有邦。"[3]皆此意也。岂非万世之永鉴与！

【注释】①语出《尚书·无逸》。无皇，无暇的意思。②语出《尚书·大禹谟》。③语出《尚书·皋陶谟》。

【译文】周公说："更不要说：'今天要纵情享乐。'这样就不是万民的榜样。"这是最好的话啊！君主是天下的模范，君主一天沉迷于享乐，即使不会导致大的祸害，但是上面做下面就会有响应。上面沉迷于享乐，下面也跟着享乐，于是君主告诫人民，不是言语的训诫，而是以身作则的训诫，大概其中的感应作用非常迅速吧。伯益告诫舜帝说："不要放纵游逸，不要过度享乐。"皋陶告诫舜帝说："治理四方的诸侯不要贪图安逸和私欲。"都是这个意思。难道不是万世以来的永恒借鉴吗？

陶渊明曰："此亦人子也，可善遇之。"[1]

【注释】①语出萧统《陶渊明传》。陶渊明为彭泽令时，给儿子请了一个仆人，并写信给儿子说："此亦人子也，可善遇之。"

【译文】陶渊明说："他也是别人的儿子，你要善待他。"

吾性觉疎[1]快、写字有差遗者，即此是敬不属处。谨之！

【注释】①踈："疏"的俗字。

【译文】我的性格较为粗疏、写字有差错遗漏，这就是不够恭敬的地方。要谨慎啊！

处事当详审安重。为之以艰难，断之以果决，事了即当若无事者，不可以处得其当而有自得之心。若然，则反为所累矣。

【译文】处理事情要周详审慎、安舒稳重。做的时候很艰难，决断的时候要果决，事情完毕要像没有发生过一样，事情处理得当而不可以有自满的情绪。如果是这样，就会反过来被事情所牵累。

大事小事，即平平处之，便不至于骇人视听矣。

【译文】无论是大事还是小事，都以平常心来处理，就不至于使人目见耳闻感到震惊。

处事了不形之于言尤妙。

【译文】事情做完后不再说出来尤其高明。

处事大宜心平气和。

【译文】做事情实在需要心平气和。

治人当有操纵人不得而怨之。

【译文】惩治别人应该做到使别人不怨恨自己。

常见人寻常事处置得宜者，数数为人言之，陋亦甚矣！古人功满天地，德冠人群，视之若无者，分定故也。

【译文】经常见到一些人在平常事情上处理得当，就多次向别人说道，真是鄙陋啊！古人功劳布满天地，道德超越众人，而把这些看作像没有一样，这就是心性安定的缘故啊。

如治小人，宽平自在从容以处之，事已则绝口不言，则小人无所闻以发其怒矣。

【译文】比如惩治小人，宽容公平、自在从容地处治，事情完毕后就绝口不再说，那么小人听不到也就不再发怒了。

处事最当熟思缓处。熟思则得其情，缓处则得其当。

【译文】处理事务最应当深入思考缓慢处理。深入思考就会得到真实情状，缓慢处理就会得到恰当结果。

治小人向他人声扬不已，不惟增小人之怨，亦见其自小。

【译文】惩治小人后不断地向他人宣扬，不只是增加小人的怨恨，也表现出了自己的狭隘。

安重深沉者能处大事，轻浮浅率者不能。

【译文】安稳、厚重、深沉的人能够处理大事，轻浮、浅薄、冲动的人则不能。

天下之事，缓则得，忙则失。先贤谓："天下甚事，不因忙后错了。"此言当熟思。

【译文】天下的事情，舒缓地去处理就会有收获，慌忙地去处理就会有失误。先贤说："天下的任何事情，不能因为慌忙而出差错。"这句话应当深入思考。

法者，天讨也。以公守之，以仁行之。

【译文】法律，代表上天讨伐。用公心来持守它，用仁爱来推行它。

一字不可轻与人，一言不可轻许人，一笑不可轻假人。

【译文】不可轻易地用文字来评论别人，不可轻易地用言语来许诺别人，不可轻易地用笑脸来讨好别人。

扬雄年四十余，自蜀来游京师，大司马车骑将军王音奇其文，召以为门下史，荐雄待诏。岁余，奏赋为郎，给事黄门[①]，与王莽并。其后卒为莽臣，而死于其世。是其进也以王氏，终也以王氏，大节之亏，有自来矣。

【注释】①给事黄门：官名，与黄门侍郎同在黄门之内供职。

【译文】扬雄四十多岁时，从蜀地来京城游玩，大司马车骑将军王音欣赏他的文才，把他召为门下史，推荐扬雄等待诏书。一年多后，上奏赋被任命为给事黄门郎官，与王莽并列。他后来最终成为王莽的大臣，并且死在王莽时期。他因为王氏而晋升，也因为王氏而终结，大的节操亏损了，是有原因的啊。

心无须臾闲，理欲之幾，间不容发，此胜则彼负，此负则彼胜。

【译文】内心没有片刻的空闲，天理和人欲之间的细微之处，容不下一根头发，此方胜利彼方就失败，此方失败彼方就胜利。

学者之心当常有所操，则物欲退听[1]；斯须少放，即邪僻之萌滋矣。

【注释】①退听：退让顺从。

【译文】求学的人内心要常常有操守，那么物欲就会退让顺从；如果有片刻的放纵，那么邪恶的念头就会萌生了。

无义理以养心，何所不至！

【译文】没有义理来养护心灵，那么心思就会到处乱跑啦！

志固难持，气亦难养；主敬可以持志，少欲可以养气。

【译文】志向固然难以坚持，正气也是难以培养的；主敬可以保持人的志向，减少欲望可以培养正气。

广大虚明气象，无欲则见之。

【译文】宽大开阔、清澈明亮的气象，没有欲望就会见到。

中夜坐思，曰：天赋之初，本有善而无恶，人而不为善，是悖天也。

【译文】深夜静坐思索，说：人刚开始得到上天赋予的时候，本来只有善而没有恶，人如果不做善事，是违背上天的。

欲淡则心虚，心虚则气清，气清则理明。

【译文】欲望减少就会内心虚静，内心虚静就会气质清新，气质清新就会使天理彰明。

知大事小事皆己分之当为，则自不有其功矣。

【译文】知道大事小事都是自己的本分而应当做的，就不会自以为有功劳了。

德如尧、舜，学如孔子，皆己分之当为，与人一毫无与；以贤智夸人者，皆不能究其本也。

【译文】道德像尧舜一样，学问像孔子一样，都是自己的本分而应当做的，与他人没有一点关系；向别人夸耀自己的贤能和智慧，都是因为不能穷究自己的本分啊。

人亦有此理，我亦有此理，人不能全，而我能之。视不能全者，悯怜之可也，鄙笑之不可也；引掖之可也，弃绝之不可也。

【译文】别人有这个理，我也有这个理，别人不能保全，而我能保全。看待不能保全的人，应该有怜悯之心，但不能嘲笑他们；应该扶持他们，但不能抛弃他们。

执己能以病人之不能，适足以自病而已。

【译文】拿自己的长处来责备别人的短处，恰恰是增加自己的缺点罢了。

古人叙事之文极有法。如《禹贡》篇首以“敷土奠高山大川”为一书之纲；次冀州以王畿为九州之首，次八州，次导山，次导水，以见经理之先后；次九州、四隩、九川、九泽、四海，以结经理之效；次制贡赋，立宗法，祇台德，先分五服，以述经理之政事；而终之以“声教讫于四海，执玄圭以告厥成功”。始终本末，纲纪秩然，非圣经其能然乎？

【译文】古人的叙事非常有章法。如《禹贡》开篇用“划定九州疆界，以高山大河作为九州的分界”作为全文的纲领；然后冀州因为处在王畿地区而在九州中首先治理，然后治理其他八州，然后疏通山和山之间的道路，然后疏通河流，由此来显示治理的先后顺序；

然后说九州、四方、九州的大河、九州的湖泽、四海，由此总结治理的效果；然后制定贡赋，建立宗法制度，诸侯们尊敬我倡导的德教，把土地划分为五服，由此来叙述治理的政治事务；最终“四海之内都播及了天子的德教，大禹拿着玄色的宝玉来宣告天下治水成功”。开始和结束，根本和末节，治理得秩序井然，不是圣人的经典能这样吗?

六十四乃三十二所分，三十二乃十六所分，十六乃八所分，八乃四所分，四乃二所分，二乃一所分。至一则隐矣，微矣，非耳目思虑之所及矣。孔子所谓“密”，邵子所谓“画前之《易》”。

【译文】六十四卦是三十二卦分出来的，三十二卦是十六卦分出来的，十六卦是八卦分出来的，八卦是四象分出来的，四象是两爻分出来的，两爻是一分出来的。到达极点的这个一很隐微，不是耳朵、眼睛、思虑所能达到的。这就是孔子所说的“密”，邵雍所说的“画前之《易》”。

“神而明之，存乎人”①，“人能弘道”②也。

【注释】①语出《周易·系辞上》。②语出《论语·卫灵公》。

【译文】“使《周易》的道理神奇而显明的，在于运用《周易》的人”，这就是“人能够把道弘扬开来”的意义啊。

“化而裁之”，“推而行之”，“举而措之”，“神而明之”，“默而成之”[1]，皆指此理而言。

【注释】①此五句均出自《周易·系辞上》。

【译文】“变化而有所裁定”，“推行其道”，“用道去指导”，“使道神奇而显明”，“默然潜修而有所成就”，都是指这个理来说的。

班固《外戚赞》曰：“夫女宠之兴，繇至微而体至尊，穷富贵而不以功，此道家所畏，祸福之宗也。”余谓岂独女宠为然哉！小人无大功德而窃高位厚禄，亦若此而已矣。

【译文】班固的《汉书·外戚传》赞曰：“受宠爱的女子的发迹，可以由最低微的一跃成为最高贵的，没有立过功劳却富贵，这是道家所畏惧的，是灾祸的根源。”我认为难道只是受宠的女子才这样吗？小人没有功劳德行而窃取高官厚禄，也和这很像啊。

《大象辞》[1]皆以理言。

【注释】①《大象辞》：象是用来解经的，可以分为大象、小象，大象解释卦辞，小象解释爻辞。人们习惯上称两者为象辞。

【译文】《大象辞》都是阐发义理的。

天之道，元亨利贞；民之故，仁义礼智。

【译文】天的法则是元亨利贞；人的法则是仁义礼智。

程子之《易》主孔子。

【译文】程颐的《周易程氏传》以孔子的学说为主。

只一理，春谓之“元”，夏谓之“亨”，秋谓之“利”，冬谓之“贞”。因时以立名耳。

【译文】只有一个理，春天时称之为“元”，夏天时称之为“亨”，秋天时称之为“利”，冬天时称之为“贞”。根据时节来命名。

伏羲时，卦画虽具而占卜之法未备，意唐、虞、夏、商之世已有占卜之法。如禹曰“枚卜功臣，惟吉之从”[①]，舜曰“朕志先定，昆命于元龟”[②]；祖伊曰“格人元龟，罔敢知吉”[③]；箕子陈《洪范》稽疑之畴，尤详于卜筮；大卜掌三易，夏曰《连山》，商曰《归藏》，周曰《周易》。以是观之，则周已上盖已有占卜之法矣。《周易》则因文王演《易》系《彖》、周公系《爻》而得名。周以前，占卜之法既皆不传，今所传者惟《周易》。至孔子则作《彖传》《小象》《大象》《文言》《系辞》《说卦》《序卦》，谓之《十翼》。然周以上《易》虽不可见，观经传论载之语，盖皆专主卜筮；文王、周公之《易》，则皆发明伏羲卜筮教人之意尤著；至孔子，则始详于义理而不遗卜筮；程子之《传》，专主义理；朱子《本义》，则推原作《易》教人卜筮之意于千古之上。读《易》者，各即其意而观之可也。

【注释】①语出《尚书·大禹谟》。②语出《尚书·大禹谟》。③语出《尚书·西伯戡黎》。

【译文】伏羲时代，卦画虽然有了但还没有占卜的方法，我猜想唐尧、虞舜、夏代、商代已经有了占卜的方法。如大禹说“逐个地占卜有功绩的大臣，挑选有吉兆的人继位”，舜说“我的志向已经事先决定了，然后用大龟占卜”；祖伊说“占卜的贞人和神龟都不知道有吉兆”；箕子陈述《洪范》考稽疑难的大法，在占卜方面尤其详细；太卜掌管三代的易，夏代的称为《连山》，商代的称为《归藏》，周代的称为《周易》。由此来看，周代以前大概已经有了占卜的方法了。《周易》因为文王推演《易》时在后面加上了《彖》，周公在《易》后面加上了《爻》辞而得名。周代以前的占卜方法都已经不流传了，现在流传的只有《周易》。到了孔子时则创作了《彖传》《小象》《大象》《文言》《系辞》《说卦》《序卦》，称之为《十翼》。虽然周代以前的《易》不能见到了，但观看经传记载的言语，都主要是关于卜筮的；文王、周公的《易》，都很明显地发挥阐明伏羲用卜筮教育人的意图；到了孔子，则开始详细阐发义理但也不遗漏卜筮；程颐的《周易程氏传》，主要讲义理；朱熹的《周易本义》，则推究了千年之前用《易》教人卜筮的意图。读《易》的人，可以根据各书的主旨来阅读。

朱子之《易》主邵子，《启蒙》可见。

【译文】朱熹的《易》以邵雍的理论为主，从《易学启蒙》可以看出来。

“亲亲，仁也；敬长，义也。无他，达之天下也。”[①]故知“惟孝友于兄弟”[②]为为政之本。

【注释】①“亲亲”句：出自《孟子·尽心上》。②惟孝友于兄弟：见《尚书·君陈》《论语·为政》。

【译文】“仁就是爱自己的亲人；义就是尊敬长者。这没有别的原因，只因为仁和义是通行于天下的。”由此知道“孝顺父母，友爱兄弟”是处理政事的根本。

“成性存存”，所以立本也；“道义之门”，所以达用也。

【译文】“成就美善德性，反复涵养蕴存”，由此用来树立根本；“这就是通向道义的门径”，由此可以经世致用。

性是本来固有之理，惟存之又存，则道义由是而出矣。

【译文】性是本来固有的理，只有不断保全，那么道义才由此而生长出来。

行浮于言。

【译文】行动要胜过言辞。

行七八分，言二三分。

【译文】做七八分，说二三分。

不言而自能行出，则人心服。

【译文】不说话而自主地去行动，那么别人会心服口服。

处事不可使人知恩。

【译文】做事不能让别人知道受到了恩惠。

法者，天讨也，或重或轻，一付之无心可也。或治奸顽而务为宽纵，暴其小慈，欲使人感己之惠，其慢天讨也甚矣！

【译文】法律是代上天行讨伐，有的重有的轻，不存私心去做就可以了。如果惩治奸佞顽劣之人，务求宽大纵容，显示他的细小慈悲，想使人感激自己的恩惠，这是非常不重视上天的讨伐啊！

情可矜，虽从宽典，又当使之不知其宽，可也。

【译文】在感情上值得怜悯，即使遵照宽大的法令，也应当使当事人不知道被宽大处理，这才是恰当的。

欲人悦己，则人有恶己者矣。

【译文】想要别人喜欢自己，那么别人就有厌恶自己的地方了。

为政当以公平正大行之，是非毁誉皆所不恤；必欲曲徇人情，使人人誉悦，则失公正之体，非君子之道也。

【译文】处理政事应该按照公平的原则光明正大地进行，不要理会别人是非对错的评价和诋毁赞誉；一定要曲意徇私情，使人人都称赞满意，就失去了公正的大原则，就不是君子之道了。

只令在己者处得是，何恤浮言！

【译文】只要让自己做得恰当，不用去理会没有根据的话！

处事在己者只当务实，若能动人否则在彼耳，我何容心其间哉！

【译文】自己做事情只求务实，是否能感动人是别人决定的，我还用花那个心思去考虑吗？

因读朱文公《与子受之书》“念之念之，夙夜无忝所生”之言，不胜感发兴起，中心恻然，必欲不为一事之恶以忝先人。

【译文】因为读朱熹《与子受之书》“常常想啊常常想，日夜都不要有愧于父母”这些话，不禁感动启发，心中哀怜，一定不要做一件辱没先人的事情。

每顾遗体[①]之重，未尝一日敢忘先人。

【注释】①遗体：指身体，意为父母给予的身体。

【译文】每当想到父母给予的身体很重要，一日都不敢忘记先人。

处事详审安重。

【译文】处理事情要周详审慎、安舒稳重。

伊尹曰:“接下思恭。”[①]岂惟人君当然哉!有官君子于临众处事之际,所当极其恭敬而不可有一毫傲忽之心。不惟临众处事为然,退食宴息之时,亦当致其严肃而不可有顷刻亵慢之态。临政、持己,内外一于恭敬,则动静无违,人欲消而天理明矣。

【注释】①接下思恭:出自《尚书·太甲中》。

【译文】伊尹说:“接近臣下,要常思恭敬。”这难道只是君主应当做的吗!为官者在治理民众、处理政事的时候,应当极其恭敬而不能有一丝的傲慢和疏忽的心思。不只是治理民众、处理政事要这样,回到家吃饭休息的时候,也应当做到严肃而不能有片刻的轻慢不庄重的姿态。处理政事、把持自身,内外都做到恭敬,那么行动和安静就没有冲突,人欲消除而天理彰明了。

“乾以易知,坤以简能。”[①]乾坤只是自然,故易简;人能顺自然之理,则易简者可默识矣。

【注释】①乾以易知,坤以简能:出自《周易·系辞上》。

【译文】“乾的作为以平易为人所知，坤的作为以简约见其功能。”乾坤只是自然事物，所以平易而简约；人如果能顺应自然的道理，那么平易简约的事物就可以默然体会了。

人只是个心性，静则存，动则应，明白坦直，本无许多劳扰。若私意一起，则支节横生而纷纭多事矣。

【译文】人只不过是一个心性，安静就能存养，行动就会有感应，心性清澈明白而又坦诚正直，本来没有什么搅扰。但是如果私心生起，那么就会横生枝节而纷乱多事了。

少欲则心静，心静则事简。

【译文】欲望少那么心就会安静，心安静那么事务就变得简单。

简者，非厌事繁而求简也，但为所当为，而不为所不当为耳。

【译文】简易并不是厌恶事情繁杂而求取简单，而是做应当做的，而不做不应当做的。

一为外物所诱，则心无须臾之宁矣。

【译文】一旦被外在事物所引诱，那么内心就没有片刻的安宁了。

当事务丛杂之中，吾心当自有所主，不可因彼之扰扰而迁易也。

【译文】在繁杂的事物当中，我的内心应当有所主宰，不能因为它的干扰而改变。

闲邪如城郭。城郭不完则外寇入，闲邪不密则外虑侵。

【译文】防止邪恶就像有城墙一样。城墙不完整那么外贼就会进入，防邪不周密那么外在的忧虑就会入侵。

事贵断制、撇脱。

【译文】处理事情贵在迅速决断、干净利落。

用法秤量轻重，要不失其中而已。

【译文】用法律来衡量轻重，关键是要不丧失公正的原则。

法者，天讨也，玩[①]法所以玩天也。敢不敬乎！

【注释】①玩：因习以为常而心生轻视、懈怠。

【译文】法律是上天的惩治，轻视法就是轻视天。怎敢不恭敬呢？

世有卖法以求贿者，此诚何心哉？夫法，所以治奸顽也，奸顽有犯，执法以治之，则良善者获伸矣。若纳贿而纵释奸顽，则良善之冤抑何自而伸哉？使良善之冤抑不伸，是不惟不能治奸顽，而又所以长奸顽也。据高位、载显名、秉三尺[①]者，忍为此态乎！

【注释】①三尺：古代指剑与法律。

【译文】世上有出卖法律索求贿赂的人，这是安的什么心啊？法律是用来惩治奸恶之人的，奸恶之人犯法，用法律惩治他们，那么善良的人便得到伸张。如果接受贿赂而放纵释放奸恶之人，那么善良的人的冤屈去哪里伸张呢？假如善良的人的冤屈不能够伸张，不仅不能够惩治奸恶之人，反过来会助长他们的气焰。占据高位、身负盛名、执掌法律的官员，能容忍这种状态吗！

世有假官柄以济贪欲者，吾不知此何心也？

【译文】世上有借助官权来满足自己贪欲的人，我不知道这是什么心肠啊？

至诚以感人，犹有不服者，况设诈以行之乎？

【译文】通过至诚之心来感化人，依然会有不信服的，更何况通过欺诈来行事的呢？

感自内出，应由外来。

【译文】感动出自于内心的真诚，回应来自于外部的同频。

《阴符经》曰："万化定基。"①《易》曰："同归而殊途，一致而百虑。"②其旨一也。

【注释】①语出《阴符经·上篇》。②语出《周易·系辞下》。

【译文】《阴符经》说："万种变化奠定新的根基。"《周易》说："天下万物归宿相同而道路不同，目标一致而思虑不同。"其中的道理都是一样的。

至宋儒而道术一。

【译文】到宋儒的时候道术得到了统一。

汉儒谶纬、九流之杂，唐士释老、辞章之支，至宋儒出而道术定于一。今学校之教经术之习，绝口于汉、唐异端驳杂之学者，宋儒之功也。

【译文】汉代儒者的学问掺杂了谶纬和各家各派的学问，唐朝的士人因为受佛道和辞章之学的影响而支离，到了宋代儒者出世，道术才得到了统一。现今的学校教授经典技艺，绝口不提汉唐时期的异端及驳杂的学术，这是宋儒的功绩啊。

图象隐于异学者数千年，至邵子而反之于《易》，其有功于《易》学大矣。

【译文】河图象术隐藏在异端学术数千年，一直到邵雍才把它返归于《周易》，邵雍对于《易》学的功劳很大啊。

《易》先天诸图，自希夷[①]以前皆为方士所传授，至邵子反之《易》，则知作《易》之本原实出于此。朱子诗曰“《大易》图象隐”，正谓隐于异学也。

【注释】①希夷：即陈抟。

【译文】《周易》的几幅先天图，在陈抟之前都是在方士之间传授，到了邵雍时返回到《周易》，才知道创作《周易》的本源实际上出自这里。朱熹的诗说“《大易》图象隐”，正是说的隐藏于异端之学啊。

《易》之本原，至邵子而复明。

【译文】《周易》的本源，到了邵雍时才开始重新显明。

行第一步，心在第一步上；行第二步，心在第二步上；三步、四步无不如此，所谓“敬”也。如行第一步而心在二步、三步之外，行第二步而心在四步、五步之外，即非敬矣。至若写字、处事，无不皆然。写第一字心在第一字上，为一事心在一事上，件件专一，便是敬。程子所谓“主一之谓敬，无适之谓一”与？

【译文】走第一步，心在第一步上；走第二步，心在第二步上；三步、四步都是如此，这就是所谓的“敬”。如果走第一步而心在第二步、第三步之外，走第二步而心在四步、五步之外，就不是敬了。对于写字、处事，无不是这样。写第一个字时心在第一个字上，做一件事时心在一件事上，件件事情都专一，就是敬。程颐所说的“精神凝聚专一就是敬，心无旁骛就是专一”就是这样吧？

胆欲大，见义勇为；心欲小，文理密察；智欲圆，应物无滞；行欲方，截然有执。

【译文】胆量越大，就会见义勇为；心思越细，就会体察到细密的文理；智慧越圆满，处理事务就没有障碍；品行越刚正，就会严肃而有所操守。

胆大心小，似“知崇礼卑”；知圆行方，似“和而不流”。

【译文】胆大心细，就像“智慧崇高而礼节谦卑”；智慧圆满行为端正，就像“为人和顺而不随波逐流”。

象[①]由卦生，德以象立。

【注释】①象：这里的象指大象和小象，大象附在卦辞的彖传之后，小象附在爻辞后面。

【译文】象是由卦产生出来的，德性是根据象确立的。

仁健义顺，“与天地合其德”也；知周万物，“与日月合其明”也；仕止久速[①]，各当其可，“与四时合其序”也；进退存亡，不失其正，“与鬼神合其吉凶”也。

【注释】①仕止久速：出自《孟子·公孙丑上》，原文为“可以仕则仕，可以止则止，可以久则久，可以速则速，孔子也”。形容孔子的中道。

【译文】行仁刚健行义合宜，这就是“与天地合其德”啊；智慧遍及万物，这就是“与日月合其明”啊；出仕或止步、久留或速离都恰到好处，这就是“与四时和其序”啊；进退存亡都不违背正道，这就是“与鬼神合其吉凶”啊。

心细密则见道，心粗则行不著、习不察。

【译文】心思细密就会处处见道，心思粗疏就会做事不明原理、习惯不察究竟。

不言而躬行，不露而潜修。

【译文】不靠言语而身体力行，不事张扬而潜心修持。

《书》称舜曰“浚哲”。盖深则哲，浅则否。尝验之于人，其深沉者必有智，浮浅者必无谋也。

【译文】《尚书》称舜帝说“浚哲”。大概深沉就会明智，浮浅则不通达。曾经用来检验人，深沉的人一定有智慧，浮浅的人一定缺乏谋略。

读书皆以明本来固有之理，而欲行之无疑耳。

【译文】读书都是为了明了本来就具有的道理，使得在行动时没有疑惑。

为学大抵就己分上去其本无之私欲，全其固有之天理耳。

【译文】学习大概就是在自己的本分上去除原本没有的私欲，保全固有的天理罢了。

德不德，能不能，厚之至也。

【译文】恩惠德行浅薄的人，和睦没有才能的人，可以说是至为仁厚了。

圣贤之子孙贤不肖，皆天也。天本无心，人之生也，偶值其气之清明纯粹者为贤知，得其气之昏浊驳杂者为顽愚。若圣贤之子孙有贤不肖之异者，则以所值之气不同耳。后人因见圣贤之子孙或有不肖者，乃谓圣贤已夺其秀气，可谓谬悠之论矣。

【译文】圣贤的子孙是贤还是不肖，都是天意。上天没有私心，人出生的时候，偶然遇到清明纯粹的气质就会成为贤者智者，得到浑浊驳杂的气质就会成为愚顽之人。至于圣贤的子孙有贤与不肖的差别，则是因为遇到的气不同罢了。后来的人见到圣贤的子孙有不肖的，就说圣贤已经夺占了他们的秀气，真可以说是荒谬罪过的言论啊。

体认之法，须于身心之所存所发者，要识其孰为“中”？孰为“和”？孰为‘‘性”？孰为“情”？孰为“道”？孰为“德”？孰为“仁”？孰为“义”？孰为“礼”？孰为“智”？孰为“诚”？又当知如何为“主敬”？如何为“致恭”？如何为“存养”？如何为“省察”？如何为“克己”？如何为“复礼”？如何为“戒慎恐惧”？如何为“致知力行”？如何为“博文约礼”？于凡天理之名，皆欲识其真，于凡用功之要，皆欲为其事。如此则见道明，体道力，而无行不著、习不察之弊矣。

【译文】体察认识的方法，需要在身心所存养和发用的地方上来进行，要认识到什么是“中”？什么是“和”？什么是“性”？什么是“情”？什么是“道”？什么是“德”？什么是“仁”？什么是“义”？什么是“礼”？什么是“智”？什么是“诚”？也需要知道怎么做才是“主敬”？怎么做才是“致恭”？怎么做才是“存养”？怎么做才是“省察”？怎么做才是“克己”？怎么做才是“复礼”？怎么做才是“戒慎恐惧”？怎么做才是“致知力行”？怎么做才是“博文约礼”？对于天理，需要认识它的真实内涵，对于用功的方法，需要实际地去做。像这样就会清楚地认识到道理，尽力地体会到道理，那么就不会有做事不知原理、习惯不明缘故的毛病了。

有人为学者，徒曰“讲道”“学道”，不知所以体认之，则所讲所学者实未知为何物也。

【译文】有人在做学问时，只是在说“讲道”“学道”这些话，而不知道怎么去体察认识，那么所讲授的、所学习的实在是不知道是什么东西啊。

天理如人。天理之名，如人之有名。既识人之名，须亲见人之貌，方为真识其人；既知理之名，须真知理之实，方为真知其理。徒知理之名而不知理之实，犹徒识人之名而未尝亲见其人之貌，又乌为真知真识哉？

【译文】天理就像人一样。天理的名称，就像人有名字一样。知道人的名字之后，需要亲眼见一下他的相貌，这才算真正认识这个人；知道了理的名称后，需要真正知道理的实际内容，这才是真正知道理。只知道道理的名称而不知道道理的内容，就像只知道人的名字而没有见过他的相貌一样，又怎么算是真正知道、真正认识呢？

气质之偏，自生来便有此矣。若自幼至长，历历曾用变化之功，则亦无不可变之理；若气质既偏，自少至长所习又偏，一旦骤欲变其所习，非百倍之功不能也。

【译文】气质的偏失，从生下来就有。如果从小到大，清楚明白地在变化气质上用功，那么也没有不能改变的道理；如果气质已经不正了，从小到大所习惯的东西又不正，一旦想立马改变所习惯的东西，不用百倍的努力是做不到的。

无限量，无欠缺，无间断。

【译文】变化气质要不给自己设限，不要欠缺，不要有丝毫间断。

学不进，率由于因循。

【译文】学问没有进步，大多是由于因循退缩。

事事不放过而皆欲合理，则积久而业广矣。

【译文】任何事情都不放过而想着要使其合理，那么积累时间长了德业就会广大。

此果何物邪？推而上之莫究其始，引而下之不见其终，测之而无穷，资之而不竭，离之而不开，断之而不绝。此果何物邪？竟不得而名也。

【译文】这到底是什么事物啊？向上推不知道它的开端，向下推见不到它的终点，测量它而没有穷尽，索取它而不会枯竭，离开它而不会分离，斩断它而不会灭绝。这是什么事物呢？最终也得不到名字。

渊渊乎，天源之莫测！浩浩乎，天流之无穷！

【译文】深广啊，天的源头高深莫测！浩大啊，天的传播无穷无尽！

千古圣贤，未尝不以“警惧”之意为勉。

【译文】千古以来的圣贤，没有不用“警惧”之心来勉励自己的。

治世君臣，警戒之辞多；衰世君臣，谀说之辞多。

【译文】太平盛世的君臣，说的多是警戒的话；衰落时代的君臣，说的多是阿谀奉承的话。

借问天源深几许？古今常只是滔滔。年年成就无边物，本体何曾减一毫!

【译文】借问一下天的源头有多深?古往今来都是滔滔不绝的。每年都造就无穷的事物,但天的本体不曾有一毫的减损!

圣贤立心扶持千万世之纲常。

【译文】圣贤发心护持人道千万世的纲纪伦常。

常日役役于物,忽有一念之善生,即夫子所谓“平地,虽覆一篑,进,吾往也”[①];平日力于为善,忽有一念之懈生,即夫子所谓“譬如为山,未成一篑,止,吾止也”[②]。

【注释】①语出《论语·子罕》。②语出《论语·子罕》。

【译文】平日被外物所拘束,忽然有一个善的念头产生,就像夫子所说的“在平地上即使刚倒下一筐土,如果决心努力前进,是自己要前进的呀”;平时致力于做善事,忽然产生松懈的念头,就是夫子所说的“好像堆土成山,再加一筐土就成山了,如果停止,也是自己要停下来的呀”。

“语之而不惰”[①],只是颜子之心深契圣人之言,故每闻每新,忻悦不已而行之,亹亹忘倦。若心与言不相契,则每闻每厌矣,尚安能忻悦不已而发之所行哉?

【注释】①语出《论语·子罕》。

【译文】“与之讲习谈论而从不懈怠”，只有颜回的心深深契合圣人之言，所以每次听到都是新的，欣喜不已而去落实，勤勉而忘记了疲倦。如果内心和听到的话不契合，那么每次听到都会厌倦，怎么能够欣喜不已并且去行动呢？

理、气间不容发，如何分孰为先、孰为后？

【译文】理和气之间容不下一根头发，怎么能够区分谁在先谁在后呢？

循循而不已者，其有所至与！

【译文】遵守大道而不停止的人，一定能够有所成就吧！

防小人，密于自修。

【译文】防备小人，秘诀在于加强自己的修养。

三纲五常之理，万古犹一日。非实理，则月易而岁不同矣。

【译文】三纲五常的道理就像万古以来的太阳一样不变。如果不是实在的道理，那么每月都会变化而每年都会不同。

“太极”只是个“性”字。

【译文】“太极”只是一个“性”字。

周子之“太极”，即《中庸》之“诚”。

【译文】周敦颐的“太极”就是《中庸》所讲的“诚”。

今之学者有开口即论“太极”者，不知果识否？不然，吾恐徒得其名，而不得其所以名也。

【译文】现在学习的人开口就谈论“太极”，不知道是真的认识吗？如果不是这样，我恐怕他们只是知道“太极”的名称，而不知道为什么叫这个名字啊。

程子亲受《太极图》于周子，而终身不以语人，其虑远矣。后学有未涉《四书》门庭者，开口即论“太极”，驰心玄妙，而不知反求诸己，其弊不可胜言者。

【译文】二程从周敦颐那里亲自接受《太极图》，却一生都不给别人说这件事，他的思虑深远啊。后来的学者有的没有进入《四书》门径中的，开口就谈论“太极”，心随着玄妙的学说跑了，却不知道反求诸己，那么弊病就多得说不完了。

一理涵万物，万物分一理。

【译文】一个理蕴涵在万物之中，万物都分有这一理。

万物各得一理之一分，而一理之本体依然完具，初无丝毫之减损也。

【译文】万物都各自分得理的一部分，但这个理的本体依然是完备的，并没有丝毫的减损。

万物一年生一番，是得一年之气。万物虽销落泯灭无余，而气之滚滚日新者，自无穷已。而所以无穷已者，岂非太极为之体与？

【译文】万物一年生长一次，是因为得到一年之中的气。万物虽然陨落消失没有痕迹，但是气流滚滚每日更新，没有穷尽和结束。之所以没有穷尽和结束，难道不是以太极作为它的本体吗？

《乡党》一篇，皆圣人之“时中”。

【译文】《乡党》一篇讲的都是圣人的“时中”。

舜命弃播百谷，即命契敷五教，继以皋陶明刑。食、教、刑三者相因，可见有虞为治之序。

【译文】舜命令弃播种谷物，然后命令契教授五种伦理道德，然后让皋陶严明刑罚。食物、教化、刑罚三者相承，由此可以看到舜帝治理的次序。

养民生，复民性，禁民非，治天下之三要。

【译文】养护民众的生计，恢复民众的本性，禁止民众的邪恶，这是治理天下的三个要领。

万物自微以至著。

【译文】万物都是从微小发展到显著。

圣人全体太极，浑身是天理也。

【译文】圣人整体都是太极，全身都体现着天理。

究竟无言处，方知是一原。

【译文】在言语不到的地方，才知道是本原。

云厚则雨甚，云薄则雨少。

【译文】云层厚那么雨就大，云层浅那么雨就少。

欲问收功何所似？玄天幽默[①]本无言。

【注释】①幽默：深静。

【译文】想要问一下取得成功应当像什么呢？就像上天默默无言化育万物。

不识理名难识理，须知识理本无名。

【译文】不知天理的名称是难以认识天理的，但也需要认识到天理本来是没有名字的。

孰为始乎？气之息，其始乎？始之前为终，终之前复为始，殆不可知其孰为终，孰为始。盖必有能始能终者居其间，而卒莫之始终也。

【译文】什么是开始呢？气息是开始吗？开始之前是终结，终结之前又是开始，大概不能知道什么是终结，什么是开始。大概一定有一个既能开始又能终结的事物在其中，而最终并没有开始和结束。

海其大乎？曰：非也。岳其大乎？曰：非也。地其大乎？曰：非也。然则孰为大？曰：天为大。海者，天气之流萃；岳者，天气之流峙；地者，天气之流结；是皆天之所为也。天之所为者，若有方矣；而其所以为者，则未有方也。以其无方，则天之大不亦宜乎？

【译文】海大不大？答：不大。五岳大不大？答：不大。地大不大？答：不大。那么谁大？答：天是大的。海是天的气息的聚集；五岳是天的气息的耸峙；地是天的气息的凝结；这些都是天所做的。天所做的事情，好像有章法；但是天为什么这样做，则是没有章法的。因为它的没有章法，那么说天是大的不是很合适吗？

骎骎[①]而明者，日之为乎？曰：日特阳之一物耳，非能为明也。骎骎而暗者，月之为乎？曰：月亦阴之一物耳，非能为暗也。然则明暗孰为之哉？曰：气机一动而群阳辟，昼之明从焉；气机一静而群阴翕，夜之暗随之。动静翕辟，皆机之所为，而实未尝有为也，是皆循环相推而不得已焉尔。

【注释】①骎骎：马快跑的样子，比喻事业进展得很快。

【译文】迅疾而明亮是太阳的作用吗？答：太阳只是阳气的一个物体，不是能产生光明的。迅疾而黑暗是月亮的作用吗？答：月亮也只是阴气的一个物体，并不能产生黑暗。那么光明、黑暗是谁导致的呢？答：气的机能一发动那么群阳就出来，白天的光明也跟着出来；气的机关一静止那么群阴就出来，夜的黑暗随之出来。运动静止、合拢开辟都是气机所为，而实际的气是没有做什么的，这都是气息循环推送而不得不这样做罢了。

气有形，理无迹；气载理，理乘气。二者浑浑乎无毫忽之间也。

【译文】气是有形体的，理则没有痕迹；气承载理，理搭乘气。两者浑然一体没有丝毫的间隙。

万物未生不加多，万物已生不加少。《易》所谓“富有”“日新”，其是之谓与？

【译文】万物没有产生之前，理和气并不增多；万物产生之后，理和气也并不减少。《周易》所说的“富有”和“日新”，说的就是这个吧？

谓有乎，则视之无形也；谓无乎，则其来有本也。有本而无形，则有而无矣；无形而有本，则无而有矣。有而无，无而有，非真知有无为一体者，不足以语之。

【译文】说它有，但看它是没有形状的；说它无，但它是有本源的。有本源而没有形状，那么有就是无；无形状而有本源，那么无就是有。有“有而无”的一面，有“无而有”的一面，不是真正知道有无为一体的人，不足以与他谈论。

天地、山川、日月、星辰、万物皆可见也，而其所以为是则不可见也。以不可见者语人，孰信哉？盖必心得而后信也。心得非他，必近近始，近莫近于吾身。吾身，百体皆可见也；其所以为是百体之宜，则不可见也。可见而无不可见者为之主，则百体皆失其职矣。举近以明远，则天地、山川、日月、星辰、万物之理，一也。

【译文】天地、山川、日月、星辰、万物都是可以看见的，而它们为什么是这样却是不能看见的。给别人说不可以看见的，谁信啊？大概必须心里体会到了才能相信。内心体会不是从其他地方，一定是从近的地方开始，近的地方莫过于我的身体。我的身体，各种肢体都可以见到；是什么使肢体这样适宜，则是看不见的。可以看见的如果没有不可看见的作为主导，那么各种肢体就都失去作用了。举近的例子来了解远的，那么天地、山川、日月、星辰、万物的道理都是一样的。

升堂入室[①]必以阶，而君子为学亦必以阶。《小学》《大学》，古为学之阶也。秦汉而下，学者莫得其阶，升堂入室者寥寥，而迷惑颠踬于异学功利之途者众矣。卒亦何所至耶？今朱子《小学》《四书》，犹古之阶也，循此而贤，循此而圣，是在人焉耳。舍是而阶于他，吾不知其所至矣。

【注释】①升堂入室：古代宫室，前为堂，后为室。比喻学习所达到的境地有程度深浅的差别。

【译文】升堂入室必须依靠阶梯，君子学习也必须依靠阶梯。《小学》《大学》是古代学习的阶梯。秦汉之后，学习的人就得不到阶梯了，升堂入室的人很少，而被异端学说和功利学说迷惑并跌向这条道路的人很多。最终到了什么地方呢？现在朱熹的《小学》《四书》，就像古代的阶梯一样，依照此而成为贤人，依照此而成为圣人，就要看个人的努力了。舍弃这个而以其他为阶梯，我不知道他们能达到什么地方。

岂独乐有雅、郑[①]邪？书亦有之。《小学》《四书》《六经》、濂、洛、关、闽诸圣贤之书，雅也。嗜者少矣，夫何故？以其味之澹也。百家小说、淫词绮语、怪诞不经之书，郑也。莫不喜谈而乐道之，盖不待教督而好之者矣。夫何故？以其味之甘也。澹则人心平而天理存，甘则人心迷而人欲肆。是其得失之归，亦何异于乐之感人也哉！

【注释】①郑：即郑音，本指春秋时郑国的音乐，后多指俗乐。

【译文】难道只有音乐有雅俗之分吗？书也有。《小学》《四书》《六经》、周敦颐、二程、张载、朱熹等诸位圣贤的书，就是雅。喜欢的人少，为什么呢？因为味道很清淡。百家小说、淫词艳语、怪诞不经的书，就是俗啊。人们莫不喜欢谈论并讲说，大概不用教授监督就会喜欢。为什么呢？因为它的味道很甘甜。清淡的口味使人内心平和而保存天理，甘甜的口味使人内心迷惑而放纵人欲。由此可知看书的得失与音乐对人的影响没有差异啊！

君子之心，欲人同其善；小人之心，欲人同其恶。

【译文】君子的存心，希望与人同归于善；小人的存心，希望与人同归于恶。

“形而上者谓之道，形而下者谓之器。”圣人论理、气最分明，又无离而二之之病。

【译文】“超越具体形质之上的称为道，居于具体形质以下的称为器。”圣人论述理和气是最清楚明白的，但是又没有将它们截然分离的弊病。

万物定于一，万事定于一，万古定于一。

【译文】万物统一于理，万事统一于理，万古统一于理。

如耳、目、口、鼻、手、足之理，各具之太极也；一心之理，统体一太极也。

【译文】比如耳朵、眼睛、嘴巴、鼻子、手、足等器官的理，属于具体的太极；一心的理，是总体的太极。

读书录卷四

自一身言之，耳有耳之理，目有目之理，口鼻有口鼻之理，手足有手足之理；以身之所接而言，父子有父子之理，君臣有君臣之理，夫妇、长幼、朋友有夫妇、长幼、朋友之理，以至万物有万物之理。凡此众理，莫不穷而通之，所谓“穷理”也；既知其理，于一身之理必有以践之，于人伦之理必有以行之，于万物之理必有以处之，所谓“尽性”也；能尽其性，则理所自出之天命，莫不有以造极一原，所谓“至命”也。理也、性也、命也，虽同为一理，初无本末精粗之殊；而穷也、尽也、至也，则各有浅深之序。学者不可不察。

【译文】从一身来说，耳朵有耳朵的道理，眼睛有眼睛的道理，口鼻有口鼻的道理，手脚有手脚的道理；从自己所接触的方面来说，父子有父子的道理，君臣有君臣的道理，夫妇、长幼、朋友有夫妇、长幼、朋友的道理，以至万物有万物的道理。所有这些道理，没有不穷究而通达的，这就是所说的“穷理”；既然知晓这些道理，（那么）对于自身的道理必然有可以用来实践的，对于人伦的道理必然有可以施行的，对于万物的道理必然有可以处理的，这就是（人们）所说的“尽性”；能尽其性，那么理所来源的天命，没有不能到达道的本原的，这就是所说的“至命”。理、性、命，虽然同为一个道理，当初没有本末精粗的区别；而穷、尽、至，就略有深浅的顺序。学者不可不仔细观察。

体认未至，终未能与道合一。

【译文】体认没有到一定境界，最终就不能与道合一。

乍存乍亡者，是间断之时多也。

【译文】一会儿出现，一会儿消失的，这是间断的时候多了。

吾奋然欲造其极而未能者，其病安在？得非旧习有未尽去乎？旧习最害事。吾欲进，彼则止吾之进；吾欲新，彼则汩吾之新。甚可恶！当刮绝之。

【译文】我极力想达到至善的境界却未能达到，毛病在哪里呢？难道不是旧习没有除尽吗？旧习惯最坏事。我想进，它就阻止我前进；我想自新，它则扰乱我自新。很令人厌恶啊！应该扫除净尽。

吾北归得如“非复吴下阿蒙”[①]，则庶有进乎！若与初来时无异，恐有愧于故旧也。

【注释】①吴下阿蒙：指三国时期吴国名将吕蒙，后亦以讥缺少学识、文才者。

【译文】我回到北方能像“不再是原来的那个（没有学识的）吴下阿蒙”，那么就是有进步！如果与初来时没有什么不同，恐怕是有愧于故交旧友啊。

朱子遣子从学，欲其一变旧习而归，曰：“念之，念之！无忝尔所生。”[①]吾来湖南三年矣，北归有进，庶无忝尔所生乎！

【注释】①无忝尔所生：出自《诗经·小雅·小宛》。忝：辱，有愧于。所生：父母、双亲。

【译文】朱熹派儿子学习，想让他改变旧习惯而返回，说：“常常想着，常常想着！切莫辱没父母亲。”我来湖南三年了，北归有进步，或许没有辱没父母亲吧！

仁则一，不仁则殊。

【译文】仁则是万物一体，不仁则是万物分别。

生理无不贯者，仁也。

【译文】生命的道理没有不贯通的，这是仁的作用啊。

仁道之大莫能御。

【译文】仁道力量之大，是没有什么能抵御的。

仁推之千万亿物无不通。

【译文】仁推行于万事万物没有不贯通的。

生意无穷，偶于李核可见。如一李核，种之即成一株；一株姑以结百李言之，种之即成百株；百株结千李，种之即成千株；千株结万李，种之即成万株；万株结百万李，种之即成百万株。由是推之，生生之理盖不可胜穷也。仁道之大，于此亦可见。

【译文】（仁）的生机无尽，我从李子的果仁可以看到。比如一个李核，种下便成了一棵李树；一颗李树暂且说能结一百个李子，一百个李子种下就成一百棵李树；一百棵李树结千个李子，一千个李子种下就成一千棵李树；一千棵李树结一万个李子，一万个李子种下就成一万棵李树；一万棵李树结一百万个李子，一百万个李子种下就成一百万棵李树。由此推想，仁孳生的道理是不可穷尽的。仁道的大，在这里也可以看到。

心不可斯须离正理，身不可斯须离正道。

【译文】心不可片刻离开正理，身体不能片刻离开正道。

“曾点言志”[①]，只是个“仁”字。

【注释】①曾点言志：典故出自《论语·先进》：“点，尔何如？”鼓瑟希，铿尔，舍瑟而作，对曰：“异乎三子者之撰。”子曰：“何伤乎？亦各言其志也！”曰：“莫春者，春服既成，冠者五六人，童子六七人，浴乎沂，风乎舞雩，咏而归。”夫子喟然叹曰：“吾与点也。”

【译文】“曾点谈论自己的志向”，只是一个“仁”字。

“满招损，谦受益”[①]，即《谦》卦“亏盈益谦”[②]之意。

【注释】①满招损，谦受益：自满会招致损失，谦虚可以得到益处。语出《尚书·大禹谟》。②亏盈益谦：出自《周易·谦》，天的本性是要使盈者亏损而补偿不满者。

【译文】“自满会招来损害，谦虚谨慎能得到益处”，就是《谦》卦“要使盈者亏损而补偿不满者”的意思。

周子《通书》，字字皆实。

【译文】周敦颐的《通书》，字字都是真实的。

二帝、三王治天下，纯是天理之公，无一毫人欲之私；汉唐历代治天下，纯是人欲之私，带些子天理于其间。

【译文】二帝、三王治理天下，纯粹是天道的公正无私，没有一毫人的私欲；汉唐历代君王治理天下，纯粹是人的私欲，捎带些天理在其中。

开眼六十四卦，皆见于天地之间。

【译文】睁眼看六十四卦，天地间的道理都展现出来。

读有卦画之《易》，当知无卦画之《易》。有卦画之《易》，今之《易》书，犹可以言求。无卦画之《易》，则可以心会，而不可以言求。邵子所谓“须信画前元有《易》”是也。

【译文】读有卦画的《易》，要知道没有卦画的《易》。有卦画的《易》，今天的《易》书，还可以用语言去求得。没有卦画的《易》，就可以心中领会，而不可以用语言去求得。这就是邵雍先生所说的“要相信画前原来就有《易》”了啊。

万物皆一阴阳，阴阳皆一理。

【译文】万物都是一个阴阳，阴阳都是一个道理。

道只在动、止、语、默之间，身外求道，远矣！

【译文】道在行动、静止、说话和沉默之间，向身外求道，就远了！

已知如未知，已能如未能，则有进。

【译文】已经知道像不知道，已经具备能力像没有能力一样，那么就有进步。

事未至，先无一物在心，则事至应之不错；若事未至，先有三端两绪在心，则先自挠杂矣，应事安得不错乎？

【译文】事情还没有到，先不要有一物在心，那么事情到了就从容应对、没有错乱；如果事情还没有到，心中就头绪多端，那么，就先把自己扰乱了，应对事情怎能不错乱呢？

不敢有邪心，渐近于“诚”。

【译文】不敢有邪恶的心，就渐渐接近“诚”了。

圣贤言“格物致知”处，便当效其格物致知；言“存养省察”处，便当效其存养省察。圣贤为教之法，无不效其所为，则读书有切己之益，而不为口耳之陋矣。

【译文】圣贤讲“格物致知”的地方，就应该仿效他们格物致知；说到“存养省察”的地方，就应该仿效他们存养省察。圣贤教育的方法，没有不仿效他们的做法，那么读书就有切身的利益，而不是口耳相传的浅薄了。

学者开口皆能言“道是好道理”，然当自体诸心，果能实好此好道理否？又当体之身，果能实行此好道理否？若徒能言之于口，而体诸身心者皆不能然，是所谓自欺也。

【译文】求学的人开口都能说“道是好道理”，然而当自己亲身体验、领悟，真能确实喜欢这样的好道理吗？又亲身体验，真的能实践这些好道理吗？如果只能空说，而在身心之中体验、实践都不能（按好道理做），这是自己欺骗自己啊。

谨防外好以夺志。

【译文】谨慎防范外在的喜好使自己改变志向。

斯须照管不至，则外好有潜勾窃引之私，不可不察。

【译文】一会儿照顾不到，那么外在的喜好就暗地里勾引人的私欲，不能不察觉。

人欲如寇敌，专以窥吾之虚实，斯须防闲不密，则彼乘间而入矣。

【译文】人的欲望像入侵的敌人，专门用来窥探我的虚实，一刻防备不细致，他们就乘机而进入了。

人心贵乎光明洁净。

【译文】人心贵在保持光明磊落、洁净无瑕。

为学时时处处是做工夫处，虽至鄙至陋处，皆当存谨畏之心而不可忽。且如就枕时，手足不敢妄动，心不敢乱想，这便是睡时做工夫。以至无时无事不然。

【译文】做学问时时处处都是下工夫处，即使是最小最简陋的地方，都应存谨小慎微的心而不可忽视。比如在睡觉时，手和脚不敢乱动，心不敢乱想，这就是睡觉时做工夫。以至于无时无事不这样。

天地自然之文，物物皆具，如花木文缕彩色之类皆是也。

【译文】天地自然的文采，任何事物都具有，比如花木文缕彩色之类的都是。

《噬嗑》《贲》《丰》《旅》四卦论用刑，皆离火之用，以是见用法贵乎明。《噬嗑》《丰》以火雷、雷火交互为体，用法贵乎威明共济；《贲》《旅》以山火、火山交互为体，用法贵乎明慎并用。

【译文】《噬嗑》《贲》《丰》《旅》四卦论刑法，都是离火的作用，由此可见运用法律贵在明察。《噬嗑》《丰》以火雷、雷火交互为体，运用法律贵在威严明察并用；《贲》《旅》以山火、火山交互为体，运用法律贵在明察审慎并用。

治狱有四要：公、慈、明、刚。公则不偏，慈则不刻，明则能照，刚则能断。

【译文】审理案件有四个重要原则：公正、仁慈、光明、刚毅。公正就不偏失，仁慈就不刻薄，光明则能映照万物，刚毅则能果断。

外物至轻，己德至重。重其所轻，轻其所重，不知类也已。

【译文】外在的物是最不重要的，自己的德行是最重要的。认真对待不重要的（外物），轻视重要的（德行），这是不知道轻重主次啊。

外物为养生之具，固不可缺。但君子取之有道，用之有节；小人则取不以道，用不以节。所谓“天理人欲，同行异情”也。

【译文】外物是养生的条件，固然不可缺少。但是君子运用正道来获取财物，使用而有节度；小人不用正道获得财物，使用而不加节制。这就是所说的“天理和人欲，一同流行而有不同的表现”啊。

工夫紧贴在身心做，不可斯须外离。

【译文】工夫应当紧紧地贴在身心上做，不可有片刻离开。

常得心在内，则寡过矣。

【译文】常常让内心反思，就会少犯错误。

心一放，即悠悠荡荡无所归着。

【译文】心一放纵，就飘忽不定没有归宿。

千古圣贤之言，一“性”字括尽。

【译文】自古以来圣贤的话，一个“性”字全部概括了。

细看天之生物只是自然，无纤毫作为之私，故人见其易而不见其难。人能事事顺理而行，则亦如天之自然不难矣。

【译文】仔细看上天创造万物不过是自然而为，没有丝毫的私欲作为，所以人们看见它容易而不见它困难。人能事事遵循理而行，也就如上天的自然无为不难了。

顺理而行，则直而易；逆理而行，则曲而难。

【译文】遵循理而行，便公正合理而容易；违背理而行，便不合理而艰难。

圣贤之迹固当考，而己之所行者又当随时揆之以理，而不必其事之同。如禹、稷、颜回，迹虽不同，而道则同也。

【译文】圣贤做的事固然应当考查，而自己的行为也要随时用理来衡量，而不必要求事相上相同。像大禹、后稷、颜回，行迹虽然不相同，而道则是相同的。

所谓“理”者，万事万物自然之脉络条理也。循其脉络条理而行，本无难事。惟不知顺理妄行，所以崎岖险阻，不胜其难也。

【译文】所谓“理”，就是万事万物自然的脉络条理。遵循着其中的脉络条理而行动，根本没有困难的事情。只是不知遵循道理而随便行动，所以历经险阻，有不尽的困难啊。

心地干净，自然宽平。

【译文】心地干净，自然就会心胸宽阔平和。

人能知天地万物各有截然之分，则心自定矣。

【译文】人能知道天地万物各有截然的分野，自己的心就定了。

知理而行者，如白昼见路分明而行，自无差错；不知理而行者，如昏夜无所见而冥行，虽或偶有与路适会者，终未免有差也。

【译文】知晓道理而行动，就像白天行走时路看得清清楚楚，自然不会有差错；不懂道理而行动，就像晚上看不见仍然夜间行路，虽然偶尔会和道路相会，终不免有差错啊。

读前句如无后句，读此书如无他书，心乃有入。

【译文】读前句像没有后一句，读这本书就像没有其他的书，心中才有收获。

凡看圣贤书，皆当以仁、义、礼、智、信五者细细体会旁通之，久则彼此互相发明，可以见天下道理之名虽多，而皆不外此五者矣。

【译文】凡是读圣贤书，都应当以仁、义、礼、智、信五常（道理）细细体会通晓，时间长了就会彼此互相证明，可以看到天下道理的称谓虽然多，但都不超出这五常啊。

“予畏上帝，不敢不正。”[①]可见汤之伐夏，一出于上天之公，孟子所谓“天吏”[②]是也。夫岂有一毫利天下之心哉？苟有利天下之心，则非所以为汤矣。

【注释】①此句出自《尚书·汤誓》。②天吏：奉天命治民的人。

【译文】“我敬畏上帝，不敢不端正。”可以看见商汤讨伐夏桀，纯是出于上天的公正无私，就是孟子所说的“奉天命治民的人”。（夏桀）哪里有一点利天下的心呢？只要有利天下的心，就不会被汤讨伐了。

“成汤放桀于南巢，惟有惭德。”[①]汤之不幸，天下之幸也。

【注释】①语出《尚书·仲虺之诰》。

【译文】“商汤把夏桀流放到南巢，心里感到惭愧。”汤的不幸，天下的大幸啊。

“天之生物，一本也。”[①]知《易》者莫若孟子。

【注释】①语出《孟子·滕文公上》。

【译文】“天生万物，是同一个本源。”明了《易》的莫如孟子啊。

“《易》有太极。”[①]《易》者，阴阳之变；而其所以为是阴阳之变者，太极也。

【注释】①语出《周易·系辞上》。

【译文】“《易》有阴阳未分的太极。”《易》是阴阳的变化；而所造成阴阳变化的原因，是太极。

圣人言“太极”，就阴阳中指出此理以示人，元不曾离阴阳而言。如所谓“一阴一阳之谓道”，“形而上者之谓道，形而下者之谓器”，皆不曾外阴阳而言道也。

【译文】圣人说“太极”，在阴阳中指出这个道理来给人看，原本是不曾离开阴阳而说的。像所说的“一阴一阳之谓道”，“形而上者之谓道，形而下者之谓器”，都不曾在阴阳之外而讲道理。

“一分而为二”，一即在二中，而一之本体未尝分也；“二分而为四”，一即在四中，而二之一则未尝少也；“四分为八”，一即在八中，而四之一又未尝减也；以至“八分为十六，十六分而为三十二，三十二分而为六十四”。一则随所分而无不在，而其分之主则自若也。盖“一生二，二生四，四生八，八生十六，十六生三十二，三十二生六十四”，而一随生随在者，分之殊也；六十四根于三十二，三十二根于十六，十六根于八，八根于四，四根于二，二根于一者，理之一也。理之一各贯于分殊之中，分之殊毕统于理一之内。分之殊若分矣，而理之一则浑然无所不包，实未尝不合也；理之一若合矣，而分之殊则粲然各有条理，实未尝不分也。分而合，合而分；斯所谓“一以贯之”者欤？

【译文】“一分而变成二”，一就是在二中，而一的本体不曾分开；“二分而变成四”，一就是在四中，而二分之一不曾减少；“四分而成为八”，一就是在八里，而四分之一又不曾减少；直到“八分而变成十六，十六分而变成三十二，三十二分而变成六十四”。一是根据所分而无时不在，而被分的主体则与以前相同。这是“一生二，二生四，四生八，八生十六，十六生三十二，三十二生出六十四”，而一随生随在的，是分的区别；六十四根源于三十二，三十二根源于十六，十六根源于八，八根源于四，四根源于二，二的根源于一，道理是一。理一分别贯穿于分殊中，分殊都统一于理一之内。分殊如果分了，而理一则浑然无所不包，实在没有不符合的；理一如果相合，而分殊则各自分明、条理清晰，实在不曾分啊。分而合，合而分；是所说的“一以贯之”吗？

一心管万事，理一分殊；万事由一心，分殊理一。

【译文】一个心负责一切事，道理为一而事情不同；万事万物出于一个心，事情不同而道理为一。

天阳地阴，阴阳之气屈伸往来者，鬼神也。故曰：“鬼神者，天地之功用，而造化之迹也。”①

【注释】①语出朱熹《中庸章句》。

【译文】天属阳而地属阴，阴阳之气弯曲伸展往返来回的，是鬼神啊。所以说："鬼神，是天地的功用，大自然创造化育的痕迹啊。"

阳之能伸者神，阴之能屈者鬼，二物也；伸极而屈者神之鬼，屈极而伸者鬼之神，一物也。二而一，一而二，知道者默而观之。

【译文】阳气中能伸展的是神，阴气中能弯曲的是鬼，这是两个事物；舒展到极限而弯曲的是神之鬼，弯曲到极限后舒展的是鬼之神，这是一个事物。二而一，一而二，了解道的人默默地观察它。

生天，生地，生阴，生阳，生温，生热，生寒，生凉，生日，生月，生星，生辰，生雨，生露，生雷，生霆，生水，生火，生木，生金，生人，生物，生兽，生禽。生生之多，盖不可胜穷也，而皆本于一"生"。

【译文】生天，生地，生阴，生阳，生温，生热，生寒，生凉，生日，生月，生星，生辰，生雨，生露，生雷，生霆，生水，生火，生木，生金，生人，生物，生兽，生禽。孳生不绝，这是不可穷尽的，但根本都是在一个"生"。

"太极动而生阳"，神也；"静而生阴"，鬼也。鬼神者，其太极乘气机而屈伸乎！

【译文】“太极动而生阳”，这是神的表现；“静而生阴”，这是鬼的表现。鬼神，大概是太极乘气机而弯曲伸展所形成的吧！

英气甚害事，浑涵不露圭角最好。

【译文】锐气非常坏事，含蓄不露锋芒最好。

第一要有浑厚、包涵、从容、广大之气象。

【译文】第一要有敦厚、包容、不慌不忙、广大宽阔的气度。

促迫、褊窄、浅率、浮躁，非有德之气象。

【译文】急促、气量狭隘、浅薄草率、轻浮急躁，不是有道德的气度。

只观人气象，便知其涵养之浅深。

【译文】只观察一个人的气度，就知道他道德、学问方面修养的深浅。

万物之形著者，其始也甚微。

【译文】万物的表现显著，其开始也很卑微。

《河图》虚其中以为太极，而两仪、四象、八卦皆由是以生，邵子所谓“天向一中分造化”也。

【译文】《河图》虚其中成为太极，两仪、四象、八卦都由此而生，就是邵雍先生所说的“天地由太极分化而来”啊。

画前之《易》，不待卦画而已著者也。

【译文】伏羲画卦之前的《易》之道，不等卦画就已经显著了。

见得理明，须一一践履过，则事与理相安，而皆有着落处；若见理虽明，而不一一践履过，则理与事不相资，终无可依据之地。曾点所以流于“狂”也。”①

【注释】①曾点：字皙。春秋时期鲁国南武城(今平邑县魏庄乡南武城村)人。系儒家一代传人“宗圣”曾参之父，他自己也是孔子的学生。

【译文】看见道理明确，需要一个一个的实践，那事与理没有矛盾，都有确实的根据；如果看见道理虽然明了，而不是一个一个的实践，就是理与事不能相互帮助，最终没有可以依据的地方。曾点所以流于“狂”了。

精粗本末兼尽，所以为圣贤之学。若舍粗而求精，厌末而求本，所谓“语理而遗物，语上而遗下”，鲜不流而为异端。

【译文】精深的和粗浅的、主要的和次要的都要兼顾，这才是圣贤的学问。如果舍弃粗浅的而寻求精深的，憎恶次要的而求取主要的，就是所谓的“谈论道理而遗弃了具体的事物，谈论了形而上者而忽视了形而下者”，很少有不演变为异端的。

二程所以接孔、孟之传者，只是进修有序。

【译文】二程所以承接孔、孟的道统，只是进德修业有次第。

直是要求实理，实理之名虽在书，而实理之理则在理。

【译文】我们探求的正是实际的道理，实理的名称虽在书中，而实理的本质则在理中。

曲折细微，理无不贯。

【译文】错综复杂的细小之处，理无不贯通。

读书当着实体认。如读《中庸》首章“天命之谓性”，便当求天命之性的在何处。读《大学》首章“明德，新民，止于至善”[①]，便当求三者的为何事。如此，则道理跃如，皆在心目之间，自不为文字言语所缠绕矣。

【注释】①明德，新民，止于至善：明德，光明之德。出自《大学》首句：大学之道，在明明德，在亲民，在止于至善。

【译文】读书应该切实体察认识。如读《中庸》第一章“天命之谓性”，就当求天命之性在什么地方。读《大学》第一章“明德，新民，止于至善”，就当求三者是什么事。像这样，那么道理就会充分显露，都在内心和眼中，当然不会被文字语言所搅扰了。

因闲画伏羲八卦小圆图，贴于壁上观之，觉有流动之意。

【译文】因无事画伏羲八卦小圆图，贴在墙壁上观察，觉得有流动的意思。

孟子曰：“天下之生久矣，一治一乱。”[①]知《易》者莫若孟子。

【注释】①语出《孟子·滕文公下》：孟子曰：“予岂好辩哉？予不得已也！天下之生久矣，一治一乱。”

【译文】孟子说："天下产生已经很久了，时而太平，时而动乱。"懂得《易》的道理没有超过孟子的啊。

才言象便非真，因象以识其真，则在人焉耳。

【译文】才说象便不是真，通过象来认识真实，则在人罢了。

每日就身心、言行、应事、接物处，紧紧体认仁、义、礼、智四者。体认得是，则行不错。

【译文】每天从自己的身体和精神、言语和行为、处理事物、与人交往的地方，紧紧体察认识仁、义、礼、智四个方面。体察认识的对，那么行动就不会有差错。

圣人取人极宽。如仲叔圉、祝鮀、王孙贾皆未必贤，以其才可用，犹皆取之。后之君子好议论者，于人小过必辨论不置，而遗其大者，视圣人包含之气象远矣。

【译文】圣人选择人非常宽厚。如仲叔圉、祝鮀、王孙贾都未必贤良，因为他们的才干可以任用，就都选用他们。后世的君子喜欢评论人，对别人的小过失必定争论不停，却遗漏大的（优点），比圣人包涵的气度差太远了。

圣人取人，不以有功而掩其过，不以有过而掩其功。如管仲，霸者之佐耳，其过多矣，圣人犹不废其“一匡”[①]之功。后世有论人过而遂没其功者，多见其克核之甚也。

【注释】①一匡：匡，正。指扶正一切。

【译文】圣人选择人，不因有功绩而掩盖他的罪过，不因有过错而掩盖他的功绩。比如管仲，辅佐齐桓公在诸侯中称霸，他的错误有很多，但圣人尚且不废除他“匡正天下”的功绩。后世有评论他人的过失而埋没他人功绩的，可以看到他们的限制刻薄太严重了。

老子《道德经》“常无欲，以观其妙”，应上文“无名，天地之始”；“常有欲，以观其徼”，应上文“有名，万物之母”。[①]

【注释】①语出老子《道德经》。

【译文】老子《道德经》中“经常保持清静无欲，可以体察其中的奥妙”，对应上文“无名，是天地的开始”；“经常保持有欲追求，可以知晓道的功用”，对应上文“有名，是万物的根源”。

读《二典》《三谟》《夏》《商》《周书》，其明白者皆有切于学者之身心，愈读愈有味。

【译文】阅读《二典》《三谟》《夏书》《商书》《周书》，其中明白之处都贴近求学者的身心，越读越有味道。

“知我者其天乎”，犹《中庸》所谓“知天地之化育”，言与天地之化育默契为一，非但闻见之知而已。但《中庸》言己契天，《论语》言天契己，其实一也。

【译文】“了解我的只有上天吧”，就像《中庸》所说的“知道天地化育万物”，说与天地的化育暗相契合为一，不仅仅是闻见之知而已。但是《中庸》说自己契合上天，《论语》说上天契合自己，其实是一回事。

“下学而上达。知我者其天乎！”[①]下学，学人事；上达，达天理也。人事，如父子、君臣、夫妇、长幼之类是也；天理，在人如仁、义、礼、智之性，在天如元、亨、利、贞之命是也。盖下学父子、君臣、夫妇、长幼之人事，便是上达仁、义、礼、智，元、亨、利、贞之天理也。谓之“天知”者，非闻见之知也，乃天与圣人默契为一，是以人不能知而天独知也。然五者姑举事理之大者而言，其实无一而非“下学人事，上达天理”也。

【注释】①语出《论语·宪问》。

【译文】“下学人事而上达天命。了解我的大概就只有上天吧！”下学，是学习人事；上达，是上达天理。人事，如父子、君臣、夫妻、长幼之类；天理，在人如仁、义、礼、智，在天如元、亨、利、贞。大概下学父子、君臣、夫妻、长幼之事，这就是上达仁、义、礼、智和元、亨、利、贞的天理啊。所谓的“天知”，不是闻见之知，而是与圣人暗相契合为一体，这是因为人们不知道而只有天知道。然而这五个就事理中大的来说，其实没有一个不是“下学人事，上达天理”啊。

夫子发“莫我知也”之叹[①]，盖当时之人，虽知夫子为圣人，但雷同知其名而已，实不知圣人之所以为圣人也。知圣人所以为圣人，“如愚”之颜[②]、“一唯”之曾子而已[③]。如子贡之高识，犹未及此。故曰：“知我者其天乎！”然于斯之际，子贡虽未能尽领夫子之叹，若后来“性与天道不可闻”[④]之言，“夫子犹天不可阶而升”[⑤]，及“绥来动和”[⑥]之论，则子贡亦可谓深知夫子矣。

【注释】①莫我知也句：出自《论语·宪问》：子曰：“莫我知也夫！”子贡曰：“何为其莫知子也？”子曰：“不怨天，不尤人。下学而上达，知我者其天乎！”②“如愚”之颜：出自《论语·为政》：子曰：“吾与回言终日，不违如愚。退而省其私，亦足以发，回也不愚。”③“一唯”之曾子而已：出自《论语·里仁》：子曰：“参乎，吾道一以贯之。”曾子曰：“唯。”子出，门人问曰：“何谓也？”曾子曰：“夫子之道，忠恕而已矣。”④性与天道不可闻：出自《论语·公冶长》：子贡曰：“夫子之文章，可得而闻也；夫子之言性与天道，不可得而闻也。”⑤夫子犹天不可阶而升：出自《论语·子张》：“夫子之不可及也，犹天之不可阶而升也。”⑥绥来动和：出自《论语·子张》：“夫子之得邦家者，所谓立之斯立，道之斯行，绥之斯来，动之斯和。”

【译文】孔子发出“没有人了解我啊”的感叹，大概是当时的人虽然知道孔子是圣人，但大都是随声附和知其名而已，实在不知道圣人成为圣人的原因。知道圣人之所以成为圣人，只有“如愚”的颜子、“一惟”的曾子而已。像子贡如此见识高明的人，还不能这样。所以说：“了解我的大概只有天吧！”但是在这样的时候，子贡即使不能完全领会先生的叹息，像后来“性与天道不能听到”的话，“我们的老师崇高不可及，好比天无法用梯子爬上去”，和“安抚民众，民众便来归附；役使他们，他们也和乐顺从”的结论，那么子贡也可以说是深深了解夫子了。

《家人》卦治天下之本备焉。

【译文】《家人》卦治理天下的根本齐备了。

偶食桃梅，（桃树接梅枝结实者。）其生者味酸，熟者味甘。因思孟子曰：“夫仁，亦在乎熟之而已。”[①]盖凡为学、为善，皆贵乎熟，不独仁也。苟为不熟，焉得其味之美哉？

【注释】①夫仁亦在乎熟之而已：出自《孟子·告子上》：“夫仁，亦在乎熟之而已矣。”

【译文】偶然吃桃梅，（桃树接梅枝结出的果实。）果实不成熟的味道酸，成熟的味道甘甜。因此思考孟子的话：“仁，也在于能使之成熟才好。”凡是做学问、行善，都注重成熟，不只是仁。如果不成熟，怎么能知道其中味道的甘美呢?

君子熟于善，小人熟于恶。

【译文】君子熟于良善，小人熟于邪恶。

君子熟于精微之义，小人熟于机诈之巧。

【译文】君子熟于精微的义理，小人谙熟机巧奸诈的技巧。

君子熟于公正，小人熟于私邪。

【译文】君子熟于公平正义，小人熟于偏私邪曲。

理、象、数、辞，《易》备焉。

【译文】理、象、数、辞，《周易》都具备了。

上下、远近、大小、内外，浑只是天也。

【译文】上下、远近、大小、内外，都说的是天啊!

天外无物，物外无天。

【译文】天之外没有物，物之外没有天。

理、气、象、数之外无余物。

【译文】理、气、象、数之外没有别的东西了。

大小道理，吾心悦而不能言，举此以告人，人其信之乎？吾其谁告之？

【译文】无论大小道理，我的心高兴得不能言说，举这个例子来告诉别人，别人能相信吗？我是要告诉谁呢？

毫私不有，浑浑乎其深大也。

【译文】一毫私欲都没有，就是浑厚深大啊！

融释与道为一。

【译文】融合佛教与道教为一体。

元来学不可有为，有为即人欲，而非天理矣。

【译文】本来学习不可以刻意有为，刻意有为就是人的私欲，而不是天理了。

观天之道，皆公而自然，不为何而春夏生物，不为何而秋冬成物。人之道，亦公而自然，不为何而行仁义，不为何而行礼智。若有为而行，即私而不公矣。

【译文】观察天道，都是公正无私而符合自然的，不然为什么春夏季生长万物，秋冬季养育万物呢？人道，也是公正无私并且符合自然规律的，不然为什么施行仁义与礼智呢？如果有所为而行，就是自私而不公正了。

读《咸有一德》之书，则知伊尹之学极其精密，成汤以“元圣①”称之，有自②矣夫！

【注释】①元圣：大圣人。②有自：有其原因。

【译文】读《咸有一德》这篇文章，就知道伊尹的学说极其精致细密，成汤用“大圣人”来称赞他，是有原因的啊！

《商书》数篇，光明峻洁，真所谓“灏灏”者也。

【译文】《商书》中的几篇，光明峻洁，真是所说的“广大无际”啊。

《典》《谟》《仲虺》《成汤》《伊传》诸书，尤切于学者。

【译文】《典》《谟》《仲虺》《成汤》《伊传》等书，尤其切合做学问的人。

读书必专精不二，方见义理；有一念之杂，即隔一重矣。

【译文】读书一定要专心精读，心无二用，才能看到义理；有一个念头夹杂，就隔着一层了。

以鸿鹄之心读书，必不能造乎精微。

【译文】用不专一的心读书，一定不能达到精深微妙的境界。

《说命》曰："惟学逊志，务时敏，厥修乃来；允怀于兹，道积于厥躬。惟敩学半，念终始典于学，厥德修罔觉。"①"逊志""时敏""允怀""终始典学"，皆为学之功；"乃来""道积于厥躬""厥德修罔觉"，皆为学之效。

【注释】①语出《尚书·说命》。

【译文】《说命》说："学习要虚心谦让，务必时刻勤勉努力，学业才能有所长进；相信并记住这些，知识就会在自己的身上不断积累。教人所获是学习所获的一半，始终专心于学习，道德就会在不知不觉中变得完美。”“虚心谦让”“时刻努力”“相信”“始终致力于学习”，都是学的功夫；“增长”“知识就会在自己的身上不断积累”“道德就会在不知不觉中变得完美”，都是学习的成果。

《说命》曰：“人求多闻，时惟建事。”下文即继之曰：“学于古训，乃有获；事不师古，以克永世，匪说攸闻。”[①]盖“学古训”，即所谓“求多闻”；“事不师古”之事，即“时惟建事”之事。非有二也。“求多闻”，犹《易》曰“多识前言往行，以畜其德”[②]耳，必谓资之人可乎！

【注释】①语出《尚书·说命》。②语出《周易·大畜》。

【译文】《说命》说：“人们要求博闻广识，这是想建立事业。”后面接着说：“学习古训，才有收获；成就事业不效法古人，而能使事业兴旺长存，我从未听闻过。”大概“学古训”，就是所谓的“博闻广识”；“建立事业不效法古人”的事，也就是“想建立事业”的事。这些都没有两样。“博闻广识”，如同《周易》说“多记取前贤的言论、往圣的事迹，用来蓄集美好品德”，说它能帮助人是可以的吧！

“既乃遁于荒野”“暨厥终罔显”[①]，只是甘盘隐遁不显于世耳。当以朱子《语录》为正。

【注释】①这两句语出《尚书·说命》:“既乃遁于荒野,入宅于河,自河徂亳,暨厥终罔显。”

【译文】“不久就退隐荒野”“到最后学习没有显著进步”,只是甘盘隐居远避尘世不显于世而已。当以朱熹的《语录》为准。

张南轩“无所为而为之”之言,其义甚大。盖无所为而为者皆天理,有所为而为者皆人欲。如日用间大事小事,只道义合当如此做,做了心下平平,如无事一般,便是无所为而为。若有一毫求知、求利之意,虽做得十分中理①,十分事业②,总是人欲之私,与圣人之心绝不相似。

【注释】①中理:切合事理。②事业:事情的成就,功业。

【译文】张栻“无所为而为之”的话,其中的含义很重要。无所为而为的都是天理,有所为而为的都是人欲。如日常生活中不论大事小事,只是道义应当这样做,做了之后心中平平常常,像没事一样,便是无所为而为。如果有一点希求被人了解、追求利益的意思,虽然做得十分切合事理,十分成功,总归是人的私欲,与圣人的心绝不相似。

“无所为而为”,犹“正其谊不谋其利,明其道不计其功”之意。

【译文】“无所为而为”,正如“匡扶正义而不谋求个人利益,彰明道义而不计较个人功劳”的意思。

“无所为而为”，犹当理而无私心，仁也；“有所为而为”者，事虽当理，未能无私心也，谓之仁可乎？

【译文】“无所为而为”，如同做事合理而没有私心，这是仁；“有所为而为”，事情虽然合理，不能做到没有私心，说这是仁可以吗？

如乍见孺子之入井，恻隐之心发，无所为而为也；若恶其声，纳交要誉之心生，即有为而为矣。

【译文】如突然看见一个小孩子掉进井里，同情之心生起，这是无所为而为；如果是厌恶小孩子的哭叫声，想结交关系和博取声誉的心生起，即是有为而为了。

“知及之，仁不能守之，虽得之，必失之”[①]，狂者也。

【注释】①语出《论语·卫灵公》。

【译文】“凭借聪明才智足以得到，仁德却不能保持，虽然得到，也一定会失去”，这是勇于进取的人。

观“师冕见”[①]一章，可见圣人接物之诚心。若常人之于瞽者，鲜不忽易而欺绐之。于此亦可以观圣人之气象。

【注释】①典出《论语·卫灵公》："师冕见，及阶，子曰：'阶也。'及席，子曰：'席也。'皆坐，子告之曰：'某在斯，某在斯。'师冕出，子张问曰：'与师言之道与？'子曰：'然，固相师之道也。'"

【译文】看"师冕见"一章，可见圣人待人接物的诚心。如果普通人见到盲人，很少有人不忽视而且欺骗说谎的。在这里也可以看到圣人的气象。

观圣人与师言，辞语从容，诚意恳至，直使人感慕于数千载之上。

【译文】看圣人和老师说话，言语不慌不忙，诚意恳切，直让人感动倾慕于数千年之前。

常人见贵人则加敬，见敌者则敬稍衰，于下人则慢之而已；圣人于上下、人己之间，皆一诚敬之心。

【译文】一般人见贵人就更加恭敬，看见仇视的人敬心就逐渐减弱，对在下位的人就会傲慢；圣人在上下、人己之间，都是一个真诚恭敬的心。

敬天之心，瞬息不敢怠。

【译文】敬天的心，一眨眼的工夫都不敢懈怠。

近来诚实畏天，而不敢萌一念之恶。

【译文】最近我真诚地敬畏上天，而不敢萌生一个恶念。

《洪范》篇造化、气数、天理、人事皆具，《书》之《易》也。

【译文】《洪范》篇中造化、气数、天理、人事都具备，这是《尚书》中的 《易》道体现啊！

《洪范》“二、五事”①，践形②尽性③之学备于此。

【注释】①二、五事：典出《尚书·周书·洪范》：“二、五事：一曰貌，二曰言，三曰视，四曰听，五曰思。貌曰恭，言曰从，视曰明，听曰聪，思曰睿。恭作肃，从作乂，明作哲，聪作谋，睿作圣。”②践形：古代哲学术语，体现人所天赋的品质。③尽性：尽量发挥天赋的个性。出自《易·说卦》：“穷理尽性，以至于命。”

【译文】《洪范》中“二、五方面的事”，践形尽性的学问都包括了。

《易》六十四卦，三百八十四爻，只是君子小人迭为盛衰。

【译文】《周易》六十四卦，三百八十四爻，只是君子小人交替兴盛与衰败。

君子居君子之位，小人居小人之位，则治；反此，则乱。

【译文】君子在君子的位置，小人在小人的位置，那么就安定太平；与此相反，那么就天下混乱。

有天下国家者，皆当亲君子而远小人。

【译文】作为天下国家的主人，都应当亲近君子而疏远小人。

大丈夫以正大立心，以光明行事，终不为邪暗小人所惑而易其所守。

【译文】大丈夫以正直大度存心，以光明磊落行事，始终不被邪恶阴险的小人所迷惑而改变操守。

以颜子之亚圣，圣人犹告以“远佞人”[①]，况他人乎！理明心正，则邪媚不能惑。

【注释】①远佞人：出自《论语·卫灵公》："放郑声，远佞人，郑声淫，佞人殆。"佞人：指以花言巧语谄媚于人的奸邪小人。

【译文】拿颜子亚圣（来说），圣人尚且告诫"远离善于花言巧语、阿谀奉承的人"，何况其他人呢！道理明白、心思纯正，那么就不会被奸邪谄媚的人所迷惑。

好正道则正人至，好邪道则邪人至，气类相感也。

【译文】喜好正道那么正直的人就到来，喜爱邪道那么邪恶的人就到来，这是同类相感啊！

君子之出处，当修之身而听之天。彼卑污苟贱，摇尾乞怜，攀援势要以售进者，果何心哉？

【译文】君子的出仕及退隐，应该修身而听从天命。那种卑鄙龌龊下贱，卑屈求人怜悯，攀援权势来谋求晋升的人，究竟是什么存心呢？

邪正相为胜负，久矣！

【译文】邪正互相胜败，很久了！

仲虺曰:“惟天生民有欲,无主乃乱,惟天生聪明时乂。”[①]成汤曰:“惟皇上帝,降衷于民,若有恒性,克绥厥猷惟后。”[②]武王曰:“惟天地万物父母,惟人万物之灵。亶聪明,作元后,元后作民父母。”[③]历观自古圣君贤相之言如此,则天之所以立君者,不过欲治民、教民、养民,使各遂其生而已,岂有他乎哉?

【注释】①语出《尚书·仲虺之诰》。②语出《尚书·汤诰》。③语出《尚书·泰誓》。

【译文】仲虺说:“上天生养人民,人人都有欲望,没有君主,社会就会混乱,因此上天又生出聪明的人来治理他们。”商汤王说:“伟大的上帝把美好的品德降给百姓,如果让百姓能够长久地保持这种美德,只有天子建立起教育才能做到。”武王说:“天地是万物的父母,而人是万物的灵长。真聪明的人可以做大君,大君要做百姓的父母。”考察自古以来圣明的君主、贤明的丞相的话如此,那么上天要立君主,不过要想治民、教民、养民,使他们各自顺利发展而已,难道还有别的吗?

老子云“玄之又玄,众妙之门”[①],只是说性情。“众妙之门”,犹道义之门。

【注释】①玄之又玄,众妙之门:语出《道德经》。

【译文】老子说“玄妙又玄妙,是宇宙天地万物之奥妙的门径”，只是说性情。“众妙之门”，犹如道义之门。

老子之书，始欲论理之玄妙，末则流于权术。

【译文】老子的书，开始想谈论理的玄妙，最后则演变成权谋之术了。

程子曰：“予之所传者辞也，由辞以得其意，则在人焉耳。”不但读《易》之法如此，他书皆然。

【译文】程颐说：“我所传的是文辞，由文辞进而得到义理，则在各人的领悟罢了。”不只是读《周易》的方法如此，读其他书都是这样。

庄子“斲轮”①之说，深中学者溺于语言而不得其意之弊。世有开卷则能说义理，真若有所得者，掩卷则茫然漫不知所说为何事，诚所谓“糟粕”者也，其弊也久矣！

【注释】①斲轮：出自《庄子·天道》：“斲轮，徐则甘而不固，疾则苦而不入。”斲轮：砍伐木材，制造成车轮。

【译文】庄子“砍伐木材，制造车轮”的说法，深深说中了学习者沉溺于语言而不得其意义的弊端。世上有开卷就能解释义理的人，如果真的有所收获，而合上书卷却茫然不知道所说的是什么事，真是古人所说的“糟粕”，这样的弊病已经很久了！

一一见得理有下落，方为真见。

【译文】一个一个看见理有着落，才是真正知道。

真见明，则邪见不能惑。

【译文】真正知道、明了，那么邪见就不能迷惑。

余觉前二十年之功，不如近时切实而有味。

【译文】我觉得前二十年的功夫，比不上最近一段时间切合实际而有味道。

天地者，吾之父母也。凡有所行知，顺吾父母之命而已，遑恤其他！

【译文】天地是我的父母。所有实践所得到的认识，都是顺从父母的命令而已，无暇顾及其他！

《先天图》却观自《坤》《艮》《坎》《巽》《乾》《兑》《离》《震》以至《复》，皆前天地之往；顺观自《复》《震》

《离》《兑》《乾》《巽》《坎》《艮》以至《坤》，皆后天地之终。往者，推其往而无极；来者，推其来而无穷。所谓“引之于前，而不见其始之合；推之于后，而不见其终之离也”[①]。

【注释】①出自朱熹《太极图说解》：“虽然，推之于前，而不见其始之合；引之于后，而不见其终之离也。”

【译文】《先天图》倒着看从《坤》《艮》《坎》《巽》《乾》《兑》《离》《震》一直到《复》卦，都是天地产生之前的往复；顺着看从《复》《震》《离》《兑》《乾》《巽》《坎》《艮》一直到《坤》卦，都是天地产生之后的终结。往是推其往而无极；来是推其来而无穷。所谓“推引在前，而不见其开始的聚合；推到后来，而不见其最终的离散”。

占卜古为大事。舜欲禅禹，禹曰：“枚卜功臣，惟吉之从。”[①]《洪范》稽疑，专以卜筮为主。《大诰》《洛诰》诸篇，凡征伐定都大事，皆归重于卜。以是知占卜古为大事。

【注释】①枚卜功臣，惟吉之从：出自《尚书·大禹谟》。

【译文】占卜在古代是大事。舜想让位给禹，禹说：“用枚卜在功臣中选定吧，枚卜吉利的，可以出任大位。”《洪范》决疑，专门以占卜为主。《大诰》《洛浩》诸篇，大凡征伐定都这样的大事，都借重于占卜。因此知道占卜在古代被当作大事。

古者占卜之法，圣人以至公无私求之，其求之之心固已神矣，则龟筮之神安得不应之？如所谓“官占，惟先蔽志，昆命于元龟。朕志先定，询谋佥同，鬼神其依，龟筮协从”[1]之语，可见后人以私意邪谋求之，欲其应也难矣！

【注释】①语出《尚书·大禹谟》。

【译文】古代占卜的方法，圣人以大公无私的心去求，他们求的心已经很真诚了，那么龟筮之神怎能不响应呢？如所说的“我让卜筮之官已经占卜过了，首先断定我的想法是正确的，然后命令卜筮之官用大龟去占卜。虽然我首先做出判断，但通过征求大家的意见，大家的意见与我的判断完全相同，鬼神将会依从”的话，可见后世的人以私心、阴谋去追求，想要有回应是很困难了！

孟子曰：“苟求其故，千岁之日至可坐而致也。”[1]康节之学，推往知来，盖亦如此。

【注释】①语出《孟子·离娄下》：天之高也，星辰之远也，苟求其故，千岁之日至可坐而致也。

【译文】孟子说：“假如寻求他们运行的本原，千年的日至都能坐而得知。”邵雍的学问，推算过去知道未来，大概也是如此。

虽微细事不可苟，皆当处置合宜。

【译文】即使细小的事情也不可以随便，都要处置合理。

寡欲，省多少劳扰。

【译文】少私欲，省掉多少劳苦烦扰。

只寡欲便无事，无事心便澄然矣。

【译文】只须减损欲望就无闲事挂碍，无闲事挂碍心就会清净自在。

余每呼此心曰："主人翁在室否？"至夕必自省曰："一日所为之事合理否？"

【译文】我每天叩问自己的心说："主人在家吗？"到了晚上一定要反省自己说："一天所做的事都合理吗？"

读书所以不见德崇业广者，只是讲说，不曾实行。如讲"学而时习"①章，便能学而时习否？读"其为人也孝弟"章，②便能孝弟否？读"颜子问仁"章，③便能非礼勿视、听、言、动④否？若不能如此，只是讲说耳。

【注释】①出自《论语·学而》："学而时习之，不亦说乎？"②出自《论语·学而》：有子曰："其为人也孝弟，而好犯上者，鲜矣；不好犯上，而好作乱者，未之有也。君子务本，本立而道生。孝弟也者，其为仁之本与！”③出自《论语·颜渊》：颜渊问仁。子曰：“克己复礼为仁。一日克己复礼，天下归仁焉。为仁由己，而由人乎哉？”④出自《论语·颜渊》：子曰：“非礼勿视，非礼勿听，非礼勿言，非礼勿动。”

【译文】读书之所以不见德行增长、功业扩大的，因为只是讲说，不曾实践。如讲“学而时习”章，便能学习并能时时践行吗？读“其为人也孝弟”一章，便能孝悌吗？读“颜子问仁”章，便能不合礼的不看、不听、不说、不动吗？如果不能这样做，这只是讲述解说罢了。

看得为学无别法，只是知一字行一字，知一句行一句，便有益。心不妄思，一心皆天理；身不妄动，一身皆天理；事不妄为，事事皆天理。

【译文】看到做学问没有别的方法，只是知道一个字去做一个字，知道一句做一句，就有好处。心不胡思乱想，一心都是天理；身不乱动，一身都是天理；事情不妄为，事事都是天理。

因无穷尽，故无方体；若有穷尽，则有方体矣。

【译文】因为没有止境，所以没有方位形体；如果有止境，就会有方位形体了。

凡卦，六爻以“初”“二”“三”“四”“五”“六”（按“六”当作“上”）为主，以所值“九”“六”之爻为客，所谓“周流六虚”[①]者也。

【注释】①周流六虚：出自《周易·系辞下》。六虚，指六爻。

【译文】所有的卦，六爻用“初”“二”“三”“四”“五”“上”为主爻，以当位的“九”“六”为客爻，即所说的“周遍流动于各卦六爻之间”的道理。

卦爻六位皆虚，随所值奇偶居之。

【译文】卦爻中六位都是虚的，根据其所遇到的或阳或阴的位置来作为居所。

“天下无独必有对”，《河图》卦画可见。

【译文】“天下没有单独存在的事物，一定是相互对应而存在”，《河图》的卦画便可以看到。

迹，履之所出也，而迹岂履哉？书，道之所出也，而书岂道哉？

【译文】脚印，是脚踩出来的，而脚印难道是脚吗？书，是道所承载的东西，而书难道是道吗？

雨皆地气自下而上蒸腾而成，天愈高则气愈清，不能成雨也。

【译文】雨是地气从下而上蒸腾形成的，天越高气就越清，这样便不能形成雨。

云浓则成雨，气浓则生物。《易》曰："天地絪缊，万物化醇。"

【译文】云浓就会形成雨，气浓就能生育万物。《周易》说："天地间阴阳二气交互作用，万物化育醇厚。"

"遏恶扬善"，非刚明者不能，故于《大有》言之。内刚外明，"大有"也。

【译文】"遏止邪恶，褒扬善行"，不是严明的人不能做到，所以在《大有》卦中这样说。内心刚强外表明智，就是"大有"了。

人不能有进，只是惑。惑者，见理未透而心有所疑也；疑，故欲进不进。学至不惑，则理明而无疑，其进自不能止矣。

【译文】人不能有进步，只是因为心疑不定。心疑不定，认识道理不透彻而内心就会有所怀疑；有怀疑，所以想进步而不能进步。学习到达不惑的境地，就能道理明澈而无疑虑，进步自然不能停止了。

雷、电、风、云、雨、露、霜、雪之类，皆气聚而有声有形，既散则无迹矣。神矣夫！

【译文】雷、电、风、云、雨、露、霜、雪这些自然现象，都是气聚集起来而形成声音、形状，声音、形状散后就没有痕迹了。真神奇啊！

细看天地万物，皆气聚而成形。有聚必有散，虽散有大小、迟速之不同，其散一也。

【译文】仔细看天地万物，都是气聚而形成的。有聚就一定有散，虽然分散有大小、快慢的不同，但分散是一个理。

谨守“下学”，自能“上达”。

【译文】严格遵守“下学人事”，自然可以“上达天命”。

看圣门教法，只是有序，无序便差。

【译文】看孔子的教育方法，只是有次序，没有次序就会有偏差。

曾子所传无弊，只是教人有序，《大学》可见。

【译文】曾子所传的没有弊病，只是教人有次序，《大学》便可以看到。

内刚外和，决小人之道。

【译文】内心刚正外表平和，是果决制裁小人的方法。

决小人当先自修，不可专尚刚强。《夬》曰："告自邑，不利即戎，利有攸往。"①

【注释】①出自《周易·夬卦》。

【译文】决断小人应当先修养自己，不可以专门崇尚刚强。《夬》卦说："颁告政令于城邑上下，不利于兴兵出师用武力强行制裁，这样就有利于有所前往。"

内健，则有必去之志；外说，则无悻悻之色。决小人之善道也。

【译文】内心强健，就会有一定去除的意志；外表和悦，就没有怨恨失意的脸色。这是决断小人的好方法。

取、与是一大节，其义不可不明。

【译文】索取、给予是品德操守的主要方面，它的义理不可不知晓。

理、气虽不可分先后，然气之所以如是者，则理之所为也。

【译文】理、气虽然不可以分先后，但气之所以是这样的，是理所主导形成的。

只是合当如是便是理。

【译文】只是应该这样便是理。

圣人之言虽零碎说，而合辏起来则皆贯于一；诸子之书非无嘉言，但欲一一合辏为一，则有不通者矣。

【译文】圣人的话虽然零零碎碎的说，而合起来都贯穿在一个道中；诸子的书不是没有善言，可是想一个个合起来成为一个整体，就会有不通的了。

理直是难说，谓无形则须有理，谓有理则又无形，惟默识之可也。

【译文】理是很难解释的，说无形则须有道理，说有道理却又无形，只有默然体会就可以了。

理直要心得，难以言语形容之。

【译文】理是要用心领会，难以用语言描述的。

“五性”之用“知”最先。如开眼作事，便要见是非，岂不是“知”在先？

【译文】“五性”的使用“知”为最先。如睁眼做事，就要分辨正确与错误，难道不是“知”在先吗？

理、气不可分先后，只如《太极图》可见。

【译文】理、气不可分先后，例如《太极图》可以看出。

“太极动而生阳”，虽自动处说起，而其根却自静中来，如天之四时，贞下起元[①]是也。然静又根于动，动又根于静，所谓“动静无端，阴阳无始”也。

【注释】①贞下起元：用以表示天道人事的循环往复，周流不息。

【译文】“太极动而生阳”，虽然是从动的地方说起，但它的根源却是从静中来，像天的四时，以及“贞下起元”一样。但是静的根源是动，动的根源是静，所谓“动静没有起点和终点，阴阳也没有起始”啊。

理只在气中，决不可分先后。如“太极动而生阳”，动前便是静，静便是气，岂可说“理先而气后”也？

【译文】理仅仅在气中，决不可分先后。如“太极动而生阳”，运动前就是静止，静止就是气，怎么可以说“理先而气后”呢？

◎此图中一小圈，即“无极而太极”。“动而生阳”，是右边阴为之根；“静而生阴”，是左边阳为之根。方其动也，则太极附动而行；方其静也，则太极依静而立。阴阳相根，理气混合，元无间断、先后。

【译文】◎这图中的一个小圆圈，就是“无极而太极”。“动而生阳”，是右边的阴为根；“静而生阴”，是左边的阳为根。当它动了，那么太极就依从动而变化；当它静了，那么太极依从静而存在。阴阳互为根源，理气搀杂混合，本来就没有间断和先后。

一阳止于二阴之上，山之象。一阳，刚也，石也；二阴，柔也，土也。观之山可见。

【译文】一个阳爻下面二个阴爻，是艮卦，像山的样子。一阳，表现为刚强，像岩石；二阴，表现为柔和，像土地。看山便可以理解。

心一收而万理咸至，至非自外来也，盖常在是而心存，有以识其妙耳；心一放而万理皆失，失非向外驰也，盖虽在是而心亡，无以察其妙耳。

【译文】心一收束那么万理都到来，这不是从外面来的，大概理常在而内心时时存养，就可以认识到其中的奥妙啊；心一放纵那么万理都丧失，丧失不是向外去了，大概即使理在而心中却没有了，就不能认识其中的奥妙啊。

如手、足、耳、目、口、鼻之类，皆人也；其理，则道也。须是于手足之类事事操持，其理斯存，所谓“人能弘道”也；若手足之类不加操持，则理岂能自存哉？此“道不能弘人”也。

【译文】如手、脚、耳朵、眼睛、嘴巴、鼻子之类，都是身体的一部分；其中的理，就是道。需要在手脚之类的事物上事事思考体悟，其中的理存在，就是所谓的“人可以弘道”了；如果像手脚之类的事物不能思考体悟，理怎么能自己存在呢？这是“道不能弘扬人”啊。

古语曰：“敬，德之聚也。”[①]此语最宜潜体。盖道妙莫测，靡有攸定，惟敬则能凝聚得此理常在。如心敬，则凝聚得德在心上；貌敬，则凝聚得德在貌上；以至耳、目、口、鼻之类，无不皆然。或有不敬，则心君放逸而天德亡，百体懈弛而物则废，虽曰有人之形，其实块然血气之躯，与物无以异矣。此“敬”之一字，乃聚德之本，而为践形尽性之要也与！

【注释】①出自《左传·僖公三十三年》：“敬，德之聚也。能敬必有德。”

【译文】古语说：“恭敬是德行的集中表现。”这句话最适合默默体悟。大概道奇妙莫测，没有长久的稳定，只有恭敬则能稳固，使这个理常在。如果内心恭敬，那么使德稳固在心上；容貌恭敬，那么使德稳固在外貌上；以至耳、眼、口、鼻之类，没有不是这样的。稍微有不敬，那么心就放纵逸乐而天德丧失，身体的各个部分松弛而身体就废坏，虽然说有人的形体，其实是块血气之躯，和动物没有区别了。这个“敬”字，是聚集德行的根本，践形尽性的关键啊！

周子《太极图》，朱子之《解》以心契心者也。熟读精思二三十年，庶得其旨趣之妙，殆非浅近之功所可得而窥测也。

【译文】周敦颐的《太极图》，朱熹的《太极图说解》以心契合心啊。反复阅读、仔细思考二三十年，才得到其中旨趣的奥妙，这大概不是浅显的功夫可以窥探测度的。

余见说太极者多矣，苟非实得，真说梦耳！

【译文】我看到谈论太极的人太多了，如果不是真的有体会，真是在说梦话啊！

朱子曰："聚散者，气也，若理则只泊在气上，初不是凝结自为一物。但人分上合当然者便是理，不可以聚散言也。"①

【注释】①出自《朱子语类》。

【译文】朱熹说："聚散的，是气，至于理则只是停泊在气上，最初并不是凝结为一个物体。但人在职分上能合于当然之理的就是理，不可以用聚散来言说。"

理既无形，安得有尽？

【译文】理既然是无形的，哪里有穷尽呢？

理如月，气如水。或一海水，或一江水，或一溪水，或一沼水，或一钟水，或一盂水，水虽不同，莫不各得一月之光。或一海水尽，或一江水尽，或一溪、一沼、一钟、一盂水尽，水尽时，各水之月光虽不可见，而月之本体则常存，初不与水俱尽也。以是观之，则气有聚散，而理无聚散也，又可见矣。

【译文】理像月亮，气像水。或者一海水，或者一江水，或者一溪水，或者一沼泽水，或者一钟水，或者一盂水，水虽不相同，没有不各自得到一个月亮的光。或者一个海水用尽，或者一个江水用尽，或者有一溪、一沼、一钟、一盂的水用尽，水用尽时，各个水里的月光虽然看不见，但月亮的本体则是常存的，不会与水一起用尽了。由此看来，气有聚散，而理没有聚散，又可以看到了。

“《易》有太极”，言气以原理；“太极动而生阳”，言理以及气。

【译文】“《易》有太极”，这是通过谈论气来推究理；“太极动而生阳”，这是通过谈论理来探究气。

有形者可以“聚散”言，无形者不可以“聚散”言。

【译文】有形的东西可以用“聚散”说，无形的东西不能用“聚散”说。

后人开口论性、天道，而其理益隐矣。

【译文】后世的人开口谈论性命和天道，而其中的理却更加隐秘了。

近世儒者，割裂经、史、子、集、百家之说，区别门类，缀集成书，务欲包括古今问目，以为决科之利，使后学转相剽窃，但资侥幸利达，而无以资身心之用，其弊也甚矣！

【译文】近代的读书人，割裂经、史、子、集、百家之说，分门别类，汇集成书，想要囊括古今所有的试题，认为对科举考试有好处，使后世学者互相抄袭窃取，但凭借侥幸得到的，而无法让自己的身心受用，其中的弊病也是很严重了！

为科目而著书者，皆非为己之学也。

【译文】为科举而著书的人，这些都不是为己之学。

圣贤专以为己之学①教人，而犹有为人者，况以科举为人之学教人乎！

【注释】①为己之学：出自《论语·宪问》：子曰："古之学者为己，今之学者为人。"

【译文】圣贤专以为己之学来教人，而仍然有为了炫耀于人的，何况以科举为人之学来教人呢？

子贡谓"夫子之言性与天道，不可得而闻也"，近见性与天道，诚有不可得而闻者。

【译文】子贡说"夫子关于性命与天道的言论，依靠耳闻是不能够学到的"，最近看到性命和天道，确实有依靠耳闻是不能够学到的。

一部《论语》，圣人所以教人者，率多孝弟、忠信、仁义之道。至于性、天道，仅见于子贡之语，而夫子之语则终未之及也。后之学者，开口即论性、天道之微，竟不知实于此理为何如。

【译文】一部《论语》，圣人用来教人的，大多是孝悌、忠信、仁义的道理。至于性、天道，仅出现在子贡的话中，而孔子的话始终没有听到。后来的学者，开口就讨论性、天道的精深，其实并不知道这个道理实际是什么样。

俗儒不知教人之本，或为讲语之类，使学者诵习全文，为说书应答之用。其坏人才也甚矣！

【译文】浅陋而迂腐的儒士不知道教导人的根本，或是讲解经义的文字之类，让求学的人诵读学习全文，作为说书应答之用。这样毁坏人才也是很严重了！

诸子百家皆有可取之言，但欲句句求实用，则有不通者矣。故曰："致远恐泥。"[①]

【注释】①致远恐泥：出自《论语·子张》："虽小道，必有可观者焉；致远恐泥，是以君子不为也。"致：到达。泥：拘泥。意为担心妨碍实现远大目标。

【译文】诸子百家都有可取的言论，但想句句求得实用，就有讲不通的地方了。所以说："实现远大目标恐有妨碍。"

圣贤之书，统体纯粹而不杂；诸子之言，杂驳中亦有纯粹者，取节焉可也。

【译文】圣贤的典籍，总体纯正而不混杂；诸子的言论，混杂中也有纯正的，节取其中善的内容是可以的。

江边石壁无寸土，而草木生之，尤可见刚阳之气。

【译文】江边的石头墙壁上没有一寸土，而有草木生长，尤其可以看到其中的阳刚之气。

无物有大于理者，天地虽大，亦一物耳。

【译文】没有什么东西可以大于理的，天地虽大，也只是一个物。

诚知此理，有“登泰山而小天下”[①]之气象。

【注释】①登泰山而小天下：出自《孟子·尽心上》：“孔子登东山而小鲁，登太山而小天下。”

【译文】果真知道这个道理，就有“登泰山而小天下”的气象。

读朱子语录杂书，断不若读其手笔之书。

【译文】读朱熹语录类的杂书，肯定不如读他亲手所写的书。

后儒纂集杂说语录附诸经书条下，有语同而数处皆见者，几于“曰若稽古”三万言矣。

【译文】后世儒者纂集杂说、语录附录在各经书条下面，有语言相同而几处都能看到的，相当于“曰若稽古”的解说几乎就有三万字。

各经、《四书》注脚之注脚太繁多，窃谓不若专读各经、《四书》正文、传、注，熟之又熟，以待自得之可也。小注脚太繁多，不惟有与经、注矛盾处，亦以起学者望洋之叹。

【译文】各经、《四书》注文的注文过于繁多，我私下认为不如专门研读各经、《四书》的正文、传、注，读得熟到不能再熟，然后等待自己有心得体会就可以了。小注文太多，不仅有和经、注相矛盾的地方，也会使得后来的学者感到力量不够而无能为力啊！

学者于正经、传、注尚不能精熟，即泛观小注中诸儒之说，愈生支节而莫知其本；若传、注精熟之余，有余力而参看之可也。

【译文】做学问的人对于儒家经、传、注还不能精湛纯熟，就浏览小注中诸儒的解释，使得生出许多支节而不知根本；如果在传、注精通之余，有余力参看一下是可以的。

外慕者，皆不知其味也。

【译文】别有他求的，都不知道其中的滋味。

知理之大，则知万物之小，形而上者无穷也。

【译文】了解理的博大，就知道万物的渺小，形而上者是无穷的。

天地间无别事，只一理、阴阳、五行化生万物而已。

【译文】天地之间没有别的事物，只是一个理、阴阳、五行化生万物罢了。

《太极图》右半，阴中之阳，即程子所谓“静中有物”，乃十月纯坤中之阳也。

【译文】《太极图》右一半，阴中之阳，就是程子所说的“静中有物”，就是十二消息卦中代表十月的坤中之阳。

“理一分殊”，开眼便见。

【译文】“理一分殊”，睁开眼就看得见。

理虽微妙难知，实不外乎天地、阴阳、五行、万物，与夫人伦日用之常[①]，善观理者于此默识焉，则其体洞然矣。

【注释】①人伦日用：指道德贯串于日常生活的事事物物之中。

【译文】理虽然微妙难以理解，其实不外乎天地、阴阳、五行、万物，和日常生活的事事物物，善于观察理的人对此默然体会，那么其本体就清楚明了啊。

“耳顺”，非特闻人言语为声入心通，虽风雷、禽鸟，一切有声之物接于耳者，无不悟其妙也。张子喜闻驴鸣之意，亦如此。

【译文】“耳顺”，不只是听到人的言语而知他人的心意，即使像风雷、禽鸟，一切有声的东西进入耳朵，没有不体会到它们的美妙的。张载喜闻驴鸣的意义，也是如此。

触目皆物，物识其理，所谓“眼底无全牛”也。

【译文】目光所及的一切事物，都能认识它的理，就是所谓的“眼底没有完整的牛”啊。

要当于有形处默识无形之理，所谓“费而隐”也。

【译文】要在有形的地方默然体会无形的道理，就是所谓的

“广大而精微”啊。

物格知至，则识太极矣。

【译文】事物的道理能穷尽，真知才能获得，那么就可以认识太极了。

孔子曰：“庸言之信，庸行之谨。”①以是知言行之至小者，皆当谨信而不可忽。今人日用言行，将谓小事，都不谨信，此德业所以不广崇也。

【注释】①语出《周易·乾卦》。

【译文】孔子说：“日常的言语要讲求信用，平常行事要谨慎小心。”因此知道言语、行为中的最小之处，都应当谨慎诚实而不可忽视。现在的人每天的言语、行为，都认为是小事，都不谨慎诚实，这是德业之所以不能广大崇高的原因啊。

圣人大公无我，真天地之气象。后人区区小智自私，昼夜图为，无非一身佚欲之计，宜其气象之卑陋也。

【译文】圣人大公无私，真是天地的大气度。后人用小聪明自私自利，昼夜谋划想有作为，无不是一身放纵欲望的计划，他们的气象卑鄙浅陋也就是很正常的了。

实当修其在己，名无恤其在外。

【译文】确实应当修养自己的身心，名声不用忧虑就已经在外面了。

己未善，人誉之，不足喜；己有善，人毁之，不足怒。

【译文】自己没有好的地方，别人称赞，不值得高兴；自己有好的地方，别人毁谤，也不值得生气。

静思：善皆己分之当为，初与人一毫无与；若才为善，即有求名之心，乃人欲而非天理矣。

【译文】冷静思考：善都是自己本分应该做的，原来与人一点不相干；如果才行善，就有求取名利的心，这就是人欲而不是天理了。

在外者皆不可必，在己者皆所当求。

【译文】在外的都不可求取，在自身的都应当有所要求。

太极反之于身，精而约者也。

【译文】太极返回到自身，是精妙而简约的。

太极理虽至妙，而其实不外乎身心、动静、五常、百行之间；后人论太极，即作高不可究诘之理求之，去道远矣！只于身心、口鼻、耳目、手足、动静、应事、接物至近至小处看太极，尤分明，不必专论于千古之上、六合之外也。然近者、小者既尽，则远者、大者可默识而一以贯之矣。

【译文】太极理虽很奥妙，而其实不外乎身心、动静、五常、百行之中；后人评论太极，就作高妙不可追问到底的道理来考求，这样便离道很远了！只在身心、口鼻、耳目、手足、动静、应对事情、待人接物中最近最小的地方看太极，则尤其分明，不必专门讨论到千古之上、人世间之外啊。然而最近、最小的既然穷尽，那么远的、大的便可以默然体会并且一以贯之了。

太极乃至精至约之理，全之者圣，修之者贤。

【译文】太极是最精微、最简约的道理，已经完备的是圣人，在修习中的是贤人。

伏羲观象以画卦，周子原理以作《图》，其义一也。

【译文】伏羲观察天象以演绎八卦，周敦颐推究天理以作《太极图》，其中的道理是一样的。

疾恶之心固不可无，然当宽心缓思可去与否。审度时宜而处之，斯无悔。切不可闻恶遽怒，先自焚挠，纵使即能去恶，己亦病矣，况伤于急暴而有过中失宜之弊乎？经曰：“勿忿疾于顽。”孔子曰：“肤受之愬不行。”皆当深味。

【译文】憎恶的心当然不可能没有，然而应当放宽心慢慢思考是否可以去除。考虑当时的情况去处理问题，便不会后悔。切不可以听到邪恶就生气，先自己增添烦恼，即使能够去除恶，自己也病了，更何况因急躁而有失去中道的弊端呢？经上说：“不要愤恨愚蠢的人。”孔子说：“切肤之痛般的诬陷不起作用。”都应当深深体味。

事最不可轻忽，虽至微至易者，皆当以慎重处之。

【译文】事情最不可轻视忽略，即使是最微小、最容易的事情，都应当以慎重的态度来对待。

观圣人之去小人，皆从容自在，若无事者，所谓“可怒在彼，己何与焉”[①]者也。

【注释】①可怒在彼，己何与焉：出自朱熹《论语集注·雍也》。

【译文】观察圣人去除小人，都是从容自在，像没有事一样，正所谓“可怒的在他，与自己有什么关系”。

观《太极图》，得一“静”字，为处事之本。

【译文】看《太极图》，得到一个“静”字，作为处理事情的根本。

凡事皆当谨始虑终。

【译文】所有的事情都应当谨慎地开始并考虑最终的结果。

从事于“主敬”者，斯得太极之妙。

【译文】致力于“主敬”的人，就会得到太极的精妙。

“亦足以发”，只是尊所闻，行所知耳。

【译文】“充分理解并很好发挥”，只是敬重所听到的，力行所知道的罢了。

他人闻圣人之言便休，颜子于圣人之言，句句无不识其理而践其实，故曰“亦足以发”①。

【注释】①亦足以发：出自《论语·为政》：子曰："吾与回言终日，不违，如愚。退而省其私，亦足以发，回也不愚。"

【译文】其他人听到圣人的话便停止，颜回对于圣人的言论，句句没有不认识其中的道理并按其理而实践的，所以说"充分理解并很好的发挥"。

不为耳目口鼻所役，觉得心常泰然。

【译文】不被耳目口鼻所奴役，感觉到心常安然。

萤随时而出，虫应节而鸣，无非教也。

【译文】萤火虫随时节而出，昆虫应时节而鸣，无一不是教化啊！

万物尽，天地老，超然独存，再造天地万物者，其太极乎？

【译文】万物竭尽，天地衰老，能够超然独存，再创造天地万物的，大概是太极吧？

如崖石上草木，岂有种？皆气化而生也。

【译文】比如岩石上的草木，哪里有种？都是阴阳之气的运行变化而产生的。

“山下有火，贲。君子以明庶政，勿敢折狱。”[①]上山下火，火为山揜，明不烛远，故有此象。

【注释】①语出《周易·贲卦》。

【译文】“《贲卦》的卦象是离（火）下艮（山）上，为山下燃烧着火焰的表象。君子像火焰一样，使众多的政务清明，但却不能用修饰的方法来断官司。”上山下火，火被山掩盖，光明不照耀远方，所以有了这个表象。

天地之初，总是气化，今则气化、形化并行而不息。

【译文】天地的开始，都是阴阳之气的运行变化而产生万物，现在则气化、形化并行而不停止。

天地之初，人物无种，纯是气化。自人物有种之后，则形化虽盛，而气化亦未尝息。自今观之，人与禽兽、五谷之类，凡有种者皆形化，至若昆虫、草木之类，无种而生者尚多。试以一片白地验之，虽掘至泉壤，暴晒焚烧其土，俾草木之遗种根蘖皆尽，然一得雨露滋泽，风日吹晅，则草木复生其处。此非气化而何？又若腐草为萤，朽木生蠹，湿气生虫，人气生虱之类，无非气化也。或谓“形化盛而气化消”者，窃以为不然。

【译文】天地的开始，人和物没有种子，纯粹是阴阳之气的变化。从人和物有种子以后，形化虽然强盛，但气化也不曾停息。从现在看来，人与禽兽、五谷之类，凡有种子的都是形化，至于昆虫、花草树木之类，没有种而生的还有很多。试用一片白地验证，虽然掘到泉下，暴晒焚烧这块土地，假使草木的遗种根芽还有，一旦得到雨露的滋润，再经过风吹日晒，草木就又复活了。这不是气化又是什么？又如腐烂的草变成萤火虫，腐朽的木头生出蠹虫，潮湿的气生出虫子，人气生出虱子之类，无不是气化所形成的。有人说“形化兴盛而气化消亡”，我认为不是这样。

石壁上草木，最可见生物自虚中来，虚中则实气是也。知此，直使人有手舞足蹈之喜。

【译文】石壁上的草木，最能见到生物从虚无中来，虚无之中就是实在的气。知道这些，就会让人有手舞足蹈的喜悦。

一切有形之物，皆呈露出无形之理来，所谓“无非至教”也。

【译文】一切有形的事物，都呈现出无形的理来，即所说的“无一不是极其高明的教化”啊。

人读书，果能于圣人之言，句句皆体之身心而力行之，即是颜子“亦足以发”之意。

【译文】人读书，如果能在圣人的话中，每一句都用身心体会并且力行，这就是颜子“充分理解并很好发挥”的意思。

读书只当以正文、传、注为本，正文、传、注已通析，尚有可疑者，乃可参考语录诸说。窃见传、注之外，皆有诸儒小注，经文不过数语，而小注乃至数千百言，其实学者不但不能周览，并经文、传、注亦不能精矣。若有大圣贤作，必重加芟削矣。

【译文】读书只应当以正文、传、注为根本，正文、传、注已经疏通辨析，如果还有疑问，于是可以参考语录等书。我看到传、注以外，都有诸儒的小注，经文不过几句话，而小注就有到千百言，其实学习的人不仅不能遍览，而且经文、传、注也不能精通了。如果有圣贤来作，必须重新加以删减了。

人果能诚心求道，虽《五经》《四书》正文中亦自有入处；若无诚心向此，虽经书一章反复以数万言释之，人亦不能有得也。

【译文】人如果真能诚心求道，即使是《五经》《四书》的正文中也有可以得道的地方；如果没有诚心向道，即使经书中一章反复用数万句话来解释，人们也不会有收获的。

二程因遗经而得不传之遗绪，今之传注可谓发挥详且明矣，而学者莫肯尽心其间，何邪？

【译文】二程因古代留下来的经书而得到不传的功业，现在的注解可以说发挥详细且明确了，而学习的人不肯尽心其间，为什么呢？

识高则量大，气盛则声宏。

【译文】见识高远则度量大，中气盛足则声音宏。

圣贤教人，皆略启其端，使学者深思而自得之。如夫子所谓“不愤不启，不悱不发”[①]；孟子所谓“引而不发，跃如也”[②]。程子曰：“《易传》只说得七八分，待人自去体究。”朱子释“颜乐”章曰：“今亦不敢妄为之说。”如此之类甚多。圣贤之心，非不欲一言而使学者尽得其义，其实道体深妙，有非一言所能尽者，而言之者轻，适足以使听之者易，彼必不能深思而自得也。故必略启其端，使彼深思而自得之，则守之固而不忘矣。后之人有于圣贤引而不发者，极论其底蕴，使学者一见之顷，即谓吾已尽领其妙，而不复致思，其实不能真得于心，而徒增口语之哗耳。以是知圣贤立教，为虑甚远，而有益于学者甚大。

【注释】①不愤不启，不悱不发：出自《论语·述而》："不愤不启，不悱不发。举一隅不以三隅反，则不复也。"意为不到他努力想弄明白而得不到的程度不要去开导他，不到他心里明白却不能完善表达出来的程度不要去启发他。如果他不能举一反三，就不要再反复地给他举例了。②引而不发，跃如也：出自《孟子·尽心上》："君子引而不发，跃如也。中道而立，能者从之。"引，拉引，拉弓。发，射箭。意为拉开弓却不把箭射出去。

【译文】圣贤教导人，都是略微启发一点，让学生深入思考自己体悟得到的。如孔子所说的"不愤不启，不悱不发"；孟子所说的"引而不发，跃如也"。程颐说："《易传》只能讲七八分，然后让他人自己去体会研究。"朱熹解释"颜乐"章说："现在也不敢妄加言说。"像这类的话很多。圣贤的心，不是不想用一句话就让学习者都得到它的意义，其实是道体深妙，有不是一句话所能说尽的，而说的轻了，恰好会让听到的人觉得容易，他们便不能通过自己深入思考而有所收获。所以一定是略微启发，使他们深思而自然得到，就能牢牢坚守而不会忘却了。后来的人有在圣贤的引导下而不能得到启发的，深入探讨其中的底蕴，使学习者刚一见到，就说我已经充分领悟其中的精妙之处，而不再集中心思来思考，其实不能真正有所心得，只是徒增言语的喧嚷罢了。因此知道圣贤树立教化，考虑深远，对学习的人来说帮助太大了。

《易》《书》《春秋》，诚有不可强通者，只当缺其疑[①]。

【注释】①缺其疑：把疑难问题保留下来，不作臆断。

【译文】《周易》《尚书》《春秋》，确实有不可勉强贯通的，只应当缺疑。

文中子曰："古之从仕者养人，今之从仕者养己。"[①]切中后世禄仕之病。

【注释】①语出隋朝王通的《中说·事君》。

【译文】文中子说："古代做官的人养护百姓，现在做官的人只养活自己。"这切中了后代为官的弊病。

《易》《书》《春秋》以数千年简编之传写，岂无一言半句之磨错？必欲字字释其义，难矣。不若守朱子读书之法，通其可通者，缺其不可通者。

【译文】《周易》《尚书》《春秋》因为数千年简编的传抄，怎么会没有一句半句的错漏？一定要字字解释它的意思，这是很难了，不如坚守朱熹读书的方法，通达可以通达的，暂缺其中不可通达的。

密汝言，和汝气。

【译文】严密你的言语，调和你的心气。

仲长子光曰："在险而运奇，不若宅平而无为。"[①]

【注释】①语出《中说·礼乐》。

【译文】仲长子光说："身处险地而运用奇谋，不如安居太平以无为而治。"

薛收问"仁"，文中子曰："五常之始也。"问"性"，"五常之本也"；问"道"，"五常之一也"[①]。

【注释】①语出《中说·述史》。

【译文】薛收问"仁"，文中子说："（它是）五常的起点。"问"性"，"（它是）五常的根本"；问"道"，"（它是）五常之一"。

自有天地，即有圣人之教。西方之学果是邪？伏羲、神农、黄帝、尧、舜、三代之世，又何为不出邪？果非邪？何其既出而好之者众邪？西方之学未出，而天下之治靡所缺；既盛，而前代之治有所忽。其殆有所乘而至邪？抑气化消息，邪正相胜而然邪？余皆不知其故也。

【译文】自从有了天地，就有了圣人的教导。西方的学问（指佛教）确实是这样吗？伏羲、神农、黄帝、尧、舜、夏商周三代，又为什么不出来呢？果然不是吗？为什么既然出现，喜好的人很多呢？西方的学问还没有出现，而天下治理得没有缺失；等西方的学问兴盛起来，但古代的治平之道却被忽视了。它大概是趁着先王之道衰微而来的吧？还是阴阳二气消长变化、邪正相克才这样的呢？我都不知道其原因啊。

“三教”之说，其来久矣；使教有三，则天地之化亦有三矣。

【译文】“三教”的说法，已经出现很久了；假使教育有三种，那么，天地的化育也有三种了。

观奇偶，则知邪正有迭胜之理。扶阳抑阴，距邪闲正，非圣贤吾谁望邪？

【译文】观察奇偶，就知道邪正有交替取胜的道理。扶阳抑阴，距邪闲正，如果不是圣贤我还能期望谁呢？

孟子曰：“天之生物也，一本。”[①]而世以“三教”并称，则是天之生物亦有三本邪？

【注释】①语出《孟子·滕文公上》。本：本源。

【译文】孟子说："天生万物，是一个本源。"而后世以"三教"并称，那是天生万物也有三个本源吗？

夷[①]服、夷音、夷行，人皆知恶之，而有不恶者，何邪？

【注释】①夷：古代中原以外各族的称呼。

【译文】夷服、夷音、夷行，人们都知道厌恶，而仍有不厌恶的，为什么呢？

修己、治人，始终条理详备者，无如《大学》。

【译文】修养自己、治国安民，开始和结束的次序都详细完备，没有比得上《大学》的。

他书非无修己、治人之法，但散出而难得其要；得其要者，《大学》也。

【译文】其他的书不是没有修己、治人的方法，但大都分散而难以获得其中的要领；能得到要领的，只有《大学》啊。

人心皆有所安，有所不安。安者，义理也；不安者，人欲也。然私意胜而不能自克，则以不安者为安矣。

【译文】人心都有所安，有所不安。安的，是义理；不安的，是人欲。然而私心胜利而不能自己克制，就以不安的为安了。

《大学》，全体大用[①]之书也。

【注释】①全体大用：这是朱子哲学的基本精神。指“明德”，即“心具众理而应万事”。

【译文】《大学》，是具备全体大用的书了。

《大学》，文简而包括无穷。

【译文】《大学》，文辞简约而包含的义理无穷。

《大学》“三纲领”“八条目”[①]，于千圣之书无不括尽。

【注释】①“三纲领”“八条目”：中国宋明理学家对《礼记·大学》的中心论点所做的概括。朱熹在他所著的《大学章句》中，把《大学》提出的“明明德”“亲民”“止于至善”三者称为“大学之纲领”，把“格物”“致知”“诚意”“正心”“修身”“齐家”“治国”“平天下”八项称为“大学之条目”。后人称之为“三纲领”“八条目”，简称“三纲八目”。这成为儒家伦理政治哲学的重要内容。

【译文】《大学》中的“三纲领”“八条目”，对所有圣贤的书没有不包括的。

论治而不本于《大学》，非所谓治也。

【译文】讨论治国而不以《大学》为本的，便不是所说的治国啊。

《大学》“八条目”功夫，一节不可缺。

【译文】《大学》“八条目”中的功夫，一节也不可缺失。

《大学》之道，其至矣乎！不行于世也久矣。

【译文】《大学》之道，已经到达顶点了吧！不在世上流行已经很久了。

有《大学》之功夫，则有王佐之事业。

【译文】有《大学》上所说的功夫，才会有辅佐帝王的事业。

《大学》乃诸书之括例。

【译文】《大学》是诸书汇集的条例。

不观诸阴阳乎？其化皆以渐而不骤。人之处事如是，则鲜失矣。

【译文】难道没有观察到阴阳吗？其中的变化都是逐渐而不是突然的。人的处事能像这样，就很少有过失了。

经传究竟而不可言者，所谓“密”也。

【译文】经传深入研究却不可以言说，就是所说的“密”。

理非利口辨舌者所能知，惟默而成之，不言而信，存乎德行者识之。

【译文】理不是能言善辩的人所能知晓的，只有默然潜修而有所成就，不用说话就取信于人，有道德品行的人才能够知道。

政出于一则治，有所统而民心信。

【译文】政令出自一个部门而国家才会得以治理，政令有所统一而民众才会心生信心。

唐虞“百揆”[①]之职，“揆”之一字最有深意。政事可止可行，莫不揆度其宜，可则行，否则止。此所以“政出于一”而下无废事也。

【注释】①百揆：为我国商周以前的官名，最早见于《尚书》。后世多引喻为丞相、相国等总揽朝政的官员，也代指百官及天下各种政务。

【译文】唐虞有“百揆”的职务，“揆”这个字最有深意。政事是停止还是执行，没有不揣度其中的合适程度，可以就执行，不可以就停止。这就是“政出于一”而下面没有荒废事情的缘故。

患知人之不明，不患大臣之窃柄。盖知人，则所任者必君子，何窃柄之患？不知人，则虽防忌大臣，不使预事，而左右窃柄者必有人矣。观之后汉可见。

【译文】担忧了解人不够明察，不担忧大臣窃夺权柄。大概能认识人才，那么所任用的必定是君子这样的人，哪里会有窃夺权柄的担忧？不能认识人才，那么即使防范猜忌大臣，不让他们干预政事，但是身边夺取权柄的一定有人在啊。看后汉的历史就知道了。

舍《大学》之道，而欲复三代之治，未之有也。

【译文】舍弃《大学》之道，而想要恢复三代之治，不曾有这样的事。

汉、唐、宋之治所以苟简而不能复三代之隆者，皆不能尽《大学》之道耳。

【译文】汉、唐、宋的统治之所以苟且简略而不能恢复三代的隆盛，都是不能极尽《大学》之道啊。

唐太宗欲兴礼乐，可谓不度德者也。

【译文】唐太宗想要振兴礼乐，可以说是不估量自己的德行啊。

或谓诚得大儒佐汉祖，以礼乐为治，其效当不止如叔孙通制礼之小。窃谓汉祖以马上得天下，不事《诗》《书》，治家则以私昵，为治则以杂霸，于人伦之序与和者蔑如也。使有大儒生其时，果能变其已成之气习，致君德如三代之隆邪？不然，则亦无如礼乐何也？

【译文】有人说如果得到大儒辅佐汉高祖，以礼乐治理国家，其效果应当不止是像叔孙通制定礼制那么小。我私下认为汉高祖能够通过武力取得天下，不注重《诗》《书》，对内治家则用所亲近、宠爱的人，治理国家则用王道搀杂霸道的方法，对于人伦的秩序与和谐十分轻蔑。假使有大儒出生在这个时候，果然能改变已经养成的习气，能使君德像三代时一样隆盛吗？不然，就是有礼乐又能怎么样呢？

太极者，万理之总名。

【译文】太极，是万理的总名称。

三纲五常，礼乐之本，万事之原。

【译文】三纲五常，是礼乐的根本，万事万物的源头。

圣人论治，有本有末。正心、修身，其本也；建制、立法，其末也。

【译文】圣人讨论治理，有本有末。正心、修身，是根本；建立制度、确立法度，是枝末。

理极难说，大抵神妙不测，不问远近、幽深、大小、精粗，无乎不在。

【译文】理非常难解释，通常是神妙不测，不论远近、幽深、大小、精粗，无处不在。

可见者是气，气之所以然便是理。理虽不离气而独立，亦不杂气而无别。

【译文】可以看到的是气，形成气的原因便是理。理虽然不离开气而独立，也不和气混杂而没有分别。

看来理一齐皆具，而无一物能外之者。

【译文】看来理一切都具备，而没有任何一物能除外的。

气则万变不齐，理则一定不易。

【译文】气是千变万化各不一样，而理则固定不变。

天地生人、物，不是旋安排个理来与他，盖合下便已都定了，无添无减，无多无少，万古只如是。有此理便有此物，有此物便有此理，元不相离。

【译文】天地生人、物，不是临时安排个理来给他，原先就已经都定了，不增不减，不多不少，自古都是这样。有这样的理就有这种物，有这种物就有这样的理，本来就不曾分离。

以势利交者，安得不终离？

【译文】因权势利益相交的，最终怎么能不分离呢？

《易》之卦、爻、象、数，皆是天生的。

【译文】《周易》的卦、爻、象、数，都是天生的。

为君所委任者，当以诚报，不可一事欺之。

【译文】被你所信任的人，当以真诚回报，不可有一事欺瞒。

《易》从至微以到至著。

【译文】《周易》从最隐微以达到最显著。

惟以文辞名位自高，而贪鄙之行有不异常人者，斯亦不足贵也已。

【译文】只以文章名位抬高自己，而贪婪卑鄙的行为有不异于常人的，这也不值得尊重啊。

画前之《易》，冲漠无朕之中，而万象昭然已具也。

【译文】伏羲画卦之前的《易》之道，早在原始混沌状态时期，呈现万象的理就已经具备了。

挺特自守者必君子，攀援附和者必小人。

【译文】超群特出、坚守节操的人一定是君子，攀援附和权势的人一定是小人。

《太极图》义理精而约，该而备。

【译文】《太极图》义理精深而简约，广博而完备。

太极中无一物，人能中虚无物，则太极之妙可默识矣。

【译文】太极之中没有物，人能心中无物，那么太极的奥妙可以默然体会了。

“百姓日用而不知”，皆为气所隔，昏蔽之极，殆与物无异。

【译文】“人们在日常生活中运用‘道’，却茫然不知”，都是因为被气所阻隔，昏暗蒙蔽达到极点，几乎和物没有差异。

理明而观众论之得失了然。

【译文】道理明白了后，观察众人议论的得失就一目了然了。

无毫发欠缺，无瞬息间断。

【译文】没有丝毫欠缺，没有瞬息的间断。

此理真不得而名，故夫子取“无声无臭”以形容之。若以物喻之，即滞于形器矣。

【译文】这个理是不能够被命名的，所以孔子取“无声无臭”来形容。如果以物来比喻，就滞留于形器了。

不可以方所求。

【译文】不可以用方向处所的范围来求道。

心存，则因器以识道。

【译文】心中存有道，就可以通过器物来认识道。

看来学者不止应事处有差，即小小言动之间差者多矣。

【译文】看来学习的人不只是应对事情之处有差错，就是小的言行之间错的也太多了。

释氏极论道妙，而以金玉珍宝、奇怪之物侈言之，何邪？

【译文】佛教极力谈论道的精妙，却常常用金玉珍宝、稀奇之物来夸大其辞，这是为什么呢？

圣人之心如天，物有违忤者，终无私怒也。释氏极言其神妙无方、慈悲忍辱，至于一有毁谤其书、不尊其教者，即报之以种种之罪，又何量之小而心之忮邪[①]！

【注释】①佛教认为，经典是帮助众生破迷开悟、了生脱死的宝筏，所以诽谤经典的罪过比杀人身命的果报严重的多，并非是睚眦必报，此处作者理解有误。

【译文】圣人的心胸广博如天，即使有外来的抵触，他也始终不会因此而愤怒。佛家极力言说他们神道微妙、无可比方、慈悲忍辱，等到有人诽谤他们的经书、不尊重他们的教义时，便立即告诉对方这样做的种种罪报，由此可见他们的心量是多么的狭小而记恨啊！

《太极图》一以贯之。

【译文】《太极图》是用一个道理贯穿始终的。

“天体物而不遗，仁体事而无不在”[①]，“吾道一以贯之”[②]。

【注释】①语出张载《正蒙·天道》。②语出《论语·里仁》。子曰：“参乎！吾道一以贯之。”曾子曰：“唯。”子出，门人问曰：“何谓也？”曾子曰：“夫子之道，忠恕而已矣。”

【译文】“天生成万物而没有遗漏，仁体现在万事万物中而无所不在”，“我的道是一以贯之的”。

圣人之言，坦易明白，读之千古可见其心；老、庄之言，回邪艰阻，使读者不可摸拟，此其所以为异端也。

【译文】圣人的话，坦率平易明白，千古以后的人读到也可以看到他们的心；老子、庄子的话，邪僻艰难，让读者不可以模仿，这是他们成为异端的原因。

圣人之心，天地之理，只是直。

【译文】圣人的心，天地间的理，只不过是直而已。

圣人闻人毁己、誉己，元不少动，如浮云一过而太虚湛然。

【译文】圣人听到别人毁谤自己、称赞自己，如如不动，就像浮云掠过而太虚湛然如常。

教人之法，至程、朱而复明。

【译文】教人的方法，到二程、朱熹这里又彰明了。

教人不以《小学》《大学》，为学不由《小学》《大学》，皆非教非学也。

【译文】教人不用《小学》《大学》，学习不由《小学》《大学》开始，都不是教育不是学习啊！

余少年学诗、学字，错用功夫多，早移向此，庶几万一。

【译文】我年轻时学诗、学字，用错功夫很多，如果早移到这里，几乎就很少走弯路了。

治病不求其本，除弊不自其源，难也已！

【译文】治病不求其根本，革除弊病不从源头，这是很困难的啊！

子产铸刑书，叔向讥之，此有深意。

【译文】子产铸造刑书，叔向讥讽他，这有深刻的含意。

观孔门诸弟子之言，从容和毅，皆仿佛夫子之气象，乃圣教涵煦而然也。

【译文】观察孔门诸弟子的言论，从容坚毅，都仿佛孔夫子的气象，这就是圣贤教化滋润化育而形成的。

不以礼制心，其欲无涯。

【译文】不用礼来节制内心，欲望就会无边无际。

心无所止，则一日之间、四方上下，安往而不至哉！

【译文】心没有安定的地方，那么一天的时间、四方上下，哪里去不到呢？

衣食之类，本为养生之具，不可缺者，故圣人为治，必开衣食之源，以厚民生。但衣食饱暖足矣，若过求华丽之衣，欲以是夸人，而有道者无足观也。必欲极口腹之欲，养小以失大，君子不为也。是则衣食取足者，天理之公；过为华侈者，人欲之私。君子谨之！

【译文】衣服和食物之类，本来是养生的工具，不可缺少，所以圣人治理国家，一定要开辟衣食的源头，以厚养人民。但衣食饱暖足够了，如果过分追求华丽的衣服，想以此向人夸耀，但有道德的人不值得看啊。想到达到口腹之欲，养护小的部分而失去大的部分，这是君子不做的。因此衣食充分取得，这是天理的公正；过于豪华奢侈，这是人欲的自私。君子要谨慎！

释、老之高，只是无欲，无欲而灭绝伦理，故曰“高而无实”。

【译文】佛家、道家的高妙之处在于让人没有欲望，但只追求无欲而背弃了伦常，所以说“虽然高妙却无法落实”。

后人只为多欲，故为异端所小。若能如圣人之无欲而常伸于万物之上，彼为得而小之?

【译文】后人只是因为欲望太多，就被异端所轻视。如果能像圣人那样无欲而常常伸于万物之上，怎么会被他们轻视呢?

君子法乾之健，只无私便不息，有私则息矣。

【译文】君子效法天的刚健，只要无私心便不停息，有私心便会停息。

读书录卷五

扫码听谦德
君为您导读

《易·大象》

重坤相因，其势极厚，君子法之，以厚德载物[①]。

【注释】①以厚德载物：出自《周易·坤卦》。

【译文】坤卦重合、相互叠加，气势非常宽厚，君子效法大地，以深厚的德行容载万物。

“水洊至”，“君子以常德行，习教事。”[①]水相续不已，有恒久之意，故君子以常德行；相沓而来，有重复之意，故君子以习教事。

【注释】①君子以常德行，习教事：出自《周易·坎卦》：“有孚，维心亨，行有尚。象曰：水洊至，习坎。君子以常德行，习教事。”意为坎为水，水长流不滞，是坎卦的卦象。君子观此卦象，从而尊尚德行，取法于细水长流之象，学习教化人民的方法。

【译文】“水一次又一次的流来”，“君子据此保持德行，演习教化之事。”水相续不断，有恒久的意思，所以君子保持德行；相互重复而来，有重复的意思，所以君子演习教化之事。

“天下有山，遯，君子以远小人，不恶而严。”[①]天高去而不留，山卑下而常止，有悬绝不相及之势。君子犹天也，小人犹地也，君子以庄敬自持，则小人自不能近，故取此象。

【注释】①出自《周易·遯卦》。

【译文】“遯卦的卦象是艮（山）下乾（天）上，为天下有山之表象，象征着隐让退避。君子因此而远避小人，不显露憎恶情态而能自具威严，使其不敢冒犯。”天高远而不留滞，山卑下而常止息，有悬殊不相及的形势。君子像天，小人就像地，君子以庄严持重自我约束，小人就自然不能接近，所以取这个象。

“山上有火，旅；君子以明慎用刑，而不留狱。”[①]火照有明意，山静有慎意，火去又有不留之意。

【注释】①出自《周易·旅卦》。

【译文】“旅卦的卦象是艮（山）下离（火）上，为火势匆匆蔓延之表象，象征旅行的人匆匆赶路；君子看到此卦象，应谨慎使用刑罚，不滞留狱讼。”火照有明亮的意思，山静有谨慎的意思，火去又有不留的意思。

“泽上于地，萃，君子以除戎器，戒不虞。”[1]萃，聚也。人聚既众，易致变故，故除戎器以备不虞。

【注释】①出自《周易·萃卦》。

【译文】“萃卦的卦象是坤（地）下兑（泽）上，象征着会聚，因此君子应当修治兵器，以防发生意想不到的变故。”萃，聚集。人聚集就多，容易导致变故，所以修治兵器以防不测。

地暗火明，明出于暗，为“晋”。君子观其象，以去暗即明，故曰“以自昭明德”[1]。

【注释】①以自昭明德：出自《周易·晋卦》。

【译文】大地昏暗但大火光明，明出自于暗，这象征着“升进”。君子观此象，应当离开黑暗靠近光明，所以说“彰显自身光明的德行”。

“雷出地中”[1]，其声大而气和畅。故乐之声音，和畅象之。

【注释】①雷出地中：出自《周易·豫卦》。原文为：“雷出地奋。”

【译文】“响雷出于地中”，其声音巨大而气流平和舒畅。所以乐的声音表现为平和舒畅。

机不可妄发。康节诗曰："施为欲似千钧弩。"此意近老子之术。

【译文】枢纽不可随意发动。邵雍诗说："施展作为就要像拉开千钧重的大弓一般。"这个意思接近老子的学说。

"至日闭关，商旅不行，后不省方。"[①]安静以养微阳，圣人赞化育之一端。

【注释】①出自《周易·复卦》。

【译文】"（从前的君主）在阳气初生的冬至这一天闭关静养，商人旅客不外出经商、旅行，君主自己也不巡行视察四方。"安静以培养微小的阳气，这是圣人赞助天地化育万物的一个方面。

云雷参错震迅，乃天地屯难之时，君子观其象，宜经纶以济时难。

【译文】乌云和雷声交错迅速地震动，这是天地艰难的时候，君子观察这样的象，应该努力筹划经略天下大事以挽救艰难的时局。

震动坎险，时之未通，君子宜不遑安处，以济其屯。

【译文】雷声震动充满了坎坷险阻，时运还没有通达，君子应该无暇过安逸平静的生活，以救济最开始的困难。

火雷噬嗑，火明雷震。“先王明罚”，取火之意；“敕法”，取雷意。

【译文】噬磕卦的卦象是震（雷）下离（火）上，火光明而雷震动。“古代君王严明刑罚”，取火之意；“肃正法令”，取雷之意。

“以茂对时，育万物”[①]，皆实理也，故取法于“无妄”。

【注释】①出自《周易·无妄卦》。

【译文】“（从前的君主）顺应天命，尽其所能地遵循天时以养育万物的生长”，都是真实的道理，所以效法“不妄为”。

外晦则气象含蓄，内明则文理密察，“莅众”之道也。

【译文】外表隐晦则气象含蓄，内心光明则条理缜密明晰，这是“治理民众”的方法。

“既济”，乃已盛而有将衰之兆，故当“思患而豫防之”[①]。

【注释】①出自《周易·既济卦》。

【译文】“既济”卦，是已经茂盛而有将要衰败的征兆，所以应当“考虑将来可能出现的灾难而提前预防”。

刚明并用，“折狱致刑”之道也。

【译文】刚正和光明的手段并用，这是“审理诉讼，实施刑罚”的原则。

明相因而不息，大人缉熙光明，以照临天下也。

【译文】光明相承袭而不停止，大人和乐光明，以相继不绝的光明品德照耀天下。

泽没火则火灭，火燥泽则泽涸，相革之义也。

【译文】水泽淹没烈火那么火就灭了，烈火使水泽干燥那么水就干涸了，这是相互变革的意思。

四时寒暑迭相更革，故“治历明时”[①]，取“革”之义。

【注释】①出自《周易·革卦》。

【译文】四时寒暑交替变革，所以“（君子）根据变革的规律制定历法以明辨春、夏、秋、冬四季的变化”，取“变革”的意思。

“类族辨物”[①]，各别其所同也。

【注释】①出自《周易·同人卦》。

【译文】“（君子要）分析人类群体、辨别各种事物以审异求同”，分别区分它们的相同部分。

临下之道，无过于“教思无穷，保民无疆”。

【译文】治理下属的方法，没有比“费尽心思教导百姓，并以其无边无际的盛德保护民众”更好的了。

“山下有泽”[①]，泽汇山间，乃“损”之义。人所当损者，莫过于忿怒嗜欲也。

【注释】①出自《周易·损卦》。

【译文】“兑（泽）下艮（山）上，为山下有湖泽之表象”，川泽汇聚在山间，是“减损”的意思。人们应该减损的，莫过于愤怒、欲望啊。

“丽泽”[①]，有互相浸灌之义；“讲习”[②]，有互相滋润之益。

【注释】①②均出自《周易·兑卦》。

【译文】“两泽并连”，有相互灌溉的意思；“讲习切磋”，有相互滋润的益处。

“上天下泽”[①]，其分甚明，“辨上下，定民志”[②]法之。

【注释】①②均出自《周易·履卦》。

【译文】“兑（泽）下乾（天）上是履卦的卦象”，其中的分别十分明显，“分清上下尊卑名分，坚定百姓的意志”便是效法它。

鼎器所处安重，故能受所载之实。君子居位，法鼎器之安重，故能凝聚上天之命。静则聚，动则散，故“正位”足以“凝命”[①]。

【注释】①正位、凝命：出自《周易·鼎卦》。正位，摆正位置。凝命，凝聚力量，完成使命。

【译文】鼎器所在之处安稳厚重，所以能承受所承载的实物。君子居官任职，效法鼎器的安稳厚重，所以能凝聚上天的命令。静则聚集，动则分散，所以“端正居位”足以“凝聚力量，完成使命”。

“木上有水，井”，其出无穷，“君子劳民劝相”亦无倦。

【译文】“树木上端有水分渗出，象征水井”，水沿着木向上运行，直达顶端，为井水源源不断地被汲引到地面，“君子努力为百姓操劳，劝勉百姓要互相帮助”也没有厌倦的时候。

天之不息以刚，君子法天之不息亦以刚。

【译文】天以刚健而运行不息，君子也以刚健来效法天的运行不息。

地厚，无水不容，故为“师”。君子法之，亦当无物不容也。

【译文】土地广厚，没有水不容纳，所以是“师”。君子效法大地，也应当没有不包容的万物。

“天下有风”[①]，鼓物无不周遍，诰命施四方法之。

【注释】①出自《周易·姤卦》。

【译文】“天下吹着和风”，风吹万物无不周遍，君王颁布政令、通告四面八方便是效法它。

“随风，巽。”[①]风有渐次柔入之义，君子法其象，亦当丁宁其命于再三以行事，则入人深而人易从矣。

【注释】①出自《周易·巽卦》。

【译文】“和风连连相随，象征顺从。”风有逐渐柔和进入的意义，君子效法它的样子，也会再三叮嘱他的命令以施行政事，就会深深地影响人而人们也容易听从了。

雷相沓而至，声可畏无甚于此，故“君子以恐惧修省”①。

【注释】①出自《周易·震卦》。

【译文】巨雷相互重叠地到来，没有比这声音可怕的了，所以“君子因此心生敬畏恐惧之感，自我修身省过”。

“艮”内外皆止，故“君子所思不出其位”。

【译文】“艮”卦内外象征着抑止，所以“君子因此自我抑制内心的欲望，所思所虑不敢超越其本位”。

木自地出，为“升”。君子法“升”之象，顺积其德，自小以至大。

【译文】树木从地下长出，为“升”卦的卦象。君子效法“升”的表象，顺行积累美德，从小善做起，以至成就弘大的事业。

泽性润下，山体中虚，内能受外也。君子亦当虚中无我，以受天下之善。

【译文】水泽的性质是滋润万物而向下，山体中间虚空，里面能吸收接受水泽的水分。君子也应当以虚怀若谷的精神，以接受吸纳天下的优点。

天，气也；山，形也。以形畜气，所畜至大。君子法之，“多识前言往行，以畜其德”[①]。

【注释】①出自《周易·大畜卦》。

【译文】天便是气；山便是形。用形来蓄聚气，所蓄聚的十分广大。君子效法它，“多方学习领会前代圣人君子的言论和行为，以此充实自己，培养自己美好的品德”。

“山上有木”[①]，为渐长之义；“君子居贤德善俗”[②]，亦当以渐而不可骤。

【注释】①②均出自《周易·渐卦》。

【译文】“山上有树木”，是逐渐长大的意思；“君子要逐渐积累贤德，改善风俗”，也应当慢慢地来而不可急。

“风行地上”[①]，无不周遍，“先王省方观民设教”[②]，亦无不周遍。

【注释】①②均出自《周易·观卦》。

【译文】“风吹拂在地上”，没有不遍及的，“先王巡视四方、观察民情、设置教化”，也没有不遍及的。

物之相比，莫过水与地，故“先王建万国，亲诸侯”[①]取其义。

【注释】①出自《周易·比卦》。

【译文】事物之间的亲密关系，没有超过水和土地的，所以“古圣先王分封土地，建立万国，安抚亲近各地诸侯”是取了它的意义。

他物相比犹有间，惟水与地无间。

【译文】其他事物相互依存仍有间隙，只有水和地是无间隙的。

君子之显晦屈伸，随时而已，故“否”之时则“俭德辟难”[①]，人不得以禄荣之。

【注释】①出自《周易·否卦》。

【译文】君子的明暗屈伸（即仕进与隐退），不过顺应时势而已，所以处在“不好”的时候就“坚持勤俭节约的美德，以避开危险与灾难”，不能谋取高官厚禄，追求荣华富贵。

过恭、过哀、过俭，皆“过”之小者也。

【译文】过恭、过哀、过俭，都是小“过”。

上安由下厚，故“剥，上厚下以安宅”[①]。

【注释】①出自《周易·剥卦》。

【译文】上位的安宁是由于下位的厚实，所以“剥落，居上位者丰厚基础才能安固宅屋”。

“山下出泉”，虽蒙昧而有可行之理；“山上有水”，则窒碍而有难行之势。故君子观“蒙”之象，则当“果行育德”；观“蹇”之象，则当“反身修德”。

【译文】“山下流出泉水”，虽然愚昧但有可行的道理；“山上有积水”，便有阻碍太多难以实行的情势。所以君子观察“蒙”的卦象，就要“果断行动，培育美德”；观察“蹇”的卦象，就要“反省自身，修养德行”。

“果行”，水之义；“育德”，山之义。

【译文】“果断行动”，是水代表的意义；“培育美德”，是山代表的意义。

天上水下，天左水右，二者相违而为“讼”。君子观其象，“作事谋始”[1]，则讼端绝。

【注释】①出自《周易·讼卦》。

【译文】天在上水在下，天在左水在右，二者相违背而形成“讼”卦。君子观察其卦象，“在做事情之始就仔细谋划”，诉讼的开端便断绝了。

只六十四卦之名，尽有义理，“以言者尚其辞”[1]，此亦可见。

【注释】①出自《周易·系辞上》。

【译文】仅仅是六十四卦的名字，其中便都是道理，“用在语言方面，则看重它的文辞”，由此也可以看到。

“君子义狱缓死”[1]，出于中心之实，故取“中孚”之义。

【注释】①出自《周易·中孚卦》。

【译文】“君子广施信德，慎重地审议讼狱，宽缓死刑”，出于内心的真实想法，所以取“中孚”的意思。

迁善如风之速，改过如雷之迅，“益”之大者。

【译文】向善如同风一样快速，改过如同雷一样迅速，这是“益”卦的重大启示。

雷入泽中，声向阒寂，“向晦入宴息”①取其义。

【注释】①出自《周易·随卦》。

【译文】雷入泽中，声音接近幽静死寂，“临近天黑就要顺从作息规律入室休息”便取这个意义。

“山下有火，贲。君子以明庶政，无敢折狱。”①“明庶政”，取火之义；“无敢折狱”，取止之义。“山下有火”，明不能烛远，故其象如此。

【注释】①出自《周易·贲卦》。

【译文】“山下燃烧着火焰，象征文饰。君子因此修美显明众多政务，但不敢靠文饰处理讼狱。”“明庶政”，取火的意义；“无敢折狱”，取止的意义。“山下有火”，表明光亮不能照到远方，所以它的卦象就是如此。

“制度数，议德行”，“节”之义。

【译文】“制定法度礼数作为准则，考察评议德行以期任用得宜”，是“节”卦的意思。

“中孚”，“全体则中虚，二体则中实”。中虚如心之无物，中实如心之有理。

【译文】“中孚”卦，“中孚卦全体三四两爻在中皆虚，上下卦体中爻皆实”。中虚如同心中无物，中实如同心中有理。

火上水下，各行其性而不相资，故君子观其象，“以慎辨物居方”[①]。“辨物”，谓水火二物，“居方”，谓火上水下。凡物皆然。

【注释】①出自《周易·未济卦》。

【译文】火在上水在下，各行其本性而不互相帮助，所以君子看观看这个表象，“明辨各种事物，使其各居适当的处所，则万事可成”。“辨物”，说的是水火二物，“居方”，说的是火上水下。所有事物都是如此。

“风行水上”[①]，涣散之义。“享帝立庙”[②]，所以合其涣。

【注释】①均出自《周易·涣卦》。

【译文】“风吹在水上”，是涣散的意义。“（先代君王）祭祀天帝，修建庙宇”，是为了聚合涣散的人心。

山本高，地本下，高而能下，“谦”之义。

【译文】山本来高峻，地本来低下，处高而能低下，是“谦”卦的含义。

“遏恶扬善”[①]，非内刚外明者不能，故“大有”象之。

【注释】①均出自《周易·大有卦》。

【译文】“遏止邪恶，高扬善行”，不是内刚外明的人不能做到，所以有“大有”卦的象征。

“山下有风，蛊。君子以振民育德。”[①]振作其民，取“风”义；养育其德，取“山”义。

【注释】①出自《周易·蛊卦》。

【译文】“山下吹来大风，象征拯弊治乱。君子因此振济百姓、培育道德。”振济百姓，取“风”的含义；培育道德，取“山”的含义。

“泽上于天，夬。君子以施禄及下，居德则忌。”[①]“施禄”，取“泽下”之义；“居德则忌”，取“乾健”之义。

【注释】①均出自《周易·夬卦》。

【译文】“湖水蒸发上天，即将化为雨倾注而下之表象，以此象征决断。君子应该广施恩德于下民，否则居积德慧，不施恩德，就会遭到忌恨。”“施禄”，取“泽下”的含义；“居德则忌”，取“乾健”的含义。

“慎言语”[①]，养德之大；“节饮食”[②]，养生之大。

【注释】①②均出自《周易·颐卦》。

【译文】“说话谨慎”，是养德的关键；“节制饮食”，是养生的关键。

“雷雨作，解。”[①]“赦过宥罪”[②]，取“解散”之义。

【注释】①②均出自《周易·解卦》。

【译文】“雷雨并作，草木萌芽，象征舒解。”“君子因此赦免人之过失，宽恕有罪之人”，这是取“解散”的意思。

“上火下泽，睽。君子以同而异。”[①]同者，秉彝之自然；异者，制行之当然。

【注释】①出自《周易·睽卦》。

【译文】“上为火下为泽，象征彼此违背。所以君子应该在求大同的前提下，保留小的差别和不同。”相同之处，是持执常道的自然规律；不同之处，是制定规范的必然法则。

君子需时，“饮食宴乐”①以需之。

【注释】①出自《周易·需卦》。

【译文】君子需要等待时机，“饮用食物、举宴作乐”用以等待。

随日入之晦而宴息，“随”之大者。

【译文】随着太阳落山而回家休息，这是“随”卦的重大启示。

阳根阴，阴根阳，而太极之理无不在焉。程子所谓“易，变易也，变易以从道也”。道者何？太极之谓也。

【译文】阳生于阴，阴生于阳，太极之理无处不在。程颐先生所说的“易，是变易，变易又是依从道的”。道是什么呢？是太极啊。

天地之化，一过而不留；圣人之心，一应而无迹。

【译文】天地的变化，一过去了便不停留；圣人的心，一应事便没有了痕迹。

《金刚经》只欲说形而上之道，以形而下者为幻迹，此所以偏于空虚也。圣人则道、器合言，所以皆实。

【译文】《金刚经》只想说形而上的道，认为形而下的是虚幻的迹象，所以说偏于空虚。圣人则将道、器一起说，所以都是实在的道理。

立法当审度时宜。后世论者多欲复肉刑，此不度时宜者也。唐、虞、三代风气淳，教养备，犯者至少，故肉刑可施。后世风气日漓，他事皆与古异，独欲复此法，殆有“屦贱踊贵”[①]之讥矣！

【注释】①屦贱踊贵：出自《左传·昭公三年》。指被砍脚的人很多，致使鞋子价贱而踊价贵。后形容刑罚既重又滥。

【译文】建立法制应当审查考虑当时的需要和风尚。后世的评论者多打算恢复肉刑，这是没有考虑当时的需要和风尚。唐、虞、夏、商、周三代风气淳朴，教育培养完备，犯罪的人非常少，所以肉刑可以实施。后世风气日渐浇薄，其他的事宜都与古代不同，只想恢复这个方法，大概有“屦贱踊贵”的讥讽了！

先儒谓：“肉刑于今死刑中取之，亦足以宽民之死。”

【译文】先儒说："在今天死刑中选取情节较轻的用肉刑，这样也能够宽恕一些死刑犯。"

《太极图》右边黑中之白，白尽即为阳，非自右而左也；左边白中之黑，黑尽即为阴，非自左而右也。但"假象以显义"，姑以黑白分左右耳。

【译文】《太极图》右边黑中的白，白尽就是阳，不是自右而左；左边白中的黑，黑尽就是阴，不是自左而右的。但"假借卦象以彰显其中的意义"，姑且以黑白分左右罢了。

静中之动亦自此起，动中之静亦自此起，非有二也。

【译文】静中的动也从这里开始，动中的静也从这里开始，并不是有两个啊。

圣人之心，廓然大公，与化无累。异端必求一超出阴阳之外不生不灭之说，有是理乎？

【译文】圣人的心，胸怀宽广而大公无私，以天地万物为一体，与物俱化而不被物牵累。异端一定要寻求一种超出阴阳之外不生不灭的学说，有这种道理吗？

圣人大公至正之道，开眼即见，万世无弊。

【译文】圣人大公无私、极其公正的处事之道，睁眼就能看到，对万世都没有什么弊端。

雨亦有就随处云气蒸腾而成者，亦有自他方云气风雷挟持而至者，虽有远近不同，及云气布濩周匝则无间矣。

【译文】雨有就随处的云气蒸腾而形成的，也有从别的地方云气风雷挟持而来的，虽然有远近不同，但和云气一起遍布周匝就没有空隙了。

想韩文公敬大颠，只是被他说着己病，故为其所动。韩公不能忘情富贵，而大颠以物外清虚旷荡之说格之，此公之所以为其动也。

【译文】回想那韩文公恭敬大颠禅师，只是被他说着自己的毛病，所以为其所触动。韩文公不能忘却富贵，而大颠用世事之外清净空旷的道理推究，这是韩文公被大颠所触动的原因。

为学以《四书》为本。

【译文】做学问要以《四书》为根本。

《四书》《五经》，周、程、张、朱之书，道统正传；舍此而他学，非学也。

【译文】《四书》《五经》，周敦颐、二程、张载、朱熹的书，是道统正传；舍却这些而去学习其他的，不是真正的学习啊。

汉、唐以来，正教与异学并行，而学者莫知所宗。自宋诸君子表章《四书》《五经》而发挥之，如日月经天，而爝火自息。有志之士，宜熟读精思而力行之，庶不负先正之教云。

【译文】汉、唐以来，正教与异学同时流行，所以学习者不知道应该尊崇谁。从宋代众多君子表彰《四书》《五经》并且阐发其含义，如同日月每天都经过天空，而小火自然会熄灭。有理想有抱负的士人，应该熟读精思并且努力践行，才不辜负前代贤人的教导。

《四书》满天下，真知实践者盖有之矣，吾不得而识其人也。

【译文】《四书》遍满天下，真正懂得实践的人大概是有的，但我却不能见到并认识他。

《书》求“精一”之旨，《诗》求“思无邪”之旨，《礼》求

“敬”,《乐》求“和”,《春秋》求“是非”,《易》求“象占”,义理皆体于身心,则有实用矣。

【译文】《尚书》追求“精一”的旨意,《诗经》追求“思无邪”的旨意,《礼经》追求“敬”的旨意,《乐经》追求“和”的旨意,《春秋》追求“是非”的旨意,《周易》追求“象占”的旨意,义理都在自己的身心体悟过了,那么就有实际效用了。

惟无欲最高,有欲则低矣。

【译文】只有无欲最高,有欲就低了。

伊、傅、周、召佐王行道,其功大矣,而彼不自为大也;如有自大之心,则非伊、傅、周、召矣。

【译文】伊尹、傅说、周公、召公辅佐君王行大道,他们的功劳太大了,而他们自己却不自以为大啊;如果有自大的心,就不是伊尹、傅说、周公、召公了。

“舜、禹有天下而不与”。分定[①]故也。

【注释】①分定:本分所定,命定。

【译文】“舜、禹拥有天下而不是为了自己享受”。是他们的本分所决定的原因啊。

“天”“地”“日”“月”“风”“雷”“云”“雨”“金”“木”“水”“火”“山”“泽”，八卦之象；“健”“顺”“丽”“明”“险”“陷”“止”“动”“说”“入”，八卦之德。

【译文】“天”“地”“日”“月”“风”“雷”“云”“雨”“金”“木”“水”“火”“山”“泽”，是八卦的卦象；“健”“顺”“丽”“明”“险”“陷”“止”“动”“说”“入”，是八卦的卦德。

扬子《法言》意实浅，而饰以短涩奇古之词，何邪？

【译文】扬雄《法言》的意蕴其实比较浅显，但却用短小晦涩奇特古朴的言辞来修饰，为什么呢？

圣人虽泽及四海，功被万世，而无一毫自满之意。释氏动辄言其“功德无量”，何邪？

【译文】圣人虽然恩泽遍及四海，功业广及万代，而没有一点自满的意思。佛教动不动就说“功德无量”，为什么呢？

声、香、色、味、触，佛书所谓“五欲”，世人之所贪，彼欲灭绝者也。及其论声、香、色、味之盛，又极人世之所无者而夸耀之，何邪？

【译文】色、声、香、味、触，就是佛经上所说的“五欲”，都是世人所贪求的，是佛教想断除的。到了他们讨论起声、香、色、味的盛况来，又极尽人世间所没有的东西而加以夸耀，这是为什么呢？

学有所得，必自读书人。读书千熟万熟时，一言一句之理自然与心融会为一，斯有所得矣。

【译文】学习有所收获，肯定来自读书人。读书读到非常纯熟的时候，一言一句的道理自然和心融会为一，于是便有所收获了。

象山①谓人读书为“义外工夫”，必欲人静坐，先得此心。若如其说，未有不流于禅者。

【注释】①象山：即陆九渊（1139年—1193年），字子静，抚州金溪（今江西省金溪县）人，南宋哲学家，陆王心学的代表人物。因书斋名“存”，世称存斋先生。又因讲学于象山书院，被称为“象山先生”，学者常称其为“陆象山”。

【译文】象山先生说人读书是“义外功夫”，一定要静坐，先发明本心。如果像他说的那样，没有不趋于禅的。

“太极”是《易》之精，六十四卦、三百八十四爻中无限事是《易》之蕴。

【译文】“太极”是《周易》的精华，六十四卦、三百八十四爻中无限的事是《周易》的蕴藏。

下民虽所禀之性皆同，而其实拘于气质，愚昧无知者多。《传》曰：“尧、舜帅天下以仁，而民从之；桀、纣帅天下以暴，而民从之。”使皆有知，则帅之以暴而不从矣。如异端怪诞之说，分明理所无者，而民皆靡然信从之，可见其无知也。

【译文】虽然百姓的本性都是相同的，但事实上他们都拘泥于气质，愚昧无知的人很多。《大学》传说：“尧、舜用仁爱统率天下，百姓就跟从他们实施仁爱；桀、纣用残暴统率天下，百姓就跟从他们残暴不仁。”假使他们都有知的话，那么君王用残暴来统率他们便不听从了。像异端学说中那些怪异荒诞的说法，分明是没有道理的，而老百姓都望风而动地信从他们，可见他们是无知的。

好异端者，天资高则沦于空虚，气禀[①]下则惑于罪福[②]。

【注释】①气禀：人生来对气的禀受。②罪福：五逆十恶等为罪，五戒十善等为福。罪有苦报，福有乐果。

【译文】喜欢异端学说的人，天资高的便会落入空虚，气禀低下的就会迷失在罪福中。

要见道只在存心，存心则触处与道相值；心不存，则虽至近者，亦莫识其为道矣。

【译文】要体会到道只在于存心，存心就到处与道相合；心不存，即使是最近的，也不能认识这是道了。

程子释《中庸》“鸢飞鱼跃”曰：“与‘必有事焉而勿正心[①]’之意同，活泼泼地。”存心之谓也。

【注释】①必有事焉而勿正心：出自《孟子·公孙丑上》。“必有事焉，而勿正，心勿忘，勿助长也。”此处所引与现在通行的断句有所不同。

【译文】程颢解释《中庸》的“鸢飞鱼跃”说：“与‘（对浩然之气，）一定要培养它，不能停止下来’的意思相同，活泼泼的。”也便是存心的意思。

万事犹可力为，只此理非力所及。

【译文】所有的事情尚可以通过人力来做成，但这理并不是人力可及。

理如物，心如镜。镜明则物无遁形，心明则理无蔽迹，昏则反是。

【译文】理就像物体，心就像镜子。镜子明亮则物不能隐藏形迹，内心清明则理便不会有所遮蔽，如果内心昏暗则相反。

惟心明，则映得理见。

【译文】只有内心清明，才能映照出理来。

道虽未尝远人，心有斯须不存，则人自远道矣。

【译文】道虽然不曾远离人，但内心有片刻不存养，那么人就会远离道了。

释子以“罪福”诱人，岂是公道？

【译文】佛家用“罪福”诱导人，这哪里是公道呢？

释子不问贤否、善恶，只顺己者便是。

【译文】佛家不问贤愚、善恶，只是顺从自己罢了。

一片实理，彻上彻下，万古完具，而有生之类自不能外。

【译文】一片真实的道理，贯通上下，万古完备，而有生命的物类都不能排除在外。

理如日光，气如飞鸟。理乘气机而动，如日光载鸟背而飞。鸟飞而日光虽不离其背，实未尝与之俱往，而有间断之处。亦犹气动而理虽未尝与之暂离，实未尝与之俱尽，而有灭息之时。“气有聚散，理无聚散”，于此可见。

【译文】理像阳光，气像飞鸟。理乘着气机而动，像阳光在鸟背上而飞。鸟飞翔而阳光却不离开它的背，实际上从来没有和它一起去，而是有间断的地方。就像气动而理虽不曾与它暂时离开，但又不曾和它一起用尽，而有消失的时候。“气有聚散，理无聚散”，在这里可以看到。

一理古今完具，而万物各得其一。

【译文】一个理古今完备，而万物都各自得到它的其中一部分。

理如日月之光，小大之物各得其光之一分，物在则光在物，物尽则光在光。

【译文】理如日月的光，大大小小的事物都得到了光的一部分，物体存在那么光在物上，物体消亡那么光在光里。

消息者气，而所以消息者理。

【译文】消长是气在变化，而之所以消长是理在起作用。

圣人所以不矜者，只为道理是天下古今人物公共之理，非己有之私，故不矜。

【译文】圣人之所以不夸耀，只因为道理是天下古今人物共同拥有的道理，不是自己所私有的，所以不骄傲。

《论语》一书，圣人多就事言，而理在其中。其答问仁处，亦只以求仁之方、为仁之资告诸子。至于仁之理，则未尝及也。此所谓“无迹”也欤！

【译文】《论语》这本书，圣人大多就事而说，而理就在其中。其中问答仁的地方，也只是用求仁之方、为仁之资告诉弟子们。至于仁的道理，就不曾言说。这就是所谓的“无痕迹”吧！

圣人多教人以下学人事。

【译文】圣人多教人学习人情事理。

论理而不及事末流为虚无之弊。

【译文】讨论理而不涉及事物后来的发展情况就会流为虚无的弊端。

古者《诗》《书》《礼》《乐》多就事上教人，而穷理亦就物上穷究，故所学精粗本末兼该①而无弊。后世或论理太高，学者践履②未尽粗近，而议论已极精深，故未免有弊也。

【注释】①兼该：包括、兼备。②践履：中国古代的哲学概念。有行动、实行、实践之意。

【译文】从前《诗》《书》《礼》《乐》多就事上来教人，而穷理也在物上深入研究，所以所学的精粗本末兼备而没有弊病。后世有人讨论理太过高深，学习的人实践时没有达到粗疏浅近的地方，而讨论已经非常精深，所以不免有弊病啊。

《君子偕老》，其辞含蓄微婉，略无激发不平之气，可见诗人之忠厚。而学者玩此，亦可以进德矣。

【译文】《诗经·君子偕老》，其文辞含蓄委婉，几乎没有激发不平之气，可以看到诗人的忠厚。而学者赏玩到这里，也可以增进德行了。

诗人气不暴戾而词语和平，虽其一已有涵养之功，是亦先王德泽入人之深也。后世之诗有佻薄[①]浅露[②]者，虽其人无涵养之功，亦可以观世变矣。

【注释】①佻薄：轻佻。②浅露：措词直率而不委婉、含蓄。

【译文】诗人内心不暴戾而词语平和，虽然自己有涵养的功夫，这也是先王的恩德深入人心的原因。后世的诗歌有很轻薄浅显的，虽然他们没有涵养的功夫，但也可以观察到社会的变化了。

读书固不可不思索，然思索太苦而无节，则心反为之动而神气不清，如井泉然，淆之频数则必浊。凡读书思索之久，觉有倦意，当敛襟正坐，澄定此心少时，再从事于思索，则心清而义理自见。

【译文】读书固然不能不思考，但是思考太辛苦而无节制，那么心反为之搅动而神气不清，如井水、泉水一样，频繁搅和就会混浊。凡是读书思考的时间长了，觉得有困意，应当整襟端坐，把自己的心安定一会儿，再继续思考，那么就会内心清明而义理自见。

思索太劳而不节，暴其气也。

【译文】思考太劳累而不节制，就会损害气了。

颜子于圣人之言无所不说，正与“不违如愚”互相发。

【译文】颜回对于圣人的言语没有不心悦诚服的，这正和“不违如愚”互相发明。

事来不问大小，即当揆之以义。

【译文】事情到来不论大小，都应当审度它们合不合道义。

万物本诸天，万理本诸心。

【译文】万物的根本在于天，万理的根本在于心。

气昏物诱者，性之害；识明理胜者，学之功。

【译文】气质昏浊，为外物所引诱，是习性的影响；见识高明，义理取胜，是学习的功效。

三代之治，本诸道；汉、唐之治，详于法。

【译文】夏商周三代的治理，以道为根本；汉、唐的治理，在法令制度方面十分详尽。

教不以道则非教，学不以道则非学。

【译文】不以道来教育就不是教育，不以道来学习便不是学习。

古之学也一，后之学也支。

【译文】古代求学者学的是根本，后世求学者学的是枝末。

公于己者能公于人，私诸人者由私诸己。

【译文】能对自己公正无私的人就能对别人公正无私，对他人存有私心的人是由于对自己存有私心。

周、程、张、朱有大功于天下万世不可胜言。于千余年俗学异端淆乱驳杂中，剔拨出四书来表章发明，遂使圣学晦而复明，大道绝而复续，粲然各为全书，流布四海，而俗学异端之说自不得以干正，其功大矣！

【译文】周敦颐、二程、张载、朱熹对天下万世有说不尽的大功劳。在千百年来的俗学异端混乱驳杂的学说中，点拨出四书来表彰发明，于是使圣学由昏暗而再次光明，大道由断绝而再次接续，使得全书显著明白，流传天下，而俗学异端邪说自然不能干预这些正学，他们的功劳大啊！

心不错，即诸事不错矣。

【译文】心不错乱，一切事就不会错乱了。

《法言》涩而晦，《中说》畅而浅。

【译文】《法言》晦涩而含蓄，《中说》通畅而浅显。

思天理，则心广而明；思人欲，则心狭而暗。

【译文】想着天理，那么内心就会宽广而光明；想着人欲，那么内心就会狭隘而晦暗。

《中说》胜《法言》。

【译文】《中说》胜过《法言》。

圣贤之书，其中必有体要。如“明德”为《大学》之体要，“诚”为《中庸》之体要，“仁”为《论语》之体要，“性善”为

《孟子》之体要，以至《五经》各有体要。体要者何？一理而足以该万殊也。荀、扬诸子之书，词亦奇矣，论亦博矣，其中果有体要如圣贤之书乎？不然，则偏驳支离而已矣。

【译文】圣贤的书，其中一定有大体和纲要。如“明德”是《大学》的纲要，“诚”是《中庸》的纲要，“仁”是《论语》的纲要，“性善”是《孟子》的纲要，以至《五经》都各有纲要。纲要是什么？一个理就足够包括万事万物。荀子、扬雄等诸子的书，言词很奇特，讨论也很广博，其中真的有纲要像圣贤书那样的吗？不是这样，那么只是片面残缺罢了。

文中子论治道固多条畅，只是碎细。若圣人论治道，则自源徂流，本末兼举，不若是之碎细也。

【译文】文中子谈论治国之道固然大多很通畅，但是细碎。至于圣人谈论治国之道，则从源到流，本末并举，不像他这样细碎。

语人以所及者，当；语人以所不及者，妄。

【译文】告诉人能做到的，这是恰当；告诉人所做不到的，这是虚妄。

默观《太极图》，与己一一契合。

【译文】默默观察《太极图》，然后与自己一一契合。

《五经》《四书》之外，义理之精妙者无过《太极图》，切要者无过《西铭》。

【译文】在《五经》《四书》之外，义理精妙的文章没有超过《太极图》的，确切扼要的没有超过《西铭》的。

太史公谓“儒家者流，博而寡要”。非寡要也，虽有要而人自不知也。要者何?“一”之外无余言也。

【译文】太史公说“儒家学说广博但很少抓住要领”。不是很少抓住要领，虽有要领而人自己不知道啊。要领是什么呢?“一”之外没有其他的了。

观众水之流，当知其一源；观万物之生，当知其一本；观群圣之言，当知其一理。

【译文】观察所有的水流，应当知道它们是一个源头；观察万物的生命，要知道它们出自一个根本；观看众圣人的言语，应当知道它们都是一个道理。

宋以前知孟子者，韩子一人而已。

【译文】宋代以前了解孟子的，只有韩愈一人而已。

实过其名者，鲁斋其人也。

【译文】实际德才超过其名声的，就是像许衡这样的人啊。

“须弥纳芥子”以形言，“芥子纳须弥”[1]以理言。

【注释】①芥子纳须弥：佛教用语，指微小的芥子中能容纳巨大的须弥山。形容万物之间没有绝对的大小关系。有时要从事物表面说，有时要从道理上去领会。

【译文】“须弥纳芥子”是以形说的，“芥子纳须弥”是以理说的。

程子挈“敬”之一字，示万世为学之要。

【译文】程颐带着“敬”字，告诫后世学者学习的关键要领。

程子之“主敬”，周子之“无欲”，皆为学之至要。

【译文】程颐的“主敬”，周敦颐的“无欲”，都是做学问的要诀。

读书贵知要。只颜子“四勿”，心不绝想，口不绝念，守之勿失，循之勿违，岂有差错？泛观天下之书而不知用力处，虽多，亦奚以为？

【译文】读书贵在知道要领。只有颜回“四勿”，心里不断想，嘴里不断念，守着不要丢失，遵循不要违背，难道会有差错吗？遍览天下的书而不知道在哪里用力，虽然读了很多，又有什么用呢？

理无影，就事可默识。

【译文】理没有形象，在事中便可以默然体会。

寻思千能百巧都不济事，只无欲是高处。

【译文】思索千能百巧都没有什么用处，只有无欲是最高妙的。

不善之端，岂待应物而后见邪？如静中一念之刻即非仁，一念之贪即非义，一念之慢即非礼，一念之诈即非智。此君子贵乎慎独也。

【译文】不好的开端，怎么会等到待人接物然后才看到呢？比如静默中有一个刻薄的念头就不是仁，一个贪婪的念头就不是义，一个怠慢的念头就不合礼，一个欺诈的念头就不是智。因此君子贵在慎独啊！

程子曰："人之于性，犹器之受光于日，日本不动。"得此一证，则此理万古常存而可知矣。

【译文】程子说："人的本性，像器物受太阳的光照，而太阳本来不曾动。"得到这一证据，那么这个理长久存在而且可以被知道了。

理为主，气为客，客有往来，皆主之所为，而主则不与俱往。

【译文】理为主人，气为客人，客人有所往来，都是主人所造成的，但主人却不能与客人一起过去。

元、亨、利、贞，天之命也；仁、义、礼、智，人之性也；四者惟人与天合而得其全。就人中细分之，又有气质清浊、通塞之不齐。有全之全者，有全之半者，有全之少者，有皆不能全者，其品盖不可胜计也。至于物，则拘于气质，愈不能全矣。如木得仁之性，火得礼之性，金得义之性，水得智之性，皆不能相通也；蜂蚁得义之性，雎鸠得智之性，虎狼得仁之性，豺獭得礼之性，亦不能尽推也。是则同者生理之一源，异者气质之万殊。

【译文】元、亨、利、贞，是上天的命；仁、义、礼、智，是人的本性；这四者只有人与天相合才能得全。在人中细分，又有气质清浊、通塞的不一致。有全之全者，有全之半者，有全之少者，有都不能全者，其中的品类不能全部计算完。至于事物，大都拘泥于气质更加不能全了。比如木得到仁的性质，火得到礼的性质，金得到义的性质，水得到智的性质，他们都不能相通；蜂蚁得到义的性质，雎鸠得到智的性质，虎狼得到仁的性质，豺獭得到礼的性质，也不能全部推导出啊。虽然如此，他们的相同之处在于都是生理的同一本源，不同之处在于他们的气质千差万别。

仁之性，物得者尤多。如牛护犊而鸣，鸟护子而翔，鸡护雏而啄，犬护子而噬，皆慈爱之发于自然也。但为形气所拘，于此一端略能发见，他则不能类推矣。

【译文】仁爱的本性，动物得到的尤其多。如牛保护小牛而哀鸣，鸟保护小鸟而飞翔，鸡保护小鸡而用嘴叩击，狗保护小狗而噬咬，都是慈爱的心由内心自然而发。只是被形和气所拘束，在这一方面略微可以显现，其他的则不能一一类推了。

天将阴，而穴居者先知，如蚁出而鹳鸣于垤是也。以此见物物各有一性。

【译文】天气将变得阴沉，而在洞穴中居住的动物先知道，比如蚂蚁出来，鹳在土丘上鸣叫。由此可见万物都各有一性。

至微之物，尤可见其性识之灵。常看蚁出穴者，虽行百步之远，一往一返，行列不乱，而又不迷失故穴，非其性识之灵，能若是邪？

【译文】最小的动物，也可以看到它们的秉性的灵气。经常看蚂蚁出洞穴，即使走到一百步远的地方，一去一回，队列完全不乱，而且又不迷失自己的洞穴，不是其性识的灵气，能像这样吗？

飞潜[①]动之物，皆有知有性；植物，则无知而有性。

【注释】①飞潜：指鸟和鱼。

【译文】鸟、鱼以及其他动物之类，都有知有性；植物，就无知而有性了。

性之本体，未感物时浑是善，到感物而动之初，则有善有不善，周子所谓“幾”也。

【译文】人性的本体，没有接触外物时都是善，到接触外物最开始动心的时候，就有善有不善，这就是周敦颐所说的“苗头”了。

众蚁得一物，合力举之以归其穴，谓之无知不可。

【译文】众多蚂蚁得到一物，齐心协力把它抬回到自己的洞穴，说它们无知是不可以的。

仁义礼智之谓“性”，率性而行之谓“道”，行道而有得于心之谓“德”，全是德而真实无妄之谓“诚”。

【译文】仁、义、礼、智是“性”，率性而行是“道”，行道又有心得是“德”，全是德行而真实可靠、毫不荒谬是“诚”。

无欲如至清之水，秋毫毕见；有欲如至浊之水，虽山岳之大亦莫能鉴矣。

【译文】没有欲望就像十分清澈的水，微小的事物都看得见；有欲望就像十分浑浊的水，即使像山岳这样大的事物也不能照见了。

人欲尽而天理见，如水至清而宝珠露；人欲深而天理昏，如水至浊而宝珠暗。此先儒之成说。但先儒以气禀言，某以人欲言。

【译文】人欲断除天理就显现，就像水清澈宝珠便显露出来了；人欲望深重天理便昏暗，就像水污浊宝珠也随之隐没。这是先儒的说法。只是先儒以气禀来说，我以人欲来说。

犬至贱而有义，主家虽贫甚而不去，亦可见性无不在也。鸟逮天未阴雨而绸缪牖户，亦其智之一端。

【译文】狗是低贱的但很有义气，主人家虽然很贫穷但仍不离开，也可以看到性无时不在了。鸟到天还没有下雨时便提前做好准备，这也是智慧的一方面。

鸟性巧，如燕作巢之类可见。

【译文】鸟的本性灵巧，像燕子筑巢之类便可以看到。

瓜瓠之类，以竹木引之，皆缠附而上，又似有心者。盖主宰乎是者，乃其心也。

【译文】瓜类作物，用竹木引领它们，便会缠附上去，又好像是有心的。大概主宰它们的，是它们的心啊。

鸿雁之避寒暑，鶂鶂之避风，皆其智之一端。

【译文】鸿雁躲避寒暑，鶂鶂躲避大风，都是智慧的一方面。

鸟兽皆知寒暖、饥渴、牝牡、利害之情，而不知礼义之当然，乃其气体昏塞之甚而不能通也。晦庵朱子所谓“知觉运动之蠢然者，人与物同；仁义礼智之粹然者，人与物异”，正谓此耳。

【译文】鸟兽都知道寒暖、饥渴、雌雄、利害，却不知道礼义，这是因为它们气体昏塞非常严重而不能通达。朱熹先生所说的“知觉运动的本能，人与物相同；仁、义、礼、智的纯正，人与物不同”，正是说的这一点。

今人开口论治道，殊不知治道之大，不出乎《大学》一书。

【译文】现在的人开口谈论治国之道，不懂得治国之道很博大，不出于《大学》一书。

孔子教人，说下学处极多，说上达处极少。至宋诸老先生多将本源发以示人，亦时不得不然耳！

【译文】孔子教导人，说下学的地方很多，说上达的地方很少。到宋代众多先生把本源阐发出来给人看，这也是时势不得不这样啊！

细看植物亦似有心，但主宰乎是，使之展叶开花结实者，即其心也。

【译文】仔细看植物似乎也有心，但主宰它们，使它们舒展枝叶、开花结果的，就是它们的心啊。

圣人教人以正容谨节，即是持敬之道。如告仲弓“出门如见大宾，使民如承大祭”之类可见。

【译文】圣人教人要仪态端庄、敬慎守法，这就是持敬的方法。像告诉仲弓“出门办事就像见到贵宾，役使民众好像去承担重大祀典”之类的就可以看到。

程子曰：“善固性也，恶亦不可不谓之性也。”可见理虽不杂乎气，亦不离乎气。

【译文】程子说：“善固然是性，恶也不可不称作是性。”可以见得理虽然不夹杂气，但也不离开气。

仁义礼智即是“性”，非四者之外别有一理为性也；“道”只是循此性而行，非性之外别有一理为道也；“德”即是行此道而有得于心，非性之外别有一理为德也；“诚”即是性之真实无妄，非性之外别有一理为诚也；“命”即是性之所从出，非性之外别有一理为命也；“忠”即尽是性于心，非性之外别有一理为忠也；“恕”即推是性于人，非性之外别有一理为恕也。然则“性”者，万理之统宗欤！“理”之名虽有万殊，其实不过一性。

【译文】仁义礼智就是“性”，不是这四者之外另有一理为性；“道”就是沿着这个性而行，不是性之外有另外一个理为道；“德”就是行这个道而有心得，不是性之外有另外一个理为德；“诚”就是人性的真实可靠、毫不荒谬，不是性之外有另外一个理是诚；“命”就是性所出的地方，不是性之外有另外一个理是命；“忠”就是在心上尽这个性，不是性之外有另外一个理是忠；“恕”就是用这个性去推想别人，不是性之外有另外一个理是恕。这个“性”，是万理的宗主吧！“理”的名称虽然有各种不同，其实不过是一个性而已。

省察之功不可一时而或息，《诗》曰：“夙夜匪懈。”其斯之谓与！

【译文】省察的功夫不可以有一时的懈怠，《诗》说：“早晚不懈怠。”说的就是这个意思吧！

一而无二。

【译文】万物的性都只是一而不是二。

内外合一，性与理无二致。

【译文】内外合一，性与理没有什么不一样的。

太极中无一物，外物于吾何有？

【译文】太极中没有一物，对我而言又有什么外物呢？

老子“多藏必厚亡”之言极善。

【译文】老子“积聚得多必定会有更大的损失”的话非常好。

老子曰：“身与货孰多？”身一而已矣，世有迷货丧躯者，何其愚之甚邪！

【译文】老子说：“生命和货利比起来哪一样更为贵重？”身只是一个，世上有贪迷货物而丧失生命的人，这是多么愚蠢呀！

天诚可畏。近而吾心、吾身、密室、显地，无非天也，敢不畏乎？人为不善者，将以欺天，而天不可欺；将以欺人，而人不可欺；曷若不为之愈也！

【译文】天诚然可畏。近到我的心、我的身、暗室、显地，无不是天，敢不敬畏吗？人行不善之事，想要欺骗上天，而上天不可欺骗；想要欺骗人，但人不能欺骗；何如不去做好呢！

性，一也。本然之性纯以理言，气质之性兼理气言，其实则一也。故曰："二之，则不是。"

【译文】性是一。本然之性纯是以理来说的，气质之性是兼理气同时来说的，其实是一。所以说："如果有二，就不是了。"

程子曰："形易则性易，性非易也，气使之然也。"

【译文】程颐说："外形改变那么性就改变，性不是改变了，是气使它是这样的。"

万变不齐者，皆气之所为，而理则自若也。

【译文】千变万化各个不一，都是气所导致的，而理则是一如既往。

轻与必滥取，易信必易疑。

【译文】 轻易地给予，必然会导致过度地索取；轻易地相信别人，必然会轻易地怀疑别人。

此理为气所挟持，或善或恶，至于万变之不齐，而其体则一也。

【译文】 这个理被气所挟持，或是善或是恶，至于各种变化都不齐同，而他们的本体则是一个。

性譬如一源水，引去清渠中则水亦清，亦犹气清而性亦明也；引去浊渠中则水亦浊，亦犹气昏而性亦昏也。是则水有清浊者，渠使之然，而水则本清；性有昏明者，气使之然，而性则本明。此先儒之说，余特述以明己意耳。凡待人当尽其忠而不可以欺，人我一致，欺人实所以自欺也。

【译文】 本性就像一源头的水，引到清渠中则水也清，也像气清新而性也清明；引到浊渠中则水也浊，也像气昏沉而性也昏暗了。水有清澈浑浊，是水渠使它们这样的，而水本来是清澈的；性有昏暗清明，是气使它们这样的，而性本来是清明的。这是先儒的解释，我特地叙述表明自己的意思罢了。凡是待人应当尽忠而不可以去欺骗，人与我本是一样的，欺骗别人其实就是在欺骗自己。

理本齐，而气不齐。

【译文】理原本齐备，而气却不齐备。

气强理弱，故昏明、善恶皆随气之所为，而理有不得制焉。至或理有时而发见，随复为气所掩，终不能长久开通。所谓为学者，正欲变此不美之气质，使理常发见流行耳。然非加百倍之功，亦莫能致也。

【译文】气强理弱，所以昏明、善恶都随气变化，而理不能控制。至于理有时会显现，随后又被气所掩盖，终究不能长久通达。所谓做学问，正是想改变这个不好的气质，使理常显现而盛行。然而没有增加百倍的功夫，也是不可能做到的。

虑事周密，处心泰然。

【译文】对事物的思虑越是周详细致，内心便会达到泰然自若之境。

“敬”字、“一”字、“无欲”字，乃学者至要至要。

【译文】“敬”、“一”、“无欲”，是学习要旨中的要旨。

余近日甚觉“敬”与“无欲”之力。

【译文】我最近更加体会到“敬”和“无欲”的力量。

此理经宋儒大加发挥之后，粲烂明白，真所谓“江汉以濯之，秋阳以暴之，皜皜乎不可尚已”[①]！

【注释】①语出《孟子·滕文公上》。

【译文】这个理经过宋代儒者充分阐释后，鲜明清楚，真所谓“就像用江汉的水清洗过，又像在夏天的太阳下曝晒过，老师的洁白纯净是无法超越的”！

恶亦是性，只是性翻转了便为恶，非性之外别有一物为恶也。如《阴符经》“五贼”之说可见。

【译文】恶也是性，只是性翻转过来便是恶，不是性之外另外有一物为恶。如《阴符经》“五贼”的说法可以看到。

略有与人计较短长意，即是相滓消融未尽。

【译文】稍微有和人计较是非的意思，这就是糟粕还没有消融殆尽。

“人能弘道，非道弘人”，见气强而理弱。

【译文】“人能够使道发扬光大，不是道把人发扬光大”，可以看到气强而理弱。

气自是新者，非既散之气复为方生之气也。程子论呼吸亦如此。

【译文】气自然是新的，不是已经散的气又成为新生的气。程子议论呼吸也是如此。

既曰“上天之载，无声无臭”，复何言哉！

【译文】既然说“上天创造万物，没声音没气味可辨”，还有什么说的呢！

“不行而至，不疾而速。”盖当体皆具，亦无至亦无速。

【译文】“不主观行动而自然达到目的，不急于求成而万事速成。”大概《易》道全体都具备妙用，也无所谓到，也无所谓迅速。

理只为气所蔽隔，故不明。去其蔽隔，则天理明矣。

【译文】理只是被气所遮蔽，所以不明。去除其中的遮蔽，天理就显明了。

至大之恶，由于一念之不善。

【译文】最大的恶，也是由一念的不善而造成的。

君子惟义是守，命有所不恤也。

【译文】君子只坚守义，生命有时是不顾惜的。

君子性其气，小人气其性。

【译文】君子以德性来统摄气，小人被气所支配来扰乱其德性。

扫却浮云而太虚自清，彻去蔽障而天理自著。

【译文】扫去浮云而太虚自然清明，除去遮蔽而天理自然显著。

世人信占卜小术，以为己有富贵之命，一切不修人事，恣纵妄为，偃然侥幸所获，盖有不遂所欲，而反罹咎者多矣。命其果可恃乎！惟君子则不然，凡百恐惧修省，惟义是守，而贫贱富贵一听于自然，命盖有所不计也。

【译文】人们相信占卜的法术，认为自己有富贵的命，不修明一切人情事理，放纵妄为，以侥幸有所得而感到骄傲，大概有所想的不能实现，而反遭遇灾祸的人太多了。命运果然可以依赖吗！只有君子不是这样，凡事畏惧修身反省，只坚守道义，而贫贱富贵都听从于自然，命就拿他没有办法了。

星命家最误人。君子得吉卜，固若常事，而不废其修省之功。小人得吉卜，则曰："吾命素定矣！虽为不义之事，可无伤也。"恃此而取败者多矣。

【译文】术数家最贻害人。君子得到了吉卜，就像是平常事，而不废弃他们修身自省的功夫。小人得到了吉卜，就说："我的命运是预先确定的！即使是做不义的事，也没关系啊。"因为这样而导致失败的太多了。

命虽在天，而制命实在己。有人于此以星命家言之，谓其有永年之寿矣。然入水即溺，入火即焦，所谓永年者不可恃也。不入水火，即不焦溺，岂非命虽在天，而制命在己乎？

【译文】命运虽然在天数，而控制命运的其实在自己。有人对此借用星命家的话来说，说自己有长久的寿命。然而入水就淹死，进入火中就烧焦，所谓寿命永久是不可靠的。不进入水和火，就不烧焦淹死，这难道不是命运虽然在天数，而掌握命运是在自己吗？

又如人素羸瘠，乃能兢兢业业，凡酒色伤生之事皆不敢为，则其寿固可延永矣。又如人素强壮，乃恃其强，恣意伤生之事无不为，则其祸可立待也。此又岂非命虽在天，而制命在己欤？

【译文】又比如有人一向瘦弱，如果能兢兢业业，凡是酒色伤害身体的事情都不敢做，那么他的寿命就可长久了。又比如有人一向强壮，于是依仗自己的强健，任意伤害身体的事情无所不为，那么灾祸便指日可待了。这难道不是命运虽然在天数，而掌握命运的是在自己吗？

程子曰："修养之引年，为国之祈天永命，常人之至于圣贤，皆工夫至此，则有此效验。"信哉斯言也！

【译文】程颐说："人如果努力修身养性便可以延年益寿，而国家的昌盛可以通过德政使之长久，常人达到圣贤的境界，都是工夫下到了这一步，才会有这种感应。"这样的话说得真对啊！

观《无逸》"耽乐"之戒，则知祈天永命者诚有在。

【译文】看《无逸》"过度享乐"的警告，就知道祈求上天永远授以王命的情况确实存在。

程子曰："吾以徇欲伤生为深耻。"学者体此，则可以保身矣。

【译文】程颐说："我以顺从欲望而伤害身体为莫大的耻辱。"求学的人体会到这个，就可以保全身体了。

圣人为治，推其固有之善及人。才有私意，即入于权谋术数矣。

【译文】圣人治理国家，是把本有的善性推及到人上。一旦出现私心，便落入权谋术数之中了。

为善须表里澄彻，方是真实为善；有纤毫私意夹杂其间，即非真为善矣。

【译文】行善必须内外都清澈透明，才是真正地行善；有一点点私心掺杂在其中，就不是真正的行善了。

韩魏公、范文正公[①]诸公，皆一片忠诚为国之心，故其事业显著而名望孚动于天下。后世之人，以私意小智自持其身，而欲事业名誉比拟前贤，难矣哉！

【注释】①韩魏公、范文正公：即北宋政治家韩琦和范仲淹。

【译文】韩魏公、范文正公等人，都是一片忠诚为国之心，所以他们的事业显著而名望享誉天下。后世的人，用自私和小聪明自守，而要想事业和名誉与前贤比肩，难啊！

君子行义以俟命，小人恃命以忘义。

【译文】君子躬行仁义而听天由命，小人依仗命运而忘记仁义。

天道福善祸淫，昭然可验。间有不然者，幸不幸耳。

【译文】天道赐福给善良的人，降祸给作恶的人，明明白白可以验证。中间有不是这样的，只不过是幸运与不幸运而已。

“敬”是方做工夫，“诚”是已成就处。

【译文】“敬”是刚刚做工夫，“诚”是已经有所成就。

心如镜，敬如磨镜。镜才磨，则尘垢去而光彩发；心才敬，则人欲消而天理明。

【译文】心像镜子，恭敬像磨镜子。镜子才开始磨，灰尘便离去而光彩散发；心才恭敬，欲望便消除而天理显明了。

全本全注全译

讀書錄

（下）

〔明〕薛瑄 撰著

倪超 注译

倪超 修订

團结出版社

图书在版编目（CIP）数据

读书录 / (明) 薛瑄撰著 ; 倪超注译. -- 北京 : 团结出版社, 2018.12

（谦德国学文库）

ISBN 978-7-5126-6779-2

Ⅰ. ①读… Ⅱ. ①薛… ②倪… Ⅲ. ①读书笔记—中国—明代 Ⅳ. ①Z429.48

中国版本图书馆CIP数据核字(2018)第282296号

出版：团结出版社

（北京市东城区东皇城根南街84号 邮编：100006）

电话：（010）65228880　65244790（传真）

网址：www.tjpress.com

Email：65244790@163.com

经销：全国新华书店

印刷：北京天宇万达印刷有限公司

开本：148×210　1/32

印张：25

字数：495千字

版次：2019年9月 第1版

印次：2023年6月 第2次印刷

书号：978-7-5126-6779-2

定价：88.00元（全二册）

读书录卷六

扫码听谦德
君为您导读

读《阴符经》杂言并序

伊川程子[①]曰："《老子》甚杂，如《阴符经》却不杂，然皆窥天道之未至者也。"闲阅其书，而录所得之语如左。

【注释】①伊川程子：北宋理学家程颐，洛阳伊川人，世称伊川先生。与其兄程颢共创"洛学"，为理学奠定了基础，世称"二程"。

【译文】伊川先生程颐说："《老子》内容驳杂，像《阴符经》却不驳杂，然而它们都未能探究出天道的根本。"闲来阅读《阴符经》，将所得感悟记录如下。

上篇

经曰"天道""天行"[①]"五贼"[②]"天性""人心"，一也。天道者，元亨利贞[③]；天行者，春夏秋冬；五贼者，仁义礼智信；天性者，即天道、天行、五贼之德具于人心者也。人心萃理、气之灵，有作为[4]运用之妙。“观天道，执天行，见五贼，而施行于天，囊括宇宙而造化[5]在我”，皆由此心而已。故曰：“人心，机[6]也。”“机”之一字，又《阴符经》之至要者欤！

【注释】①天行：自然的运行规律。②五贼：五种有损人体的东西。贼：损害。③元亨利贞：语出《周易·乾卦》。元：元始。亨：通达。利：祥和。贞：清正坚固。④作为：创制，创造。⑤造化：创造化育。⑥机：枢纽，关键。

【译文】《阴符经》上讲述了“天道”“天行”“五贼”“天性”“人心”，它们是相互统一的。天道，是一切事物的元始根源，是通行无阻的，祥和有益的，清正坚固的；天行，指春夏秋冬四季；五贼，在一定条件下可以转化为仁、义、礼、智、信五种品德；天性，是天道、天行、五贼的品德存在于人心的表现。人心聚集了理、气的灵动，有创造运用之妙。“观察探究上天的道理，掌握天象的运行法则，察见并顺从五贼的转化，将其间发现的规律运用到社会和自然界中，从而囊括宇宙万物，并且预先把握自然和社会的演变过程”，这都要凭借人心发生作用。所以说：“人心，是发挥天性的枢纽关键。”“机”这个字，更是《阴符经》中的要旨啊！

“天性，人也；人心，机也；立天之道，以定人也。”总结上两节而言。

【译文】“天性，是人原本的本性；人心，是发挥天性的枢纽关键。确立天道之后，人道也就可以确定了。”这几句话是对《阴符经》前两节内容的总结。

机发太过而变怪见，机发得宜而万化[1]定。理欲之谓也。

【注释】①万化：万事万物。

【译文】人心发动太过就会出现灾变怪异，人心发动适宜方能万物和谐。这是针对天理和人欲而说的。

“性有巧拙”，以气质之禀[1]清浊而言，清者巧而浊者拙。巧者识其机而能伏藏，拙者昧其机而不能伏藏。能伏藏者，九窍[2]之邪不能动其中也；不能伏藏者，九窍之邪皆得以汩[3]其天也。九窍之中有“三要”：耳、目、口是也。巧者于三要，动静皆不失其宜，而能伏藏。拙者诚能变拙为巧，而能致力于视、听、言之间，使皆一出于正，则余邪悉皆退听[4]，而亦可以收伏藏之效矣。

【注释】①禀：承受，天生的。②九窍：指人体的两眼、两耳、两鼻孔、口、尿道和肛门。③汩（gǔ）：淹没，扰乱。④退听：退让顺从。

【译文】“人性中有巧有拙”，这是根据人所禀受的气质清浊而说的，气质清的灵巧而气质浊的愚拙。灵巧的人通晓其中的关键而能隐藏，愚拙的人迷惑于其中的关键而不能隐藏。能隐藏的，九窍中的邪气无法撼动其内心；不能隐藏的，九窍中的邪气就会扰乱淹没其天性。九窍之中有“三大关键”：即耳、目、口。气质灵巧的对于这三大关键，不论行动还是静息都会符合规范，而能隐藏。气质愚拙的如果能变拙为巧，进而能致力于修正自己的看、听、说，使它们全部归于中正，则其余的邪气就会悉数退让，这样也可以像气质灵巧者一样收到隐藏的效果。

“火生于木，祸发必克；奸生于国，时动必溃。”机之过也。“知之修炼[①]，谓之圣人。”机之宜也。

【注释】①修炼：修行锻炼，以提高洞察力和应对困难的能力。

【译文】“五行中的火是生于木的，木干枯而发生火灾，必然会攻克任何东西；奸邪的人生于国家内部，当他们时机成熟而犯上作乱时，整个国家都会崩溃。”这就是错过时机了啊。“懂得了以上道理，就要修习锻炼，早做准备，防患于未然，这样就可以称作圣人了。”这就是时机适宜啊。

中篇

“天生天杀，道之理也。”阴阳生杀，消息盈亏[①]，理之自然也。

【注释】①消息：消长，盛衰。盈亏：满缺，增减。

【译文】“生死循环，是自然界的运行规律。”阴阳生灭，消长增减，是自然界固有的道理。

“天地，万物之盗；万物，人之盗；人，万物之盗。三盗既宜，人物乃安。”盗得其宜，则生也，杀也，皆顺其理而万物安矣；盗失其宜，则生也，杀也，皆逆其理而万物病矣。

【译文】“天地，是万物的盗取者；万物，是人的盗取者；人，是万物的盗取者。如果天地、万物、人三者能各得其宜，人和物就会和谐共处，相安无事。”如果盗取适宜，事物的生灭就都能符合规律，万物也就能相安共处；如果盗取不当，事物的生灭就都会违背规律，万物也会受到损害。

“食其时，则百骸[①]理。”人能利天地自然之利，则一身得其养矣。“动其机，则万化安。”人能合天地自然之机，则万化得其宜矣。

【注释】①百骸：人身各处的骨骼，代指身体。骸：骨骼。

【译文】“饮食合乎时宜，人的身体才能得以调理。”人如果能从天地自然中获得好处，那么全身都会得到养护。“行动把握合适的时机，万物才会和谐安定。”人的行动如果能符合天地自然的变化规律，万物就会各得其宜。

“人知其神之神”[①]者，贵于耳而好闻其异也；“不知其不神之所以神”[②]者，习于目而不察其理也。

【注释】①人知其神之神：第一个“神”指造物者，第二个“神”指神妙。②不知其不神之所以神：不神，指万物。

【译文】“人们知道造物者的神奇”，是因为重视耳朵的作用并且喜爱探听奇异背后的真相；“不知道万物之所以神奇的原因”，这是由于他们习惯于眼睛所见的表象而不探察其内部的规律造成的。

程子所谓“恶亦不可不谓之性”者，“五贼”之谓也。

【译文】程子所说的“恶也不能不说是人的本性”，是指“五贼”而言。

“圣功生，神明出。”知化穷神之事也。

【译文】“懂得上述道理，才会有至高无上的功业产生，才会有明智如神的智慧出现。”这讲的是了解事物变化，穷究事物神妙一类的事情。

“盗机[①]在人而莫能见，莫能知”者，蔽于气禀[②]之偏也。“君子善用之而逢昌[③]，小人不善用之而罹殃。”微矣！深矣！

【注释】①盗机：指“天地人”相互窃取利用的关键枢要，引申为事物变化的根由。②气禀：人生来对气的禀受。③逢昌：遭逢昌盛。

【译文】“事物变化的根由是一般人不能察见和知晓的”，这是由于被禀受的偏颇之气所蒙蔽的缘故。“君子善于利用‘盗机’就会使自己事事顺利，使社会兴旺昌盛，小人不善运用‘盗机’就会给自己和社会招来祸殃。”精微啊！深刻啊！

下篇

“瞽者善听，聋者善视，绝利一源[①]”，致一[②]也；“用师十倍[③]”，其效也。“三返[④]昼夜”，致一之精也；“用师万倍”，其效也。

【注释】①绝利一源：断绝一处，助利一处。②致一：专一。③用师十倍：用兵能力增强十倍。师：军队。④三返：道家的修炼术语，即收回、封闭眼、耳、口的功用。

【译文】“眼盲者擅长于听，耳聋者擅长于看，是因为断绝了一处而把力量集中于另一处的缘故”，讲的是专一；“用兵力量会增强十倍”，讲的是效果。“每天都反观收摄眼、耳、口的功用”，讲的是非常专一；“战力会增强万倍”，讲的是效果。

“心生于物”，物诱[①]也；“心死于物”，物化[②]也。物化物诱，“其机皆在于目。”

【注释】①物诱：被外物诱惑。②物化：被外物奴役同化。

【译文】“心思受外物影响而产生”，讲的是心被外物所引诱。“心思因万物干扰过渡而导致死亡”，讲的是心被外物所同化。被外物引诱或被外物同化，“其关键都在于眼睛”。

“乾始能以美利利天下，而不言所利”[①]，“天之无恩，而大恩生”也。“迅雷烈风，莫不蠢然[②]”，无恩之谓也。

【注释】①语出《周易·乾·文言》。乾：天。始：创始，始生。②蠢然：萌动的样子。

【译文】“天创始万物，能把美满的利益普施天下，却从不提及自己的恩德”，正因为“上天无声无息地普施恩德，从而能产生大的恩德”。“春天急雷狂风，使万物萌发生长之机，蠢然而动”，都是在讲要默施恩惠的道理。

至乐[①]顺理，故其性广大而有余；至净无染，故其性廉洁而无私。生死恩害，阴阳相根[②]，理之自然。

《阴符经》杂言终。

【注释】①至乐：最大的快乐。②相根：相互依存。

【译文】最大的快乐都是遵循事物变化的规律的，所以至乐之人的心性是广大而有回旋余地的；最大的纯净是没有污染的，所以至净之人的心性是廉洁而无私的。生长与死亡、恩惠与损害、阴与阳都是相互依存的，这是自然界固有的道理。

《阴符经》杂言终。

夫子曰：“人之生也直，罔之生也幸而免。”[①]君子之获福，宜也；小人之获福，幸也。

【注释】①语出《论语·雍也》。直：正直。罔：不正直的人。幸：侥幸。

【译文】孔子说：“人的生存靠正直，不正直的人也可以生存，那是他凭借侥幸免于祸害。”君子获得福佑，是理所应当；小人获得福佑，凭的是侥幸。

六十四卦，三百八十四爻[①]，惟贵乎“时”[②]。君子之处世，亦曰“时而已矣”。

【注释】①爻（yáo）：《周易》中组成卦的长短横道符号，即“—”和“--”。“—”为阳爻，“--”为阴爻。②时：时机、时势。

【译文】《周易》的六十四卦，三百八十四爻，都很重视“遵守时势的变化”。君子为人处世，讲究的也是“遵守时势的变化罢了”。

位与时，学《易》者宜深体之。

【译文】位置与时势，学习《周易》的人应该深入体会。

理无穷而气亦无穷，但理无改变而气有消息。如温热凉寒，气也；所以温热凉寒，理也。温尽热生，热尽凉生，凉尽寒生，寒尽温复生，循环不已[①]。气有消息，而理则常主消息而不与之消息也。“气有聚散，理无聚散”，于此又可见。

【注释】①不已：不停，不止。

【译文】理是无穷无尽的，而气也是无穷无尽的，但理不会变化而气则有盛衰增减。像温热凉寒，属于气的范畴；温热凉寒的原因，则属于理的范畴。温到了一定程度会变热，热到了一定程度会变凉，凉到了一定程度会变寒，寒到了一定程度又会变温，循环不停。气有盛衰增减，而理则是常常主导盛衰增减而不会随着气的变化而盛衰增减。“气有聚散，理没有聚散”，从这里又可以看见。

人有矜伐[①]者，亦劳[②]矣。

【注释】①矜伐：夸耀功绩。②劳：忧伤，烦恼。

【译文】人如果夸耀功绩，就会为自己带来烦恼。

无形皆是道，有形皆是气。气，形而下[①]者也；道，形而上[②]者也。

【注释】①形而下：具体的、可以触摸到的东西或器物。②形而上：抽象的、无形的、需要借助思维和方法捕捉的东西。

【译文】没有具体形相的存在都属于道的范畴，有具体形相的存在都属于气的范畴。气，是指有形的事物；道，是指超越有形事物的存在。

人只于身内求道，殊不知身外皆道，浑合无间[①]，初无内外也。

【注释】①浑合无间：浑然合成，没有空隙。

【译文】人只知道从身体内部求道，却不知身体之外到处都是道，两者浑然合成，没有隔阂，原本就没有内外之分。

不可将身外地面[①]作虚空看。盖身外无非真实之理，与身内之理浑合无间也。

【注释】①地面：地区，地方。

【译文】不可把身体之外的地方当作虚空看待。因为身体之外也都是真实存在的道理，与身体内部之理浑然合成，没有隔阂。

程子所谓“廓然而大公，物来而顺应”[①]，正周子[②]“胸中洒落，如光风霁月”[③]之气象[④]。

【注释】①语出《河南程氏粹言》卷二《心性篇》。廓然：空旷远大。②周子：指北宋理学家周敦颐。③语出黄庭坚《濂溪诗序》。洒落：洒脱。

霁：雨雪停止。④气象：景象，气概。

【译文】程颢所说的“心胸宽广而大公无私，遇到事情而能坦然面对”，正是黄庭坚称赞周敦颐“胸怀洒脱，像雨过天晴时明净的万物”那样的景象。

圣人之心，应物[①]即休，元不少[②]动。

【注释】①应物：顺应事物。②少：稍稍；稍微。

【译文】圣人的心，只要顺应了事物就不再躁动，因为圣人的心在违背事物的情况下原本就不会略动一下的。

圣人应物，虽以此理应之，其实理只在彼物上，彼此元不移也。

【译文】圣人顺应事物，虽然是用心中的理去顺应它，而其实理只在那个事物上，两者（圣人心中的理和事物上的理）根本就没有移动。

外慕[①]者，内不足。

【注释】①外慕：有所他求，别有喜好。

【译文】别有他求的人，是内在的修养不够。

万物各有定分①，己不得一毫侵预②之。

【注释】①定分：由命运前定，人力难以改变的，称为“定分”。②侵预：干预。

【译文】万物各有命运，自己不可做一丝一毫的干预。

“未应①不是先，已应不是后。”造化②亦然。

【注释】①应：感应。②造化：自然界的创造化育。

【译文】“没有发生感应不是在先，已经发生感应也不是在后。”自然界的创造化育也是如此。

如此物未生时，此理不是先；此物已生时，此理不是后。一以贯之①。

【注释】①一以贯之：用一个根本性的事理贯通事情的始末。

【译文】就像这个事物没有发生时，不能说蕴含其中的“理”在先；这个事物已经发生时，不能说蕴含其中的“理”在后。“理”是贯穿始终的。

应事既已，理依旧在此，元不随去。

【译文】应对事物结束后，理依旧存在，根本不会随着事物的消失而消失。

圣人治人，不是将自己道理分散与人，只是物各付物。

【译文】圣人治理民众，不是把自己的道理强行分散给众人，只是按照事物的本来面目去认识、对待事物。

知“无极而太极”[①]者，“穷神”之事也。

【注释】①无极而太极：出自周敦颐《太极图说》。无极：宇宙形成之前的混沌状态。太极：宇宙最原始的秩序状态。

【译文】知晓“无极而生太极”这个道理，就是一件“穷究事物神妙”的事情。

只“主于敬”，才有“卓立[①]”；不然，东倒西歪，卒[②]无可立之地。

【注释】①卓立：超然独立。②卒：最终，终究。

【译文】只有知道“礼的核心是敬”，才能做到超然独立；不然，东倒西歪，最终没有可以立足之地。

薛子[①]宴坐水亭，忽郁然而云兴，滃然[②]而雨集，泠然而风生，锵然[③]而虫急。羽者飞，秀者植，童者侍，鳞者适，群物杂然，而声其声，形[④]其色。薛子窈然[⑤]深思，独得其所以为是声与色者，而中心悦。

【注释】①薛子：作者自称。②滃（wěng）然：雨水急落的样子。③锵然：形容声音响亮有力。④形：显露，表现。⑤窈然：深远幽深的样子。

【译文】薛子在水边的亭阁中静坐，忽然云厚重地升起，雨密集地落下，风清凉地吹来，虫响亮地鸣叫。有翅膀的鸟类自由飞翔，茂盛的植物深幽秀丽，童子侍立一旁，鱼儿闲适畅游，各种生物杂乱地聚合在一起，却互不妨碍地发出各自的声音，表现各自的颜色。薛子深思苦想，终于独自悟出它们为什么能在杂乱的环境中各发各声、各显各色的原因，于是心中感到十分自在快乐。

“敬”为百圣传心[①]之要，凡见于《书》者尤详，程子发明[②]其所以为敬之义精矣。

【注释】①传心：传道，传法。②发明：启发，阐明。

【译文】“敬”是很多圣人传道的重要内容，《尚书》里面凡是有关“敬”的记载都很详细，程颐阐发关于为什么要“敬”的意义很精深啊。

敬则卓然。

【译文】做到“敬”就会超然独立。

敬则光明。

【译文】做到“敬”就能心中光明。

才到理处，便难言。

【译文】才领悟了“理”的人，便会觉得“理”是难以用语言来表达的。

滞[①]于言，则愈蔽。孔子曰：“天何言哉？四时行焉，百物生焉，天何言哉？”[②]

【注释】①滞：固执，拘泥。②语出《论语·阳货》。

【译文】拘泥于言辞表达，就会愈加受到言辞的蒙蔽。孔子说：“上天说了什么呢？四季照旧运行，百物照样生长。上天说了什么呢？”

“天何言哉”即“无极”之妙。

【译文】“上天说了什么呢”就是“无极”的神妙之处。

千古为学[①]要法[②]无过于“敬”，敬则心有主而诸事可为。

【注释】①为学：求学，做学问。②要法：关键、要义。

【译文】千古以来做学问的关键不过在于“敬”，能做到敬就会心有主见而可以去做各种事情了。

人为外物所动者，只是浅。

【译文】人被外界事物所扰动，只是因为修养浅。

相业自《大学》、经学中来者深，自史学、俗学中来者浅。要见古人之相业，伊、傅[①]之书宜熟读。

【注释】①伊、傅：即伊尹和傅说，均为商代的贤相。

【译文】宰相的功业如果是通过学习《大学》、经学而建立的往往深厚，如果是通过学习史学、世俗流行之学而建立的往往浅薄。要见识古人的宰相功业，伊尹、傅说的书应当熟读。

后世非无救时之相，只是规模浅。相业有格心[①]之学，则其规模宏远矣。

【注释】①格心：匡正心思。

【译文】后世并非没有匡正时弊的宰相，只是规模浅薄罢了。

宰相功业中如果有匡正心思的学问，那么它的规模就会宏大深远了。

历代世变[①]固不可不考，然当以明理为本。

【注释】①世变：世间的变化、变故。

【译文】每个朝代的变化固然不能不考查，但应当以明察事理为根本。

《春秋》谨严，不止于谨“华夷[①]之辨”，字字谨严，句句谨严，全篇谨严。

【注释】①华夷：指汉族和少数民族。

【译文】《春秋》严谨，不只严谨在“区分华夏与蛮夷”，而是字字严谨，句句严谨，全篇严谨。

《春秋》意在言表。

【译文】《春秋》的真实意义在言语之外。

《春秋》词简而旨微[①]，欲尽得圣人之心于千载之上，难矣！

【注释】①旨微：意旨精深微妙。

【译文】《春秋》用词简练而意旨精妙，想从这本书里全部领会千年之前圣人的良苦用心，太难了！

兴师[1]以正，任帅得人，吉之大者。

【注释】①兴师：出兵。

【译文】出兵有正义的理由，任命将帅得当，作战就会大吉。

《师》[1]卦辞最明，兴师、择将、行赏、用人之要，备于《师》。

【注释】①《师》：《周易》的第七卦。

【译文】《师》卦的卦辞讲得很清楚，出兵、选择将领、赏赐、用人的要旨，《师》卦讲得都很完备。

兴师之义既正，又得丈人为之主帅，在我者先胜矣，征伐其有不克乎？

【译文】出兵已有正义的理由，又有作战经验丰富的优秀将领做统帅，对于我来说已经掌握了取胜先机，难道讨伐还会不成功吗？

才说理，便无可言者。

【译文】才想说“理”，就觉得“理”是用言语说不出的。

理、气无缝隙，故曰：“器亦道也，道亦器也。”[①]

【注释】①语出《二程遗书》。器：器具，器物。

【译文】理和气之间关系紧密没有空隙，所以说：“器是道，道也是器。”

太极不可以动静言，然舍动静便无太极。

【注释】太极不可以用动和静来说明，然而没有动和静也就没有太极了。

理是天地万物之极至处，更复何言？

【译文】理是天地万物最高最深之处，还有什么好说的呢？

公则四通八达，私则偏向一隅[①]。

【注释】①隅(yú)：角落。

【译文】办事公正，就像走在四通八达的道路上，处处便利；

徇私枉法，就像走进了死胡同，没有出路。

《书》终于《秦誓》[1]，殆圣人之微意与！

【注释】①《秦誓》：《尚书》的最后一篇，是秦穆公对全军将士发出的誓辞。

【译文】《尚书》以《秦誓》篇作为终结，大概含有圣人的精微之意吧！

《书》所载，皆帝王经世[1]之大法，而终之以侯国之书，岂非衰世之意邪？

【注释】①经世：治理国事。

【译文】《尚书》记载的，都是帝王治理国事的大政方针，但最后却以诸侯之国的文书作为终结，难道不是表达当时是一个衰乱时代的意思吗？

孟子曰："不下带而道存焉。"[1]举目而皆物，即物[2]而道存。

【注释】①不下带而道存焉：语出《孟子·尽心下》。不下带：古代注视人，目光不可低于对方的腰带，比喻注意眼前常见之事。带，腰带。②即物：接触事物。

【译文】孟子说"（君子的言谈）讲的都是眼前的事，然而道却蕴含其中。”抬眼望去周围全是事物，接触事物探究其理就会发现“道”。

陈司败[①]谓孔子有党[②]，孔子曰：“丘也幸，苟有过，人必知之。”[③]其气象之大可想。

【注释】①陈司败：陈国主管司法的官。②党：偏袒，包庇。③语出《论语·述而》。

【译文】陈司败说孔子有偏私，孔子说：“我真是幸运，如果有错，人家一定会知道。”其气概之大可想而知。

程子谓：“人天资有量者，虽江海之大皆有满。惟圣人之量，道也，自无满时。”近观人素称有量者，不能不满，益信程子之言矣。

【译文】程子说：“那些与生俱来就有气量的人，即使气量像江海那么大也会有满的时候。只有圣人的气量，符合道，自然也就没有满的时候。”近来看到一些平时被称为有气量的人，不能不满，于是就更加相信程子的话了。

道大无穷尽，无方体。圣人体道无二[①]，其量无所不容，又安有满时邪？

【注释】①无二：没有异心。

【译文】道大得无穷无尽，无方向无形体。圣人躬行正道没有二心，其气量无所不容，又怎么会有装满的时候呢？

此理真实无妄。如天地日月，风云雨露，草木昆虫，阴阳五行，万物万事皆有常行[①]定则，亘古今而不易，若非实理为之主，则岁改而月不同矣。

【注释】①常行：永久实行的准则。

【译文】我们所说的这个理真实可靠，毫不荒谬。就像天地日月，风云雨露，草木昆虫，阴阳五行，万事万物都有永久的准则、固定的规律，古今不变，如果不是有真实的理主管，那么它们每年每月都会有所变更而不同了。

一理一切穿透，又不黏带[①]，其妙不可言。

【注释】①黏带：黏连牵挂。

【译文】一个理就可以把一切事物贯穿，又不妨碍牵连，真是妙不可言。

观人之法，只观含蓄[①]，则浅深可见。

【注释】①含蓄：包容，蕴藏于内而不显于外。

【译文】观察人的方法，只要观察其是否含蓄，这个人修养的深浅就能知晓了。

人心公则如烛，四方上下无所不照；私则如灯，只有一面光，不能遍照也。

【译文】一个内心公正的人就像一支蜡烛，无论是四面八方，还是上上下下都能照得明亮；一个内心偏私的人就像一盏灯，只有一面发光，不能普照各处。

观人之法，听言最先，虽不能尽，亦可得七八分。

【译文】观察人的方法，首先要仔细听他说话，从他的言语中辨别其为人，这虽然不全面，但也能了解个十之七八。

人有才而露只是浅，深则不露。

【译文】一个人有才华却爱显露只能说明他修养很浅，修养深的人则不爱显露。

方为一事即欲人知，浅之尤者。

【译文】才做一件事就打算四处张扬让人知晓，这种人的修养是最浅的。

淤泥塞流水，人欲塞天理[1]，去其塞，则沛然[2]矣。

【注释】①天理：理学家称社会伦理、道德法则为“天理”。②沛然：充盛盛大的样子。

【译文】淤泥堵塞流水，人欲堵塞天理，清除堵塞，流水和天理就会充盛起来。

人当大着眼目，则不为小小者所动。如极品之贵，举俗之所歆重[1]，殊不知自有天地来，若彼者多矣，吾闻其人亦众矣，是又足动吾念邪？惟仁义道德之君子，虽愿为之执鞭[2]可也。

【注释】①歆重：敬重。歆（xīn）：喜爱，羡慕。②执鞭：举鞭为人驾车，表示景仰追随。

【译文】人应当着眼大局，这样就不会被某些很小的事物所引动。就像达官贵人，受所有世人的敬重，却不知道自天地产生以来，有很多像他这样的人，我也听过见过很多像他这样的人，他们又怎么能够让我动心呢？只有具备仁义道德的君子，即使为他持鞭驾车我也愿意去做。

凝重之人，德在此，福亦在此。

【译文】庄重的人，庄重就是他的品德，也是他的福气。

当如是者即是理。如春当温，夏当热，秋当凉，冬当寒，皆理也，不如是则非理矣。如父当慈，子当孝，君当仁，臣当义，夫妇当别，朋友当信，理也，不如是则非理矣。推之万物，莫不皆然。

【译文】应当如此即是理。比如春季应当温暖，夏季应当炎热，秋季应当凉爽，冬季应当寒冷，都是理，不这样就不是理了。比如做父亲的应当慈爱，做儿子的应当孝顺，做君主的应当仁德，做臣子的应当忠义，夫妻之间应当有所分别，朋友之间应当讲究诚信，都是理，不这样就不是理了。推广到万事万物，无不如此。

尧、舜之心，万古如见。

【译文】尧、舜的仁心，即使年代久远也像能亲眼见到一样。

“乾坤毁则无以见《易》”①，天地毁则无以见圣人之心。

【注释】①语出《周易·系辞上》。

【译文】“如果乾坤毁灭就没有办法见到《周易》了”，如果天地毁灭就没有办法见到圣人的仁心了。

道学明而异论息，程、朱之功也。

【译文】道学阐明而异端学说停息，这是二程、朱熹的功劳。

本然、气质之性[1]，具见于《太极图》。

【注释】①气质之性：由气与形质结合而成的人性，主要指人的情欲而言。

【译文】人的本性、情欲，都可以从《太极图》中见到。

天心豫，本于吾心豫[1]。

【注释】①豫：欢喜，快乐。

【译文】天心快乐，根本原因在于我的心感到快乐。

凡有形者皆气，无形者皆密。

【译文】凡是有形体的东西都是气，无形体的东西都很隐秘。

内外合一，无纤毫之间。

【译文】内外浑然一体，没有丝毫空隙。

“惟时惟几。”[①]圣人警戒之心，曷尝有顷刻毫发间断！

【注释】①惟时惟几：语出《尚书·虞书·益稷》。几：细微，隐微。蔡沈《书经集传》：“几，事之微也。”

【译文】“无论什么时候都要戒备谨慎，无论什么事情都要戒备谨慎。”圣人的警戒之心，何曾有片刻、丝毫地间断放松啊！

余直不欲妄笞[①]一人，前时妄笞人，或终日不乐，或连日不乐。

【注释】①笞：用鞭、杖或竹板打。

【译文】一直以来我都不愿意胡乱责罚人，从前胡乱责罚了人，要么一整天不快乐，要么连续几天都不快乐。

事少[①]有处置不得其宜，心即不快；必皆得宜，心乃快然而足。

【注释】①少：稍稍，稍微。

【译文】事情稍微有处理不当的地方，我的心里就不快乐；必须都处理得当，我的心里才会快乐满足。

万物皆有精。日月五星[①]为阴阳之精，圣贤为人之精，金玉为石之精，珠贝为水之精，文木[②]为木之精，是皆得气之清明秀异而成象成形者也。

【注释】①五星：水星、金星、火星、木星、土星。②文木：有价值的可用之木。

【译文】一切事物都有精华。日月五星是阴阳中的精华，圣贤是人类中的精华，金玉是石块中的精华，珍珠贝壳是水中的精华，文木是木材中的精华，它们都是获取了天地间清澈明朗、秀丽优异之气才成象成形的。

成王问史佚曰："何德而民亲其上？"史佚曰："使之以时而敬顺之，忠而爱之，布令信而不食言。如临深渊！如履薄冰！"[①]此名言也。

【注释】①语出刘向《说苑·政理》。史佚：原名尹佚，曾任周朝的史官，故称"史佚"。

【译文】周成王问史佚说："我应该具备怎样的品德才能获得民众的亲近呢？"史佚说："驱使民众必须有度，并敬畏顺从民众，忠于民众爱护民众，颁布法令要有信用而不能食言。必须好像面临深渊一样谨慎！如同在薄冰上行走一样戒备！"这真是至理名言啊！

知止[1]则有定，不知止则心不定。

【注释】①知止：志在达到至善的境界。

【译文】知道应当达到的境界才能够心志坚定，不知道应当达到什么境界则心志不能坚定。

理明则心定。

【译文】能够明察事理就会心志坚定。

万物各具一理，万理同出一原，故“一以贯之”。

【译文】每个事物都有一个理，所有的理都共同出自一个本源，所以说“用一个根本性的事理贯通事情的始末”。

“一以贯之”，只为理同。

【译文】“能够用一个根本性的事理贯通事情的始末”，只是因为理的本源相同。

“天之生物，一本”[1]，故“一以贯之”。

【注释】①语出《孟子·滕文公上》。

【译文】“上天创造万物，有一个共同的原则”，所以“用一个根本性的事理能够贯通事情的始末”。

圣人之心，万事之理，丝毫无间，故“一以贯之”。

【译文】圣人之心，万事之理，丝毫没有空隙，所以“能够用一个根本性的事理贯通事情的始末”。

“一以贯之”，观《太极图》可见。

【译文】“用一个根本性的事理贯通事情的始末”，观察《太极图》就能发现这个道理。

持己[①]得一“敬”字，接物得一“谦”字。敬以持己，谦以接人，可以寡过矣。

【注释】①持己：持身。

【译文】修身养性应当做到一个“敬”字，待人接物应当做到一个“谦”字。修身严敬，对人谦虚，就可以少犯错误了。

愈收敛，愈充拓；愈细密，愈广大；愈深妙，愈高明。

【译文】越收敛，就会越充盈；越细密，就会越广大；越深妙，就会越高明。

"时然后言"①，惟有德者能之。

【注释】①时然后言：语出《论语·宪问》："夫子时然后言，人不厌其言。"

【译文】"该说话的时候才说话"，只有有德行的人才能做到。

"一"只是性。"天下无性外之物，而性无不在"①。

【注释】①语出朱熹《太极图说解》。

【译文】"一"就是天性。"天下不存在天性之外的事物，而且天性是无处不在的"。

"一"以心言，"贯"以情言，所谓"心统性情者也"。

【译文】"一"是就心而言的，"贯"是就情而言的，所以说"心是性情的统帅"。

顺理则心悦豫，不顺理则心沮戚。

【译文】顺应理则内心喜悦愉快，不顺应理则内心沮丧忧伤。

顺理都无一事。

【译文】顺应理没有一件事可以困扰你。

顺理则泰然行之，无所窒碍；不顺理则凿矣。

【译文】顺应理做事就会镇定从容，没有阻碍；不顺应理做事就会受到阻碍，用力穿凿。

理明后见天地万物，截然各安其分。

【译文】明察事理后见到的天地万物，是界限分明、各安其分的。

私欲尽而心体无量。

【译文】不正当的欲望消除了，就会感到身心无比宽广。

虚明广大气象，到人欲净尽处自见，匪言所能喻也。

【译文】空明广大的气概，等到人的不合理欲望彻底消除后就会自行显现，这不是用语言能说明白的。

理明则心定、万事定。

【译文】明察事理后就会做到心志坚定，从而使任何事情都能安定下来。

所恶有甚于死者，人皆有是心也。观《小学》[①]所载夏侯令女、卢氏、窦氏二女之事，皆妇人女子，非素闲于礼教者，一旦临利害之际，宁就残毁危迫糜躯之祸，而不肯易其节，非所恶有甚于死者，能然乎？

【注释】①《小学》：朱熹、刘清之编撰，是古代社会的小学教材，宣传孔孟之道。夏侯令女、卢氏和窦氏二女之事分别见《小学》外篇《善行》之二十九、三十、三十一。

【译文】人都有一种比厌恶死亡更厌恶某些事情的心理。阅读《小学》上记载的夏侯令女、卢氏以及窦氏姐妹等这些女子的事迹，可以知道她们虽然都是妇人女子，如果不是平时熟习礼教，一旦遇到利害关头，宁肯承受毁坏身体、威逼利诱、牺牲生命等痛苦，也不肯变节改嫁，如果不是具备比厌恶死亡更厌恶某些事情的心理，她们能这样吗？

道学明而异论息，程朱之功也。

【译文】道学阐明而异端学说停息，这是二程、朱熹的功劳。

字虽人制，而其理实出于天。如“一”而大为天，“二”而小为地之类可见。

【译文】字虽然是人制造的，但制造字的理却来源于上天。如“一”象征含有“大”字的天，“二”象含有“小”字的地，从这一类字中就能观察得到。

“冲漠无朕之中，万象森然已具。”[①]《书》其“一”也。

【注释】①语出《二程遗书》。冲漠无朕：空寂无形。

【译文】“空寂无形之中，万事万物之理就已经具备了。”这层意思，在《尚书》里是用“一”来表述的。

《河图》[①]，数之始，字画之原。

【注释】①《河图》：传说中伏羲通过黄河中浮现的龙马身上的图案绘制的原始“八卦”图形，称为“河图”。

【译文】《河图》，是数字的起始，字画的本原。

“水”“火”二字，分明乃《坎》☵、《离》☲二卦顺置之可见。

【译文】“水”“火”二字，把《坎》《离》二卦顺时针旋转一下就能清楚地见到。

常使“有己”，则不随俗而变。

【译文】常常修养道德，严格要求自己，才不会随波逐流。

韩文公[①]交友忠而不返于退面，可以为百世之师矣。

【注释】①韩文公：唐代文学家韩愈，死后谥号“文”，故称韩文公。

【译文】韩文公交朋友不管是当面还是背后都十分忠信，这样的品行可以作为世代的典范了。

舍而不求为“忘”，求之太过为“助长”，“勿忘，勿助长”[①]。

【注释】①语出《孟子·公孙丑上》。

【译文】舍弃而不追求是“忘”，追求太过急躁是“助长”，“心中不要忘记，不要用外力违背规律地帮助它成长”。

汉文帝嬖[①]邓通，武帝嬖韩嫣，哀帝嬖董贤，男色之溺人[②]也如此。

【注释】①嬖（bì）：宠幸。②溺人：令人沉沦不能自拔。

【译文】汉文帝宠幸邓通，汉武帝宠幸韩嫣，汉哀帝宠幸董贤，男性美色迷惑人就像这样。

心定气平，而身体之委和舒泰[①]不可言。

【注释】①委和舒泰：顺畅和谐，舒服安宁。

【译文】心气安定平和，全身也就能达到一种妙不可言的和畅安宁境界。

李牧[①]守边，每匈奴入寇，辄入保[②]不战。如此数岁，一旦出兵，大破匈奴，威震漠北。此正老子所谓“大国以下小国，则取小国；小国以下大国，则取大国。[③]”又曰：“欲上民，必以言下之；欲先民，必以身后之。”孙子所谓“始如处女，敌人开户；后如脱兔，敌不及拒[④]”；古人用兵之术，大率此类。

【注释】①李牧：战国时期赵国的名将。②保：同“堡”，营垒。③与下句，分别出自《道德经》六十一章、六十六章。④语出《孙子兵法·九地》。

【译文】李牧守卫边境，每次匈奴入侵，就躲进堡垒不出战。这样数年之后，有一天出兵迎敌，大破匈奴，威震北方。这正是老子所说的“大国对小国谦下，就可取得小国的归附；小国对大国谦下，就可取得大国的支持。”又说：“要处在百姓之上为统治者，必须在言语上对民众谦下；要处在百姓之前为领导者，必须把自身利益放在百姓之后。”孙子所说“战争开始之前，要像处女那样显得沉静柔弱，诱使敌人放松戒备；战斗展开之后，则要像脱逃的野兔一样行动迅速，使敌人措手不及，无从抵抗”；古人用兵的方法，大致如此。

颜子“仰弥高，钻弥坚，在前往后”[①]，皆指此理而言。“博文”，是明此理；“约礼”，是体此理；“欲罢不能”，是悦此理；“既竭吾才，如有所立卓尔”，是目中了了[②]见此理；“虽欲从之，末由也已”，是不可不熟此理。理者何？即天命之性具于圣人之心，率性之道由于圣人之身者也。

【注释】①语出《论语·子罕》。②了了：清楚，明白。

【译文】颜渊“越仰望它越显得高远，越钻研它越显得坚固，看它好像在前面，忽然间又像在后面”，都是指理而言。“博学文章典籍”，是为了明察事物之理。“以礼约束自己”，是为了体会事物之理。“想停止也不可能”，是从理中获得了愉悦；“已经用尽我的才力，而它依然卓立在我的面前”，是眼中清晰地看见了理。“想追从上去，却又不知从哪里起步”，是说不能不熟悉这个理。理是什么？就是上天赋予的本性在圣人的心中具备，遵循本性的道通过圣人的身体来实践。

“大本”[1]者，太极之全体；“达道”者，太极之流行。

【注释】①大本：与“达道”都出自《礼记·中庸》。

【译文】“最大的根本”，就是太极的全体；“普遍的规则”，就是太极的流行。

太极之理，《中庸》言之详矣。

【译文】关于太极的道理，《中庸》里说得很详细。

太极者，理之别名，非有二也。

【译文】太极，是理的另一个名字，两者没有不同。

太极即是理。就太极上愈生议论，去道愈远。

【译文】太极就是理。在太极上议论得越多，背离道就越远。

“统体”“各具”之太极，非有二也。

【译文】“总体”的那个太极和“分散于各个事物”的太极，没有什么不同。

“大德敦化”[①]，“万物统体一太极”[②]也；“小德川流”[③]，“物物各具一太极”[④]也。合仁、义、礼、智言之，是“统体一太极”；分仁、义、礼、智言之，是“各具一太极”。

【注释】①见《礼记·中庸》。②见朱熹《太极图说解》。③见《礼记·中庸》。④见朱熹《太极图说解》。

【译文】“大德敦厚，化育万物”，说的是“万物全部统一于一个太极”；“小德如江河，川流不息”，说的是“每个事物都有一个太极”。仁、义、礼、智总体来说，是“统一于一个太极”；仁、义、礼、智分开来说，是“各有一个太极”。

后学不知太极即是性，因见其名异，骇而不敢求其说，大道隐矣。

【译文】后世学者不知道太极就是性，因见到太极的名字很奇异，感到惊讶而不敢探求关于它的理论，这样大道就无法显露了。

《四书》[①]通，则太极之理不待讲说而明矣。

【注释】①《四书》：指《论语》《大学》《中庸》《孟子》四部儒家经典。

【译文】通晓了《四书》，那么有关太极的道理不用讲解也能明白了。

孔子言“太极”是指理言，周子言“无极”是指此理无形而言。

【译文】孔子说的“太极”是指理而言的，周敦颐说的“无极”是指理没有形体而言的。

丙吉[①]深厚不伐，张安世[②]谨慎周密，皆可为人臣之法。

【注释】①丙吉：西汉名臣，汉宣帝时任丞相。②张安世：西汉名臣，以为官廉洁著称。

【译文】丙吉修养深厚不自夸，张安世行事谨慎思虑周密，都可以作为臣子的榜样。

丙吉为相，上[①]宽大，好礼让，不亲小事，时人以为知大体。

【注释】①上：同“尚”。

【译文】丙吉担任丞相时，崇尚宽厚，喜欢礼让，不纠缠于小的事情，当时的人认为他有大局意识。

清而有容，乃不自见其清；清而不能容，是自有其清，而心反为其所累矣。

【译文】廉洁而又有容忍不廉的雅量，就不会觉得自己廉洁；廉洁而不能容忍不廉，就会觉得自己廉洁，这样内心反而会受到连累。

以己之廉，病人之贪，取怨之道也。

【译文】因自己廉洁，就责备别人贪婪，是招致怨恨的途径。

廉而自忘其廉，则人高其行而服其德。

【译文】能做到廉洁并忘记自己是廉洁的，人们就会推崇他的行为，佩服他的道德。

心者，气之灵而理之枢也。

【译文】心，是气的精神，理的枢纽。

道理浩浩无穷，惟心足以管之。

【译文】道和理浩大无穷，只有心能够管理它。

万化常然者，理自如此。

【译文】万事万物都有常态，理自然也是这样。

虫不得不鸣者，理也。

【译文】虫子到了该鸣叫的时候不能不鸣叫，这就是理。

吾思人有贵而自满者，所谓“位不期骄[①]”也。此不可不戒。

【注释】①语出《尚书·周官》。

【译文】我想到有些人因高贵而自满，恰是《尚书》所说的“地位高了，就会骄傲”啊。这不可不引以为戒。

圣贤之文，乃道之精华。

【译文】圣贤的文章，是道的精华。

圣贤之文，自道中流出，如江河之有源，而条理贯通。后人不知道而有意为文，犹断港绝潢[①]之无本，虽强加疏凿，终亦不能贯通为一，真无用之赘言也。

【注释】①断港绝潢：语出韩愈《送王秀才序》。断港：同别的水流不相通的河湾。绝潢：与水流隔绝的水池。

【译文】圣贤的文章，是从道中流出来的，就像江河有源头一样，有条有理，前后贯通。后世之人不懂得道，刻意去写文章，就像与水流隔断的河湾、水池一样，无本无源，即使强加疏通，终究也不能前后贯通，一脉相连，真是全说些无用多余的话啊。

阴阳变易而理常存，所谓“恒”也。

【译文】阴阳变化但理却永久存在，这就是所说的“永恒”。

所以阴阳变易者，固理之所为，而理则一定而不易，所谓“恒”也。

【译文】引发阴阳变化的原因，固然是理所推动的，但理确是固定不变的，这就是所说的“永恒”。

人之所从不可不慎。观诸卦爻，或吉或凶，多系于所从。

【译文】人所行动的方向不可不慎重。观察《周易》的卦象、爻辞，或吉或凶，多与行动的方向相关。

知贤而不能用，知恶而不能退，不若不知之为愈。何也？不知贤，则人犹冀其能知而有进用之时；不知恶，则人犹冀其能知而有退远之望。若知贤而不能用，则人知其必不能用矣；知恶而不能去，则人知其必不能去矣。是使贤者终无以行其志，恶者愈得以肆其恶也。

【译文】知道是贤能之人却不能任用，知道是奸恶之人却不能辞退，这样还不如不知道更好。为什么呢？不知道他是贤能，则他仍希望有被人知道而被选拔任用的时候；不知道他是奸恶，则他就害怕被人知道从而早作被斥退疏远的打算。如果知道他是贤能但不能任用，那么他就知道自己一定不会被任用了；知道他是奸恶却不能辞退，那么他就知道自己一定不会被辞退了。这样会使贤能之人始终无法实现其志向，奸恶之人却越发肆无忌惮地作恶了。

汉元帝因京房之言，知石显之奸，而卒不能远，所谓“恶恶而不能去”[①]也。

【注释】①恶恶而不能去：出自汉代刘向编著的《新序》。

【译文】汉元帝通过京房的话，知道了石显是奸恶之人，但终究未能远离他，这正是所谓的“厌恶邪恶之人却不能疏远”啊。

圣贤学性理，学其本；众人学词章，学其末。

【译文】圣贤学习性理之学，是学习“道”的根本；普通人学习诗词文章，是学习“道”的末梢。

所以为学者，只为人固有之善或蔽于气质物欲，有时而失，故须学以复之。及其既复，则本分之外不加毫末。后人不知学其所固有，而学文辞字画之类，求工求奇，徒弊精神于无用，其失远矣！

【译文】之所以学习，是因为人固有的善性被气质物欲所蒙蔽，久而久之就会失去，所以必须通过学习来恢复。等到善性完全恢复了，则本性之外不再需要增加任何东西。后世之人不懂得学习人本有的善性，却学习诗文字画之类的东西，力求工整奇特，这是在无用之物上白白地耗费精神，其损失多么大啊！

三代[①]之学，皆所以明人伦也。外此便是世俗之学。

【注释】①三代：指夏、商、周三个朝代。

【译文】三代的学说，都是教人明白人与人之间的关系。除此之外都是世俗的学问。

孔子称“直哉史鱼[①]”“君子哉蘧伯玉[②]”二者，君子必慎所取焉。

【注释】①②语出《论语·卫灵公》。史鱼和蘧伯玉都是春秋时期卫国的贤臣。

【译文】孔子说“史鱼真是正直啊”“蘧伯玉真是一位君子啊”，君子必须谨慎地学习和选取他们的处世方式。

君子如玉，反复观之，温润莹彻[①]无瑕。

【注释】①莹彻：即莹澈。

【译文】君子像玉一样，即使反复观察，他也是温和美好，晶莹剔透，没有瑕疵。

史称“韩信知高帝畏恶其能[①]”，乃知高帝欲去信之心久矣。虽无陈豨[②]之事，殆必不免。

【注释】①语出《史记·淮阴侯列传》。高帝：即汉高祖刘邦。②陈豨（xī）：汉高祖刘邦部将，后起兵反叛，兵败被杀。

【译文】史书上说“韩信知道汉高帝畏忌厌恶自己的才能”，从这句话能知道汉高帝早就有打算除掉韩信的想法了。即使没有陈豨反叛的事，韩信也一定会被除掉。

吕后杀韩信事，窃意高祖必有言。史称帝“畏恶其能”，以“畏恶”之语观之，则知其欲去信之心必露于左右。其讨陈豨也，空国远征，信留京师，帝岂无防信之密谋乎？但他人不知，而吕后自知之，故告变一上，即用萧何之计，诈而斩之。不然，信以盖世[①]之功，为国功臣，后安得因一时之飞语，不待奏报，而遽杀之乎？以是观之，则欲去信之心久而有密计也审[②]矣！

【注释】①盖世：才能、功绩等高出当代之上。②审：真实，确实。

【译文】吕后杀韩信之事，我以为是汉高帝授意的。史书称汉高帝“畏忌厌恶韩信的才能”，通过观察“畏恶”这两个字，就知道汉高帝打算除掉韩信的心思必定在周围的人中有所显露。其讨伐陈豨，出动全国的兵力远征，而把韩信留在京城，高帝难道就没有预防韩信造反的密谋吗？只是其他人不知道，但吕后自己必然知道，所以变故一报上来，就用萧何的计谋，将其骗入宫中而斩杀。如果不是这样，韩信功劳极大，是建国功臣，吕后怎么会因为一句没有根据的话，不向高帝奏报，就迅速杀掉他呢？以此来看，高帝早就有打算除掉韩信的想法，并且确实是仔细密谋了很久的！

凡有条理明白者皆谓之“文”，非特语言词章之谓也。如天高地下，其分截然而不易，山峙川流，其理秩然而不紊[①]，此天地之“文”也；日月星辰之照耀，太虚[②]云物之斑布，草木之花叶纹缕[③]，鸟兽之羽毛彩色，金玉珠玑[④]之精粹，此又万物之“文”也；以至“三纲五常”之道，古今昭然而不昧，“三千三百之礼”[⑤]，小大粲然而有章[⑥]，此又人伦日用之“文”也；至于衣服器用之有等级次第，果蔬鱼肉之有顿放行列，此又万事之“文”也。推之天地之间，凡有条理明粲者，无往而非文，又岂特见于文辞言语者然后谓之文哉？

【注释】①不紊：不乱。②太虚：宇宙。③纹缕：纹理，纹路。④珠玑：珠宝，珠玉。⑤三千三百之礼：语出《礼记》。⑥有章：有法度。

【译文】凡是有条理且条理明确的东西都可以叫做“文”，并非单指语言、诗文而言。像天在上地在下，其界限分明且长久不变，山耸立河流动，其秩序井然且丝毫不乱，这是天地间的“文”；日月星辰的照耀，宇宙云气的分布，草木花叶的纹路，鸟兽羽毛的色彩，金玉珠宝的精髓，这又是万物之间的“文”；以至于“三纲五常”的道理，古今都明显而清晰，“大的礼节三百，小的规范三千”，无论大小都清楚有法度，这又是人间日常生活的“文”；至于衣服器物有等级次序，果蔬鱼肉有放置顺序，这又是万事之间的“文”。推演到天地之间，凡是条理明晰的，无处不是“文”，难道只有见于文辞、言语之上的才叫做“文”吗？

爱流而为淫，溺仁之过也。

【译文】情爱泛滥无节制就是淫，这是泯灭仁心后导致的过错。

“物物各具一太极”，一而二也；“万物统体一太极”，二而一也。

【译文】“每个事物里都有一个太极”，这是一演化为二；“一切事物全部统一于一个太极”，这是二合成为一。

程子论“恭敬”曰：“聪明睿智，皆由此出。”盖人能恭敬，则心肃容庄，视明听聪，乃可以穷众理之妙；不敬，则志气昏逸[1]，四体放肆，虽粗浅之事尚茫然而不能察，况精微之理乎！以是知“居敬”“穷理”二者不可偏废，而“居敬”又“穷理”之本也。

【注释】①昏逸：混乱，散乱。

【译文】程子议论“恭敬”说：“聪明睿智，都是出自恭敬。”大概人能做到恭敬，就会心中肃静容貌端庄，看得清楚听得明白，也就可以探究万事万物的奥妙。做不到恭敬，志向和心气就会混乱，四肢就会放荡，即使是粗浅的事情也会处于迷糊之中不能明察，更何况精微的事理呢！因此应该知道“持身恭敬”“探究事理”二者不能偏废，而“持身恭敬”又是“探究事理”的根本啊。

《家人》[1]卦初九曰：“闲[2]有家，悔亡。”九三曰：“家人嗃嗃[3]，悔厉吉。”上九曰：“有孚威如，吉。”大率治家过严，虽非中而吉。

【注释】①《家人》：《周易》第三十七卦。②闲：防范。③嗃嗃：严厉的样子。

【译文】《家人》卦初九爻说："治家时防范家庭出现意外事故，就会没有悔恨。"九三爻说："治家严厉，会有悔恨，也有危险，但总是吉利的。"上九爻说："有诚信又有威严，终会吉利。"大体来说治家过于严厉，虽不太适度，但总是吉利的。

庄子曰："夫事其亲者，不择地而安之，孝之至也；夫事其君者，不择事而安之，忠之盛也。"[①]此言甚正。

【注释】①语出《庄子·内篇·人间世》。亲:父母。择:区别。

【译文】庄子说："侍奉父母，无论什么境地，都能使父母过得安适，这是孝顺的极致；侍奉君主，不论什么事情，都能让国君放心，这是尽忠的极致。"这句话说得很正确。

先儒谓：曹操之死，于分香卖履细碎之事无不区处[①]，独不言禅代[②]之事，乃其奸计，此固也。然观孙权称臣于操，称说天命之时，操之群臣因是劝操即真[③]，操曰："若天命在吾，吾为周文王矣。"观此一言，已以文王自处，是以武王待其子也，禅代之计盖昭然已露，又岂临死奸计所能掩哉？

【注释】①区处：处理，筹划安排。②禅代：帝位的禅让和接替。③即真：由摄政或监国而正式即皇帝位。

【译文】以前的儒者说：曹操死时，对分香、卖鞋之类的事都要筹划安排，独独不说让位的事，这是其奸计，固然是这样。然而观看孙权向曹操称臣，称赞曹操具备天命之时，曹操的群臣借机都劝他赶紧称帝，曹操说："如果天意选中了我，那我就当个周文王吧。"看这一句话，曹操已经把自己当作周文王，把自己的儿子当作周武王，让位的计划已昭然显露，又岂是临死时的奸计所能掩盖的呢？

圣贤之言，如法律条贯，循之则安，悖之则危。其有不然者，幸不幸而已。

【译文】圣贤的言论，就像法律条例一样，遵循就会平安，违背就有危险。如果有不是这样的情况，就要看自己幸运不幸运了。

"天地睽而其事同也，男女睽而其志通也，万物睽而其事类也。"[①]是皆物形虽异，而理则同。众人见物形之异，圣人明物理之同。

【注释】①语出《周易·睽卦》彖辞。睽：对立。

【译文】"天和地是对立的，但化育万物的事理是相同的；男和女是对立的，但维持家庭、繁衍子孙的心思是一样的；万物是对立的，但也与前面说到的天地、男女的情状相类似。"所有的事物形状虽然不同，但内含的理却是相同的。普通人看见事物形状的不同，圣人则明察事物之理的相同。

天下无二理，古今无二道，圣人无二心。

【译文】天下只有一个理，古今只有一个道，圣人只有一种心。

道体本深远难言，故《诗》曰：“维天之命，於穆不已！”[①]

【注释】①出自《诗经·周颂·维天之命》。於（wū）：赞叹词。穆：肃穆。

【译文】道的本体本来就是深刻长远难以言说的，所以《诗经》说：“想那天道在运行，庄严肃穆永不停。”

唐、虞[①]、三代之治，皆自圣人一心推之，无非顺天理因人心而立法也。

【注释】①唐、虞：唐尧与虞舜的时代。

【译文】唐、虞、夏商周三代的太平之世，都是从圣人的仁心推演出来，无非顺应天理遵从人心而立法治政。

庄子曰：“通于一而万事毕。”[①]形容道体之言也。

【注释】①语出《庄子·外篇·天地》。

【译文】庄子说：“贯通于道而万事可成。”这是描述道的本体的言论。

论万事皆当以“三纲五常”[1]为本。

【注释】①三纲五常：三纲，君为臣纲，父为子纲，夫为妻纲。五常，仁、义、礼、智、信。

【译文】谈论社会上的一切事情都应当以“三纲五常”为根本。

天地间至大者，莫过于“三纲五常”之道，帝王之为治，圣贤之为学，皆不外乎是。

【译文】天地间最大的道理，莫过于“三纲五常”，帝王治理国家，圣贤治学兴教，都不外乎此。

观史不可以成败优劣论人，只当论其是非。

【译文】阅读史书不能以成败优劣论人，只应当论其对错。

学者之所讲明践履，仕者之所表倡推明，皆当以“三纲五常”为本，舍此则学非所学，仕非所仕也。

【译文】学者所讲学实践的，官员所倡导阐明的，都应当以“三纲五常”为根本。舍弃这个根本，那么学习就不能称之为学习，做官也不能称之为做官了。

“三纲五常”之道，根于天命而具于人心，历万世如一日，循之则为顺天理而治，悖之则为逆天理而乱。自尧、舜、三代，历汉、唐以至宋，上下数千年，盖可考其迹而验其实也。

【译文】“三纲五常”的道理，根源于自然的法则而具备于人心，经历千万年而不变化，遵循它就是顺应天理而天下太平，违背它就是违反天理而天下混乱。自尧、舜、三代，经历汉朝、唐朝以至宋朝，前后数千年，都可以考察到它的痕迹，体验到它的实效。

温太真①为刘琨奉檄将命②江左，其母崔固止之，不能得至，绝裾③而行。千载之下，他人念其母之情者犹不觉感怆④于心，太真乃忍此而行，其本心可谓死矣。后虽有功，惜乎不能掩其失也。

【注释】①温太真：即温峤，字太真，东晋名将。②奉檄将命：捧着文书，执行命令。奉，同“捧”。③绝裾：扯断衣裳。④感怆：感慨悲伤。

【译文】温峤奉刘琨之命过江劝说晋元帝即位，他在接受任命即将南下时，母亲崔氏坚决阻止他走，温峤不顾一切，扯断衣裳而走。千年之后，我们想到温峤母亲对儿子的这种情感心里仍然感慨悲伤，但温峤不顾母亲的感受坚决离开，他的本心可以说是已经泯灭了。后来虽然立了大功，可惜仍旧不能掩盖其不孝的过失啊。

取人当观大节，大节者何？“三纲五常”之道是也。孟子论陈仲子[①]之事，正谓大节既失，小者无足观也。盖人之大节，莫过于伦理，“辟兄离母”[②]大节失矣，区区小廉，何足道哉！

【注释】①陈仲子：战国时期齐国人。②辟兄离母：出自《孟子·滕文公下》。

【译文】观人都应当看其大的节操，大的节操是什么？就是“三纲五常”的道理。孟子议论陈仲子的事，正是说的大的节操已经没有了，小的方面也就不值得察看了这个道理。人的大节操，莫过于人伦。“避开哥哥，离开母亲”，大的节操已经丢失，一点小的廉洁，有何值得称赞呢！

古之智士料事多中。如羊祜[①]告晋武帝曰：“取吴不必臣行，但既平之后，当劳圣虑耳。”又曰：“若事了，当有所付授，愿审其人。”正谓建储[②]一事也。郭钦[③]以戎狄[④]居内地非所宜，不徙将有变故。后来惠帝昏愚，纪纲颓弛[⑤]，戎狄乱华，皆如二子所料，其可谓智士矣。

【注释】①羊祜：字叔子，魏晋时期著名战略家。②建储：立皇太子。③郭钦：西汉哀帝时大臣，以清廉正直著称。④戎狄：西戎和北狄，是对西方和北方少数民族的统称。⑤颓驰：废弛。

【译文】古代有智慧的人预料事情往往十分准确。比如羊祜对晋武帝说："夺取吴国不一定我去，但是等平吴之后，就要劳累您圣明的思虑了。"又说："如果事情结束，应当有所托付授受，希望您慎重地选择合适的人选。"说的正是立皇太子的事。郭钦认为戎狄不应当居住在内地，不把他们迁徙出去将来就会出事。后来晋惠帝昏庸，法度混乱，戎狄侵入华夏，都像他们二人所预料的那样，真可谓有智慧的人啊！

言"敬"莫详于《书》，但挈出其要以示学者，则自宋儒始。

【译文】谈"敬"的道理没有比《尚书》更详细的，但提炼出其要旨来指示学者，则是从宋代的儒者开始。

性外无道，率性即道也。

【译文】道不在人的本性之外，遵从本性就是道。

学道固自圣贤之书而入，苟徒玩心[①]章句之间，而不求实理之所在，则亦无以有诸己矣。

【注释】①玩心：专心致志。

【译文】学习“道”固然应该从圣贤之书入门，如果只是专注在篇章、词句之间下功夫，而不探求真实道理的所在，则仍旧对自身没有益处。

理真实无名。

【译文】理真实存在却难以名状。

既曰理，夫复何言？只是人物之所以然者便是也。

【译文】既然叫“理”，那又有什么可以言说的呢？只是人之所以为人、物之所以为物的原因就是理了。

“三纲五常”之道，日用而不可须臾舍，犹布帛菽粟不可一日而无也，舍此他求，则非所以为道矣。

【译文】“三纲五常”的道理，每天都在使用而不能片刻舍弃，就像棉布、丝布、豆、小米不能一天没有它们一样，舍弃人伦日用，反而向其他地方寻求，这就不是求道的正确途径了。

人之邪正必谨于所习，习与正人居则正，习与不正人居则不正。此前贤之至论，万世之明戒。

【译文】一个人邪恶和正直与习惯密切相关，所以必须在习惯方面十分谨慎，习惯和正直的人在一起就会变得正直，习惯和不正直的人在一起就会变得不正直。这是前贤们正确精辟的言论，古今万年的明白告诫。

便辟侧媚[①]小童，最能顺人志意，使人不觉倾向，几至心不能持，自非明理刚特有守之君子，鲜不为所移者。以是知古人"比顽童[②]"之训其虑深矣。

【注释】①便辟侧媚：谄媚逢迎，善于讨好。②顽童：指愚昧无知的人，语出《尚书·伊训》。

【译文】善于谄媚讨好的幼童，最能迎合人的意愿，使人在不知不觉间对他倾心宠爱，几乎达到不能自制的地步，如果不是明理、刚正、有操守的君子，很少有不被他们所迷惑的。因此知道古人"亲近愚昧小人"的训诫是思虑多么深远啊！

意才有向，便失其正，不可不察。

【译文】对符合心意的人才有偏向，就会失去公正，不能不认真考察。

挺特刚介之志常存，则有以起偷惰而胜人欲。一有颓靡不立之志，则甘为小人，流于卑污[①]之中而不能振拔矣！

【注释】①卑污：卑鄙肮脏。

【译文】常保持出类拔萃、刚强正直的志向，就能够克服懒惰之心从而战胜人欲。一旦有了颓废、不想自立的心思，就会甘心做一个小人，混同在卑污的人群中不能振奋自拔有所建树了。

自治之要，宁过于刚，不可过于柔。颜子“克己”[①]之功，非至刚不能。

【注释】①克己：典出《论语·颜渊》：“克己复礼为仁。一日克己复礼，天下归仁焉，为仁由己，而由人乎哉！”

【译文】修身养性的要旨，宁可过于刚强，也不可过于柔弱。颜渊“克制私欲，严以律己”的功夫，不是极其刚强是不能做到的。

敬则立，怠则废。

【译文】恭敬则能自立自强，怠惰就会一事无成。

“庄敬日强，安肆日偷”[①]之语，宜深体翫。盖庄敬则志以帅气，卓然有立，为善亹亹[②]不倦，而不知老之将至；安肆则志气昏惰，柔懦无立，翫愒[③]岁月，悠悠[④]无成矣。

【注释】①庄敬日强，安肆日偷：语出《礼记·表记》。日偷：日渐苟且怠惰。②亹亹（wěi wěi）：勤勉不倦的样子。③翫愒（wán kài）：苟安岁月。翫，同“玩”。④悠悠：长久。

【译文】“庄严恭敬就会日益强大，安乐放纵就会逐渐怠惰”这句话，一定要深入体会研习。因为庄严恭敬就能以顽强的意志统率意气，卓越突出而有所建树，做起善事来勤勉而不知疲倦，也不会感到衰老即将到来；安乐放纵就会志气昏沉怠惰，柔弱难以自立，苟且度日，长此以往必然一事无成。

古人衣冠伟博，皆所以庄其外而肃其内。后人服一切简便短窄之衣，起居动静惟务安适，外无所严，内无所肃，鲜不习而为轻佻浮薄者。

【译文】古人的衣帽宽大，皆是为了显示外表的庄严和内心的肃穆。后人穿的都是简便短窄的衣服，起居动静只求安逸舒适，外表既不庄严，内心也不肃穆，很少有对此习以为常而不变得轻浮浅薄的人。

孟子曰：“以力假仁者霸，以德行仁者王。”[①]论王、霸之分，莫切于此。

【注释】①语出《孟子·公孙丑上》。

【译文】孟子说：“依靠武力假借仁义的能称霸天下，依靠道德施行仁政的能称王天下。”谈论王、霸的区别，没有比这更确切的了。

“守约”[①]者，为学之至要。

【注释】①守约：简易可行。出自《孟子·尽心下》：“守约而施博者，善道也。”

【译文】“保持简约”，是为学的要旨。

“守约”则无事矣。

【译文】“保持简约”就不会招致麻烦了。

“守约”者心自定。

【译文】“保持简约”内心自然就会安定。

“知言”者，“书无不通，理无不明”之谓。

【译文】“善于辨析他人的言辞”，就能达到“书无所不通，理无所不明”的境界。

所博者是，则自得其要；所博者非，则不能守约矣。

【译文】如果博学的内容是对的，自然就会掌握其要领；如果博学的内容是错的，就不能保持简约了。

"约"者，要也。博而约，一以贯之。

【译文】"约"，是简要的意思。广博而简约，这是应当贯彻始终的基本思想。

"守约"则能泛应。

【译文】"保持简约"就能广泛应对众多事物。

学至于"约"，则有得矣。

【译文】学习到达"简约"的境界，就能广泛有所收获了。

道是总体，义是支节①，道如水之源，义则流而为支派②者也。分而言之则二，合而言之则一，所谓"体用一源"也。

【注释】①支节：指四肢骨节。②支派：支流。

【译文】道是万物的总体，义是道的分支，道像水的源头，义则是从源头流出来的支流。分开来说它们是两个东西，合起来说它们是一个东西，这即是所谓的“本体与表象都源自一个根本”。

人心宽平则光明，狭险则幽暗。光明者君子，幽暗者小人。

【译文】人心宽大公平就会心地光明，狭隘阴险就会心理幽暗。心地光明的是君子，心理幽暗的是小人。

天道、人伦，浑合无间。

【译文】天道和人伦，浑然一体没有间隙。

有我之私极难克，贵乎明与刚而已。

【译文】以自我为中心的自私极难克服，重要的是保持心地的光明和刚正。

蝼蚁之微，或误戕①之即瞿然②心动，乃知恻隐③之端非由外铄④也。

【注释】①戕：残害。②瞿然：惊骇的样子。③恻隐：同情。④外铄：外力。

【译文】蝼蛄和蚂蚁这么小的生命，有时误伤到它们也会心有惊骇，由此可知恻隐之心不是由外力形成的。

行有不得，皆当反之于己。

【译文】凡是行为得不到预期的效果，都应该反过来检查自己。

《中庸》“所求乎子以事父未能”之类，大抵人之责人常重，自责常轻，故当以责人者责己。

【译文】《中庸》上“要求儿女应该孝敬父母的，自己却没能做到”之类的话，大体说明人要求他人时常常很严格，要求自己时却常常很宽容，所以应该以要求他人的标准来要求自己。

待人当宽而有节。

【译文】对待他人应当宽容而有节制。

处己接物，事上使下，皆当以敬为主。

【译文】要求自己、接触外物，事奉上级、对待下属，都应当以恭敬为主。

卦之六爻，皆阴阳自然之数。如一年有十二月，自十一月一阳生至四月六阳满，五月一阴生至十月六阴满，十一月又一阳生。如日有十二时，子时一阳生至巳时六阳满，午时一阴生至亥时[1]六阴满，子时又阳生。大而一年，小而一日之运，六爻无不包括。故六爻添一爻亦不成造化，减一爻亦不成造化，是皆阴阳自然之数，圣人不过因而画之耳。

【注释】①子时、午时、亥时：二十三点至凌晨一点、十一点至十三点、二十一点至二十三点。

【译文】八卦的六个爻，都代表阴阳自然的运数。就像一年有十二个月，自十一月开始一个阳爻生发到了四月六个阳爻就满了，五月一个阴爻生发到了十月六个阴爻就满了，十一月又有一个阳爻发动。也像一天有十二个时辰，子时一个阳爻生发到了巳时六个阳爻就满了，午时一个阴爻生发到亥时六个阴爻就满了，子时又有一个阳爻发动。大到一年，小到一天的运转，六个爻都包括其中。因此这六个爻加一个爻不能显示自然的造化，减一个爻也不能显示自然的造化，它们都代表阴阳自然的运数，圣人不过遵循自然的变化而用符号画出来罢了。

卦六画[1]之上，固可倍之以至无穷。要不若六画弥纶[2]天地之化，约而尽。

【注释】①六画：六爻。②弥纶：涵盖。

【译文】卦象用多于六个爻的符号表示，固然可以加倍以至于无穷无尽。之所以不用它们，估计是不如六个爻涵盖天地的变化，简约而完备。

圣人治天下，“公”而已。

【译文】圣人治理天下，不过是“公正”罢了。

“公”，王道；“私”，霸道。

【译文】“公正”，是王道；“偏私”，是霸道。

王者所存所行，皆天理之公；伯[①]者则假天理之名，以济己私耳。

【注释】①伯：通“霸”，称霸。

【译文】称王天下之人的存心和行为，都符合天理的公正；称霸天下之人则是假借天理的名义，来谋取个人的私利。

汉治分明是霸。如高帝为义帝[①]发丧，乃其一端。

【注释】①义帝：即楚义帝熊心，被项羽派人杀死。

【译文】汉朝治理国家采用的分明是霸道。像汉高帝为楚义帝发丧，就是一个表现。

汉初诸将，如英布、韩、彭犹悍马虓虎[1]，常有跋扈[2]倔强之气，非高祖莫能御也。

【注释】①虓（xiāo）虎：咆哮的老虎。②跋扈：蛮横。

【译文】汉朝初期的诸位将领，如英布、韩信、彭越他们，像彪悍的战马、咆哮的猛虎，身上常有蛮横倔强的气焰，如果不是汉高祖他人是无法驾驭的。

汉祖御将之术，皆以诈而不以诚。

【译文】汉高祖驾驭将领的方法，都是用欺诈而不是诚心以待。

知一人之性、十人之性、百人之性、千万亿人之性，无不同也；知一物之性、十物之性、百物之性、千万亿物之性，无不同也。知人物古今之性无不同，则心之全体大用[1]无不该贯[2]，初无限量之可言矣。

【注释】①全体大用：即体和用。②该贯：贯通。

【译文】应该知道一个人的本性、十个人的本性、一百个人的本性、千万亿人的本性，没有什么不同；应该知道一个事物的本性、十个事物的本性、一百个事物的本性、千万亿事物的本性，没有什么不同。知道不论古代还是现代，人和事物的本性没有什么不同，那么心的本体和发用就能贯通，也可以说人心原本就无限广大了。

汉初犹是战国之余习，观其人才可见。周勃遣使迎文帝于代①，或曰："诸将皆习诈用兵。"此类可见。

【注释】①代：古地名，约今山西代县辖地。

【译文】汉朝初期仍保持着战国时期遗留下来的风尚，从人才这一方面就能看出来。周勃派遣使者到代地迎立汉文帝，有人说："汉朝初期的诸位将领用兵习惯使用诈术。"从这类记载就能看出。

在物曰性，在天曰天。天也，性也，一源也。故"知性，则知天矣"①。

【注释】①知性，则知天矣：语出《孟子·尽心上》："尽其心者，知其性也。知其性，则知天矣。存其心，养其性，所以事天也。夭寿不贰，修身以俟之，所以立命也。"

【译文】"道"体现在物上叫性，体现在天上就叫天。天和性，具有同一个源头。所以"知晓本性，也就能知晓天理了。"

理无穷，故圣人立言亦无穷。

【译文】理无穷无尽，所以圣人阐述道理、著书立说也无穷无尽。

孔子因道不行于当时，不得已而删述六经，垂法万世。后之儒者，乃有意于续经著书，其立心固不同矣。

【译文】孔子因为在当时难以推行自己的学说，不得已才整理六经，以此作为万世的法则。后世儒者，刻意地去阐释经典著书立说，其立志早就与圣人不同了。

夫子之心，万世如见。

【译文】孔子的仁心，万年之后还好像能看见。

汉初之将桀骜，中兴①之将循谨。

【注释】①中兴：指王朝中期的复兴。
【译文】汉朝初期的将领凶暴倔强，中兴时期的将领守法谨慎。

夫子之道德，匪言语所能尽。

【译文】孔子的道德，不是言语所能形容的。

太极本只是天地万物自然之理，不外乎人伦日用之间。学者因见其立名之高，欲以玄远求之，误矣。

【译文】太极本来就是天地万物的自然之理，不外乎存在于人际关系和日常生活之间。学者因为看到它命名高深，想用玄妙深远的方法来探究它，这就错了。

接物大宜含弘，如行旷野而有展步之地。不然，大狭而无以自容矣。

【译文】待人接物最应当宽大包容，这就像在旷野行走而有舒展脚步的地方一样。不然，太狭隘就无地自容了。

人只见已然而不见未然，已然者其形也，未然者其几[①]也。

【注释】①几：隐微。

【译文】人只能看见已经发生的事情却看不见未曾发生的事情，这是因为已经发生的事情显著，未曾发生的事情隐微。

欲有水意，故窒欲如止水。

【译文】人的欲望像流水一样，所以抑制欲望就如同阻止流水。

“人实不易知，更须慎其仪。”[1]杜诗之近理者也。

【注释】①人实不易知，更须慎其仪：出自杜甫《送高三十五书记》。

【译文】“人的确是不容易相知的，因此就更应谨慎小心自己的仪表举动。”这是杜甫诗里面接近理的内容。

气化真实是已往而遂尽，其来者乃方生之气。自十一月一阳生而为《复》，至四月换尽六阴而为纯阳之《乾》，则已往之阴遂尽，而方来之阴已生。至五月成一阴而为《姤》，至十月换尽六阳而为纯阴之《坤》，则已往之阳遂尽，而方来之阳已生。至十一月成一阳而又为《复》。以是见天地之气，往者遂消而向尽，来者方息[1]而无穷，初非已往之气，又为方来之气也。程子以是辨释氏之诞，信矣。

【注释】①息：滋生。

【译文】气的变化实际上是以往的气消散，新生的气到来。从十一月一个阳爻发动成为《复》，到四月替换完六个阴爻而成为纯阳的《乾》，这就是以往的阴气消散，新生的阴气到来的过程。到五月生成一个阴爻成为《姤》，到十月替换完六个阳爻而为纯阴的《坤》，这就是以往的阳气消散，新生的阳气到来的过程。到十一月一个阳爻生成又成为《复》。因此可以看出天地间的气，以往的会渐渐消散，新来的则生长无穷，并不是以往的气变成新来的气。程子用它来辩驳佛家的荒谬，确实是对的啊！

《鼎》[①]九二："鼎有实[②]，我仇[③]有疾，不我能即，吉。"初六以非正求二，二以刚中自守不与之合，所以吉也。君子能刚正自守，不为小人甘媚而遂与之合，亦犹是矣。

【注释】①《鼎》：《周易》第五十卦。②实：实物，食物。③仇：配偶。

【译文】《鼎》卦九二爻辞上说："鼎里有食物，我的配偶有病，不能够和我一同进餐，但终将吉利。"初六以颠倒次序来顺从九二，但九二内心刚强、坚持操守不与初六同流合污，所以吉利。君子能刚强正直坚持操守，不因为小人甜言蜜语的谄媚就与之同流合污，也像这个道理一样。

《太极图说》不过反复推明阴阳五行之理，健顺[①]五常之性，盖天人合一之道也。

【注释】①健顺：乾坤，天地。《周易·说卦传》："乾，健也。坤，顺也。"

【译文】《太极图说》不过是反复阐明阴阳五行的道理，天地五常的性质，说的都是天人合一的道理。

《太极图》“动而生阳”，是从动处说起，动却自静中来，静又自动中来，直是“动静无端，阴阳无始”。

【译文】《太极图》“在动的过程中产生阳”，是从运动之处说的，动却是由静中产生的，静又是从动中来的，真是“动和静没有端倪可寻，阴和阳没有开始处可见”。

《孟子》之言，光明俊伟，如“答景春大丈夫”章[①]，读之再三，直使人有壁立万仞[②]气象，如“濯江汉而暴秋阳[③]”也，快哉！快哉！

【注释】①事见《孟子·滕文公下》。②仞：古时七尺或八尺为一仞。③秋阳：相当于今天的夏阳。

【译文】《孟子》的言辞，光明、俊美、伟大，像“答景春大丈夫”章，阅读多次，真让人觉得有面对万仞石壁的气象，就如同“在长江、汉水里清洗过，在夏天的太阳下曝晒过”一样，痛快啊！痛快啊！

作事只是求心安而已，然须理明，则知其可安者安之。理有未明，则以不当安者为安矣。

【译文】做事只是求个心安罢了，然而必须明白道理，才能知道可以安心之处而安下心来。如果不明白道理，就会在不应当安心之处来安心了。

阳居阳位，阴居阴位，为正①，二五为中②。程子曰："诸卦二五虽不当位，多以中为美。三四虽当位，或以不中为过，中常重于正也。"

【注释】①正：阳爻居于阳位，阴爻居于阴位，称为"正""正位"或"当位"，否则就是"不正""不正位"或"不当位"。②二五为中：《周易》各卦的第二爻与第五爻分别处于下卦与上卦的居中位置，故称。

【译文】阳爻在阳位，阴爻在阴位，是正位，第二爻和第五爻都是居中之位。程子说："各卦的第二爻、第五爻虽然不一定当位，但都分别处于下卦和上卦的中位，因此具有完美性。第三爻、第四爻虽然当位，但因为它们不是居中之位，因此是'过'，处于中位常常比处于正位更重要。"

"震来虩虩，笑言哑哑①。"以安肆失之者众矣。

【注释】①语出《周易·震卦》。虩虩（xì xì）：恐惧的样子。哑哑：笑声。

【译文】"震雷来临万物惶恐畏惧，保持谨慎戒惧，以后才能谈笑嘻嘻。”因安乐放纵而丧失生命的人太多了。

“严恭寅畏，天命自度，不敢荒宁。”乃《无逸》一书之要。

【译文】“严肃庄重，心存敬畏，以天命为标准来严格要求自己，不敢荒废懈怠、贪图安逸。”这是《尚书·无逸》篇的要旨。

万起万灭而本体湛然有常者，其心之谓欤!

【译文】各种事物生生灭灭但其本体却安然常存，一定指的是心啊!

沉静详密者能立事，浮躁忽略者反此。

【译文】沉稳平静、详细周密的人能建功立业，浮躁马虎的人则相反。

《书》称舜“浚哲文明”。盖人深则明，浅则暗。

【译文】《尚书》称赞舜“智慧深邃，文德辉耀”。大概人智慧深远就能明察万事，智慧浅薄就糊涂愚昧。

盛之极者衰之始，天遇风[1]也；消之极者息之端，地逢雷[2]也。一盛一衰，一消一息，气化之自然也。

【注释】①天遇风：乾为天，巽为风，乾上巽下为《姤》卦。②地逢雷：坤为地，震为雷，地上雷下为《复》卦。

【译文】兴盛到极点就会开始衰落，这是由于天遇到风的原因；衰落到极点就会开始生长，这是由于地遇到震雷的原因。有盛有衰，有消有长，这是气的自然变化。

“惟精”[1]所以知之，“惟一”[2]所以行之。“精一”是工夫，“允执厥中”[3]是功效。

【注释】①②③均出自《尚书·大禹谟》。

【译文】“用功精深”所以能知晓“道”的奥妙，“用心专一”所以能遵“道”而行。“精神专一”说的是学“道”所做的工夫，“言行符合不偏不倚的中正之道”说的是学“道”所取得的功效。

六爻之吉凶，惟观其所值之时位而已。

【译文】六爻的吉凶，只要看它所处的时势和地位就行了。

孟子论王政，大要不出乎“教”“养”二端。

【译文】孟子谈论王政，其要旨不外乎“教”和“养”两件事。

程子谓“善固性也，恶亦不可不谓之性也”，疑其自《太极图说》中来。《图说》曰：“五性[①]感动而善恶分。”谓之“分”，则二者皆自性中来，但顺则为善，不顺则为恶耳。

【注释】①五性：指仁、义、礼、智、信。

【译文】程子说：“善固然是人的本性，但恶也不能不说是人的本性”，我猜想这是从《太极图说》里悟出来的。《太极图说》中说：“仁义礼智信五性感应万物而动，由此有了善恶的区分。”说“分”，是因为善恶都是从五性中来，只不过顺从五性的是善，不顺从五性的是恶罢了。

《书》虽古，而道常新。

【译文】《尚书》的文辞虽然古老，但蕴含的道理却万古常新。

“天下无独必有对。”[①]《河图》水与火对，金与木对，天与地对；《先天图》皆奇与偶对。推之万事万物，吉凶是非、君子小人、夷狄中国，无无对者，只是一阴一阳而已。

【注释】①天下无独必有对：出自《二程遗书》。

【译文】“天下事物都不是孤立存在的，必然有其对立面。”《河图》里水与火相对，金与木相对，天与地相对；《先天图》记录的都是奇数与偶数的相对。推演到万事万物，吉与凶、是与非、君子与小人、夷狄与中国，无不都是相对的，只是有阴有阳而已。

不可以方所求，不可以隐显分。

【译文】不可以用具体的方向处所来寻求“道”，也不可以用隐藏和显露来区分“道”。

忮心[①]一生而天地否，良心一发而天地泰。

【注释】①忮心（zhì xīn）：嫉恨之心。

【译文】一旦生出嫉恨之心，天地就会闭塞不通；一旦良心发动，天地就会交融畅通。

心本宽大无边，一有己私，则不胜其小矣。

【译文】心本来是宽大无边的，一旦有了私欲，就会连很小的东西都装不下。

《秦誓》：“如有一个臣，断断猗[①]，实能容之。”此非几于无我者，不能也。

【注释】①断断猗：专诚守一的样子。猗，语气词。

【译文】《秦誓》上说："假如有一个大臣，诚实专一，心地能容纳天下一切事物。"这如果不是接近忘我的境界，是做不到的。

性理之书日益多，亦理之自然也。盖理无穷尽，故圣贤之书亦无穷尽。虽先圣贤发挥此理极其详尽，及后圣贤有作，亦必有继往开来、垂世立教之书焉。是皆理之自然，不能已也。

【译文】研究性理的书籍日益增多，这是很正常的现象。因为理无穷无尽，所以圣贤之书也无穷无尽。即使先代圣贤对理的阐释发挥已经很详细了，后来的圣贤们也必定会写出继往开来、流传后世、树立教化的书籍。这都是很正常的现象，无法阻止。

天地不以万物已生而不生，圣贤不以往哲已言而不言。

【译文】天地不会因为万物已经生成而就不再生育万物了，圣贤不会因为以往的圣哲已有言论而不再立言了。

圣贤之书所以然者，密也。

【译文】圣贤经典之所以如此，是因为其中蕴含的道理细致周密。

理无所不有。如天地之初，都无一物，只有此理，而天地万物自能生。假使后世天地万物一时俱尽，而此理既常存，又自能生万物。可谓万物必待有种而后能生乎！

【译文】理无所不有。就像天地最初开辟之时，没有任何事物，只有这个理，但是天地万物仍旧能够生长出来。假使将来天地万物都一起毁灭了，这个理仍会长久地存在下去，并从中生长出万物。可以说万物必先有个种子而后才能生长啊！

天地之道，只是消息盈虚而已。

【译文】天地间的道理，只是事物的盛衰变化罢了。

“非明则动无所之，非动则明无所用。”[1]知行不可偏废也。

【注释】①语出程颐《周易程氏传》。

【译文】“不明白事理，行动就没有方向；不行动，明白事理也没有效用。”明白事理和实践行动二者不能有所偏废。

人臣得行其志，全在有应。苟无应，虽圣贤亦末如之何也已。

【译文】做臣子的能够实现其志向，全在于有君王的支持。如果没有君王的支持，即使是圣贤也不知道该怎么做。

程子《易传》有无穷之义理，知者鲜矣。

【译文】程颐的《程氏易传》包含无穷的义理，但知晓的人却很少。

“率性之谓道”①，“所恶于知者，为其凿也”②。

【注释】①率性之谓道：出自《中庸》。②所恶于知者，为其凿也：语出《孟子·离娄下》。知，同“智”。

【译文】“遵循本性是道的内容”，“之所以讨厌聪明的人，是因为他穿凿附会、歪曲事实”。

凡卦，上三爻应下三爻，下三爻应上三爻。

【译文】所有的卦象，上三爻都对应下三爻，下三爻也对应上三爻。

《巽》卦一阴伏于二阳之下，巽而能入也。人之思索义理，亦必柔巽其志乃能入；若性气粗暴者，决不能有入矣。

【译文】《巽》卦是一个阴爻潜藏在两个阳爻之下，正因为谦逊才能融入。人思考义理，也必须柔和谦逊其心志才能融入义理之中；如果性情粗暴，决不能与义理相融。

《兑》[1]九五："孚于剥，有厉。"君子不可以小人假善悦己而信之；若信之，适堕其计中，乃危道也。

【注释】①《兑》：《周易》第五十八卦。孚：信用。

【译文】《兑》卦九五爻说："施诚信于消剥阳刚的阴柔小人，有危险。"君子不可以因为小人的虚伪取悦而信任他；如果信任他，恰好落入他的圈套之中，是很危险的做法。

君子所贵乎"知言"。如《中庸》《大学》，皆圣贤之微言大训，杂于《礼记》中，经千百年儒者不能识，由不知言故也。至程子乃始表章之，遂为万世道学之正传，非知言者其能然乎？

【译文】君子所重视的是"善于辨析言辞"。像《中庸》《大学》，都是圣贤的精微语言和重要训诫，混杂在《礼记》之中，经过了千百年，儒者都不能识别，这正是因为不善于辨析言辞的缘故。到了程子才开始表扬并彰显它们，于是成为万年道学的正统，如果不是善于辨析言辞能这样吗？

夫子以孔文子[1]“敏而好学，不耻下问”[2]为“文”，取其微善而不及其显恶，圣人道大德宏，此亦可见。自后人言之，必以其人为不足道，而并没其微善矣。

【注释】①孔文子：名圉（yǔ），卫国的大夫。②敏而好学，不耻下问：出自《论语·公冶长》。

【译文】孔子把孔文子“天资聪明而又好学，不以向地位比自己低、学识比自己浅的人请教为耻”的品格称作“文”，选取他微小的善行而不提及他显著的恶行，圣人道德宏大，通过此事也可以看出。如果是后人评价，必定会认为孔文子这个人不足称道，而一并掩盖他微小的善行了。

凡有形于天地之间者，皆谓之“文”。

【译文】凡是在天地之间有所显现的东西，都可以叫做“文”。

古人“佩韦佩弦”[1]，亦变化气质之一法也。

【注释】①佩韦佩弦：出自《韩非子·观行》。韦：熟牛皮。弦：弓弦。原指西门豹性急，佩韦自戒；董安于性缓，佩弦自戒。形容随时警戒自己。

【译文】古人“佩戴柔皮，佩戴弓弦”，也是改变气质的一种方法。

如“一”字，有一理，即是一太极。

【译文】像“一”这个字，表示它有一个理，即一个太极。

喜、怒、哀、惧、爱、恶、欲七情，总之为好、恶二端而已。喜、哀、爱、欲四者属好，怒、惧属恶。

【译文】喜、怒、哀、惧、爱、恶、欲七种情感，总体上可分为喜好、厌恶二类情感。喜、哀、爱、欲四种属于喜好类，怒、惧属于厌恶类。

圣人之忠厚不可胜言。如以微罪去鲁，不显其君之过，真天地之量也，此可以观圣人之气象矣。孟子去齐，终不言齐王之失，其亦学孔者欤！

【译文】圣人忠诚宽厚的事例多的说不尽。像孔子因为一点小的过错离开鲁国，但始终不曾宣扬鲁公的过失，真是天地一般的气量，从这件事就可以看出圣人的气度了。孟子离开齐国，始终不说齐王的过失，这也是在学习孔子啊！

圣人言人过处，皆优柔不迫，含蓄不露。此可以观圣人之气象。

【译文】圣人谈论人的过失之处，都是宽厚从容、含蓄委婉的。通过这里就可以看出圣人的气度了。

或人讥夫子，言甚峻。夫子曰："是礼也。"言甚和。

【译文】有人讥讽孔子，言辞很刻薄。孔子说："这就是礼呀！"言辞很温和。

子曰："事君尽礼，人以为谄也。"只平说，不见有人我之间。若曰"我事君尽礼"，即彼此相形，而非无我之气象矣。

【译文】孔子说："完全按照礼的规定事奉君主，别人就以为这是谄媚。"只是用平和的语气陈述，看不出有人我的区别。如果说"我完全按照礼的规定事奉君主"，就成了彼此相互比较，而不是无我的气度了。

孔子微罪去鲁，非孟子莫能知。

【译文】孔子因为一点小的过错而离开鲁国，除了孟子没有人能体会其中的深意。

馀事量力所及而已，非可必也。惟读书一事，乃吾之本心所得肆力其间，而莫余止者也。韩子“吾老著读书，馀事不挂眼”之句，实获我心焉。

【译文】其他的事情量力而行就够了，不一定非要全身心地投入。只有读书这件事，是我发自内心尽心尽力去做的，谁也阻止不了我。韩愈“我老之后只爱好读书，其它的事全不看在眼里”的诗句，真是符合我的想法啊！

读书录卷七

《孟子》七篇，乃洙泗[①]之正传，经千余载，世儒例以子书视之，而无知之者，独唐之韩子谓："孟氏，醇乎醇者也。"又曰："轲之死，不得其传焉。"又曰："求观圣人之道，必自孟子始。"又曰："孟氏之功不在禹下。"是则千载之间，知孟子者韩子一人而已。宋之大儒，有德业间望重于一世者，犹侪《孟子》于《法言》之后，尚何望于他人邪！惟河南程夫子倡明绝学，始表章其书，发挥其旨。而一时及门之士，遂相与翕然[②]服膺其说，天下始晓然知其为洙泗之正传，而不敢妄议。至朱子又取程氏及群贤之说，会萃[③]折衷，以释其义，与《论语》《大学》《中庸》列为《四书》，由是洙泗之正传益以明备，千古入道之门，造道之阃[④]，无越于此矣，有志者尚笃厥力哉！

【注释】①洙泗：洙水和泗水。孔子曾在洙泗之间聚徒讲学。②翕然：一致的样子。③会萃：同"荟萃"，聚集。④阃（kǔn）：门槛、门限。

【译文】《孟子》七篇，是儒家的正统学说，经过千百年，历代的儒者都把它当作子书看待，没有人认识到它的重要地位，只有唐代的韩愈说："孟子，是纯正中的纯正。"又说："孟轲死后，其道德学问没有传人。"又说："探求圣人之道，一定要从孟子开始。"又说："孟子的功绩不在大禹之下。"因此千年之间，理解孟子的只有韩愈一个人而已。宋代的大儒，即使是有德行功业并在当时很有名望的人，依然把《孟子》排在《法言》的后面，更别指望其他的人了！唯独河南的二程，提倡发扬圣人的学问，开始宣扬此书，解释其主旨。一时之间，到他那里求学的人，相互一致地信奉起他的学说，直到这时天下才知道《孟子》是儒家学说的正统，不敢胡乱议论。到了朱熹，他采纳二程和众多前贤的说法，汇集众说，调和不同，以解释其意义，并把它与《论语》《大学》《中庸》列为《四书》，于是儒家的正统学说更加明确完备，千古以来探索圣贤之道的法门，提高道德修养的门槛，没有超越于它的，有志于求道的人终于可以凭此努力实践、竭力而行啦！

六十四卦，三百八十四爻，一阴阳也，阴阳一太极也；太极本无极也。

【译文】六十四卦，三百八十四爻，统一于阴阳，阴阳统一于太极；太极来源于无极。

《颐》[①]外实中虚，颐颔之象。

【注释】①《颐》:《周易》第二十七卦。

【译文】《颐》卦外部充实内部虚空,像张开的腮颊的形状。

人浑身“统体一太极”;耳、目、口、鼻、四肢、百骸、五脏、毛窍,“各具一太极”。

【译文】人的全身“总体上是一个太极”;耳、目、口、鼻、四肢、百骸、五脏、毛孔,“各有一个太极”。

《先天图》左半属阳,故《乾》健、《兑》说[①]、《离》明、《震》动,四卦之德皆阳;右半属阴,故《巽》入、《坎》险、《艮》止、《坤》顺,四卦之德皆阴。此虽先儒所未言,窃意其如此。

【注释】①说:同“悦”。

【译文】《先天图》左半部分属于阳,所以《乾》卦的主要特征是强健,《兑》卦的主要特征是喜悦,《离》卦的主要特征是明亮,《震》卦的主要特征是运动,这四卦的卦德都是阳;右半部分属于阴,所以《巽》卦的主要特征是融入,《坎》卦的主要特征是艰险,《艮》卦的主要特征是停止,《坤》卦的主要特征是顺从,这四卦的卦德是阴。这些虽然以前的儒者们没有谈到,但我个人认为是这样。

四百年之汉，文帝培其本；三百年之唐，太宗养其根；三百余年之宋，太祖、太宗、真宗、仁宗浚[①]其源。秦、晋、隋皆不一再传而遂亡者，由无恭俭之君培养浚导其源于前，即继之以残暴淫侈之主也。

【注释】①浚（jùn）：挖深，疏通。

【译文】汉朝延续四百年，是文帝培养了根本；唐朝延续三百年，是太宗培养了根本；宋朝延续三百多年，是太祖、太宗、真宗、仁宗加深了本源。秦朝、晋朝、隋朝都是传到第二代就灭亡了，这是因为没有谦恭勤俭的君王在前培养根本、疏导源头，并且随后出现了残暴、荒淫、奢侈的君主所致。

汉高祖之后，非得文、景之养民，即继之以武帝之多欲，则汉之存亡未可知也；唐高祖之后，非得太宗之富民，即继之以高宗之昏懦，则唐之存亡未可知也。大抵汉、唐之所以延绵国祚[①]者，率由此数君有以立其本耳。

【注释】①国祚：王朝维持的时间。祚，国运气数。

【译文】汉高祖之后，如果没有文帝、景帝的休养生息，就直接出现武帝的贪婪之政，那么汉朝的存亡实在很难预料；唐高祖之后，如果没有太宗的富民政策，就直接出现高宗的昏庸懦弱，那么唐朝的存亡实在很难预料。大体来说，汉朝、唐朝的国运之所以能延续下去，都是由于有几个君王确立了根本。

程子曰：“人能克己，则仰不愧，俯不怍[①]，心广体胖，其乐可知。”窃意颜子之乐亦如此。

【注释】①怍（zuò）：惭愧。

【译文】程颢说：“人能克制约束自己，就会做到仰头不愧于天，低头不愧于人，心胸开阔，体貌安详，其快乐可想而知。”我个人认为颜渊的快乐也是这样。

《孟子》七篇，托始[①]于仁义。诚能默识而旁通之，则全书之旨不外是矣。

【注释】①托始：起源，开始。

【译文】《孟子》七篇，以仁义为开端。如果能默然体会并类推到其它事物，就可以知道全书的主旨不外乎这样了。

释氏逃世灭伦以为洁，正犹陈仲子辟兄离母以为廉也，是安可以其小者信其大者哉？

【译文】佛教徒把逃避世俗、灭绝人伦当作廉洁，正如陈仲子把避开兄长、离开母亲当作廉洁一样，怎么能够因为他们有这种小的节操就相信他们能坚守大节呢？

康节[1]见盛衰之际甚明。

【注释】①康节：北宋著名理学家邵雍，谥号康节。

【译文】邵康节观察盛衰的时间非常明确。

康节《首尾吟》，多盛极虑衰之意。

【译文】邵康节的《首尾吟》，表达的多是强盛到极点就应该考虑衰败的意思。

圣人当盛时即忧衰时，《既济》[1]曰："初吉终乱。"

【注释】①《既济》：《周易》第六十三卦。

【译文】圣人在强盛的时候就会预先考虑衰败的时候，所以《既济》卦说："开始吉利，最后有变故。"

才有私便不能推，所以为不仁。

【译文】只要有一点私心便不能推行仁政，所以是不仁。

仁、义、礼、智、信，有则一齐有，但各有所主耳。如仁主于爱，爱莫大于爱亲；然知所当爱者，知[1]也；爱得其宜者，义也；爱有节文者，礼也；爱出诚实者，信也。以至事君、从兄之类，无不皆然。

【注释】①知：同“智”。

【译文】仁、义、礼、智、信，如果要具备的话就会一起具备，只不过各有各的主旨罢了。比如仁的主旨是爱，爱没有比爱护双亲更重要的了；然而懂得哪些是自己应当爱的人，就是智；爱得适度恰当，就是义；爱符合礼节，就是礼；爱出于诚实，就是信。以至于事奉君主、顺从兄长之类的事，无不如此。

日用间身心切要道理，只是仁、义、礼、智之性；发而为恻隐、羞恶、辞让、是非之情，随事随处必体认得了了分明，方为见道，而无行不著、习不察之患矣。

【译文】日常生活中与身心相关的重要道理，只是仁、义、礼、智的德性；表现出来就是同情、羞耻、谦让、是非等情感，不论何时何地都要体察得十分清楚明白，才算得道，这样就能避免做了事却不明白为什么要做、习以为常却不知道所以然的弊端了。

气机无须臾之止息。如云在空中飞扬，上下浮游往来，万起万灭，顷刻不暂停止，亦可见其一端。

【译文】气的运行没有片刻止歇。就像云朵在空中飞扬，不断地上下、飘浮、往来，有的产生，有的消散，一刻也不停止，由此我们也能看出其中的一个方面。

动静两端虽相因无穷，窃谓动意常多。泛观万物，若草木山石之类，皆静植不动，而生意常流行其间，虽秋冬翕寂闭藏[1]之余，而生意未尝毫发间断。故窃谓动多于静也。

【注释】①翕寂闭藏：翕，聚合。闭藏：闭塞掩藏。

【译文】动和静两者虽然相互依托无穷无尽，但我个人以为动的意趣要常常多些。纵观万物，像草木山石之类，都是静立不动的，然而生机常常在他们内部流行，即使收敛隐藏的秋冬季节，其生机也不曾丝毫间断过。所以，我个人以为动要多于静。

观《易横图》，见生意之无穷。

【译文】观察《易横图》，就能看出宇宙的生机是无穷无尽的。

一身、万物，皆天地共公之器，非己所能私也。

【译文】整个身体和万物，都是天地间公共的器物，不是自己可以据为己有的。

“勿恃其不攻，恃吾有所不可攻。”[1]非特兵法为然，盖可以为防小人之法。

【注释】①语出《孙子兵法·九变》。

【译文】“不要寄希望于敌人不来进攻，而要依靠自己有充分的准备使敌人不敢来进攻。”不仅作战的方法如此，也可以作为防备小人的方法。

“原始反终”[①]，只是一理，故知生则知死矣。

【注释】①原始反终：语出《周易·系辞上》。

【译文】“探究事物发展的始末”，这是一个始末贯通的道理，所以懂得了生也就懂得了死。

“原始”而知其来者如此，则“反终”而知其往也亦如此。死生非有二致[①]也。

【注释】①二致：不一致，两样。

【译文】“推原事物的初始”就会知晓事物发展的将来是这样，“反求事物的终结”就会知晓事物发展的过去也是这样。死和生没有不同。

“原始”而知其来也自无而有，则“反终”而知其自有而无也必矣。人惟不知“原始反终”之理，故举俗为异端惑。

【译文】“推原事物的初始”就会发现事物发展的将来是从无中生出有的，“反求事物的终结”就会发现事物的发展必然会从有走向无。人只因为不懂得“探究事物发展的始末”的道理，所以整个社会才会被一些异端邪说所迷惑。

观云亦可以知生死之说。倏然云聚而有形者，犹“精气为物”[①]也；倏然云散而无迹者，犹“游魂为变”[②]也。“精气为物”者，自无而有；“游魂为变”者，自有而无。

【注释】①②均出自《周易·系辞上》。精气：阴阳凝聚之气，古人认为是生命赖以存在的因素。游魂：浮游的精魂，即消散的精气。

【译文】观察云朵的变化也可以知道生死的道理。忽然之间，云朵凝聚成形，这就好比是《周易》上说的“阴阳二气凝聚而生万物”；忽然之间，云朵消散无迹，这就好比是《周易》上说的“精气离开物形，则生变为死”。“阴阳二气凝聚而生万物”，是无中生有的过程；“精气离开物形，则生变为死”，是有变成无的过程。

“原始”而“精气成物”，神之情状，生之说也；“反终”而“游魂为变”，鬼之情状，死之说也。

【译文】“推原事物的初始”就是“阴阳二气凝聚而生万物”的过程，它是神的情实状态，说的是生的道理；“反求事物的终结”就是“精气离开物形，则生变为死”的过程，它是鬼的情实状态，说的是死的道理。

《敕天之歌》“喜”“起”“熙”[1]为韵，《皋陶赓歌》“明”“良”“康”[2]为韵，“脞”“惰”“堕”[3]为韵。先儒谓此乃三百篇之权舆[4]，良是。

【注释】①②③均出自《尚书·虞书·益稷》。④权舆：开始。

【译文】《敕天之歌》以“喜”“起”“熙”为韵脚，《皋陶赓歌》以“明”“良”“康”和“脞”“惰”“堕”为韵脚。以前的儒者说它们是《诗经》三百篇的开始，确实是这样。

古人论治，必本末兼举。如皋陶陈谟[1]，首曰“允迪[2]厥德”，本也；“谟明弼谐[3]”，末也。及帝问其详，则曰云云。盖“慎厥身，修思永，惇叙九族”，皆“允迪厥德”之事；“庶明励翼[4]”，皆“谟明弼谐”之事；“迩可远在兹”，则通言上文之效。

【注释】①见《尚书·虞书·皋陶谟》。皋陶：尧舜时期的贤臣。谟：通“谋”，治国方略。②允迪：诚实履践。③弼谐：弼，辅弼，指大臣。谐，和谐。④励翼：勉力辅佐。

【译文】古人谈论治理国家，根本政策和次要措施都会兼顾列举。像皋陶陈献治国方略，开头说“诚实地践行德政”，是根本政策；“决策英明，群臣同心协力”，是次要措施。等到帝王详细询问时，皋陶就展开了论述。大体来说，“谨慎地修养自身，思虑深远，亲近九族”，都属于“诚实地践行德政”的内容；“那些贤明的人就会相互勉励来辅助”，都属于“决策英明，群臣同心协力”的内容；“由近及远，道理就在于此”，则是笼统地谈论其作用。

《皋陶谟》“典”“礼”“刑”“赏”四者，万世为治之大经不出于此。

【译文】《皋陶谟》所记载的“法典”“礼节”“刑罚”“赏赐”四事，千古以来治理国家的大政方针都不外乎此。

先儒谓知人安民，《皋陶》一篇之体要。窃谓“允迪厥德”又“知人安民”之本源也。盖“允迪厥德”者，实践此德于身也；至若“知人”，知之事；“安民”，仁之事，则皆此德之推行耳。苟非实践此德于身，则私欲盛而天理微，“知人”之智何自而明？“安民”之仁何自而行哉？故曰“允迪厥德”又“知人安民”之本源也。

【译文】以前的儒者说，知人善任、安养民众，是《皋陶》一文的主旨。我个人认为“诚实地践行德政”又是“知人善任、安养民众”的根本。大体来说，“诚实地践行德政”，需要亲身去实践美德；至于“知人善任”，属于智慧之事；“安养民众”，属于仁德之事，两者都属于美德的推行而已。如果不能亲身实践美德，那么个人私欲隆盛而天理衰微，“知人善任”的智慧何以能够彰明？“安养民众”的仁政何以能够施行？所以说“诚实地践行德政”又是“知人善任、安养民众”的根本。

动多静少，故地对天不过。

【译文】自然界是运动多而静止少，所以地不能超过天。

地无根，附于天耳。

【译文】地是没有根基的，它依附于天。

欧公《本论》，由韩公“明先王之道以道之”[①]一语以立意也。

【注释】①明先王之道以道之：语出韩愈《原道》。明：阐明。

【译文】欧阳修的《本论》，是根据韩愈“阐明先王之道以教育人民”这句话而确立的文意。

韩子《原道》篇中“欲治其心，而外天下国家”之语，深中异端之病。老、释二家皆务洁其身，清其心，弃绝伦理而不恤，正韩子所谓“欲治其心，而外天下国家”者也。

【译文】韩愈《原道》篇中“打算修心养性，就要抛开天下国家”的话，深深击中了那些异端学说的弊病。道、佛二家都要求清洁身心，必须抛弃伦理而不顾，这正是韩愈所说的“打算修心养性，就要抛开天下国家”啊。

左右之言不可轻信，必审其实。

【译文】旁边人的话不可轻易相信，必须审察其真实性。

僮仆姑取其给使令[①]之役耳，切不可听其言，恐大有害于事。

【注释】①给使令：奔走驱使。

【译文】僮仆不过是暂时供奔走驱使的仆役罢了，千万不可听信他们的话，否则恐怕对事情大有害处。

为政通下情为急。

【译文】为政治国，最紧迫重要的是通察下面的民情。

集众人之耳目，为一己之耳目。

【译文】集合众人的所见所闻，作为自己的所见所闻。

合仁、义、礼、智、信言之，“统体一太极”；分仁、义、礼、智、信言之，“各具一太极”也。

【译文】合起来说，仁、义、礼、智、信“总体有一个太极”；分开来说，仁、义、礼、智、信“各自有一个太极”。

凡诗文出于真情则工，昔人所谓出于肺腑者是也。如三百篇、《楚词》①、武侯《出师表》、李令伯②《陈情表》、陶靖节诗、韩文公《祭兄子老成文》③、欧阳公《泷冈阡表》，皆所谓出于肺腑者也，故皆不求工而自工。故凡作诗文，皆以真情为主。

【注释】①《楚词》：即《楚辞》。②李令伯：即李密，字令伯，西晋官员。③《祭兄子老成文》：又名《祭十二郎文》。

【译文】凡是诗文有真情实感才会精致，古人所说的肺腑之言就是这个意思。像《诗经》《楚辞》、诸葛武侯的《出师表》、李密的《陈情表》、陶渊明的诗、韩愈的《祭兄子老成文》、欧阳修的《泷冈阡表》，都是所谓的肺腑之言，所以都是不刻意追求精致而自然精致。因此凡是写诗作文，都应该以真情实感为主。

《小学》只一“性”字贯之。“立教”者，所以教此也；“明伦”者，所以明此也；“敬身”者，所以敬此也。

【译文】《小学》贯穿始终的只是一个“性”字。“树立教化”，就是用以教人树立本性；“昌明伦理”，就是用以昌明本性；“敬重自身”，就是用以敬重自性。

“以言乎远则不御”①，大而无外也；“以言乎迩则静而正”②，小而无内也。

【注释】①②均出自《周易·系辞上》。

【译文】“将它比拟于远处则变化穷深遥无止境”，这是极大而无外围的表现；“将它比拟于近处宁静端正没有邪僻”，这是极小而无内核的表现。

《记》曰：“君父之仇，不共戴天。”只是天理人心自不能已，而死生存亡非所计也。如宋之高宗，父兄宗族皆为金人所虏，甚至辱及陵寝；以大义言之，只当以不共戴天，为心而求，所以必报其仇，至于死生存亡，非所当计也。若区区为自全苟安之计，则必不能伸大义于天下矣。

【译文】《礼记》说：“对于国君和父亲的仇人，与他不共戴天。”只是因为天理人心不会自行停止，所以就不顾惜生死存亡了。像宋高宗，父兄、族人都被金朝人所俘虏，甚至连祖先的陵墓都遭受侮辱；以大义来说，只应当与金朝势不两立，也为了心安理得，所以一定要报仇雪恨，至于生死存亡，就不应当顾惜了。如果内心只是为了保全自我、暂且偷安而考虑，那么必然无法伸张正义于天下了。

秦桧所以得售其讲和奸谋者，正以高宗自全苟安之心有以来之也。呜呼！可恨哉！

【译文】秦桧之所以能施展他讲和的奸计，正是因为宋高宗很久以来就存在偷安自保的打算。唉！真可恨啊！

湛然纯一之谓“斋”，肃然警惕之谓“戒”。

【译文】淡泊纯朴就是“斋”，严肃谨慎就是“戒”。

程子曰：“圣人以此洗心，退藏于密；以此斋戒，以神明其德夫！”

【译文】程颢说：“圣人以此来洗濯净化其心，退而隐密深藏其功用；用此来斋戒身心，以神妙的变化来彰明德性。”

韩文公《元和圣德诗》终篇，颂美之中多继以规戒之词，深得古诗遗意。

【译文】韩愈《元和圣德诗》的结尾，在赞美之中多接续规劝之词，深有古诗的意味。

爱民而民不亲者，皆爱之不至也。《书》曰："如保赤子。"诚能以保赤子之心爱民，则民岂有不亲者哉？

【译文】君王爱护臣民但臣民不亲近君王，都是君王爱护不够的缘故。《尚书》说："像保护孩子一样。"如果能用保护孩子的心去爱护臣民，臣民难道会不亲近君王吗？

圣人为治纯用德，而刑以辅之；后人则纯用法术而已。

【译文】圣人治理国家纯粹依靠道德，而刑罚是其辅助；后世之人则纯粹依靠法制和权术了。

不明理者，冥行而已。

【译文】不明白道理的人，往往盲目行事。

"一阴一阳之谓道"，即张子[①]所谓"阴阳两端循环不已者，立天地之大义"。"继之者善也，成之者性也"，即张子所谓“游气纷扰，散而成质者，生人物之万殊”。但《易》兼理、气言，张子以气言。然“器亦道也，道亦器也”，是则言虽殊而其致一也。

【注释】①张子：即张载，字子厚，凤翔郿县（今陕西眉县横渠镇）人。北宋思想家、教育家、理学创始人之一。

【译文】“一阴一阳的矛盾变化就是道”，这即是张载所说的“阴阳二气相互感应，循环不已，才树立起天地间的根本法则”。“传继此道的就是善，蔚成此道的就是性”，也就是张载所说的“游离之气纷纷乱乱，分散聚合而成为形质，从而生成了千差万别的人和物”。只是《周易》兼谈理、气，张载却只谈气。然而“器物也是道，道也是器物”，他们所谈的虽然不同但道理是一样的。

《参同契》[①]全是《先天图》卦气方位流行。朱子所谓“《大易》图象隐”者，于此类可见。

【注释】①《参同契》：又名《周易参同契》，东汉魏伯阳著，道家养生经典，也是一部用道家术语解释《周易》的著作。

【译文】《参同契》讲的全是《先天图》上有关卦气、方位的排列运行情况。朱子所说“《周易》的图像很隐微”，从这类书中就可以看出来。

万物各具一理，物物各具一太极也；万理同出于一原，万物统体一太极也。

【译文】万物各有一个理，每种事物各有一个太极；所有的理都来自同一个本源，所有的事物总体上统一于一个太极。

《敕天之歌》，正《大》《小雅》之权舆也；《五子之歌》，变《风》、变《雅》之权舆也。

【译文】《敕天之歌》，是《大雅》《小雅》的开端；《五子之歌》，是《风》《雅》变调的起始。

读《五子》[①]《汤誓》《秦誓》诸篇，则知唐、虞[②]之盛为不可及矣，风气日降不可返矣。

【注释】①《五子》：即《五子之歌》，见《尚书·夏书》。②唐、虞：唐尧与虞舜的时代。

【译文】读《五子之歌》《汤誓》《秦誓》各篇章，就可以知道唐虞盛世是遥不可及的，如今风气日下更无法返回了。

今天地万物，人皆知之，而所以为天地万物，则人莫得而知之也。如欲知之，是所谓"诚"欤？"道"欤？"理"欤？"命"欤？"性"欤？"帝"[①]欤？"神"欤？"鬼"欤？"太极"欤？其极一而已矣。

【注释】①帝：天帝，宇宙的创造者和主宰者。

【译文】现在对于天地万物，人都知道是什么东西，但它们如何成为天地万物，却没有人知道。如果探究其原因，应该就是所谓的“诚”吧？“道”吧？“理”吧？“命”吧？“性”吧？“帝”吧？“神”吧？“鬼”吧？“太极”吧？其根源是同一个东西罢了。

无所为而为者，诚也；有所为而为者，伪也。诚者不息，伪者易辍。

【译文】不是为了某种功利目的去做事，这是真诚；为了某种功利目的去做事，这是虚伪。真诚的人永不停息，虚伪的人容易半途而废。

克己之目，动兼视、听、言三者。

【译文】克制自己的条目，主要是非礼勿动，同时还包括非礼勿视、非礼勿听、非礼勿言等三个方面。

须看无物之先，其理如何。

【译文】应当观察事物没有形成之前，理是什么样子。

先儒“梅根”指太极，姑举一物而言耳。如一草、一木、一人、一事、一尘、一芥，安往而不可指太极哉？

【译文】以前的儒者用梅树的根代指太极，这只是暂时用一个物体做比喻罢了。像一草、一木、一人、一事、一尘、一芥，哪种事物不能代指太极呀？

画出天地万物理、象、数以示人者，六十四卦也。

【译文】画出天地万物的道理、形象、数字来并展示给人看的，就是《周易》的六十四卦。

“一生二”，就数上说；“太极生两仪”，就理上说。（余在黔中，梦对众儒士说书，余谓之曰：“‘一’字尚不能识。”既觉得此语，遂中夜烛下书之。）

【译文】“一生二”，是从数上说的；“太极生两仪”，是从理上说的。（我在贵州时，梦中对众儒生讲学，说：“‘一’字的真正内涵我尚且无法探知。”醒来后回想起这句话，于是深夜借着烛光记了下来。）

天地之化，无日不变。因在黔中观柑实，初极青，日渐至于黄色。人之少而壮，壮而老，亦如此，但变之渐而不觉耳。

【译文】天地间的变化，每一天都在更新。我在贵州时观察柑树的果实，开始颜色很青，渐渐地变为黄色。人从少年到壮年，从壮年到老年，也是如此，只是变化缓慢不容易察觉罢了。

以诚感人者，人亦以诚应；以诈御人者，人亦以诈应。

【译文】以真诚感动人别人，别人也以真诚来回应；以欺诈驾驭别人，别人也以欺诈来回应。

木、火、土、金、水之质，在我为肝、心、脾、肺、肾；木、火、土、金、水之神，在我为仁、义、礼、智、信之德。“万物备于我”①，举此亦可见。

【注释】①语出《孟子·尽心上》。

【译文】木、火、土、金、水的根本特性，表现在人身上就是肝、心、脾、肺、肾；木、火、土、金、水的精神内核，表现在人身上就是仁、义、礼、智、信五种德性。“万事万物都为我所具备”，通过这些也可以体会到。

至而伸之，神；反而归之，鬼。天人一也。

【译文】气到来而使生命展开，这是神；气返回而使生命离去，这是鬼。天与人是合一的。

天道屈、伸两端而已。

【译文】天道有屈曲和伸舒两种形态。

气合精凝为“神”，游魂降魄为“鬼”。

【译文】精气融合凝聚就是“神”，魂魄游离分散就是“鬼”。

“鬼”者，一往而不复。观天地之化可见。

【译文】“鬼”这种事物，一旦消散就无法聚合。观察天地的变化就能知道。

自顶以及踵[①]皆天之所与，但当顺天而已。

【注释】①踵：脚后跟。
【译文】人从头到脚都是上天所赐予的，只应当顺应天道而行事。

一本万殊，万殊一本之理，开眼便见。

【译文】从一个本源生出千差万别的事物，千差万别的事物统一于一个本源的道理，睁开眼就能看到。

“一物各具一太极”之中，又有“统体”“各具”者存焉。如一人各具一太极也，一人之身心又统体之太极也，五脏百骸之理又各具之太极也；一草一木各具一太极也，一草一木之根干又统体之太极也，枝叶花果又各具之太极也。万物莫不皆然。

【译文】“每个事物都各有一个太极”之中，又有“总体”和“各自”的区别。就像每个人都各有一个太极，人的身心又总体上是一个太极，五脏、全体骨骼又各有一个太极；一草一木各有一个太极，一草一木的根干又总体上是一个太极，枝叶花果又各有一个太极。万物莫不如此。

天下无无理之物，无无物之理。

【译文】天下没有不蕴含理的事物，也没有不依靠事物彰显的理。

诚者，统体之太极也；元、亨、利、贞，各具之太极也。

【译文】诚，是总体的一个太极；元始、亨通、和谐有利、贞正坚固，各有一个太极。

元、亨、利、贞，春、夏、秋、冬，木、火、土、金、水，仁、义、礼、智、信，君臣、父子、夫妇、长幼、朋友，青、黄、赤、白、黑，咸、苦、酸、辛、甘，天命、人性、五常、四时、五行、五色，是皆一阴阳也。阴阳，一太极也。

【译文】元、亨、利、贞，春、夏、秋、冬，木、火、土、金、水，仁、义、礼、智、信，君臣、父子、夫妇、长幼、朋友，青、黄、赤、白、黑，咸、苦、酸、辛、甘，天命、人性、五常、四时、五行、五色，都统一于阴阳。阴阳，又统一于太极。

于春曰“元”，于夏曰“亨”，于秋曰“利”，于冬曰“贞”，其命一也；在父子曰“仁”，在君臣曰“义”，在长幼曰“礼”，在夫妇曰“智”，在朋友曰“信”，其性一也。

【译文】春对应“元”，夏对应“亨”，秋对应“利”，冬对应“贞”，其天赋禀性是一致的；父子之间讲求“仁”，君臣之间讲求“义”，长幼之间讲求“礼”，夫妇之间讲求“智”，朋友之间讲求“信”，其性理实质是一致的。

程子曰:“始比不以道,隙于终者,多矣。”故结交贵乎谨始。

【译文】程颐说:“开始不以道义结交,最终因为一点小的矛盾就结束交往的,太多了。”所以与人结交时重要的是从一开始就要谨慎。

宣德[①]六年十月七日夜,余在辰[②]梦从二程夫子游。小程夫子论朱文公,大程夫子赞曰:“‘扬休山立’[③]之语,不若‘中和独立’。”因记于此。

【注释】①宣德:明宣宗朱瞻基的年号。②辰:辰州,今湖南怀化市北部地区。③扬休山立:出自《礼记·玉藻》。原文为:“山立,时行,盛气颠实扬休,玉色。”扬,同“阳”。

【译文】宣德六年十月七日夜,我在辰州梦见跟随二程先生游玩。程颐先生谈论朱熹,程颢先生赞叹说:“‘阳气生养万物,像高山一样屹立不动’这句话,不如‘中正平和,独立不倚’。”于是记录于此。

物恶太过。自造化尚然,况人事乎!

【译文】事物忌讳太过分。自然造化尚且如此,更何况人事啊!

人之飨用，当各量其分。薄功而厚飨，鲜不仆矣！

【译文】人的享用，应该符合自己的身份。功劳少而享受多，很少有不跌倒的呀！

锦衣玉食，古人谓“惟辟”①可以有此，以其功在天下而分所当然也。世有一介之士，得志一时即侈用无节，甚至袒衣皆绫绮②之类，宜其颠覆之无日。此余有目睹其事者，可为贪侈之戒。

【注释】①惟辟：出自《尚书·洪范》。辟：君主。②绫绮：薄而有花纹的丝织品。

【译文】锦衣玉食，古人说“只有君王”可以有此福分，因为其功劳遍布天下，所以理所当然。世上有一种人，一时得志就奢侈无度，甚至穿的衣服都是绫、绮之类，这种人没几天就一定会衰败。这是我亲眼目睹的事，可作为贪婪奢侈之人的鉴戒。

不欺君，自不欺心始。

【译文】不欺骗君王，应当从不欺骗自己的内心开始。

“日载月，魂载魄”。“载”乃“加载”之载，朱子于《楚辞》辨之详矣。

【译文】“日承载月，魂承载魄”。“载”是“加载”的载，朱熹在《楚辞集注》中辨析得很详细了。

吾心诚志于学，天其遂吾愿乎？

【译文】我诚心立志学习，上天大概会满足我的愿望吧？

正以处心，廉以律己，忠以事君，恭以事长，信以接物，宽以待下，敬以处事。此居官之七要也。

【译文】以正直养心，以廉洁自律，以忠诚事奉君长，以恭谨事奉长辈，以诚信待人接物，以宽厚对待下属，以庄敬处理事情。这是为官的七个要旨。

谦以自牧，安往而不善？

【译文】以谦逊的态度来加强自我修养，不论所到何处，没有不顺利的？

为吏不可一事苟且，如文移[①]之类，皆当明白。

【注释】①文移：文书，公文。

【译文】作为官吏任何事情都不能马虎敷衍，像公文这类东西，都应该处理明白。

凡所为当下即求合理，勿曰：今日姑如此，明日改之。一事苟，其余无不苟矣。

【译文】凡做事当下就应该追求合理。不要说今天暂且这样，明天再改正。一件事情敷衍，其余的事情没有不敷衍的。

未有逆理而能久者，间有之，所谓“枉之生也幸而免”[①]。

【注释】①枉之生也幸而免：语出《论语·雍也》。

【译文】没有违背道理而能持久的，或许也有，那是圣人所说的“不正直的人也能活在世上，那是他侥幸地免于灾祸”。

圣贤之言如蓍龟[①]，言吉则吉，言凶则凶。或不然者，但有淹速[②]耳。时下通塞不足为欣戚，要久而后见。

【注释】①蓍龟：蓍草与龟甲，古人用以占卜凶吉。②淹速：迟速，指时间的长短。

【译文】圣贤的言语就像占卜，说吉利就吉利，说凶险就凶险。有时不灵验，只不过是时候不到罢了。不要因为当前境遇的顺逆而喜乐忧戚，真正的后果要过一段时间才能显现。

人当自信。

【译文】人应当有自信。

定见明，自信笃，可以处大事。

【译文】定见明确，自信笃实，就可以处理大事了。

众曰然而有不然者，众曰不然而有然者，惟理明者能知之。

【译文】众人说对而有不对的，众人说不对而有对的，只有明察事理的人方能知晓。

妇人女子之言不可听。余见仕宦之人多有以是取败者，不可不以为戒。

【译文】妇人女子的话千万不能听从。我看见许多当官之人就是因此而失败的，不能不引以为戒。

忍所不能忍，容所不能容，惟识量过人者能之。

【译文】忍受他人所不能忍受的，宽容他人所不能宽容的，只有见识器量卓越的人才能做到。

尝过一独木桥，一步不敢慢，惟恐蹉跌[①]坠失。人之处世，每事能畏慎如此，安有失者？

【注释】①蹉跌：失足跌倒。

【译文】曾经路过一个独木桥，一步也不敢慢，只担心失足坠落。为人处世，如果每件事都能像这样戒惕谨慎，怎么会有失误呢？

善恶分明，有降祥降殃之报。间有不然者，非常理也。

【译文】善恶分得很清楚，会有降下吉祥和降下祸殃的报应。有时不这样，是不符合常理的。

河冰解者，非自上消也，由阳气自下而上腾也，故时至三阳[①]之月，则阳气上达而河冰毕解矣。

【注释】①三阳：指农历正月。

【译文】河冰解冻，不是从上面融化，因为阳气是自下而上升腾的，所以到了正月，阳气升到最上面，河冰就全部解冻了。

上交谄者，人多有此失。盖事上以恭为主，恭之过则不觉有取之之意，是即所谓“谄”也。

【译文】以阿谀奉承结交上级，多数人有这个毛病。事奉上级应该以恭敬为主，太过恭敬就会不知不觉有想获取什么的意图，这就是所谓的“谄媚”。

“舜好问而好察迩言”[①]，人须体此。

【注释】①语出《礼记·中庸》。察：分析，察看。迩：近。

【译文】“舜喜欢向别人请教，而且善于审察身边人的言论”，人应当细细体会这句话。

舜清问于下民，忘其势而通下情也。

【译文】大舜虚心了解下层民众的具体情况，是忘记了自己的高位并沟通民情的表现。

遇横逆之来，当思古人所处有甚于此者，则知自宽矣。

【译文】遇到突然而来的灾祸时，应当想到古人所处的境遇有比这还严重的，这样就可以自我宽慰了。

行有不得于外，皆当反求诸己，求诸己者无不尽善。而犹或有不得者，当安于命而已。

【译文】行动在外界遇到不顺利，都应该反过来从自己身上找出问题并努力改正，能从自己身上找出问题并加以改正就会做到尽善尽美。如果仍有不顺利，就应当听从命运的安排了。

唐人诗曰："足知造化力，不及使君需。[1]"吾有取焉。

【注释】①出自李贺《感讽五首》。不及：不如，比不上。

【译文】唐人的诗说："大自然化育出来的丰富资财，远远满足不了你们的需求。"我很同意这句话。

理自不可泯。所遇稍有识者皆能言天理，但真知而笃信者少矣。

【译文】理自然不会泯灭。只要稍微有点学识的人就能谈论天理，但真正知晓并笃实信奉的人却很少。

《春秋》于灾异不言事应，而事应具存，见天人合一之理。

【译文】《春秋》没有提到自然灾害会与人事相对应，但这种对应是全部存在的，由此可见天人合一的道理。

天命甚微，圣人所罕言，《春秋》多言之，皆微其辞。

【译文】天命非常精微，圣人是很少谈论的，虽然《春秋》里多次提到，但也都是使用隐微的言辞。

欲事之合理诚难，但细微处一一能谨，或少过举[①]矣。

【注释】①过举：错误的行为。

【译文】想要事事都合情合理实在太难，只要在细节上步步谨慎，大概就能减少过错了。

凡事既济，则盛极而有悔。故《大象》曰："思患而豫防之。"

【译文】凡事已经成功后，就应该知道过于强盛就会产生悔恨。所以《大象》说："要思虑可能出现的祸患而预先防备。"

寒中有一半阳，暑中有一半阴，此造化相搀接[1]处。故治不生于治而生于乱，乱不生于乱而生于治。

【注释】①搀接：连接。

【译文】寒冷中有一半是阳气，暑热中有一半是阴气，这是大自然中阴阳相连接的地方。所以，安定不是从安定而是从动乱中产生的，动乱不是从动乱而是从安定中产生的。

康节曰："思虑未发，鬼神莫知，不由乎我，更由乎谁？"[1]人能慎所发于将发，则无悔矣。

【注释】①语出北宋邵雍的《思虑吟》。

【译文】邵雍说："思想未曾萌发之时，即使是鬼神也不能探知它的状况，所以吉凶祸福，不是自己招致的，又是谁所招致的呢？"人如果能在即将行动之时保持谨慎，就没有悔恨了。

以其能治不能，以其贤治不贤，设官之本意不过如此。有假官威剥民以自奉者，果何心哉！

【译文】以有才能的人治理无才能的人，以贤德之人治理不贤之人，设立官府的本意就在于此。有凭借官威剥削人民以供自己生活享用的，到底是什么心思呢？

一不容二，邪正不两立。

【译文】一容不下二，邪恶与正义不能并存。

去弊当治其本。本未治而徒去其末，虽众人之所暂快，而贤知之所深虑。

【译文】去除弊端应当从根本上着手。根本没有治理好而只是去除其末端，这对于普通人来说虽然觉得一时痛快，但对贤明智慧的人来说却是深深忧虑的事。

观“野马”①而知化机之无息。

【注释】①野马：雾气浮动状如奔马，故名。
【译文】观察“像野马奔腾一样的游气”就可以知道变化的枢机从不停息。

“游气纷扰”，野马是也。

【译文】“游离之气纷纷扰扰”，像奔腾的野马一样。

礼人不答，只当反其敬。

【译文】待人以礼却得不到回应，就要反省自己是否有敬意。

为人谋而不忠，非仁也。

【译文】为别人办事而不尽心竭力，这就是不仁。

不为人之非咲①而易其所守。

【注释】①咲：同“笑”。
【译文】不能因为别人的讥笑就改变自己的操守。

凡深藏者必重器，而显露者必贱物。

【译文】凡是能够深藏的必定是宝器，而显露的必定是低贱之物。

万物皆气机之所为。

【译文】万物都是气的运行所产生的。

人皆妄意于名位之显荣，而固有之善则无一念之及，其不知类也甚矣！

【译文】人们都妄想获得显赫荣耀的名声和地位，而心中原有的善却无一丝一毫顾及，真是太不知道轻重主次了。

“不怨天，不尤人。”[①]此语当自勉。

【注释】①语出《论语·宪问》。尤：怨恨；归咎。

【译文】“不抱怨天，不责怪人。”应当用这句话来勉励自己。

人欲无涯，不以礼节之，莫知所极矣。

【译文】人的欲望无边无际，若不用礼去节制它，不知道会泛滥到何种程度啊。

戏谑甚则气荡，而心亦为所移；不戏谑，亦存心养气之一端。

【译文】过分开玩笑就会导致意气动荡，心志也会随之改变；不随意开玩笑，也是存心养气的一个方面。

四月六阳全而阴已生，阴非至此始生也，盖自三月五阳一阴之时，而《姤》[①]之初爻已兆于《夬》[②]之下矣。先儒谓“阴亦然”者，正谓此耳。

【注释】①《姤》：《周易》第四十四卦。②《夬》：《周易》第四十三卦。

【译文】四月（对应《乾》卦）为六爻全阳之象，而此时阴气已潜滋暗长，但阴气并非这个时候才开始萌动，大概自三月（对应《夬》卦）五阳一阴的时候，《姤》卦的初爻就已经发端于《夬》卦的颠倒之下了（《夬》《姤》两卦互为综卦）。先儒所说的“阴气的消长变化也是这样”，正是说的这种气机的转化啊。

名利关诚实难过，上蔡[①]所谓“能言如鹦鹉”者，真可畏也。

【注释】①上蔡：北宋学者谢良佐，蔡州上蔡（今河南）人，人称上蔡先生或谢上蔡。

【译文】名利关实在难以越过，上蔡先生说“像鹦鹉般只会说话”的人，真是可怕啊。

人能自信，则富贵、贫贱、穷通有不能累矣。

【译文】人能有自信，才不会受到富贵、贫贱、穷困、显达的牵累。

人开口皆能谈礼义，论名节，及见利必趋，见势必附，又不知礼义、名节为何物也。

【译文】人们张口都能谈论礼义、名节，但等到追逐利益、依附权势的时候，又不知道礼义、名节是什么东西了。

恭而和，处众之道。

【译文】恭敬与和气，是与众人相处的方法。

积诚而人不感者，未之有也。

【译文】积聚诚心而人不受感动的，几乎没有。

机事不密则害成。《易》之大戒也。

【译文】重要的事情不慎密就会酿成灾祸。这是《周易》中十分重要的告诫。

即①人言可以见所养之浅深。

【注释】①即：靠近；接触。
【译文】细加体会别人说的话就可以看出其修养的深浅。

知进退存亡而不失其正者，子房[1]庶几焉。

【注释】①子房：即张良（约前250—前186年），字子房，韩国（今河南省郏县）人。秦末汉初杰出谋臣，与韩信、萧何并称为“汉初三杰”。

【译文】知道进退存亡而又不改变其正直的处世原则，张良几乎做到了。

不为众誉而加喜，不为众毁而加戚，其过人远矣。

【译文】不因为众人的称赞而添加喜色，不因为众人的诽谤而增加忧伤，这样的修养远远超过了许多人。

纷华扰扰，浮云之过目耳。

【译文】繁华纷乱，就像浮云飘过眼前一样不值得留恋。

君子穷以义，达以义，穷达皆天理也；小人穷以利，达以利，穷达皆人欲也。

【译文】君子穷困的时候坚持义，显达的时候坚持义，不论穷困显达都遵循天理；小人穷困的时候追逐利，显达的时候追逐利，不论穷困显达都追求人欲。

有“凤凰翔于千仞”[①]之气象，则不为区区声利所动矣。

【注释】①凤凰翔于千仞：出自贾谊《吊屈原赋》。仞，古代长度单位，周制八尺，汉制七尺。

【译文】具有“凤凰翱翔于千仞之高”的气度，就不会被一点蝇头小利所引诱了。

君子志于道，小人志于利，利与义之间，不能以发。

【译文】君子的志向在于道，小人的志向在于利，利与义之间距离很近但又判然有别，空隙之中容不下一根头发。

听言观行，知人之良法。

【译文】细听言语，观察表现，是识别他人的好方法。

君子浩然之气不胜其大，小人自满之气不胜其小。

【译文】君子有浩然之气，没有比它更大的；小人有自满之气，没有它更小的。

道大无对，故“游于圣人之门者难为言”[①]。

【注释】①游于圣人之门者难为言：出自《孟子·尽心上》。

【译文】圣人之道广大精微，无可匹敌，故而说“在圣人门下学习过的弟子很难被其他言论所吸引”。

小知之人，得用即用，漫不知“行其所无事”[①]。

【注释】①行其所无事：出自《孟子·离娄下》。

【译文】有小聪明的人，一得到任用就立马表现，全然不知“顺其自然而行事”的道理。

以诚而感人者，人亦以诚而应；以术而驭人者，人亦以术而待。观汉初君臣可见。

【译文】用真诚感动别人，别人也会用真诚来回应；以诈术驾驭别人，别人也会以诈术来相待。观察汉朝初期的君臣关系就能看出这一点。

礼乐至于弃本尚末，乃周衰之弊，况末犹不得其正乎！噫！弊也久矣。

【译文】礼乐到了舍弃根本而崇尚末节的地步，是自周朝衰落时就已出现的弊病，何况后来仍然无法回归正道啊！唉！礼崩乐坏的弊病太久了。

听言即可以知人之失，如好色者开口即论女色，好货者开口即论货财，他皆类此。至于匿情而言正者，又当徐察其行可也。

【译文】听别人说话就可以知道他的过失，就像好色的人开口便谈论女色，贪财的人开口便谈论财物，其他的也是如此。对于隐藏情感而言论正直的人，则应该细细观察其行为表现。

世有闻人论道学，不非笑之以为狂，则憎恶之以为矫。噫！使学不学道，则所学者果何事耶？

【译文】世间有些人听见别人谈论道学，不是讥笑其狂妄，就是憎恶其虚伪。唉！如果学习却不学道，那还学习什么事情呢？

人知天地万物为一体，则熏然[①]慈良恻怛[②]之心，有不觉而自发于中者。

【注释】①熏然：温和的样子。②恻怛：哀伤，怜悯。

【译文】人懂得天地万物是一个整体，那么温和、慈爱、善良、怜悯之心，就会不自觉地在内心产生。

静能制动，沉能制浮，宽能制褊[①]，缓能制急。

【注释】①褊(biǎn)：指气量狭小，心胸狭隘。

【译文】恬静能克制躁动，沉着能克制轻浮，宽容能克制狭隘，舒缓能克制焦急。

“贫而无怨难，富而无骄易。”[①]宜深体之。

【注释】①语出《论语·宪问》。

【译文】“贫穷而没有怨言很难做到，富有而不骄傲容易做到。”应当深刻地体会这句话。

富莫富于富有，大莫大于无方。拘于物者，不足以语此。

【译文】富没有富过无所不有的，大没有大过无边无际的。拘泥于形象事物的，不能够和他谈论这个道理。

恶流之滥而决其防，未见其能止也。

【译文】恶的念头一旦像泛滥的洪水冲破堤防，就再也制止不住了。

一念之欲不能制，而祸流于滔天[①]。

【注释】①滔天：形容罪恶、灾祸极大。

【译文】人的欲望在一念之间不能控制，就会导致极大的灾祸。

友正直者日益，友邪柔[①]者日损。

【注释】①邪柔：邪僻，品行不正。

【译文】交上正直的朋友便会一天天进步，交上品行不端的朋友便会一天天退步。

醉于欲者汲汲如狂，而心莫知所止矣。

【译文】醉心于私欲的人就会像发狂一样急迫不安，从而不知道心灵追求的归属了。

为善勿怠，去恶勿疑。

【译文】做善事不要懈怠，除掉邪恶不要迟疑。

忠信积久而后效见。

【译文】忠实和诚信积累多了久了，其后效果才会显现。

私欲尽而恻隐之心见。

【译文】私欲消除完，那么怜悯之心就会显现。

熟于小知自私者，不足以语大道。

【译文】习惯于耍小聪明和自私自利的人，是不足以和他谈论大道理的。

“满腔子恻隐之心”[1]，即蔼然天地生物之心。

【注释】①语出程颢、程颐的《程氏遗书》。

【译文】“满腔都是怜悯之心”，就是天地生养万物的和气友善之心。

傲则仰，惭则俯，邪则欹，正则平。

【译文】骄傲就会仰头视人，惭愧就会低头待人，邪恶就会身姿歪斜，正直就会心态平和。

恭而不近于谀，和而不至于流，事上处众之道。

【译文】对人恭敬却不近于阿谀奉承，待人谦和却不至于随波逐流，这是事奉上级和与人相处的方法。

被发而祭于伊川，兴辛有之叹[①]，非知几之君子，孰能与于斯？

【注释】①事出《左传·僖公二十二年》。辛有：周朝大夫。伊川：即伊河，在今河南省伊川县境。

【译文】见到披头散发的人在伊水边祭奠，这引发了辛有的感叹，如果不是有预见性的君子，谁会这样做呢？

诚意孚[①]于未言之前，则言出而人信之。

【注释】①孚：信服，相信。

【译文】在没说话之前就表现出使人相信的诚意，那么等到话说出来时，别人也就自然会信服了。

气机之运必无差爽[①]，但其理微，而人自不察耳。

【注释】①差爽：失误；差错。

【译文】气机的运行一定不会出现差错，只不过它的道理隐微，很多人察觉不到罢了。

君父，人之大伦，只当竭诚敬，尽所以事之之道，其合与否有所不恤也。苟虑其不合，枉道以求之，则所失者多矣。交朋友、事官长皆然。

【译文】君主父亲，是人世间重要的伦理，只应当竭尽真诚恭敬之心，以应该事奉他们的道理去事奉他们，至于是不是符合他们的心意就不是我们所顾及的了。如果想到不符合他们的心意，就违背正道地去事奉他，那么所失去的就会很多。结交朋友、事奉长官都是这样。

萧何广市田宅以自污，犹王翦伐楚请美田宅甚众之意。汉初君臣以术相持，此亦可见。

【译文】萧何通过大量置办田产、房屋来自毁名声，就像王翦讨伐楚国时请求秦王封给他许多肥沃的田地和宅院一样。汉朝初期的君臣都是以计谋和手段来对待对方的，通过这里也可以看出来。

一缕之肉而万蚁咂之，一勺之水而万鱼吸之，欲满其欲，可乎？

【译文】一小块肉可以供一万只蚂蚁咬食，一勺水可以供一万条鱼吸饮，人处处都试图满足自己的欲望，（与蚁、鱼比较）这合理吗？

人有满于得意而不觉形于色词者，则其所养可知矣。

【译文】有的人内心得意自满就会不自觉地在脸色、言词上表现出来，那么这个人的修养也就可以知晓了。

作事快心，必慎其悔。盖消息循环，自然之理，持之有道，则虽亢而非满矣。

【译文】做事感到畅快称心，一定要警惕其中的过失和灾祸。原因在于盛衰循环，是很自然的道理，遵循天道，才能做到虽然刚强但不自满。

心有毫发所系，即不得其平。

【译文】心中只要挂念一点东西，就不会得到平静。

天道甚可畏，感于此则应于彼，但有淹速不同耳。

【译文】天道十分值得敬畏，在这个地方引发必然会在另一个地方回应，只不过有快慢的不同罢了。

扬子[①]曰："后世有如扬子云者，必好之矣。"某之自信亦然。

【注释】①扬子：即扬雄，字子云，西汉官吏、学者、辞赋家。

【译文】扬雄说："后世有像扬子云一样的人，一定会喜欢我的。"我的自信也是这样。

人之好谀，非特言语为然也，而文辞尤甚也。素无实德实才而悦人作文辞以谀己，而作文辞者又极口称誉之。彼以谀求，此以谀应，文词之弊，孰有甚于此乎！

【译文】人们喜欢阿谀奉承，不仅在言语上这样，在文辞上更是这样。（有的人）平时没有真才实德却喜欢别人作文章来奉承自己，而作文章的人又极力称赞他。他那里求取奉承，你这里给予奉承，文词的虚假，还有比这更严重的吗！

士无气节，则国势奄奄以就尽。西汉之季是也。

【译文】读书人没有气节，就会导致国力衰弱乃至灭亡。西汉末年就是这样。

士之气节，全在上之人奖激，则气节盛。苟乐软熟之士，而恶刚正之人，则人务容身而气节消矣。

【译文】读书人的气节，全靠统治者的奖赏和激励，这样才会使气节隆盛。如果统治者喜欢软弱顺从的读书人，而厌恶刚强正直的读书人，那么读书人就会只求保全自身而丧失气节了。

事贵审处。古人谓："天下甚事，不因忙后错了。"真名言也。

【译文】事情贵在谨慎处理。古人说："天下什么事情，不是在忙完之后才觉得错了。"真是名言啊！

高深远近皆是天。但以青而在上者为天，众人之见也。

【译文】高深远近都是天。只把头上青色的天空当作天，是普通人的见识。

患得患失之心推其极，不仁之甚者也。

【译文】推求穷究患得患失之心的根源，是因为非常不仁。

廉而不公者，只是人欲之私。

【译文】廉洁但不公正，只是因为人的私欲。

世之廉者有三：有见理明而不妄取者，有尚名节而不苟取者，有畏法律、保禄位而不敢取者。见理明而不妄取，无所为而然，上也；尚名节而不苟取，狷介之士，其次也；畏法律、保禄位而不敢取，则勉强而然，斯又为次也。

【译文】世上的廉洁有三种：有明察事理而不擅自取用的，有崇尚名声气节而不随意取用的，有因畏惧法律和保全官位俸禄而不敢取用的。明察事理而不擅自取用的，是不用刻意去做而自然如此，属于上等；崇尚名声气节而不随意取用的，是孤僻高傲、洁身自好之人，属于次等；因畏惧法律和保全官位俸禄而不敢取用的，是勉强自己这样去做，又是次一等了。

操得其要，则不待深惩重赏而人自化于廉。孔子曰："苟子之不欲，虽赏之不窃。[①]"

【注释】①语出《论语·颜渊》。

【译文】掌握了为政的要旨和原则，就无须严厉的惩罚和丰厚的奖赏而人就能够自然化育出廉洁的品格。孔子说："如果您自己不贪图财利，即使奖励老百姓去偷盗，他们也不会去做的。"

《方图》《圆图》《横图》，奇耦[①]皆相对。

【注释】①耦：同"偶"。

【译文】《方图》《圆图》《横图》，奇偶都是相对的。

韩子曰："澄其源而清其流，统于一而应于万。[1]"可以形容道体。

【注释】①语出韩愈《为韦相公让官表》。澄：澄清。

【译文】韩愈说："澄清源头才能洁净水流，统合为一才可应对万物。"可以用来形容道的本体。

"人能弘道"[1]，见气强而理弱。

【注释】①人能弘道：出自《论语·卫灵公》："人能弘道，非道弘人。"

【译文】"人能够使道发扬光大"，这句话说明气强大而理微弱。

赠言以名位期人，不若以德业勉人。

【译文】赠言用名誉和地位来期望他人，不如用德行与功业来勉励他人。

先儒谓"天包地外"。窃谓不但包乎地外，实行乎地中，是则上下内外皆天也。

【译文】以前的儒者说"天笼罩在地外"。我个人认为天不但笼罩在地外，实际上也贯穿于地中，因此地的上下内外都是天。

吾意天地一终之时，昏暗之极，未必便得开明，如一日之暮可见。但动静之机未尝息，久则渐次开明矣。一时之末，一日之暮，一月之晦[1]，一岁之暮，一元[2]之终，皆气化之息也，但久速之不同耳。

【注释】①晦：农历每月的末一天。②一元：世界从开始到消灭的一个周期叫做一元。

【译文】我认为天地浑然未分的时候，极其昏暗，不一定就是清晰分明的，就像一天的傍晚一样可以看到。只是动静的枢纽不曾停止运转，时间一久就渐渐变得清晰分明了。时辰的末尾，一日的傍晚，每月的最后一天，每年的结尾，世界的结束，都是气的运行变化的暂时停止，只是有快与慢的不同罢了。

《复》为动之始，《乾》为动之极；《姤》为静之始，《坤》为静之极。静极复动，动极复静，循环无端，非知道者孰能识之？

【译文】《复》卦是动的开始，《乾》卦是动的极限；《姤》卦是静的开始，《坤》卦是静的极限。静到极限就会重新动，动到极限就会重新静，循环不止，不是通晓道的人谁又能了解这个道理呢？

《复》之初爻自《坤》之初爻来，《姤》之初爻自《乾》之初爻来，阴阳互根，此亦可见。

【译文】《复》卦的初爻是从《坤》卦的初爻演变而来的，《姤》卦的初爻是从《乾》卦的初爻演变而来的，阴阳相互依托，由此也可以看出。

气正则生人亦正，气偏则生人亦偏，如中国、夷狄可见。

【译文】气正直则生养出的人也就正直，气偏狭则生养出的人也就偏狭，这通过中国和夷狄的差别就可看出。

左氏多有言过其实者，昌黎所谓“浮夸”是也。

【译文】左丘明多有言过其实的地方，这就是韩愈所说的“浮夸”。

春秋时尚辞命①，而文过其实者多，然亦可以观世变矣。

【注释】①辞命：即辞令，社交、外交场合中的应对言辞。

【译文】春秋时期很看重外交辞令，但文过其实的地方太多，由此也可以看出世道的变化。

《左传》所论是非，一一有吉凶、成败验于后，岂尽然乎？

【译文】《左传》所记载的是非之事，每一件后面都有吉凶、成败与之应验，难道全是这样吗？

天开于子，山水之源皆在西北，故《坎》《艮》居之。

【译文】天是在子时分开的，山水的源头都在西北，所以《坎》在西，《艮》在西北。

左氏极有肤浅者，只是理不明。

【译文】左丘明有很肤浅的言论，只是因为不能明察事理导致的。

伯宗曰："怙其隽才而不以茂德，滋益罪也。"[1]此可以为后生轻俊者之戒。

【注释】①语出《左传·宣公十五年》。伯宗：春秋时期晋国大夫。

【译文】伯宗说："仗着自己才智出众而不用美德，这更增加他的罪恶。"这句话可以作为对后辈俊秀的告诫。

“君子语大，而天下莫能载；语小，而天下莫能破。”①须要真见得“不能载”“不能破”处。

【注释】①语出《礼记·中庸》。

【译文】“君子说起大事来，天下没有人能承载，说起小事来，天下没有人能再加剖分。”需要真正能体会出“不能载”“不能破”的含义才行。

左氏论“敬”处多，亦是先王之教有未泯者。

【译文】左丘明多次谈到“敬”，这也是古代圣明君王的教化没有泯灭的缘故。

《大学》之“至善”、《论语》之“一贯”、《孟子》之“性善”、《中庸》之“诚”、周子之“太极”，言虽殊而其义一也。

【译文】《大学》里讲的“至善”、《论语》里讲的“一贯”、《孟子》里讲的“性善”、《中庸》里讲的“诚”、周敦颐说的“太极”，虽然说法不同但其内涵是一样的。

圣贤垂世立教之意，大要欲人复其性而已。而后之学者读圣贤之书，但资以为词章之用、利禄之阶，而不知一言之切于身心。圣贤垂世立教之意果何在哉？

【译文】圣贤为后世树立教化的大意是想让人恢复本性罢了。可是后代的学者读圣贤之书，只是利用它作为写文章的工具以及获取财利禄位的阶梯，而不懂得用圣贤的言语有助于修养身心。圣贤为后世树立教化的本意终究在什么地方啊？

《楚辞》“载营魄”①之“载”，与《汉史》“从与载”之“载”，扬子“载魄②”之“载”，韩子《画记》“以孺子载”之“载”，皆“加载”之意，朱子论之详矣。

【注释】①载营魄：抱持魂魄。②魄：月光。

【译文】《楚辞》“载营魄”中的“载”，与《汉书》“从与载”中的“载”，扬雄“载魄”中的“载”，韩愈《画记》“以孺子载”中的“载”，都是“加载”的意思，朱熹论述得很详细了。

读书之久，见得书上之理与自家身上之理一一契合，方始有得处。

【译文】读书久了之后，发现书上的道理与自己身上的道理能够一一对应，才算是有收获。

《中庸》一书皆性情之德，而所谓“诚”者，即此德之实也。

【译文】《中庸》一书讲得都是性情之德，里面所说的“诚”就是这种品德的实质。

微而草木，大而阴阳造化，盛衰之理一也。

【译文】小到草木，大到阴阳造化，盛衰的道理是相同的。

余所见诚有恻然不忍者，非强然，是所不能已也。

【译文】我所见到的确实有哀怜不忍的情感，不是勉强而然，而是自己不能控制感情而发出的。

程子常书“视民如伤”四字于座侧，曰：“某于此有愧。”大贤尚然，后之临民者当何如哉？

【译文】程颢常把“视民如伤”四个字写在座位旁边，说：“我对此有愧疚。”大贤尚且如此，后世那些治理民众的人应当怎样呢？

人能心在腔子里，则百事可精。

【译文】人能把心安顿在胸腔里不被外物扰动，就可以做好任何事情了。

所处之地虽静，而心飞扬于外，亦不得静也。惟身在是而心亦在是，则不择地而静矣。

【译文】所居住的地方虽然安静，但心飘荡于外，也不会得到安静。只有身安静而且心也安静，才能做到不论在任何地方都能安静。

一切外事与己本无干涉，而与之扰扰俱驰，是所以为心病也。惟知止则心自定矣。

【译文】一切外部事物与自己原本是不相关的，而心神受外物扰乱而飞驰飘荡，这是由于心病导致的。只有知道应该达到的境界，心才会安定。

《庄子·人间世》篇，揣摩之术也。

【译文】《庄子·人间世》这篇文章，讲述的多是探求心理的方法。

有所自乐，则不为外物所移。

【译文】有自己喜欢的事情，就不会被外物所引诱了。

见理明，则遇事迎刃而解。

【译文】能够明察事理，则遇到事情就可以迎刃而解了。

一毫省察之不至，即处事失宜而悔吝随之，不可不慎。

【译文】有一点反省检查不到的地方，就会处理事情失当而产生灾祸，不可不慎重。

处事当沉重、详细、坚正，不可轻浮、忽略，故《易》多言"利艰贞"。盖艰贞则不敢轻忽，而必以正，所以吉也。

【译文】处理事情应当沉稳、仔细、坚定正直。不可轻浮、粗率，所以《周易》多次提到"艰难之事有利"。大概是艰难的事不敢马虎，而一定会坚定正直，所以吉利。

天道只是往复而已，观《否》《泰》《剥》《复》之类可见。

【译文】天道只是循环往复罢了，观察《否》《泰》《剥》《复》这类卦象就能看出。

感应之理，于《先天图》见之。

【译文】感应的道理，从《先天图》中就能看出。

阴阳迭胜，无须臾止息。

【译文】阴阳交替变化，没有片刻停息。

“太极动而生阳”①，且从动处说起，其实动自静中来，观右半阴中之阳可见；静又自动中来，观左半阳中之阴可见。程子所谓“动静无端，阴阳无始”，张子所谓“阴阳之精互藏其宅”者，于是可见。

【注释】①出自周敦颐《太极图说》。

【译文】“太极运转而生出阳”，是从动态说的，其实动是从静中来的，观察《太极图》右半部分阴中的阳就能看出；静又是从动中来的，观察《太极图》左半部分阳中的阴就能看出。程颐所说的“动静没有开端，阴阳没有开始”，张载所说的“阴阳的精华相互含藏在对方之中”，由此可以看出。

《孟子》之书，齐、梁诸国之君皆称谥，则成于后来弟子无疑。

【译文】《孟子》这本书里，称呼齐、梁各国的君主都用谥号，那么它成书于孟子之后的弟子就毫无疑问了。

《易》之为教，大概欲人敬慎，虽吉事亦不敢易而为之。如《大壮》[①]乃阳壮之事，占者吉亨，不言可知，而必曰“利贞”，是即敬慎之意。

【注释】①《大壮》：《周易》第三十四卦。

【译文】《周易》的教导，大概是想让人学会恭敬谨慎，即使是顺利的事也不敢轻率地去做。就像《大壮》卦说的是阳发展壮大的事情，占卜之人吉利亨通，但书上不说可以预知，而一定要说“利于守持正固”，是想让占卜者恭敬谨慎的意思。

昼夜昏明居半，天地开辟亦如之。以“元、会、运、世[①]”观之，天地开辟各有一半昏明，即如昼夜可见。

【注释】①元、会、运、世：世界从开始到消灭的一个周期叫做元，一元十二会，一会三十运，一运十二世，一世三十年。

【译文】昼与夜、昏与明各占一半，自天地开辟以来就是如此。从“元、会、运、世”来看，天地开辟时昏与明就已各占了一半，就像昼夜一样可以看见。

气无涯而形有限，故天大地小，地于天中一毫毛耳。

【译文】气是无边无际的，但事物的形体则有一定限度，所以天大地小，地在天中就像一根毫毛。

“以言乎远则不御，以言乎迩则静而正，以言乎天地之间备矣[①]”，即“鸢飞鱼跃”之意。

【注释】①语出《周易·系辞上》。御：止。迩：近。

【译文】“将它比拟于远处则变化穷深遥无止境，将它比拟于近处则宁静端正不见邪僻，将它比拟于天地之间则完备充实万理俱在”，这就是“鹰在天空飞翔，鱼在水中腾跃”，万物各得其所的意思。

“乾一而实，故以质言，而曰大；坤二而虚，故以量言，而曰广。”[①]至哉言乎！

【注释】①语出朱熹《周易本义》。

【译文】“乾是一画卦而充实，所以从本质上来说，是大；坤是二画卦而空虚，所以从数量上来说，是广。”说得真是好啊！

“反身而诚”[①]，最为难事。“反身而诚”，则实有诸己矣。

【注释】①出自《孟子·尽心上》：“万物皆备于我矣，反身而诚，乐莫大焉。”

【译文】“自我反省诚实无欺”，最是难事。“自我反省诚实无欺”，实在有助于自我修养的提升。

“形而上者谓之道”[①]，“隐”也；“形而下者谓之器”[②]，“费”也。

【注释】①②均出自《周易·系辞上》。

【译文】“居于形体之上的精神因素叫作道”，道是“隐微”的；“居于形体之下的物质状态叫作器”，器是“广大”的。

形而上、形而下，道器元不相离，举目皆是。

【译文】居于形体之上、居于形体之下，道和器原本是不分离的，随处可见。

曾子[①]曰：“战战兢兢，如临深渊，如履薄冰。”君子之守其身，可不谨乎！

【注释】①曾子：名参，字子舆，鲁国南武城（一说为山东嘉祥县，一说为平邑县郑城镇）人。春秋末期思想家，孔子晚年弟子之一，儒家学派的重要代表人物，夏禹后代。曾子在儒学发展史上有着重要地位，后世尊奉为"宗圣"，成为配享孔庙的四配之一，仅次于"复圣"颜渊。

【译文】曾子说："小心谨慎，就像走近深渊旁边，踏在薄冰之上一样。"君子修身，能不谨慎嘛！

必使一言不妄发，则庶乎寡过矣。

【译文】必须使自己一句话也不乱说，这样大概就能减少过错了。

圣人言："学《易》，可以无大过。"[1]此非设言也，盖必有己所独得而人不及知者焉。

【注释】①语出《论语·述而》。

【译文】圣人说："学习《易》，可以没有大的过错。"这不是假设的话，必定是有自己独到的体悟才说的，只是人们不知道罢了。

圣贤工夫，步步着实。如庄、老之学，尽说得，只是不著实。

【译文】学做圣贤的工夫，必须步步落实。像庄子、老子的学问，什么都说尽了，就是无法落实。

小人不知义理，或名或利，凡可以苟得者无不求之。

【译文】小人不懂得义理，或名或利，凡是可以用不正当手段得到的无不尽力追求。

“一故神，两故化。”[①]近观之人身，远观之天地，无不尽然。

【注释】①语出张载《正蒙》。

【译文】“因为是统一的所以神妙难测，因为能两两相感所以变化万千。”向近处观察人身，向远处观察天地，无不都是这样。

无行可悔，则德进矣。

【译文】没有悔恨的行为，那么德行就能进步了。

天下大虑，惟下情不通为可虑，昔人所谓“下有危亡之势而上不知”是也。

【译文】天下最大的忧虑中，只有不通察下面的民情才是值得忧虑的，这就是古人所说的“下面有危亡的态势而统治者不知晓”。

圣贤以义制心，得志与天下由之，不得志独行其道，出处进退，富贵贫贱，视之如一，初不少动其心。小人则不然，方血气盛时，据位持势，真若刚强不屈者，及血气既衰，去位失势，悲感流涕，卑屈苟贱之态靡所不至，由无义以制心也。

【译文】圣贤用义来管理心，能实现志向就与百姓一起去实现，不能实现志向时就独自施行自己的原则，出仕或隐退，富贵或贫贱，都一样看待，丝毫不改变其心志。小人则不这样，当血气强盛之时，占据地位权力，真像是刚强不屈的人，等到血气衰退时，失掉地位权力，悲伤流泪，卑劣屈从、苟且下贱的姿态无所不为，是由于不用义来管理心的缘故。

“珠藏泽自媚，玉蕴山含辉。”[①]此涵养之至要。

【注释】①语出朱熹《斋居感兴二十首》（其三）。原诗为：“珠藏泽自媚，玉韫山含辉。”

【译文】“因为蕴藏着珍珠，湖泊自然就变得妩媚；因为蕴藏着美玉，山峰就会显得熠熠生辉。”这是修身养性的要旨。

郑游吉[①]“九言”曰：“无始乱，无怙富，无恃宠，无违同，无傲礼，无骄能，无复怒，无谋非德，无犯非义。[②]”窃谓“九言”之中，“无犯非义”“无傲礼”二言，足以尽盖其余。

【注释】①游吉：字子太叔，春秋时郑国人，故称“郑游吉”。②语出《左传·定公四年》。

【译文】郑国游吉的“九句格言”说：“不要发动祸乱，不要凭借富有，不要依仗宠信，不要违背共同的意愿，不要傲视有礼貌的人，不要以才能而骄傲，不要重复发怒，不要谋划不道德的事，不要触犯正义。”我个人认为“九句格言”之中，“不触犯正义”“不要傲视有礼貌的人”两句话，就可以把其余的话给概括了。

范武子曰：“喜怒以类者鲜，易者实多。”[①]此名言也。

【注释】①语出《左传·宣公十七年》。范武子：春秋时期晋国政治家、军事家。类：法则，法式。

【译文】范武子说：“喜怒合于礼法的人很少，违背它的倒是很多。”这真是名言啊。

《左传》曰：“思其终也，思其复也，思其反也。”盖人能每事即始而虑终，则必无悔吝之及矣。

【译文】《左传》说：“要考虑到事情的结果，要考虑到事情的反复变化，要考虑到事情的反面。”如果人能把每件事情都从头到尾地考虑清楚，就一定不会招致灾祸了。

《诗》三百篇，天道、人事无不备。

【译文】《诗经》三百篇，天道、人事无不具备。

人只为耳目口鼻、四肢百骸做得不是，坏了仁义礼智信；若耳目口鼻、四肢百骸做得是，便是仁义礼智信之性。《诗》所谓“有物有则”，《孟子》所谓“践形”者是也。

【译文】人只因为在耳目口鼻、四肢百骸上做得不对，才破坏了仁义礼智信；如果在耳目口鼻、四肢百骸上做得对，就是仁义礼智信的品性了。这就是《诗经》所说的“天地间凡事物都有其法则、规律”，《孟子》所说的“人性体现于形色”。

程子曰：“文明则能烛理，故能明大同之义；刚健则能克己，故能尽大同之道。”

【译文】程颐说：“心地光明就能明察事理，所以能够明白大同的涵义；刚正坚强就能约束自己，所以能够恪守大同的道理。”

晋伯宗每朝，其妻必戒曰：“盗憎主人，民恶其上，子好直言，必及于难。①”伯宗不能用，后果为三郤②谮而杀之。

【注释】①语出《左传·成公十五年》。②三郤（xì）：春秋晋大夫郤锜

（qí）、郤犨（chōu）、郤至的合称。

【译文】春秋时期晋国人伯宗每次上朝，其妻子必定告诫他说：“盗贼憎恨主人，百姓讨厌统治者，您喜欢直言不讳，必然遭到祸难。”伯宗不听劝告，后来果然被三郤诬陷杀害了。

正《风》未几而变《风》继之，正《大》《小雅》未几而变《大》《小雅》继之。否泰、治乱之相寻①，理之必然也，何足怪哉！

【注释】①相寻：相继。

【译文】纯正的《国风》出现不久就出现了变调的《国风》，纯正的《大雅》《小雅》出现不久就出现了变调的《大雅》《小雅》。好坏盛衰、安定动乱接连不断，也必定是这样的道理，有什么可奇怪的呢！

不忮不求，可以为守身之法。

【译文】不妒忌，不贪求，可以作为保持自身节操的方法。

《国风》至于《邶》，《小雅》至于《鸿雁》，《大雅》至于《民劳》，皆泰极而否。阴阳相根之理微矣。

【译文】《国风》到了《邶风》，《小雅》到了《鸿雁》，《大雅》

到了《民劳》，都是事物兴盛到极点就会衰败的表现。阴阳相互依托的道理很精微。

天地间无物无阴阳。偶读韵书[①]，其平声者阳也，侧声者阴也。

【注释】①韵书：古代按韵编排的字书。主要是为分辨、规定文字的正确读音而作，属音韵学的范畴。同时它也有字义的解释等，能起到辞书、字典的作用。

【译文】天地间没有什么事物是不分阴阳的。我偶尔读韵书，其平声的属阳，仄声的属阴。

《诗》全经，“性情”二字括尽。

【译文】《诗经》全书，可以用“性情”二字完全概括。

《关雎》之类言夫妇，《鹿鸣》之类言君臣，《棠棣》之类言兄弟，《蓼莪》之类言父子，《黄鸟》之类言朋友，此《诗》于人伦之道无不备也。

【译文】《关雎》之类的诗篇谈夫妻相处的道理，《鹿鸣》之类的诗篇谈君臣相处的道理，《棠棣》之类的诗篇谈兄弟相处的道理，《蓼莪》之类的诗篇谈父子相处的道理，《黄鸟》之类的诗篇谈朋友相处的道理，《诗经》里关于人伦的道理无不具备。

不欺君，不卖法，不害民。此作官持己之三要也。

【译文】不欺瞒君主，不贪赃枉法，不迫害百姓。这是为官修身的三大要旨。

读正《风》、正《雅》则心乐，读变《风》、变《雅》则心不乐者，好善恶恶之真情也。

【译文】读纯正的《风》、纯正的《雅》心里就愉悦，读变调的《风》、变调的《雅》心里就不愉悦，这是崇尚美善、憎恨丑恶的本心所导致的。

为政当有张弛。张而不弛则过于严，弛而不张则流于废；一张一弛，为政之中道也。

【译文】为政治国应当紧松适度。紧而不松就会过于严厉，松而不紧就会流于荒废；有紧有松，才是为政治国的最好方法。

李景让[①]母郑氏曰："士不勤而禄，犹灾其身。"虽妇人之言，亦可以为居官怠职者之戒。

【注释】①李景让：唐朝中期大臣、书法家。

【译文】李景让的母亲郑氏说："读书人不勤劳而享受俸禄，会招惹灾祸上身。"虽是女子的话，也可以当作对玩忽职守的官员的告诫。

"一，五行"之畴，于"八畴"无不包[①]，诚以"五行一阴阳也，阴阳一太极也，太极本无极也"。天下之理，岂有出于无极、太极之外者哉？其旨深矣。

【注释】①《尚书·洪范》记载了禹治理天下的九类大法，世称"九畴"。畴，类。

【译文】"一，五行"这一类，可以把后面的"八类方法"包括进去，实际上是因为"五行统一于阴阳，阴阳统一于太极，太极源自于无极"。天下的道理，难道有出于无极、太极之外的吗？其意义宗旨很深远啊。

势屈于匹夫，义不胜也。

【译文】有权势的人屈从于一个普通人，是因为义是不能战胜的。

行有不得，反之于己。使行之是，则得不得有命，己何与焉？使行之非，即当改之，不可执其非以求胜于人也。

【译文】行动不顺利，就应当自我反省。假使行动是正确的，则顺利不顺利取决于天命，自己有什么办法改变呢？假使行动是错误的，应当立即改正，不可固执地坚持错误以求胜过别人。

或曰："人有慢己者，何以处之？"曰："使己有可慢之事，则彼得矣；己无可慢之事，则彼失矣。失得在彼，己何与焉？"此先儒之论，重书以为警。

【译文】有人问："如果有人轻慢自己，如何应对呢？"回答说："假使自己有足以令人轻慢的事，那么对方就是合理的；假使自己没有足以令人轻慢的事 ，那么对方就有过失。无论有过失或是合理都在于对方，与自己有什么关系呢？"这是古代儒者的论述，我重新记在这里作为警惕。

好胜，人之大病。

【译文】争强好胜，是人的一大毛病。

富贵易至溺人，可不谨哉！

【译文】富贵容易使人沉迷，能不谨慎嘛！

节俭朴素，人之美德；奢侈华丽，人之大恶。

【译文】节俭朴素，是人的美德；奢侈华丽，是人的大恶。

人有不谨者，不可以己能病之。

【译文】别人有不谨慎的地方，不可以因为自己谨慎就责备他。

人遇拂乱之事，愈当动心忍性，增益其所不能。所行有窒碍处，必思有以通之，则智益明。

【译文】人遇到违反意愿颠倒错乱的事，更应当以此来激励心志，坚韧性情，增加所不具备的才干。行动遇到阻碍，必须思考出畅通的方法，这样才能更加明智。

统天地万物为一理，所谓“理一”也；在天有天之理，在地有地之理，在万物有万物之理，所谓“分殊”也。“理一”所以统乎“分殊”，“分殊”所以行乎“理一”，非有二也。

【译文】把天地万物统一到一个理上，这就是所说的“统一的理”；天有天的理，地有地的理，万物有万物的理，这就是所说的“各个事物的理”。“统一的理”能把“各个事物的理”统一起来，“各个事物的理”能体现“统一的理”，两者是一致的。

如人一身之理，“理一”也；四肢百骸各具之理，“分殊”也。理一统乎分殊之中，分殊不在理一之外。

【译文】比如人的整个身体有一个理，它是“统一的理”；四肢百骸各有一个理，这是“每个事物的理”。统一的理体现在每个事物的理之中，每个事物的理都不在统一的理之外。

“本然之性”，“理一”也；“气质之性”，“分殊”也。

【译文】“天所赋予的本性”，是“统一的理”；“气聚成形的自然本性”，是“每个事物的理”。

才自有其能，便为心累。如颜子虽箪瓢陋巷[①]，不改其乐，在颜子之心，则未尝自以乐为能也。

【注释】①颜子虽箪瓢陋巷：事出《论语·雍也》。箪：古代盛饭的圆竹器。

【译文】刚开始自以为有才能，心便会受到牵累。像颜渊虽然一箪饭食、一瓢饮水，居住在简陋的巷子里，但不改其快乐，这是因为在颜渊内心，从来不把安贫乐道认为是自己的才能。

有此理则有此物，及有物，则理又在物中。

【译文】先有这个理才有这个事物，等到有了这个事物，理便又蕴含在事物之中了。

以不杂者言之，谓之“本然之性”；以不离者言之，谓之“气质之性”，非有二也。

【译文】以善恶不混杂这个方面来说，叫作“天所赋予的本性”；以不离开天性这个方面来说，叫作“气聚成形的自然本性”，两者是一致的。

“人莫不饮食也，鲜能知味也”①；人莫不有道也，鲜识其真也。

【注释】①语出《礼记·中庸》。

【译文】“每个人都要饮食，却很少有人能够知道其中的味道”；每个人身上都有道，但很少有人能体味其中的真意。

造化非阴即阳，人事非柔即刚。

【译文】造化不是阴就是阳，人事不是柔就是刚。

动静虽属阴阳，而所以能动静者，则太极之所为也。如寂感虽属人心，而所以能寂感者，则性之所为也。

【译文】动静虽然属于阴阳，但之所以能动能静，则是太极造成的。就像虚寂感通虽然属于人心，但之所以能够虚寂感通，则是本性造成的。

《太极图解》下朱子《语录》论道器曰："如这人身是器，语言动作便是人之理。"窃谓此或记者之误。盖人身与语言动作皆是器也，人身语言动作之则乃理也。若指人之语言动作为理，则是认气为道，昧于"形而上""形而下"之别矣。故疑此言或记者之误也。

【译文】《太极图解》下面朱熹《语录》谈论道与器的关系说："就像人的身体是器，语言动作便是人的理。"我个人认为这则记录有错误。大概人的身体和语言动作都是器，人的身体和语言动作所遵循的法则才是理。如果说人的语言动作是理，那就把气当成了道，混淆了"形而上"与"形而下"的区别。所以，我怀疑这句话是记录者记错了。

万物各受此理，如众水各受此日光。但物之清者受此理，则理亦明；物之昏者受此理，则理亦昏。昏非理昏也，由物之昏蔽之也。如水之清者受此日光，则光亦明；水之浊者受此日光，则光亦暗。暗非光暗也，水之浊以淆之也。以是观之，则“性本善而无恶”可知，其恶者皆气质之拘也。

【译文】万事万物都各自禀受此理，就像每条河流都受到日光的照耀一样。只不过清明的事物禀受此理，理也就随之清明；昏暗的事物禀受此理，理也就随之昏暗。昏暗不是理本身昏暗，而是昏暗的事物遮蔽了理。就像清澈的水受到日光照耀，水里的日光也随之清明；浑浊的水受到日光照耀，水里的日光也随之昏暗。昏暗不是日光本身昏暗，而是浑浊的水混淆了日光。以此来看，“性本善而无恶”的真实内涵就可以理解了，也就能知道恶是受了气质的影响才形成的了。

人于动处难得恰好，才动便有差，所以发而中节[①]为难也。

【注释】①发而中节：出自《礼记·中庸》，原文为“发而皆中节谓之和”。中节，合乎礼义法度。

【译文】人的行动最难的是恰到好处，很多人才行动就出现了差错，所以行动合乎礼义法度是很难的。

人皆有此理，圣人与涂人同。圣人有耳、目、口、鼻之理，涂人亦有耳、目、口、鼻之理；圣人有心、肝、脾、肺、肾之理，涂人亦有心、肝、脾、肺、肾之理；圣人有君臣、父子、夫妇、长幼、朋友之理，涂人亦有君臣、父子、夫妇、长幼、朋友之理。但圣人禀得气质清粹，故能全尽此理；众人禀得气质昏驳，有不能全尽耳。

【译文】人身上都有这个理，圣人和普通人是相同的。圣人有耳、目、口、鼻的理，普通人也有耳、目、口、鼻的理；圣人有心、肝、脾、肺、肾的理，普通人也有心、肝、脾、肺、肾的理；圣人有君臣、父子、夫妇、长幼、朋友的理，普通人也有君臣、父子、夫妇、长幼、朋友的理。只不过圣人所禀受的气质清明纯粹，所以能完全按理行事；普通人禀受的气质昏暗驳杂，不能完全按理行事罢了。

“将欲翕之，必固张之；将欲弱之，必固强之；将欲废之，必固兴之；将欲夺之，必固与之。”[①]是皆窃春夏之辟而为秋冬之阖，程子所谓老子“窃弄辟阖”者，以此。

【注释】①语出老子《道德经》。

【译文】“要让其收缩，必先让其张大；要使其削弱，就先加强他；要废除他，就先让他兴盛；要想夺取他，就先给予他。”这都是盗用了春夏开辟而形成秋冬闭合的原理，程颢说老子“盗用天地开合之理”，就是据此而言的。

“乾始能以美利利天下，不言所利，大矣哉！”[1]如尧、舜利世之功大矣，而其心则曷尝自以为大哉？使有一毫自大之心，则与“乾始利天下，不言所利”不同，而非所以为尧、舜矣。

【注释】①语出《周易·乾·文言》。

【译文】“天一开始就能用美好的利益来施利天下，但它却从不谈说其利益天下的功劳，太伟大了！”就像尧、舜造福世人的功劳那么大，而其内心何曾认为自己很伟大呢？假使有一点自大的心理，那就与“天开始利益天下，却从不言说其利益天下”不同了，那尧舜也就不是尧舜了。

人之一呼者，太极动而阳也；一吸者，太极静而阴也。吸为呼之根，呼为吸之根，即阴阳之一动一静而互为其根也，以至一语一默无不皆然。则太极阴阳之妙，又岂外于人之一身哉？

【译文】人的每一次呼气，都属于太极转动而生出的阳；每一次吸气，都属于太极静止而生出的阴。吸是呼的根本，呼也是吸的根本，这就是阴阳的一动一静之间互为根本的体现，以至于人的说话与沉默也都遵从这个道理。所以，太极阴阳的精妙，又怎么会在人的身体之外呢？

近海斥卤[①]而地气亦薄，故生物不畅茂，观山东海丰[②]诸邑，林木稍长即枯悴可见。

【注释】①斥卤：盐碱地。②海丰：山东省无棣县的古名称。

【译文】靠近海边的盐碱地其地气也是浅薄的，所以生长的植物不茂盛，观察山东海丰各县，那里的林木稍微长大一些就会显出枯萎憔悴的样子。

一理也，得之为天，得之为地，得之为万物。

【译文】这个统一的理，天得到就能成为天，地得到就能成为地，万物得到就能成为万物。

道无声之可闻，无形之可见，惟因夫形而下之器，默识夫形而上之理，则谓之见道。非若天地万物真有形之可见也。

【译文】道是没有声音可听，没有形象可见的，只有借助形而下的具体事物，暗中记住形而上的抽象道理，才能说是见到了道。道，不像天地万物是真有形状可见的。

天不以隆冬大寒而息其生物之机缄[①]，人不以熟寝大寐而息其虚灵[②]之知觉。

【注释】①机缄：机关。②虚灵：指人的返璞归真。

【译文】天不会因为严冬大寒而停止生育万物的枢纽，人不会因为熟睡做梦而停止本有的知觉。

人心至为神明。如来日将早作，今夕虽熟寐之甚，及至其期而自觉，岂非心之神明乎？

【译文】人心确实是神妙英明。比如第二天将早起做事情，今晚即使睡得再熟，到了时间也会自觉地醒来，这难道不是心的精神意识在发挥作用吗？

人惟一心，操之为君子，放之为小人。

【译文】人修养的关键只是在于心，保持本心就能成为君子，放逸本心就会变成小人。

自古兴亡治乱之几，皆由于心之存亡。

【译文】从古到今兴盛与灭亡、安定与动乱的苗头，都是由于心的存亡所导致的。

一念之差贻患生灵有不可胜言者。如汉武只因欲得西域善马，甘心丧师不悔。及贰师[①]再举西伐，仅得善马数十疋而还，是以数十疋[②]马易数万人之命，又且作歌，被之声乐，夸耀祖宗，其为不仁甚矣！原其本，只由一念之差耳。

【注释】①贰师：指贰师将军李广利。②疋：同“匹”。

【译文】一念之差有时会对生灵造成非常大的祸害。就像汉武帝因为想要得到西域骏马，宁愿损兵战败也不后悔。等到贰师将军李广利再次举兵西伐，仅夺得骏马数十匹而回，用数万人的性命换取几十匹马，又写成歌曲，谱上音乐，借此向祖宗夸耀，这真是太不仁了！究其根本，只是由于一念之差罢了。

如来日将早作，而中夜屡寐屡寤、警惕不安者，心之神明使然也。

【译文】如果明天一大早有事情要做，头天晚上就会屡睡屡醒、警惕不安，这是受心的精神意识主使的缘故。

满眼皆实理，而人不之信。释氏持一偏空说，举前古之人皆为所惑，何哉？

【译文】满眼所见的都是真实存在的理，而人就是不信。佛家偏执地坚持“万事皆空”的理论，而从古至今人们都被它所迷惑，这是什么原因呢？

身体发肤受之父母，不敢毁伤，人之大孝也；夫妇配偶，所以承先世之重，延悠远之绪，人之大伦也。释氏乃使人髡[①]其发，绝其配，不孝绝伦之罪大矣！

【注释】①髡（kūn）：剃去头发。

【译文】身体毛发皮肤是父母给我们的，不敢毁坏损伤，这是人的大孝；夫妻配偶，承载着接续祖先血脉的重任，延续着族人久远的事业，这是人的重大伦常。佛家竟然让人剃去头发，弃绝配偶，不孝和灭绝人伦的罪行实在太大了！

庄子曰："泰宇定者，发乎天光。"[①]言心定则明也。

【注释】①语出《庄子·庚桑楚》。原文为："宇泰定者，发乎天光。"宇：心宇，心胸。

【译文】庄子说："心境安泰镇定的人，就会发出自然的光芒。"说的是心中安定心地自然就会光明。

圣人顺天理而尽人伦，释氏逆天理而灭人伦。

【译文】圣人顺应天理而遵循人伦，佛家违背天理而灭绝人伦。

虽上知不能无人心。圣人所谓"无欲"者，非若释氏尽去根尘[1]，但人心之得其正者即道心，以其不流于人欲之私，所谓“无欲”也。

【注释】①根尘：世间种种惹人烦恼的事物。

【译文】即使上智之人也不能没有人心。圣人所说的“无欲”，并非像佛家那样六根清净脱离俗尘，只不过人心中那些纯正的东西就是道心，因为它不会放纵人的私欲，这就是所谓的“无欲”。

造化只是阴阳五行，人道只是健顺五常。皆实理也，知者鲜矣。

【译文】自然界只是阴阳五行的变化，社会人伦只是刚健柔顺和五常之德。这些都是真实存在的理，只是懂的人很少罢了。

圣人一片实心，种种道理皆从此出。

【译文】圣人具有真心实意，世间各种道理都是由此而出来的。

无有大于理、气者。

【译文】没有大于理和气的东西。

作圣作狂，此心一转移间耳。

【译文】作圣人还是作狂人，只是心的一念转动而已。

《中庸》引《诗》曰："上天之载，无声无臭。"即"无极而太极"也。

【译文】《中庸》引用《诗经》上的句子说："上天生养万物，没有声音也没有气味。"说的就是"无极而生太极"的道理。

《庄子》曰："《诗》以道志，《书》以道事，《易》以道阴阳，《春秋》以道名分。"先儒谓庄子是大秀才，观此可见。

【译文】《庄子》说："《诗》用来表达思想感情，《书》用来记述政事，《易》用来阐明阴阳变化的奥秘，《春秋》用来讲述名分的尊卑与序列。"古代的儒者说庄子是大秀才，由此可以看出。

张子曰："一故神。"神即太极也。或者谓太极不会动静，则神为无用之物矣。岂所以为"造化之枢纽，品汇之根柢"[①]哉？

【注释】①语出朱熹《太极图说解》。品汇：事物的品种类别。

【译文】张载说："因为能统一于一个事物所以很神妙。"神就是太极。有人认为太极不会动静，如此则神就成为无用之物了。怎么能够成为“造化运行的枢纽，各类事物的根本”呢?

只一个太极，行乎阴阳、五行、男女、万物之间，无所不在。

【译文】只有一个太极，流转运行在阴阳、五行、男女、万物之间，无所不在。

盆成括小有才，而不知君子之大道，适足以杀其身①。盖人知大道，则明于进退、存亡、吉凶、消长之理，必不至于轻率逞才妄为以取祸也。

【注释】①典出《孟子·尽心下》。盆成括：姓盆成，名括，战国时齐国官员。

【译文】盆成括这个人小有才学，但不知晓君子的大道，这就足以为他招致杀身之祸了。大概人知晓大道，才能明白进退、存亡、吉凶、消长的道理，就必定不会轻易卖弄才华、胡作非为而招致灾祸了。

视其色在目，而知其色之理在心；听其声在耳，而知其声之理在心；食其味在口，而知其味之理在心；闻其香在鼻，而知其香之理在心。此心所以为一身之主宰也。

【译文】看颜色用眼睛，但探究颜色的原理却是用心；听声音用耳朵，但探究声音的原理却是用心；品尝味道用嘴巴，但探究味道的原理却是用心；闻到香味用鼻子，但探究香味的原理却是用心。这就是心为人身之主宰的原因。

天人一理，故致乖、致和无不感通。

【译文】天和人统一于一个理，所以人事乖张、人事和顺没有不感通的。

耳、目、口、鼻各专一事，而心则无不通。

【译文】耳、目、口、鼻各自负责一件事，但心却是贯通一切的。

耳顺，则声入心通；目明，则物接理见。

【译文】耳朵顺畅，那么一听圣人之言即能领悟其微旨；眼睛明亮，那么一接触事物即可发现事物之理。

庄子曰："生物以息相吹。"①息是人呼吸之息，九万里之气亦是此息相吹，则人之气召和、召灾可知矣。

【注释】①语出《庄子·逍遥游》。息：气息。

【译文】庄子说："（游气、尘埃）都是自然界各种生物的气息吹拂所致。"息指人呼吸的气息，九万里的旋风也是这种气息吹拂所致，因此人的气息能带来和谐、召来灾祸也就可以知道了。

七窍凿而混沌死[①]，七情[②]炽而天理亡之譬也。

【注释】①典出《庄子·应帝王》。七窍：指头部七个孔窍（目、鼻、口、耳）。②七情：儒家认为"七情"指人的七种情感，即喜、怒、哀、惧、爱、恶、欲。

【译文】七窍凿开而混沌也就死了，这是比喻人的七情太强烈就会导致天理消亡。

举四海九州[①]生民之气无不和，则自足以感阴阳之和；举四海九州生民之气既乖，则亦足以感阴阳之异。此理之必然也。

【注释】①四海九州：指全天下。

【译文】全天下人民的气息无不和顺，就能够感应阴阳的和谐；全天下人民的气息都很乖张，也能够感应阴阳的怪异。这是必然之理。

固不可假公法以报私仇，亦不可假公法以报私德。

【译文】固然不可以利用国家的法律来报私人仇怨，也不可以利用国家的法律来报个人恩惠。

物各具五行之色，如天地有五方，土石有五色，云气有五色之类。是则万物岂出于五行之外哉？

【译文】每个事物都包含五行之道，如天地有五个方位，土石有五种色泽，云气有五种颜色之类。这样来说万物难道有脱离五行之外的吗？

下民之冤不伸者，由长人者之非其人也。

【译文】下层民众的冤情得不到申诉昭雪，是由于任用错了在位的长官。

为官者切不可厌烦恶事。苟视民之冤抑一切不理，曰“我务省事”，则民不得其死者多矣。可不戒哉！

【译文】当官者千万不可厌烦坏事多。假如对于民众的冤情一切不理，反而说“我务求省事”，那么就会造成很多民众因受冤枉而死。能不谨慎嘛！

一命[①]之士，苟存心于爱物，必有所济。盖天下事莫非分所当为，凡事苟可用力者，无不尽心其间，则民之受惠者多矣。

【注释】①一命：等级最低的官职。

【译文】哪怕只是小官，如果有关爱万物之心，也会对众人有所帮助。因为天下的事都是自己本分以内所应该做的，凡事只要能够出力，就尽心竭力地去做，那么民众得到恩惠就多了。

昔人谓“律是八分书[①]”。盖律之条目，莫非防范人欲，扶翼天理，故谓之“八分书”。

【注释】①八分书：隶书的一种。

【译文】古人说“法律是八分书”。大概是说法律的条目，无非是为了防范人的私欲，培养扶持天理，所以称为“八分书”。

慎言谨行，是修己第一事。

【译文】谨言慎行，是修身的第一件事情。

人之所为，不犯条律即为义，犯之即为非义，则“律为八分书”可见。

【译文】人的所作所为，不触犯法律就是义，触犯法律就是不义，那么“法律是八分书”的道理由此可见。

余一夕梦先人告余曰：“慈、温、良。”得非有所警乎？

【译文】我一天晚上梦见亡父告诫我说：“一定要慈祥、温和、善良。”莫非这是对我的警示吗？

心口如一为忠信，心口不一非忠信也。

【译文】心里想的和嘴上说的一致就是忠信，心里想的和嘴上说的不一致就不是忠信。

只“四勿”①念之，岂有差乎？

【注释】①四勿：非礼勿视，非礼勿听，非礼勿言，非礼勿动。
【译文】只要把“四勿”时刻记在心中，难道还怕有差错吗？

天下至贵者道，得之则生，失之则死，为天下至贵不亦宜乎？

【译文】天下最宝贵的是道，得到它就能生存，失去它就会消亡，道作为天下最宝贵的东西不也是很应该吗？

偶读医书，有曰："洗心曰斋，防患曰戒。"吾有取焉。

【译文】偶尔读医书，有的书上说："洗涤心灵叫斋，防止祸患叫戒。"我很赞同这些话。

乞墦之富贵[①]，恬不知耻，可怪也夫！

【注释】①乞墦之富贵：事出《孟子·离娄下》。乞墦，向祭墓者乞求所余酒肉。

【译文】通过乞求施舍换来的富贵，一点儿也不感到羞耻，这样的人真是奇怪啊！

责人当反求诸己。

【译文】责备他人之前应当先反省自身有无错误。

释氏本是自洁其身，纷纷之言，皆其徒附会之也。

【译文】佛家只是洁身自好罢了，纷乱的说教，都是佛教徒们的牵强附会而已。

道家者流，如老子《道德经》是也。如符箓、科仪、飞升、黄白之术，皆后人附会为道家之事，《道德经》岂有是哉？

【译文】道家的流派，比如老子《道德经》即是。像画符念咒、道场法事、修炼升天、点石成金等法术，都是后世之人牵强附会为道家之事的，《道德经》里哪有这些东西啊？

朱子于“吾无隐乎尔”章①以“作、止、语、默无非教也”释之。盖“作”与“语”属动，阳之发也；“止”与“默”属静，阴之为也。动静阴阳，曷莫非是道之著？至于动而静，静而复动，循环无端，则又道之至妙者也。其示人之意，岂不显而可见哉？

【注释】①见《论语·述而》：“二三子以我为隐乎？吾无隐乎尔。吾无行而不与二三子者，是丘也。”

【译文】朱熹对“吾无隐乎尔”章用“行动、静止、说话、沉默无不是圣人的教诲”来解释。大概“行动”与“说话”属于动的内容，是阳的发动；“静止”与“沉默”属于静的内容，是阴之所为。动静阴阳，何处不是道的表现呢？至于由动到静，由静再到动，循环不止，则又是道的神妙表现了。其要教给人的意思，难道不是显而易见的吗？

曾点之“鼓瑟希，铿尔，舍瑟而作。对曰‘异乎三子者之撰’”①，其动静从容者，此理也。“暮春者，春服既成。冠者五六人，童子六七人，浴乎沂，风乎舞雩，咏而归”②者，亦此理也。是则“人欲尽处，天理流行，随处充满，无少欠缺③”，安往而不然哉？

【注释】①②均语出《论语·先进》。曾点：曾参的父亲，鲁国人。③语出朱熹《论语集注》。

【译文】曾点"弹瑟的声音逐渐放慢，接着'铿'的一声，离开瑟站起来。回答说'我想的和他们三位说的不一样'"，其举止从容不迫，符合天理的要求。"暮春三月，穿上春天的衣服，和五六位成年人，六七个少年人，去沂河里洗洗澡，在舞雩台上吹吹风，一路唱着歌走回来"，也是符合天理的要求。所以"没有人欲的地方，天理就会流行，充满各处，没有欠缺"，走到哪里不是这样呢？

圣人一身动静，无非仁义礼智之德，充乎中而发乎外，其示人可谓无隐矣。

【译文】圣人一身的动静举止，无非是仁义礼智等德性，充实于内心而表现在外面，他所教给人的可说是没有什么隐藏了。

"认得为己，何所不至？"[①]此言当深玩味体认。

【注释】①语出《二程遗书》。

【译文】"知道天地万物与自己是一体的，还有什么地方不能到达呢？"这句话应当深深地玩味体会。

“不虐无告，不废困穷”[①]，圣人之仁也。

【注释】①语出《尚书·大禹谟》。无告，指鳏寡孤独无依无靠的人。废，抛弃。

【译文】“不虐待无依无靠的人，不抛弃困苦贫穷的人”，这是圣人的仁德。

勿以小事而忽之，大小必求合义。

【译文】不要因为是小事就忽视它，不论大事小事都要符合义的要求。

法立而行，则人不玩。

【译文】订立法律并严格执行，这样人就不敢玩忽职守了。

事合义，虽大不惧；不合义，虽小当谨。

【译文】行事符合义的要求，即使是大事也不用担心；不符合义的要求，即使是小事也应当谨慎。

道有正有邪，德有凶有吉，此韩子所谓“道与德为虚位”也。

【译文】道有正道和邪道，德有吉德和凶德，这就是韩愈所说的“道和德是内容不具体、意义不确定的名称”。

气质之蔽最深。民不可使知之，是皆蔽之深不能有以开其识也。如佛、老之教，分明非正理，而举世趋之，虽先儒开示精切而犹不能祛其惑，是皆气质蔽之深也。

【译文】气质对人的蒙蔽是最深的。无法让民众知晓大道，这都是因为被蒙蔽得太深而没有方法能开启他们智慧的缘故。像佛家、道家的学说，很明显不是正确的理论，但全社会的人都信奉它们，即使古代的儒者已经分析得很明白透彻了也仍旧不能去除它们对民众的迷惑，这都是因为民众被气质蒙蔽得太深的缘故。

偶一事发不中节，终夕不快。

【译文】白天偶尔有一件事情做得不符合礼节法度，我就会整夜都不快乐。

命、性、道、教，只是一理。

【译文】命、性、道、教，都只是一个理而已。

临属官，公事外不可泛及他事。

【译文】到下属官员那里去，除了公事外不可以涉及其他的事。

“不仁者，不可久处约，不可长处乐。”①朱子释之谓：“不仁之人，失其本心，久约必滥，久乐必淫。”滥即为贫贱所移而更其节也，淫即为富贵所淫而荡其心也。若“贫贱不能移”，即仁者能久处约矣；“富贵不能淫”，即仁者能长处乐矣。孔、孟之言，互相发明如此。

【注释】①语出《论语·里仁》。约：穷困，困窘。

【译文】“没有仁德的人，不能长久过穷困的生活，也不可长处于安乐的环境中”。朱熹解释说：“没有仁德的人，失掉了本心，长久处于穷困之中必然会肆无忌惮、胡作非为，长久处于安乐之中必然会放纵沉迷、没有节制。”滥就是因生活贫困、地位卑微而改变节操，淫就是被金钱和地位所迷惑而动摇心志。如果能做到孟子所说的“不因贫贱而改变志向”，也就是做到了孔子所说的有仁德的人可以长久处在穷困之中；能做到“不因富贵而放纵沉迷”，也就是做到了有仁德的人可以长久处于安乐之中。孔子和孟子的话，就是这样相互印证的。

读书录卷八

扫码听谦德君为您导读

所谓"知几"[①]者，于事未形著而识其微也，非圣人其孰能之？

【注释】①知几：见《周易·系辞下》："知几其神乎！"几：苗头。

【译文】所谓"知几"，就是在事情还没发生明显的变化之前能够观察到其细微的苗头，如果不是圣人谁能做到啊？

凡祸患伏于无形之中，惟圣人则知几而防之于未然，故能消其祸；众人不知几，而图之于已著，则已无及矣。

【译文】凡是灾祸都是隐藏在看不到明显迹象的地方，只有圣人能够知道苗头而防患于未然，所以能消除灾祸。一般人看不到苗头，到灾祸已经很明显了才想有所作为，已经来不及了。

迷于利欲者，如醉酒之人，人不堪其丑，而己不觉也。

【译文】被财利欲望所迷惑的人，像醉酒的人一样，人们受不了他的丑态，他自己却意识不到。

耳目之聪明为魄，魄[①]者，形之神也；口鼻之呼吸为魂[②]，魂者，气之神也。人有许多[③]聪明知识者，魄之为也；有许多呼吸运动者，魂之为也。

【注释】①魄：指依附于形体而存在的精神。②魂：指人的精气。③许多：多少。

【译文】眼睛和耳朵的灵敏属于魄，魄是形质的主宰；嘴巴和鼻子的呼吸属于魂，魂是气的主宰。人有多少聪明和知识，是魄决定的；有多少呼吸和活动，是魂决定的。

尧之"钦明""俊德"[①]，以至"黎民于变时雍"[②]；舜之"慎徽五典"[③]，以至"烈风雷雨弗迷"[④]；与孔子之"立之斯立，道之斯行，绥之斯来，动之斯和"[⑤]，皆圣人作用神速功效。

【注释】①钦明""俊德"：出自《尚书·尧典》。钦明：严谨节用，谋虑明达。俊德：大的美德。②黎民于变时雍：出自《尚书·尧典》。意为氏族部落的成员变得和睦相处。③慎徽五典：出自《尚书·舜典》。意为真诚地履行五种伦理道德规范。④烈风雷雨弗迷：出自《尚书·舜典》。意为暴风雷雨的恶劣天气没有让舜迷失方向。⑤“立之斯立……”句：语出《论语·子张》。

【译文】尧帝的“敬慎明达”“美善之德”，以及“使百姓得以和睦相处”；舜帝的“广施五伦之教”，以及“在暴风雷雨的恶劣天气中都不会迷失方向”；和孔子的“使百姓立于礼，百姓就会依礼而立；引导百姓，百姓就会跟随；安抚百姓，百姓就会远来归附；感动百姓，百姓就会和睦安乐”，这些都是圣人发挥作用的神速与功效。

史臣首叙尧、舜、禹之事，有乾坤之道焉。尧曰“钦明”，舜曰“重华”①，禹曰“祗承”②，则尧、舜为乾，禹为坤，可见帝降而王，殆以此欤！

【注释】①重华：出自《尚书·舜典》：“帝舜曰重华。”舜的名字叫重华。②祗承：出自《尚书·大禹谟》：“祗承于帝。”

【译文】史官最初记录尧、舜、禹的事迹，字里行间都隐含了乾坤之道。称尧帝为“钦明”（因诚敬而至于圣明之境），称舜帝为“重华”（再现尧帝的圣德光华），称大禹为“祗承”（意为禹王只是恭敬地秉承尧舜二帝之德），所以尧、舜居于乾位，大禹居于坤位，可以发现由尧舜二帝至禹下降而为王，大概就是这个缘故吧！

后人不知人臣之道，但得高官厚禄，即有自满之色。观“臣克艰厥臣”①及“为臣不易”之语，禄位果可自满乎？

【注释】①臣克艰厥臣：出自《尚书·大禹谟》。意为大臣能认识到做臣子的艰难。

【译文】后人不知道做臣子的道理，只要得到高官厚禄，就得意自满。看“臣克艰厥臣”以及“为臣不易”等这些话语，官位俸禄果真可以值得自满吗？

动而不息者阳，魂也；静而有识者阴，魄也。

【译文】运动而不停息的属于阳，这是魂；静止而有意识的属于阴，这是魄。

夜气如泉源，淆之数亦不能清矣，君子所以贵乎存息也。

【译文】夜气就像泉水的源头一样，但是搅动几次也就不会再像原先那般清澈了，所以君子重视凝神静虑和做内心反省的功夫。

仁是嫩物，譬之草木，嫩则生，老则枯。

【译文】仁是柔嫩的东西，像草木一样，鲜嫩就生长，老了之后就枯萎。

寂而感，虚而实。此吾儒与释、老[①]不同处。

【注释】①释、老：佛教和道教。

【译文】内心寂静而又能感通万物，虚处存心而又能实处用力。这是我们儒家与佛教、道教不同的地方。

变化无须臾之止息。

【译文】宇宙间变化没有顷刻的停止休息。

自不知其所以然而然者，造化[①]也。

【注释】①造化：自然界的创造化育。

【译文】自己都不知道为什么自然而然地成了这个样子，这就叫造化。

"天地之大德曰生"[①]，无间断，无空缺。

【注释】①语出《周易·系辞下》。

【译文】"天地最大的德行就是化生万物"，没有间断，没有遗漏空缺。

知而不仁，如老、庄之流是也。

【译文】有智慧却没有仁爱，比如老子、庄子这些人就是这样。

静中之识曰魄，动中之灵曰魂。

【译文】处于静止状态中的意识叫魄，处于运动状态中的灵气叫魂。

草木之敷荣畅茂者，神之迹；其凋落枯悴者，鬼之迹。

【译文】草木旺盛繁茂，就是神的迹象；草木凋零枯萎，就是鬼的迹象。

“知至至之”①，穷理②也；“知终终之”③，尽性以至于命也④。

【注释】①②③④均出自《周易》。

【译文】知道事业发展的目标而努力实现它，这就是穷尽万物之理；知道事业应该终止的时候就终止，这就是极尽本性以通晓天命。

朱子曰：“诚之有物，不待形而有。”盖虽冲漠无朕之中，而万象森然已具矣。

【译文】朱熹说：“只有保持真诚才有事物，不用等待形体出现才存在。”这是因为即使在世界万物形成之前的无形无迹的虚寂状态中，万事万物之理就早已俱备了。

理义之心不可少有间断，孟子所谓“勿忘”是也。

【译文】理义之心不能有丝毫的间断，这就是孟子所说的“勿忘”。

心斯须不存，即与理义背驰，可不念哉！

【译文】有片刻不存养心性，就已经和理义背道而驰了，能不牢牢记住吗！

《烝民》①之诗，二五②之畴，同一义也。

【注释】①《烝民》：这首诗是赞颂周宣王的辅政大臣仲山甫的。②二五：《尚书·洪范》有九畴，第二畴是君王的五种行为标准，第五畴是君王的统治准则。

【译文】《烝民》这首诗和《洪范》的第二、第五畴，是同一个意思。

“至诚无息”者，大德之敦化；“万物各得其所”者，小德之川流。

【译文】“至诚无息”，这是说大的德行因其仁爱敦厚而可以化生万物；“万物各得其所”，这是说小的德行如同河水流动一样盛行不衰。

“一本万殊”。“殊”与“本”不可分而为二。

【译文】“宇宙万物本原同一，表现在外却千差万别”。“殊”与“本”这两者是不能截然分开的。

朱子曰：“圣人作《易》，因阴阳之实体[①]，为卦爻之法象。”此见作《易》之本义。

【注释】①实体：哲学概念。在中国哲学中有两种含义，一是指客观的存在，二是指永恒的存在。

【译文】朱熹说：“圣人创作《易》，根据阴阳的真实本体，来确定卦和爻的形象。”由此可以窥见圣人作《易》的本义。

“天地设位，而易行乎其中”[①]，天之生生不已也；“成性存存，道义之门”[②]，理之生生不已也。

【注释】①②均出自《周易·系辞上》。

【译文】“天地创设了上下尊卑的位置，而《易》的道理就运行在其中”，这就是天道生生不息的表现；“用《易》理修身以成就美善德性并涵养蕴存，就是找到了通向道义的门户”，这就是义理生生不息的表现。

知、礼皆性也。人能知崇如天，礼卑如地，便是“成性存存”，而道义自此出也。人之知不能如天之高，礼不能如地之卑，是坏其性而不存，道义何自而出哉？反此，则“成性存存”，而道义出矣。

【译文】智和礼都是天性。人的智慧若能像天一样高，礼敬之心若能像地一样卑下，这便是“成就美善德性并涵养蕴存”，而道义之心也就由此而生。人的智慧若不能像天一样高，礼敬之心若不能像地一样卑下，这便是毁坏了自己的天性而使其不复存在，那么道义之心将从哪里生出来呢？与此相反，“成就美善德性并涵养蕴存”，道义之心就生出来了。

只知崇礼卑，便是成性存存。

【译文】只要做到智慧崇高，礼节谦卑，便是成就美善德性并涵养蕴存了。

“知崇礼卑”。“成性存存”应“天地设位”，“道义之门”

应“易在其中矣”。

【译文】“智慧贵在崇高，礼节贵在谦卑”。“成就美善德性并不断涵养蕴存”对应“天地创设上下尊卑的位置”，“通往道义的门径”对应“易道在其中运行”。

博文，知崇也；约礼，礼卑也。

【译文】广求学问，是智慧贵在崇高的体现；恪守礼法，是礼节贵在谦卑的体现。

《中庸》之“道问学”，“致广大”，“尽精微”，“极高明”，“温故知新”，皆《易》“知崇”之事；“尊德性”，“道中庸”，“敦厚崇礼”，皆《易》“礼卑”之事。

【译文】《中庸》里讲的“不断探求与学习”，“追求道的广阔博大”，“穷尽道的精细微妙”，“追求高明的境界”，“温习旧闻而获得新知”，就是《易传》上讲的“智慧贵在崇高”的事情；“尊崇内心本有的德性”，“遵循中庸的道理”，“为人敦厚而崇尚礼仪”，就是《易传》上讲的“礼节贵在谦卑”的事情。

天者，阳气之实体；地者，阴形之实体。

【译文】天是阳气汇聚的实体，地是阴气成形的实体。

“成性”即“天地”，“存存”即“设位”，“道义之门”即“易行乎其中”。

【译文】“成就美善德性”说的即是“天地”，“不断涵养蕴存”说的即是“创设上下尊卑的位置”，“道义的门径”说的即是“易道在其中运行”。

夫子之德，温、良属仁，俭属义，恭、让属礼。

【译文】孔夫子的德性，温和、善良属于仁，节俭属于义，恭敬、谦让属于礼。

近世《易》《诗》《书》《春秋》《四书》传注之外，世儒纂集诸家之说附释其后，虽时有发明，其实太繁复汗漫，而学者终不能遍观而尽读，反于正经本旨，日至蔽隔支离。先儒烛笼之譬[①]正如此。

【注释】①烛笼之譬：出自《朱子语类》。意思是灯笼上的竹条会阻碍火光发散。如果能够去掉竹条，灯笼能够通体光明。

【译文】近来《周易》《诗经》《尚书》《春秋》《四书》等经典的注解之外，世间的儒者编撰各家的解释附加在后面，虽然也有新意，但非常繁多复杂，求学的人不能够通读一遍，反而远离了经典的主旨，义理不断遮蔽支离。以前的儒者说的烛光与灯笼的比喻就像这样啊。

道之不明，科举之学害之也。

【译文】大道得不到彰明，是科举之学害的呀！

《四书集注章句》之外，倪氏《集释》[①]最为精简。其他割裂旧说，附会己意，但欲起学者之观听，图己名之不朽，驳杂浩穰，害理尤甚。

【注释】①《集释》：即元代学者倪士毅著的《四书辑释》。

【译文】《四书章句集注》之外，倪士毅的《四书辑释》最为精炼简洁。其他人的解释都割裂旧的学说，添加自己的意见，只是为了让求学的人看到听到，希望自己名声不朽，解释繁杂众多，危害道理十分严重。

自朱子没，而道之所寄不越乎言语文辞之间，能因文辞而得朱子之心学者，许鲁斋[①]一人而已。

【注释】①许鲁斋：即许衡，号鲁斋，金末元初著名理学家。

【译文】自从朱熹去世后，学者们用言语和文章来传承道统，能在文章中体现朱熹思想学问的，只有许衡一个人。

云而雨者，自无而有；雨而晴者，自有而无。雷霆风露之类亦然。

【译文】由云变成雨，是从无到有；由雨转晴，是从有到无。雷电、风、露水等自然现象都是这样。

太极中无所不有，分而为阴阳、五行、男女、万物，无所不在。

【译文】太极中什么都有，分化开来就是阴阳、五行、男女、万物，无处不存在太极。

“元、亨、利、贞”①，文王之言也，其理无穷。

【注释】①元、亨、利、贞：卦辞，也被称作卦的四德。

【译文】“元始，亨通，和谐有利，贞正坚固”，是文王说的话，其中蕴含的道理是无穷的。

圣贤之书，垂训万世，本欲开明天理，使人反求诸身心而得其实。自朱子没，士子诵习其说者，率多以为出身干禄之阶梯，而不知反己以求其实，圣贤垂训之意果安在乎？

【译文】圣贤的著作，可以作为万世的训诫，本来就是用来阐发天道的规律，让人反过来从自己身心里得到真实的益处。自从朱熹去世后，读书人诵读传习他的学说的，大多都是把它作为求取功名的阶梯，而不知道返回自身来求实益，这难道是圣贤垂训的本意吗?

寒暑往来有一定之节，万物生育有一定之形，人伦纲常有一定之理，是皆太极为之主，穷天地亘古今而不易者也。

【译文】寒来暑往有一定的时节，万物生长发育有一定的形质，人伦纲常有一定的准则，这都是太极在其中发挥主导作用，穷尽天地亘古亘今也不会改变啊。

新竹有露者，津液上行结而为露也，如人发中有汗然。（曹县分司偶观新竹，记此。）

【译文】新生的竹子有露水，是津液上行凝结而成为露水，就像人头发中有汗一样。（在曹县担任官职时偶然看到新生的竹子，记录在此。）

因观乌鸟哺其雏，仁心蔼然可见。

【译文】通过观察乌鸦哺育幼雏，仁爱和善之心由此可见。

天地分明一大父母，生出无限小父母来。

【译文】天地分明就像是一对大父母，生出无限多的小父母来。

知道则自简。

【译文】了解了大道的运行，那么行事自会简约。

汉高祖取天下，大抵能用群策。如下陈留，用郦生之策；还军霸上，攻峣关，用樊哙、张良之策；从汉中东兵，用韩信之策；守荥阳、成皋，又用郦生之策；捐金间楚，用陈平之策；封韩信齐王，追项羽垓下，以地封韩、彭、英布，使自为战，又用良、平之策；及天下已定，徙都关中，用刘敬之策。悉收群策而用其长，此所以破秦灭楚不五载而成帝业。

【译文】汉高祖刘邦之所以取得天下，大概是能使用众人的计策。比如攻下陈留，用的是郦食其的计策；回师霸上，攻打峣关，用的是樊哙、张良的计策；从汉中向东用兵，用的是韩信的计策；驻守荥阳、成皋，又是用的郦食其的计策；献纳黄金离间项羽，用的是陈平的计策；封韩信为齐王，追击项羽到垓下，把土地分给韩信、彭越、英布，使他们为了他们自己战斗，又是用的张良、陈平的计策；到了天下平定，把都城迁到关中，用的是刘敬的计策。刘邦全部吸收众人的计策而任用他们的长处，这就是为什么攻破秦国消灭楚国不到五年就能成就帝业。

枚乘[①]曰："欲人无闻，莫若勿言；欲人无知，莫若勿为。"又曰："积德累行，不知其善，有时而用；弃义背理，不知其恶，有时而亡。"此皆名言也。

【注释】①枚乘：西汉辞赋家。

【译文】枚乘说："不想让别人听见自己在说什么，就最好不要说；不想让别人知道自己在做什么，就最好不要做。"又说："积累仁德和善行，不知道它的好处，而到一定时候却发挥作用；抛弃仁义、违背天理，不知道它的危害，而到一定时候却走向败亡。"这些都是至理名言啊。

朱子曰："其心明乎正理而无蔽，然后其言平正通达而无病。"[①]此知言所以能知人也。

【注释】①语出朱熹《四书章句集注》。

【译文】朱熹说："人的心明白正确的道理就不会被蒙蔽，然后他说的话就平和通顺而没有毛病。"这就是说通过了解一个人说的话就能够了解一个人怎么样。

天地万物皆一理也，天地万物各有其一分，分殊也。

【译文】天地万物都是一个理，天地万物也各自具有理的一部分理，这就是分殊。

《通书》[1]一“诚”字括尽。

【注释】①《通书》：北宋理学家周敦颐的著作。

【译文】《通书》的大意可以用一个“诚”字来概括。

《通书》与《太极图》[1]表里。

【注释】①《太极图》：宋代周敦颐所作。此外，周敦颐还为其《太极图》写了一篇解释性文章《太极图说》。

【译文】《通书》和《太极图》是表里关系。

只一《复》[1]卦，多少义理，天道人事无不备。

【注释】①《复》：周易第二十四卦，卦名象征回复。

【译文】仅仅一个《复》卦，就包含了许多义理，天道人事无所不包。

读《易》在识时势。

【译文】读《周易》需要了解时势。

存心不失为“中”，应事不差为“和”。

【译文】存养心性而不放失是“中”，处理事务没有差错是“和”。

“中”也者，至德也；“和”也者，要道也。

【译文】“中”是至上的道德；“和”是切要的道理。

地泥、城隍墙，皆土也；孝慈、恤爱、恻怛，皆仁也。“理一分殊”，于此亦可见。

【译文】地上的泥、城隍庙的墙，都是土；孝敬慈爱、体恤关爱、悲伤哀伤，都是仁的体现。“理一分殊”在这里也能看到。

“亲亲而仁民，仁民而爱物。”[①]其“理一”为仁，“分殊”为义。

【注释】①语出《孟子·尽心上》。

【译文】“君子由亲近亲人推广到仁爱民众，由仁爱民众推广到爱惜万物。”其中的“理一”是仁，“分殊”是义。

阴阳合，则魄凝魂聚而有生；阴阳判，则魂升为神，魄降为鬼。《易大传》所谓“精气为物，游魂为变，故知鬼神之情状”者，正以明此。《书》所谓“徂落”[①]者，亦以升降为言耳。此《中庸或问》朱子之言死生之说，不过如此。

【注释】①徂落：死亡。

【译文】阴阳交合，则魂魄凝聚而有生命；阴阳分开，则魂上升成为神，魄下降成为鬼。《易大传》所说的“精气凝聚成为物形，气魂游散造成变化，所以知道鬼神的情实状态”，正好可以用来理解这句话。《尚书》所说的“徂落”，说的也是升降。《中庸或问》中朱熹谈论生死的说法，也是这样。

昔人训“皇”为“大”，“极”为“中”[①]，皆虚字也。朱子非之，谓“皇为君，极犹屋极[②]之极”，则二字皆实矣。盖谓极居此物之中则可，便谓极为中则不可。近因道出武定州北隅，观邮亭撮顶一木居中，众木四面辏之，此正所谓极也。因朱子之说而记余之所见如此。

【注释】①中：中正。②屋极：指屋顶。

【译文】以前的人把“皇”解释为“大”，“极”解释为“中”，都是虚词。朱熹不认同，说“皇是君，极是屋顶的极点”，那么这两个字都有实质内涵。大概说极在事物之中是可以的，但是说极是中正则不行。近期从武定州北边走，看到一个邮亭上面一根木头在中间，其他木头向它聚集，这才是极点啊。沿袭朱熹的说法而记下我的这些所见所闻。

《太极图》假象以显义。

【译文】《太极图》是通过图像来显示义理。

“无轻民事，惟艰；无安厥位，惟危。”[①]岂惟为人君当然哉？凡为人臣者亦当守此，以为爱民保己之法也。

【注释】①语出《尚书·太甲下》。

【译文】“不要轻视民众的力役，要考虑到它的艰难；不要安居自己的君位，要考虑到它的危险。”这难道只是君主应当做的吗？凡是做臣子的也应该这样啊，以此作为爱护民众保全自己的方法。

周公作《无逸》[①]告成王，远举殷之三宗[②]，皆继体守成之君，欲成王有所法也；近举太王、王季、文王，皆周先哲王，欲成王有所严惮以修其德也。其意切矣。

【注释】①《无逸》:《尚书》中的一篇，据记载为周公所作，告诫成王不要贪图安逸，要以殷商为鉴。②三宗：殷中宗、高宗和祖甲。

【译文】周公创作《无逸》告诫成王，从远外来说举殷商三位贤德之王的例子，他们都是继承国家守护祖业的君主，想要成王有所效法；从近处来说举太王、王季、文王的例子，他们是周朝有智慧的先王，想让成王有所敬畏而修养德性。周公的心意很恳切啊。

《无逸》书，后世为人君者宜写一通，置之座右。

【译文】《无逸》这一篇，后代的君主最好抄写一遍，放在座位的右边。

"严恭寅畏，天命自度"，乃《无逸》一书之要。

【译文】"严肃庄重，心存敬畏，以天命为标准来度量自己"，这是《无逸》这篇文章的要领。

天转正如车轮之转，盖侧转也。如八月初昏，斗柄[①]指西，至天将明时看之，则斗柄却指卯[②]矣。以是知天一昼夜侧转一周，而斗柄亦随天翻转指卯也。

【注释】①斗柄：指北斗七星玉衡、开阳、摇光三星组成的斗柄。古人用初昏时斗柄所指的方向来表示季节。②卯：古人用十二地支来表示方位，正北为子，正东为卯，正南为午，正西为酉。

【译文】天的旋转就像车轮的转动，大概是侧着转动吧。比如八月的傍晚，北斗七星的斗柄指向西方，到了天快亮时观看，斗柄又指向东方。以此知道天一天一夜旋转一周，而北斗七星的斗柄也随着天翻转指向东方。

读《吕刑》[①]之书，穆王不训德而训刑，又可见当时世道之愈下矣。

【注释】①《吕刑》：出自《尚书·周书》，是我国历史上现存最早的较为系统的刑法专著，有利于研究西周的法律思想和制度。

【译文】读《吕刑》这篇文章，周穆王不提倡道德而提倡刑罚，可以看见当时的世道每况愈下啊。

《书》终于《秦誓》[①]，圣人之微意欤？

【注释】①《秦誓》：《尚书》中的最后一篇，该篇由秦穆公充当经文的主人，说明诸侯已经取代周天子，成为政治的最高发言人。

【译文】《尚书》以《秦誓》这一篇作为终结，这是圣人的微言大义吧？

“几”字，古圣人已言之，至周子[①]发明尤亲切耳。

【注释】①周子：即周敦颐，北宋理学的开山鼻祖。

【译文】“几”这个字，古代圣人已经说过了，到了周敦颐那里对它的阐发解释尤为贴切。

《性理大全书》[①]以周子《太极图》冠于篇端，默识而旁通之，则一书之理不外是矣。非独《性理大全》一书不外乎是，以至《五经》《四书》与凡圣贤之言，又岂有出此图之外者哉？呜呼！其旨深矣。

【注释】①《性理大全书》：又名《性理大全》，为明代胡广所编，所采用宋儒之说一百二十家，辑成于1415年。

【译文】《性理大全》这套书把周敦颐的《太极图》放在第一篇，默然体会并触类旁通，才发现这套书的道理没有超过《太极图》的。不仅仅《性理大全》是这样，以至于《五经》《四书》与所有圣贤的言论，有超出《太极图》的吗？啊！它的宗旨真是深远啊！

康节[①]曰：“一动一静之间，乃天下之至妙。”至妙者，盖指“贞元间太极”也。周子曰：“太极动而生阳，动极而静，静而生阴，静极复动。”盖“静极复动”，即贞下起元[②]，即康节所谓“贞元间太极”也。

【注释】①康节：即北宋理学家邵雍。②贞下起元：贞和元都是卦的四德之一，元是原始的意思，贞是正固。意思是天道人事循环往复、周流不息。

【译文】邵雍说："一动一静之间，是天下最奇妙的。"最奇妙的，就是指"贞与元之间的太极"。周敦颐说："太极运动会生出阳，运动到极点会静下来，静就会生出阴，静到极点又会开始动。"大概"静极复动"就是贞下起元，就是邵雍所说的"贞与元之间的太极"。

程子谓："《中庸》始言一理，中散为万事，末复合为一理。"盖"始言一理"，即天命之性也；"中散为万事"，即"达道""达德""九经""天道""人道"之属，无非天命之性；"末复合为一理"，"上天之载，无声无臭"，又即天命之性矣。

【译文】程颢说："《中庸》开始讲一个道理，中间分讲众多的事情，最后又合到一个道理上。"大概"刚开始讲一个道理"，是上天赋予人的道德本性；"中间分讲众多事情"，就是"达道""达德""九经""天道""人道"之类的，不过是上天赋予人的道德本性；"最后汇合为一个道理"，"上天生养万物，没有声音也没有气味"，又是上天赋予人的道德本性了。

不论人之贤否，但见势利即倾慕，岂非失其本心乎？噫！弊也久矣。

【译文】不论这个人是否贤明，只要看到他有权势就依附仰慕，这难道不是失去本心的表现吗？哎呀！这种流弊已经存在很久了啊。

高则明，博则厚。观之天地可见。

【译文】高大就会光明，广博就会深厚。观看天地就可以发现这些道理。

凡物虚则有神。如鼓虚则响，钟虚则鸣，心虚则灵。

【译文】凡是事物空虚就很神妙。就像鼓空虚则能敲响，钟空虚则能鸣响，人心谦虚则会聪明机灵。

日入而群动息，日出而群动作，一息一作者，其《易》之谓与！

【译文】太阳落山而人们开始休息，太阳出来而人们开始劳作，止息和劳作，大概就是《易》要讲的道理吧！

“大声不入于里耳，《折杨》《皇荂》，则嗑然而笑。高言不止于众人之心。”①验之世俗诚然。

【注释】①语出《庄子·天地》篇。

【译文】“高雅的音乐，世俗人的耳朵里是无法听进去的，他们一听到《折杨》《皇荂》这样的民间小调，就会高兴得大笑起来。所以高雅之言不能进入世俗人的心里。”比照一下现在的世俗正是这样。

朱子注《四书》，明圣贤之道，正欲学者务为己之学[①]。后世皆藉此以为进身之阶梯，夫岂朱子注书之初意哉？

【注释】①为己之学：典出《论语·宪问》。为己，就是自己有所觉悟，能够去践行。

【译文】朱熹注解《四书》，彰明圣贤的道理，想让求学的人追求为己之学。但后来的人都把他的著作作为求取功名地位的阶梯，这难道是朱熹注解经典的初衷吗？

夏葛冬裘，饥食渴饮，朝作暮息之得其正者，皆“时中”[①]也。

【注释】①时中：随时随地做到中庸。

【译文】夏天穿薄的葛衣，冬天穿厚的裘皮；饿了就吃饭，渴了就喝水；早上劳作晚上休息，这些都能做到恰到好处的，就是“时中”啊。

张之极者必翕，强之极者必弱，兴之极者必废，与之极者必夺，乃造化消息满虚自然之理。《老子》“意欲翕之，乃固张之；意欲弱之，乃固强之；意欲废之，乃固兴之；意欲夺之，乃固与之”。此程子所谓窃弄阖辟而为术也。

【译文】伸张到极点必然要收缩，强大到极点必然要衰弱，兴盛到极点必然要衰落，给予到极点必然要夺取，这是创造化育、盛衰变化的自然道理。《老子》里说“想要关上它，就要先张开它；想要使它衰弱，就要先使它强盛；想要废弃它，就要先使他兴盛；想要夺取它，就要先给予它”。这就是程子所说的盗用天地开合之理而成为一种权术了。

《太极图》只是阴阳两端循环不已，而理为之主。

【译文】《太极图》说的就是阴阳两个端点循环往复，理在其中起主导作用。

《太极图》天地、古今、阴阳、寒暑、昼夜、死生、刚柔、动静，无不括尽。

【译文】《太极图》把天地、古今、阴阳、寒暑、昼夜、生死、刚柔、动静的道理都包括尽了。

《太极图》远而万古，近而一息，无能外者。

【译文】《太极图》讲的道理远在万古时空之外，近在一呼一吸之间，没有能够超出它的。

《先天图》[①]十月纯《坤》，初爻中已有十一月《复》卦初爻之根，即《太极图》右半阴中阳也；《先天图》四月纯《乾》，初爻中已有五月《姤》卦初爻之根，即《太极图》左半阳中阴也。由是观之，《先天》与《太极图》亦未尝不合。

【注释】①《先天图》：北宋理学家邵雍所作。

【译文】《先天图》中十月纯是《坤》卦，其初爻中已经有了十一月《复》卦初爻的根本，就是《太极图》右半边阴中的阳；《先天图》中四月纯是《乾》卦，其初爻中已经有了五月《姤》卦初爻的根本，就是《太极图》左半边阳中的阴。由此来看，《先天图》和《太极图》没有不符合的地方。

静看《太极图》，斯须离之不可得也。

【译文】静静地观看《太极图》，它运行的法则片刻都不可偏离。

谦者圣人之诚心，非为有所取于人而然也。《老子》乃曰："圣人欲上民，必以言下之；欲先民，必以身后之。"则是出于有意之私，而非圣人诚心之谦德矣。

【译文】谦虚出自圣人的真诚之心，而不是为了从别人那里得到什么才这样做。《老子》说："圣人想要处于民众之上，就要把话说得很谦卑；想要处于民众之前，就必须把自己的利益放在他们的后面。"这是出于有意图的私心，而不是圣人真诚之心的谦虚美德。

《史记·日者》[①]季主之言，深有中于墨者。

【注释】①《史记·日者》：日者就是卜筮之人，本篇主要讲西汉卜者司马季主的事迹。

【译文】《史记·日者列传》中司马季主说的话，和墨家的言论很相符。

古人用字最密，如"冒色"之"冒"字是也。

【译文】古人用字最为细密，比如"冒色"的"冒"字就是这样。

火、木阳也，生于阴，阴中有阳也；水、金阴也，生于阳，阳中有阴也。

【译文】火和木是阳，它们生于阴，可见阴中有阳；水和金是阴，生于阳，可见阳中有阴。

心所具之理为太极，心之动静为阴阳。

【译文】心所具备的理是太极，心的动静是阴阳。

忠信，立身之本。

【译文】忠诚守信，是一个人立身的根本。

惟诚无间断破缺。

【译文】只有真诚没有间断和残破缺漏。

周、程、张、朱[①]真儒也，四子辨佛、老之非至矣。学者读四子之书，而乃匍匐为佛、老之奴隶，是岂真知四子而能读其书者哉？

【注释】①周、程、张、朱：即宋代的理学大师周敦颐、程颐、张载、朱熹。

【译文】周敦颐、程颐、张载、朱熹是真正的儒者，这四位先生辨识佛教、道家的错误很到位。求学的人读这四位先生的著作，却爬着去做佛教、道家的奴隶，这哪里是真知道这四位先生而能读他们著作的人呢？

学者得如周、程、张、朱之为人亦可矣。四子不好佛而学者乃好之，则是为人不求如四子之贤，而好佛乃求过于四子也，惑之甚矣！

【译文】求学的人如果能像周敦颐、程颐、张载、朱熹一样做人也就可以了。这四位先生不喜欢佛教但求学的人喜欢，这就是做人不求像四位先生一样贤明，但在喜欢佛教方面则希望超过他们，真是迷惑啊！

即“无极而太极”观之，冲漠无朕之中，万象森然已具，所谓“体用一源”[①]也；即阴阳、五行、男女、万物观之，而此理无所不在，所谓“显微无间”[②]也。

【注释】①②体用一源，显微无间：程颐提出的哲学命题，意指事物中隐微的本源与其表露的现象之间二者统一，没有间隙。

【译文】从“无极即是太极”来看，在世界万物形成之前的无形无迹的虚寂状态中，万事万物之理早已具备，这就是“体用一源”；从阴阳、五行、男女、万物来看，这个理无所不在，这就是“显微无间”。

“体用一源”，不可分体、用为二；“显微无间”，不可分道、器为二。以武王之圣，而不知夷、齐之贤，岂非命欤？

【译文】“本体之理与功用之象是一体的”，不可以把体和用分为两个事物；“外显之象与隐微之理没有间隔”，不可以把道和器分为两个事物。以周武王的圣德，却不了解伯夷、叔齐的贤明，难道不是天命吗？

只是一个“性”，分而为仁、义、礼、智、信，散而为万善。

【译文】世界上只有一个“性”，分开来是仁、义、礼、智、信五种德性，散开后是各种各样的善行。

义者，天命之性也，君子行义而尽其性，则天命在是矣。

【译文】义，是上天赋予人的道德本性，君子践行义而实现自己的道德本性，那么天命就得到了体现。

所行者善则吉，所行者恶则凶，所谓“无卜筮而知吉凶”也。

【译文】做善事就会吉祥，做恶事就会有灾祸，这就是所说的

“不用占卜也会知道吉凶祸福”啊。

中庸之理，不离乎动作、语默、人伦之间，知者鲜矣。

【译文】中庸的道理，就在人们的行动、说话、沉默和人际关系之间，但知道的人却很少。

过一分为太过，不及一分为不及，此中庸所以为难也。

【译文】超过一点就过度，差一点点就不及，这就是中庸为什么那么难以做到的原因。

程复心[①]《四书章图》破碎义理，愈使学者生疑。

【注释】①程复心：元代思想家，著有《四书章图纂释》，以图文并茂的方式对朱熹《四书章句集注》做了独特阐发。

【译文】程复心的《四书章图》使义理支离破碎，徒增求学之人的疑问。

程复心将《太极图》中著一“气”字，又从而释之曰：“太极未有象数[①]，惟一气耳。”乃汉儒“涵三为一”[②]，老、庄指太极为气之说，其失周子、朱子之旨远矣。

【注释】①象数：象指卦象、爻象，数指阴阳数、爻数。后来提升为哲学范畴。②涵三为一：即“函三为一”，西汉刘歆提出的命题。他认为太极即元气，元气未分化时，天、地、人混合为一。

【译文】程复心将《太极图》中加了一个“气”字，又解释说：“太极没有象数，只有气罢了。”这是汉代儒者说的“函三为一”，也是老子、庄子解释太极是气的说法，这偏离周敦颐和朱熹的宗旨很远了。

理气密匝匝地，真无毫发之缝隙。

【译文】理和气紧密相连，真是没有丝毫的缝隙。

无大无小，无内无外，一以贯之。

【译文】无论大小内外，理和气都一以贯之。

尽事亲之道而得其仁，尽事君之道而得其义，尽夫妇之道而得其知，尽事兄之道而得其礼，尽朋友之交而得其信，皆所谓“下学人事，上达天理”也。以至尽耳目、口鼻、手足之道，而得聪明、正肃、恭重之理，又皆所谓“下学人事，上达天理”也。

【译文】尽到服侍双亲的义务就是仁，尽到侍奉君主的职责就是义，尽到夫妇之间的和睦就是智，尽到侍奉兄长的责任就是礼，尽到朋友交往的情谊就是信，这些都是“往下学习人伦事务，向上通达天理”。以至于尽力完成了耳目、口鼻和手足应该做的，会得到聪慧明达、端正严肃、恭敬庄重的道理，这又是“向下学习人伦事务，向上通达天理”啊。

《西铭》[①]明理一而分殊。《太极图》自一理、二气、五行，成男成女而化生万物，亦无往而非“理一分殊”也。

【注释】①《西铭》：张载所作。

【译文】《西铭》彰明了天地间有一个理而每个事物都各自有一个理。《太极图》从一个天理、阴阳二气、金木水火土五行，到生成男女并生成万事万物，都是“理一分殊”的体现啊。

父母生子，耳目口鼻四肢百骸无不备，人子能体其全而归之，斯谓之孝。天之生人，五常百行之理无不全，人能以事亲之心事天，于天所赋之理无一之或失，则亦天之孝子矣。

【译文】父母生下子女，耳朵、眼睛、嘴巴、鼻子、四肢、骨头无不具备，人子能够保全身体而归还父母，这就可以说是孝了。上天降生人类，仁义礼智信五常的行为规范和道理都具备，人如果能用服侍双亲的心来服侍天，对于天所赋予的理没有遗失，也可以说是天的孝子了。

理为万物之一源，“理一”也；万物各得一理，“分殊”也。

【译文】理是万物的总根源，这就是“理一”；万物都各自得到一个理，这就叫“分殊”。

天道无言而四时行、万物生，圣人不言而四德著、万善全。其致一也。

【译文】上天不说话但四季运行、万物生长，圣人不说话但四种德性显著、万种善行具备。它们的终极目的是一样的。

大德敦化，“理一”也；小德川流，“分殊”也。

【译文】大的德行因其仁爱敦厚而能化生万物，这是“理一”；小的德行如同河水流动一样盛行不衰，这是“分殊”。

气质极难变，十分用力犹有变不能尽者，然亦不可以为难变而遂懈于用力也。

【译文】人的气质极其难以改变，即使十分努力也有不能完全改变的地方，但是也不能因为难以改变而松懈努力。

画前之《易》[1]，太极中森然已具者也。

【注释】①画前之《易》：邵雍区分了《易》之道与《易》之书，《易》之道先于《易》之书存在，所以称为画前之《易》，它是宇宙生成的本源和万物遵守的客观规律。

【译文】伏羲画卦之前的《易》之道，是太极中已经具备的繁密的道理。

太极虽冲漠无形，而两仪、四象、八卦以至六十四卦，无穷之数已森然具于其中矣。

【译文】太极虽然广袤无边没有形状，但是两仪、四像、八卦以至于六十四卦，无穷的道理在其中已经全部具备了。

太极、两仪、四象以至六十四卦，体用一源也；自六十四卦以至两仪、太极，显微无间也。

【译文】从太极、两仪、四象到六十四卦来看，本体和发用之间是统一的；从六十四卦到两仪、太极来看，显著和隐微之间是没有间隔的。

余往年读《楚词》[1]喜其华，今读《楚词》喜其实，盖其警戒之言亦皆切己之事也。

【注释】①《楚词》：即《楚辞》。

【译文】我以前读《楚辞》喜欢它华丽的辞藻，现在读《楚辞》喜欢它实际的内涵，因为它警诫的话语也都贴近自己的现实生活。

目之逐物最能丧德，故“四勿”[1]以“视”居先。

【注释】①四勿：即“非礼勿视，非礼勿听，非礼勿言，非礼勿动。”见《论语·颜渊》。

【译文】眼睛追逐于外界事物是最容易丧失德性的，所以“四勿”把“视”放在第一位。

私意最难去，故程子谓克己最为难事。惟尝用力者知其难。

【译文】人的私心最难以去除，所以程颢说克制自己的私欲是最困难的事情。只有曾经努力过的人才知道其中的困难。

男女之欲，天下之至情，圣人能通其情，故家道正而人伦明。

【译文】男女之间的感情欲望，是天底下最大的情实，圣人能够通晓这种情实，所以家道端正而人伦彰明。

欲心一动，如火之炽，如水之溢，非用大壮之力莫能止其欲。

【译文】欲望之心一发动，像火一样炽热，像水一样满溢，不用大的力气就不能克制这种欲望。

老子曰：“不见可欲，使心不乱。”其言亦可取焉。

【译文】老子说：“不显现能引起私欲的东西，使心不被扰乱。”老子的话也有可取之处。

伏羲则《河图》[①]以画卦，大禹法《洛书》[②]以叙畴，圣人之心与天地之心分明为一。

【注释】①《河图》：相传上古伏羲氏时，洛阳东北的黄河中浮出龙马背负的河图，献给伏羲。②《洛书》：相传大禹时，洛阳洛河中浮出神龟背驮洛书，献给大禹。

【译文】伏羲根据《河图》来画八卦，大禹按照《洛书》来记叙九畴，圣人的心与天地的心分明是合一的。

未有天地万物，而天地万物之理已具于冲漠无朕之中；未有两仪、四象、八卦，而两仪、四象、八卦之理已具于太极之内。乃所谓“体用一源”也。

【译文】没有天地万物之前，天地万物的道理已经在无形无相的宇宙之中了；没有两仪、四象、八卦之前，而两仪、四象、八卦的道理已经在太极之中了。这就是所谓的“体用一源”。

即树根观之，须思未有根之前，而冲漠无朕之中而树根之理已具。逮夫气机一动，资始资生，而理亦随之树之根由是生焉。

【译文】就树根来看，要想到没有树根之前，在无形无象的宇宙中树根的原理已经存在了。等到气机一发动，依此开始生发生长，而理也随着树根的生长生发出来了。

《太极图》理一而分殊。

【译文】《太极图》讲的是一个总的道理而分开成为万事万物的理。

观春草从地迸出，无丝毫之空隙，则道莫能破可知。

【译文】观看春天的小草从地上迸发长出来，没有任何的空隙，就可以了解道是不可分剖的。

天地万物，体皆虚而理则实。

【译文】天下的万事万物，形体都是虚的而理是真实的。

四时温燠寒凉之气，人体无不觉者，则人与天地同体可知。

【译文】四季的温暖寒凉，人体都会感觉到，那么人与天地是一体的就可以知道了。

程子曰："理无形也，故假象以显义。"非特《易》为然，《太极图》亦是已。

【译文】程颐说："理是没有形质的，所以借助于形象来显示其义理。"不仅《易经》是这样，《太极图》也是这样。

无穷尽，无方体，太极是也。

【译文】没有穷尽，没有方位形体，这就是太极。

“理”本无名字，字之曰“太极”。

【译文】“理”本来是没有名字的，给它命名为“太极”。

有高才、能文章，坐此而取败者多矣，如祢衡、孔融[①]之徒是也。非特古为然，今亦有之，可不戒哉！

【注释】①祢衡、孔融：均为东汉末年名士，都因恃才傲物而被杀。

【译文】有很高的才能、善于写文章，但因此而取祸的也不少，像祢衡、孔融之类的人都是。不仅仅古代是这样，现在也有，能不警戒吗？

《太极图》水、火、木、金、土五个小圈子，即五行各具一太极也；其下一小圈子，乃理气妙合而无间也；又下一大圈子，乃气化生出男女、牝牡、雌雄，而各具一太极也；又最下一圈子，乃男女已生之后，形交气感，形化万物，而各具一太极也。

【译文】周敦颐的《太极图》上，有水、火、木、金、土五个小圈子，就是说五行中各自具有一个太极；它们下面一个小圈子，是理与气结合而没有间隙；下面有一个大圈子，是气化生出男女、牝牡、雌雄，也都各自具有一个太极；最下面一个圈子，是男女已经产生之后，形体交合气质感应，产生万物，而各自具有一个太极。

大德敦化者，“中”也，“性”也，“一”也；小德川流者，“和”也，“情”也，“贯”也。

【译文】大的德行因其仁爱敦厚而能化育万物，这就是“中”“性”“一”；小的德行像江河一样川流不息，这是“和”“情”“贯”。

读《太极图说》，句句体贴向身上看，自有无穷之味。

【译文】读周敦颐的《太极图说》，每一句都和自己身上比照一下，自然有无穷的意味。

以《太极图》反求之身心动静之间，无一不合。

【译文】用《太极图》反观自己身体心灵的一动一静，没有不切合的。

天地、阴阳、古今、万物、始终、生死之理，《太极图》尽之。

【译文】天地、阴阳、古今、万物、始终、生死的道理，《太极图》都包括完了。

良心开而天理明，犹山径之蹊间介然用之而成路；良心蔽而天理暗，犹为间不用而茅塞之也。

【译文】良心开启就会使天理彰明，就像山间的小路走多了就成了大路；良心遮蔽就会使天理昏暗，隔几天不走就会被茅草堵塞。

自子至午，阳气方息而伸者，神之迹；自午至亥，阴气方消而屈者，鬼之迹也。

【译文】从子时到午时，阳气刚刚生发而伸展，这是神的痕迹；从午时到亥时，阴气刚刚消散而收缩，这是鬼的痕迹。

“中”是性情恰好的道理，以其平常而不可易，故又谓之“庸”①，非“中”之外别有所谓“庸”也。

【注释】①庸：平常。

【译文】“中”是指性情恰到好处的道理，因为它太平常而不会改变，所以又称之为“庸”，并不是“中”之外还有一个“庸”。

“中”之理所包甚大，存于心而不偏不倚，发于情而无过不及，以其可以常行不可易，故又谓之“庸”。

【译文】“中”的道理所包含的内容非常广大，存在于心中而不偏不倚，表现于情感而无过无不及，因为它可以时常践行而不会改变，所以又称之为“庸”。

子在川上曰：“逝者如斯夫！不舍昼夜。”即《中庸》之“至诚无息”也。

【译文】孔子在河边说：“那逝去的就像河水一样呀！日夜流转，永不停息。”这就是《中庸》说的“至诚之道永无止息”。

天下之狱，自古不得其平者多矣，掌刑者可不择其人乎？

【译文】天下的刑狱，自古以来不能得到公平判决的太多了，对于掌管刑狱的官员不应该慎重地挑选吗？

偶过长清，知已断一狱事不得其平，重有感于心，而知天下之狱不得其平者多矣。（正统四年十一月十九日，茌平灯下书上两节。）

【译文】偶然路过长清县，知道自己曾经判决一个案件不够公平，又重新想起，因而知道天下的刑狱不能公平判决的很多。（正统四年十一月十九日，在茌平县晚上在灯下写上两段话。）

人臣巧文以避罪，非忠也。

【译文】大臣靠舞文弄墨来逃避罪责，并不是忠诚。

雨、露、雪、霜只是天地之气凝结而成者，如人之呵气遇冷成冰结须，其理可见。

【译文】雨、露、雪、霜都是天地之间的气凝结而成的，就像人哈出的气遇到冷空气就成为冰结在胡须上，其中的道理由此可见。

春秋之时，诸侯擅相征伐会盟，而不知有天子之命，非义甚矣！

【译文】春秋时期，诸侯之间擅自征战结盟，却不知道还有周天子的命令，这十分违背道义！

礼乐征伐不出于天子，《春秋》所由作。

【译文】制礼作乐、征战讨伐已经不是出自于天子了，这是孔子作《春秋》的原因。

事物当然之理，如父子之仁之类是也。所以当然之故，乃仁义礼智所自来，在天为元亨利贞是也。

【译文】事物应该遵守的道理，就像父子之间的仁爱一样。之所以这是应该做的，是因为来自于人的仁义礼智的德性，在天的德行方面就是元亨利贞。

《春秋》书“夫人姜氏会齐侯于禚”，“夫人姜氏享齐侯于祝丘”，“夫人姜氏如齐师”，“夫人姜氏会齐侯于穀”，所谓直书其事而其义自见也。

【译文】《春秋》写到“鲁桓公夫人姜氏与齐侯在禚地相会”，“夫人姜氏在祝丘设宴款待齐侯”，“夫人姜氏到齐国的军队中去”，“夫人姜氏与齐侯在穀地相会”，这就是所说的直接写出她干的事情而大义自然就显现出来了。

《春秋》书法，意在言外。

【译文】《春秋》的写作手法，意思在言语之外。

《春秋》辞虽谨严，而意实忠厚。

【译文】《春秋》用语虽然严谨，但是其意思却真实厚道。

《春秋》直书其事，使人思而得之。

【译文】《春秋》直接书写事实，让人通过思考就会发现其中的道理。

诸儒解经多入外意，惟朱子只主本义，而无泛论。

【译文】众多儒者解释经典多掺入经典之外的意思，只有朱熹只阐发其本来的义理，而没有空泛的言论。

《春秋》大抵多微辞。

【译文】《春秋》多用隐晦婉转的言辞。

圣人作《春秋》，其微意真非数千载之下所能窥测。若欲句句字字尽释其义，窃恐不能无穿凿之弊。

【译文】圣人创作《春秋》，他的隐微意旨恐怕不是数千年之后的人能够揣测到的。如果想一字一句都完全解释清楚其意思，恐怕会有穿凿附会的弊端。

读《春秋》大义可见者：尊君父，讨乱贼，内中国，外夷狄，贵王、贱霸而已。

【译文】读《春秋》可以看到的大义有：尊崇君父，讨伐乱臣贼子，接纳华夏诸侯，疏斥四方夷狄，推崇王道、贬低霸道。

庄子曰："道者，万物之所由也。庶物失之者死，得之者生。为事逆之则败，顺之则成。故道之所在，圣人尊之。"①此言近正。

【注释】①语出《庄子·渔父》。

【译文】庄子说："大道是万物得以产生的根源。万物失去它便会死亡，得到它便能生存。做事违背它就要失败，顺从它就能成功。所以大道所在之处，圣人就尊崇它。"这些话接近正道。

安其内不求于外，见其大而略于小。（正统五年正月十八日夜梦中得此两句，因记之。时在山东。）

【译文】安于自己的内心而不向外求索，看到大的气象而略去小的瑕疵。（正统五年正月十八日晚上在睡梦中悟得这两句话，因此记录下来。当时在山东。）

小人不可与尽言。

【译文】和小人说话不可以毫无保留。

道人以善，不可则止，其知幾乎！

【译文】用善行来引导别人，如果做不到就适可而止，这就可以说是知道事物发展变化的预兆了。

待小人严而和。

【译文】对待小人要严正而温和。

分外之事，一毫不可与。

【译文】对于分外之事，一点都不要参与过问。

《易大象[①]》皆以义理言。

【注释】①象：属于易传，用以解经。象可以分为大象、小象，大象解释卦辞，小象解释爻辞。

【译文】《易经》的《大象传》部分都是用义理来言说。

“天何言哉”，“吾无隐乎尔”，与曾点言志之意，皆天理流行之妙。

【译文】“天说了什么呢”，“我对你们是没有隐瞒的”，和曾点谈论他的志向的意思，都是天理流行的妙用。

言要缓，行要徐，手要恭，立要端，以至作事有节，皆不暴其气[①]之事。

【注释】①不暴其气：语出《孟子·公孙丑上》。意思是不要滥用情感意气。

【译文】言语要缓和，行动要缓慢，拱手要恭敬，站立要端正，以至于做事情要有分寸，这都是不要滥用情感意气的事情。

约其情使合于中，亦养气之事也。

【译文】约束克制自己的情感使它能够合乎中道，这也是培养浩然正气的事情。

怒至于过，喜至于流，皆暴其气也。

【译文】愤怒过了头，高兴得过了而不庄重，这都是滥用情感意气的表现。

资始、资生固乾元之气，而其理则太极也。

【译文】借以开始、赖以生长固然是乾元之气的作用，但其背后的理却是太极。

风霆雨露之气所以成物者，皆太极之所为也。

【译文】风雷雨露等自然现象之所以能生成万物，都是太极所推动的。

大气发生一切有形之物，而太极为之主。

【译文】大气生发生长出一切的有形之物，在这个过程中太极起主导作用。

以鼻息观之，呼感得吸来，吸感得呼来。

【译文】观察鼻子的呼吸，呼气感应吸气过来，吸气感应呼气过来。

暑为感，感得寒来，则寒为应；寒复为感，感得暑来，则暑为应。应又为感，感又为应，于是见感应之无端。

【译文】暑气作为感应，感应得寒气来，那么寒气就成为反应；寒气再作为感应，感应得暑气来，那么暑气就成为反应。反应又成为感应，感应又成为反应，于是可以见到感应和反应之间没有终止。

感应之理，于《太极图》阴阳互根见之。

【译文】感应的道理，在《太极图》中阴阳二气互相作为根本可以看到。

大舜"闻一善言，见一善行，沛然莫之能御"[①]，即"感而遂通天下之故"也。

【注释】①语出《孟子·尽心上》。沛然：充盛貌；盛大貌。

【译文】大舜"听到一句善言，看到一件善行，从中获得的力量就像江河决堤，汹涌澎湃，没有什么能够阻挡"，这就是"根据阴阳交感相应的原理就能会通天下万事"了。

感自外来，应由中出。

【译文】感召是从外面来的，反应是从自己内心出来的。

天地寒暑，人生盛衰，其密移之机无毫发之间断。

【译文】天地的寒冷酷暑，人生的兴盛衰落，其暗中迁移变化的时机没有丝毫的间断。

谋利计功乃人欲之私，学者之通患也。

【译文】谋求私利、计算事功是人自私的欲望，也是求学之人的通病。

大而人伦，小而言动，皆理之当然。才有有为之心，虽所行合理，亦是人欲。

【译文】大到人伦关系，小到言行举动，都是理应如此的。一旦有了想要做出成绩的心思，即使行为合乎道理，也只不过是人的私欲罢了。

王伯[1]之分，正是不谋利计功与谋利计功之分。

【注释】①伯：同“霸”。

【译文】王道和霸道的区别，正是不谋私利不计事功与谋私利计事功的区别。

学者自幼便为谋利计功而学，宜其不足以入尧舜之道。

【译文】做学问的人自小便是为了谋求私利计算事功而学习，这正是他们不能够进入尧舜之道的原因。

绝谋利计功之念，其心超然无系。

【译文】断绝谋求私利计算事功的念头，他的内心就会超脱而没有牵挂。

万化交则通，不交则隔碍，而不能成化功。

【译文】万事万物之间相互交往就会畅通，不交往就会阻隔障碍，就不能成就化育之功。

《太极图》如水一源，流而为千支万派，却都只是源中水也。

【译文】《太极图》就像水的源头，流出去是千万条支流，但都只是从一个源头中流出来的水。

六十四卦只是一奇一偶，但因所遇之时、所居之位不同，故有无穷之事变[1]。如人只是一动一静，但因时位不同，故有无穷之道理。此所以为《易》也。

【注释】①事变：事物的变化，世事的变迁。

【译文】《周易》的六十四卦只是一个奇数一个偶数，但是因为所遇到的时间、所处的位置不同，所以有无穷的变化。像人的活动也只是一动一静，但是因为所处的时间与位置不同，就有无穷的道理。这就是《易》的原理。

因小生对句[1]，便知有阴阳。

【注释】①对句：原指古代诗文中字数相同、文意相对的句子。现也指对联，通常为两个分句。

【译文】因为小时候擅长对对句，于是知道了有阴和阳的存在。

太极只是性。

【译文】太极只是性理而已。

太极是性之表德[1]。

【注释】①表德：古代人的字称为表德，后来用“表德”指人之表字或别号。

【译文】太极是性理的别名。

宋文帝子劭巫蛊事觉，不能断以大义诛之，卒有“合殿之变”[①]。正所谓“为人君父，不通《春秋》之义者，必蒙首恶之名”。

【注释】①合殿之变：公元453年，南朝刘宋宋文帝太子刘劭与将军萧斌叛变，闯入合殿杀死宋文帝。

【译文】宋文帝的太子刘劭组织的诅咒皇帝早死的巫蛊事发，宋文帝不能用君臣父子的大义来诛杀刘劭，最后有“合殿之变”。正所谓“作为国君和父亲，不懂得《春秋》大义，必然会蒙受罪魁祸首的恶名”。

圣贤著书立言，句句明理，非欲言词之富丽也。

【译文】圣贤著书立说，每句话都是在讲明道理，而不是为了辞藻浮华艳丽。

《易横图》[①]一而二，二而四，四而八，八而十六，十六而三十二，三十二而六十四；《太极图》则一理、二气、五行、男女，遂至于化生万物。虽所推有详略之不同，其为理气则一而已矣。

【注释】①《易横图》：朱熹所作，以黑白块替代卦爻原本符号，是出于其宣扬理学的需要。以太极为一理，一阴一阳为两仪。以一阴一阳的“加一倍法”而得四象、八卦，乃至六十四卦。

【译文】《易横图》从一到二，从二到四，从四到八，从八到十六，从十六到三十二，从三十二到六十四；《太极图》则是一个天理、阴阳二气、五行、男女到化生万物。虽然它们的运行过程在详略上有不同，但都是理和气在发挥同样的作用。

《太极图》上一圈纯以理言，而其下余圈则兼以气言；然上一圈即在下余圈之中，所谓“精粗本末无彼此也”。

【译文】《太极图》上面第一个圈只说理的事情，下面的圈则说理和气的事情；然而上面一圈也是被包含在下面一圈中的，这就是所说的“精细和粗糙、根本和末端是没有彼此之分的”。

人熟寐而有知觉，正如纯《坤》卦下一爻中有阳动之幾也，其理妙矣。

【译文】人熟睡的时候也有知觉，就像纯阴的《坤》卦最下面的一爻有阳生发的苗头，其中的道理很奇妙啊。

如王莽之徒窃人之国，皆引先王之事[①]以文其奸，即庄子所谓“儒以《诗》《礼》发冢”者欤！

【注释】①引先王之事：王莽称自己的先祖是舜帝，汉朝的先祖是尧帝。并因此称他和汉朝之间的禅让在历史上就有先例。

【译文】像王莽这样的人窃取别人的国家，却引用上古圣王的事例来掩盖自己的奸诈行为，这就是庄子所说的“儒生引用《诗》《礼》的词句去盗发坟墓”啊！

鸢飞鱼跃[①]，即“取之左右逢其原”[②]之意，言道无所不在也。

【注释】①语出《诗经·大雅·旱麓》：“鸢飞戾天，鱼跃于渊”。②语出《孟子·离娄下》。

【译文】苍鹰翱翔鱼儿跃水，就是“取用起来左右逢源”的意思，这说的是道无处不在。

鸢而必戾于天，鱼而必跃于渊，父必慈，子必孝，君必仁，臣必敬，兄必友，弟必恭，夫必义，妇必从，以至四体百骸之有其则，昆虫草木之若其性，阴阳日月、风霆雨露之各以其时，皆鸢飞鱼跃之意，所谓“活泼泼地”也。

【译文】苍鹰一定要飞上天空，鱼儿一定要潜入深渊，父亲一定要慈爱，子女一定要孝顺，君主一定要仁厚，大臣一定要恭敬，哥哥一定要友爱，弟弟一定要谦恭，丈夫一定要本分，妻子一定要顺从，乃至四肢和骨骼都有一定的准则，昆虫草木的生长合乎自己的本性，阴阳日月、风雷雨露的运行都顺应时宜，这都是苍鹰翱翔、鱼儿跃水的意思，所以说是“活泼泼地”呀！

物之触目触耳者，皆“活泼泼地”之理。

【译文】眼睛和耳朵接触的事物，都具有生动活泼的道理。

风动林木，即鸢飞鱼跃之意。

【译文】风吹动山林树木，就是老鹰翱翔、鱼儿跃水的意思。

屈以感伸，伸为应；伸又感屈，屈为应。屈又感伸，伸又感屈，屈伸感应，如循环之无端。

【译文】以弯曲来感召伸张，伸张作为应对；伸张又感召弯曲，弯曲作为应对。弯曲又感召伸张，伸张又感召弯曲，弯曲和伸张之间的感召和应对，正如循环往复没有终点一样。

二程之名言，朱子采入《四书集注》《或问》者多矣，求二夫子之心者，当于此观之。

【译文】程颢和程颐两位先生的名言，多被朱熹收入《四书集注》和《四书或问》里了，想要了解两位先生的思想，应该看这两本书。

身在堂上[①]，方能辨堂下人曲直。故有知言之明，乃可以折衷群言。不然，去取必失其当。

【注释】①堂上：旧时对司法主审官员的称呼。薛瑄曾长期担任司法官员。

【译文】身为司法官员，要能够辨别当事人的是非曲直。所以有善于辨析言辞的明智，才可以调和不同人的言论。否则，取舍就会不恰当。

读书讲明道义，求日用之实理[①]也。若读书而不讲明道义，则溺心于文字之间w，终不能知实理之所在。

【注释】①实理：薛瑄一贯倡导求实理、务实用的实学思想和学风。

【译文】读书讲求明白道德义理，追求日常生活中真实的道理。读书如果不讲求明白道德义理，就会沉迷于文字之间，终究不能知晓真实的道理在哪里。

“明德、新民、止于至善”，下文即继之以知止而后定、静、安、虑、得，以见“明德、新民”之“止于至善”，皆由知止、定、静、安、虑而后得止于至善也。

【译文】“使明德彰显、使人革旧布新、达到至善至美的境界”，下面接着说知道追求的境界后才能有志向、宁静、安心、思虑、得到，可以看到“使明德彰显、使人革旧布新”到“达到至善至美的境界”，都是由知道追求的境界、安定、宁静、安心、思虑然后达到至善至美的境界。

男女气化之太极，与万物形化之太极，一也。

【译文】生成男女的太极与生成万物的太极是同一个太极。

气化言男女，而万物在其中；形化言万物，而男女在其中，互交也。

【译文】气的运行变化针对男女而言，但万物也在这个过程中；形体的联系变化针对万物而言，但男女也在这个过程中，两者是彼此交错的。

但是血气之物灵于他物，飞潜动之物灵于植物，而人又动物中之尤灵者也。

【译文】有血液和气息的动物比其他动物聪明，能飞能游的动物又比植物聪明，人是动物中最聪明的。

摇扇有风，见天地间无处无气。

【译文】摇动扇子会产生风，可见天地之间到处都有气存在。

人虽各是一体，其实与天地万物浑融相合，无一毫之间。

【译文】人虽然彼此之间是独立的个体，但实际上与天地万物交汇融合，没有任何的阻隔。

荡涤胸中无一毫之私累，可以言大矣。

【译文】涤荡心灵使其不被任何的私欲牵累，这样就可以谈论治国安民的大事了。

应事才应即休，不可须臾留滞为心累。

【译文】处理事务，一旦应对就要处理掉，不要有片刻拖延而让心劳累。

“和”从“中”上流出来，“中”是“和”之源头，一而二，二而一者也。

【译文】“和”是从“中”上面流出来的，“中”是“和”的源头，两者是从一到二、从二到一的关系。

“庸”即“中和”之理，平常而不可易者，非“中和”之外别有所谓“庸”也。

【译文】“庸”就是“中和”的道理，十分平常而不可改变，并不是在“中和”之外还有一个“庸”的道理。

涵养本源是“尊德性”之事，思索义理是“道问学”之事。

【译文】涵养内心是“尊崇德性”的事情，思考义理是“勤学好问”的事情。

中、和不可须臾离。盖静而不存则有不中，动而不察则有不和，此中、和所以不可须臾离也。

【译文】中、和不能片刻离开。大概安静而不存养心性就会不符合“中”，行动而不仔细审察就会不符合“和”，这就是为什么中、和不能片刻离开的原因。

人之学道，由经而入，穷经有得，则道不在经者可默识矣。

【译文】人学道的途径，通过经典而进入，研习经典有所收获，那么道不在经典之外就可以默然体会了。

学须有觉，方得总会处。

【译文】学习一定要有所觉悟，这样才能融会贯通。

朱子论造化之精约，莫过于《太极图解》①。

【注释】①《太极图解》：即朱熹的《太极图说解》。

【译文】朱熹论述天地造化的精妙简约，没有比《太极图说解》更好的著作了。

水能鉴物，故智属之；金能断物，故义属之；木有生意，故仁属之；火则文明，故礼属之；土则质实，故信属之。

【译文】水能映照出物体，所以把它与智连接；金能割断物体，所以与义连接；木有生机，所以与仁连接；火是光明的，所以与礼连接；土的质地厚实，所以与信连接。

屋极、北极，为有形之极，“太极”乃无形之极也，故曰“太极本无极”。“皇极”之极，以物之在中而言，如屋极、北极之义，若即训“极”为“中”，则非矣。

【译文】屋顶、北极，是有形的极点，“太极”则是无形的极点，所以说“太极本来是无声无臭、无形无象的”。“皇极”的极，是在物体之中来说的，正如屋顶、北极的意思，如果把“极”解释成“中”，就不对了。

庄子曰：“至人之用心若镜，不将不迎，应而不藏。”①程子所谓“形容道体之言”，此类是也。

【注释】①语出《庄子·应帝王》。

【译文】庄子说：“至人用心犹如明镜，物来不迎，物去不送，如实反映而无所隐藏。”程颐说的“描述道的本体的话”，就是这样了。

人日用求太极，只中正仁义便是此理。然仁义中正是各具之太极，五性未发乃统体之太极也。

【译文】从人伦日用上去求取太极，大概中正仁义就是这样的道理。但是仁义中正只是每个事物各自具有的太极，仁义礼智信五性没有发动的时候才是完整的太极啊。

《五经》《四书》小注不胜其繁，读者诚有文灭质、博溺心之患。

【译文】《五经》《四书》的注解十分繁多，读者实在是有被文字遮去实质、广博淹没思想的担忧。

非有过人之识，而欲纂集群言以折衷圣贤之经旨，多见其不知量也。

【译文】没有过人的见识学问，而想要编集众人的解释来调和圣贤经典的宗旨，往往表现出来的是不自量力。

铁中生火，阳生于阴也。

【译文】铁中生火，阳从阴中生出来。

就天地万物中各具一理者，各具之太极也；合天地万物为一理者，统体之太极也。

【译文】就天地万物各有自己的理来说，就是各自有一个太极；就统合天地万物为一个理来说，就是完整的太极。

天地间理无空缺处，人终日在太极中而不知也。

【译文】天地间没有地方不充满着理，人们终日在太极中却不自知。

忠信积久可孚于人，不然，则言出而人弗信矣。

【译文】忠诚守信积累长久就会使人信服，如果不是这样，那么说出话来人们也不会相信。

轻言戏谑最害事。盖言不妄发，则言出而人信之；苟轻言戏谑，后虽有诚实之言，人亦弗之信矣。

【译文】说话轻率和开玩笑是最有害的。所以话不要随便说，那么话说出来人们就相信；如果说话轻率、开玩笑，以后即使说出诚实的话，人们也不会相信了。

一失人，则人皆莫之与，孤立而无助矣。

【译文】一旦失去别人的信任，那么别人就都不会帮助他，他就会陷入孤立无助的境地。

轻诺则寡信。

【译文】轻易许诺就会缺乏诚信。

《易》曰："修辞立其诚。"故慎言乃进修之要。

【译文】《周易》上说："修饰言辞以建立真诚。"所以说话谨慎是进德修业的关键。

读书录卷九

举天地万物皆物也，天地万物之理其则也。

【译文】天地万物都属于物的范畴，天地万物的理是其法则。

“无物不有，无时不然”[①]，此言宜时时深体之。

【注释】①语出朱熹《中庸章句》。

【译文】“万物皆有道，片刻不得离”，这句话要常常深入体会。

无极而太极，天地本然之性[①]也；阴阳太极，气质之性[②]也。天地本然之性，就气质中指出不杂者言之；气质之性，即本然之性堕在气质中者，初非二性也。

【注释】①天地本然之性：本义是自然界的本性，后来具有人性论的内涵。在张载那里指人先天善的本性。在本段中，两种意思兼具。②气质之性：指每个人出生之后，由于禀受阴阳二气不同而形成的特殊本性。

【译文】无极即是太极，这是天地的本然之性；阴阳太极，这是气质之性。天地的本然之性，是就气质中不掺杂东西来说的；气质之性，是本然之性下降到气质中的表现，刚开始并非两个性。

雷电风雨参错交动于下，而太虚[1]之本体自若；万事万变纷纭胶扰于外，而吾心之本体自如。

【注释】①太虚：指宇宙。

【译文】雷电风雨在下面参差交错、震动飘摇，但宇宙本身却安然自若；万物万物在外面纷纭变化、喧闹繁杂，但我的内心却镇静自如。

孟子曰："君子深造之以道，欲其自得之也。"[1]道者，进为之方，如学、问、思、辨、博文、约礼之类是也。循此而进，潜玩积久，则有自得之妙；不循此而进，徒事于记诵辞章之末，欲求自得之妙难矣！

【注释】①语出《孟子·离娄下》。深造：指不断前进，以达到精深的境地。

【译文】孟子说："君子以正确的方法来达到高深的造诣，就是要求他自觉地有所得。"道，是精进修为的方法，像学习、提问、思考、辨别、博学于文、守礼为要一样。根据这种方法来进步，潜心玩味而积累长久，就会有自觉地追求并有所收获的奇妙；不根据这种方法进步，只是在白白地背诵词语文章，想要自己自觉追求而有所收获也是很难的啊！

《书》载尧、舜之行事，皆先德行而后事功。事功之大者，莫大于用人之一事。观诸二典可见矣。

【译文】《尚书》记载尧、舜的言行事情，他们都是先修好自己的德行然后再创造事功。事功最重要的方面，就是用人这件事。看《尧典》《舜典》就可以了解。

“有物有则”①，于六十四卦、三百八十四爻见之。

【注释】①语出《诗经·大雅·烝民》：“天生烝民，有物有则。”

【译文】“天地间的事物皆有其法则”，在六十四卦、三百八十四爻中可以看到。

陈仲子①亡亲戚君臣上下，其廉为小节。释氏灭天理人伦以洁其身，果何道哉？

【注释】①陈仲子：战国时齐国贵族，因看不惯贵族的奢靡生活而退隐山林。

【译文】陈仲子没有亲戚君臣上下的礼义之分，他的清廉也只是小节操而已。佛教毁灭天理人伦而求得自身清净，有什么可称道的呢？

《敬之》诗曰：“学有缉熙于光明。”[①]则成王之学日进于高明矣。

【注释】①语出《诗经·周颂·敬之》。

【译文】《敬之》诗说：“要通过学习变得光明。”那么周成王的学问每天都进步而趋向于高明的境界。

“感而遂通天下之故”者，“元亨，诚之通”；“寂然不动”者，“利贞，诚之复”。元亨利贞，亦于人心见之。

【译文】“根据阴阳交感相应的原理就能会通天下万事”，即“元亨是诚的贯通”；“寂静不动”，即“利贞是诚的回复”。元亨利贞，也可以在人的思想中看到。

观《敬之》诗，成王真得传心之学者也。

【译文】看《敬之》这首诗，周成王真正得到了传授心法的学问。

《视箴》[①]曰：“蔽交于前，其中则迁。”所谓蔽者，非止谓非礼之色，凡见一切可好之物，目逐之而动者，皆是也。

【注释】①《视箴》：在《河南程氏文集》卷八《杂著》部分。

【译文】《视箴》说："被眼前的事物所蒙蔽，心思也会随着改变。"所说的蔽，不只是不符合礼的美色，凡是看见一切喜爱的事物，眼睛追逐而转动的，都是蔽。

读《西铭》①始见天之大。

【注释】①《西铭》：北宋理学家张载的一篇著名文章。

【译文】读《西铭》才开始见识到天的伟大。

为学第一在变化气质，不然只是讲说耳。

【译文】学习的第一要务是变化气质，要不然的话只是讲解述说罢了。

《西铭》自"乾父坤母"至"兄弟颠连而无告者"一节，皆状仁之体；自"于时保之"至"没，吾宁也"，皆求仁之方。

【译文】《西铭》从"乾父坤母"到"兄弟颠连而无告者"这一节，都是描写仁的本体；从"于时保之"到"没，吾宁也"，都是追求仁的方法。

余病头风久不敢读书，因念“克、伐、怨、欲不行，可以为难”[①]之语，原宪之学尚未至于仁，况未至于宪之学者？可不勉乎！

【注释】①语出《论语·宪问》。

【译文】我得头风病久了不敢读书，想到“好胜、自夸、怨恨和贪心都不表现出来，可以说是难能可贵了”这些话，原宪的学问尚且没有达到仁，更何况没有达到原宪学习程度的人呢？能不努力吗！

听人之言，便识其学之浅深。

【译文】听人说话，便可以知道他学问的深浅。

圣人之博，博而约，以其有此理也。众人之博，但务闻见之广而不察其理之有无，此所以异于圣人之博也。

【译文】圣人的广博，经过广泛的学习然后有所持守，他的广博是有理贯穿的。普通人的广博，只是追求见闻广博而不去考察其背后的理，这就是为什么他们不同于圣人的广博。

好为怪异不经之谈者，不明理也。

【译文】人若喜欢谈论怪异且不合常理的事情，就是不明白理啊。

朱子《小学》一书，理与事而已。《内篇》之《立教》《明伦》《敬身》《通论》，言其理也；《稽古》之《立教》《明伦》《敬身》《通论》，实之以事也。《外篇·嘉言》之《广立教》《明伦》《敬身》，又以理言也；《善行》之《实立教》《明伦》《敬身》，又实之以事也。然理，精也，本也；事，粗也，末也。本末精粗，一以贯之，其《小学》之书乎！

【译文】朱熹《小学》这本书，讲的是道理与事务。《内篇》的《立教》《明伦》《敬身》《通论》，讲的是道理；《稽古》的《立教》《明伦》《敬身》《通论》，讲的是实际事务。《外篇·嘉言》的《广立教》《明伦》《敬身》三篇，讲的又是道理；《善行》的《实立教》《明伦》《敬身》三篇，讲的又是实际事务。理是精细的，是根本；事是粗糙的，是末梢。根本和末梢、精细和粗糙，一以贯之，这就是《小学》这本书的特点啊！

先儒“月映万川”①之喻，最好喻太极。盖万川总是一月光，万物统体一太极也；川川各具一月光，物物各具一太极也。其统体之太极，即各具之一本；其各具之太极，即全体之万殊。非有二太极也。

【注释】①月映万川：佛教与理学在讨论一多关系时所取的比喻。禅僧玄觉《永嘉证道歌》说："一月普现一切水，一切水月一月摄。"这是说天上一个月亮，但地上每个江河湖泊里都随处可见一个月亮。

【译文】先前儒者的"月映万川"的比喻，可以最恰当的来比喻太极。万条河流总汇是一个月光，万物的整体是一个太极；每个河流都有一个月光，每个事物都有一个太极。整体的那个太极，就是万物的一个本源；每个事物各自的太极，就是整体的分殊。并不是有两个太极。

"推之于前不见其始，引之于后不见其终"，此所谓"动静无端，阴阳无始"也。

【译文】"向前推演看不到它的开端，向后延长看不到它的终点"，这就是所说的"运动和静止没有终点，阴阳没有开始"吧。

仁、义、礼、智、信五字，括尽《小学》一书，亦括尽《五经》《四书》。

【译文】仁、义、礼、智、信这五个字，概括尽了《小学》一书的要旨，也概括尽了《五经》《四书》的要旨。

人才动即有差，故君子慎动。

【译文】人只要行动就难免有差错，所以君子要谨慎地行动。

见理明则处事熟，如庖丁解牛矣。

【译文】明白道理那么做事情就很熟练，像庖丁解牛一样。

太极中涵阴阳、五行、男女、万物之理，体用一原也；阴阳、五行、男女、万物具太极之理，显微无间也。

【译文】太极中包含阴阳、五行、男女、万物的道理，说明本体之理与发用之象是一体的；阴阳、五行、男女、万物具备太极的道理，说明外显之象与隐微之理没有间隔。

冲漠无朕之中，而万象森然已具，体用一原也；即事即物而理无不在，显微无间也。

【译文】在无形无象的宇宙之中，万事万物之理早已具备，这说明本体之理与发用之象是一体的；每一事每一物都有理，这说明外显之象与隐微之理没有间隙。

体用一原，显微无间，见道器合一之妙。

【译文】本体之理与发用之象是一体的，外显之象与隐微之理没有间隙，可以看到道器合一的奇妙。

周子《太极图》画出理、气示人。

【译文】周敦颐的《太极图》画出理和气显示给人看。

体用一原，显微无间；动静无端，阴阳无始；其大无外，其小无内。非知道者，孰能知之？

【译文】本体之理与发用之象是一体的，外显之象与隐微之理没有间隙；运动和静止没有终点，阴阳没有开始；大到无所不包，小到无可容纳。不是了解“道”的人，谁能够知道这些呢？

周子《太极图说》，字字贴在图上，朱子《解》亦然。

【译文】周敦颐的《太极图说》每一个字都和太极图照应着，朱熹的《太极图说解》也是这样。

圣人[①]言性与天道，惟于赞《易》极言之耳，平日与门人言者极少。

【注释】①圣人：此处指孔子。

【译文】孔子谈论性和天道，只是在称赞《周易》时才大加谈论，平时与弟子们说得极少。

“道”以浑沦言之，“义”以条理言之。

【译文】“道”是从混沌不分的角度讲，“义”是从条理分明的角度讲。

孔门弟子，知孔子者不过颜、曾二子，其次惟子贡庶几焉。

【译文】孔门的弟子中，了解孔子的只有颜回、曾参两个人，其次就只有子贡还差不多吧。

张子曰：“富有者，大无外；日新者，久无穷。”其旨深矣。

【译文】张载说：“富有，是指广大而不遗漏任何一物；日新，是指恒久而无一日停止精进。”其意旨真是深远啊。

自矜自伐者，皆不能克有己之私也。

【译文】自我夸耀吹嘘的人，都不能克制自己的私欲。

大而无外，天道之於穆[1]也；久而无穷，天道之不已也。

【注释】①於穆：於：叹词。穆：肃穆。

【译文】广大而无所不包，这是赞叹天道的庄严肃穆；恒久而无穷无尽，这是形容天道的生生不已。

动静者，阴阳也；所以动静者，太极也。盖太极有动之理，故动而生阳；太极有静之理，故静而生阴。

【译文】运动静止，是阴阳二气相互作用的表现；使它们运动静止的是太极。太极有运动的理，所以运动生出阳气；太极有静止的理，所以静止生出阴气。

天地公共之理，人得之为性，人能尽其性，是亦公共之理耳，无可矜伐者。故程子曰："达理则乐天而不竞，内充故退让而不矜。"

【译文】天地之间共同的理，人禀受获得于己就是性，人如果能发挥自己的性，就是共同之理的表现，没有什么可以夸耀的。所以程颐说："通达事理就会乐天知命而不与人竞争，内在充实就会谦逊礼让而不傲慢自夸。”

在在处处、时时刻刻、事事物物皆道也，须要识得。

【译文】每一个地方、每一个时间、每一个事物上都有道在其中，一定要认识到。

圣人之言如蓍龟[①]，曰吉则吉，曰凶则凶。

【注释】①蓍龟：蓍草与大龟，用以指占卜。

【译文】圣人说的话就像占卜一样灵验，说是吉兆就会有好事，说是凶兆就会有坏事。

礼、乐只在进、反之间。盖进而盈溢乐也，以反为文[①]；退而收敛礼也，以进为文。

【注释】①文：美好。

【译文】礼和乐只是在勉力进行和反躬自制之间。大概乐增进而盈满，故以反躬自制为善为美；礼退让而收敛，故以勉力进行为善为美。

惟正足以服人。

【译文】只有正直才足以让人信服。

孔子微辞奥义多在《系辞》，伊川微辞奥义多在《易传》[①]。

【注释】①《易传》：这里的《易传》是指程颐注解《周易》的哲学著作，又称《伊川易传》《周易程氏传》或《程氏易传》。

【译文】孔子隐微的言辞、深奥的义理在《系辞传》中体现最多，程颐隐微的言辞、深奥的义理在《伊川易传》中体现最多。

“德”是得于心，“行”是德之见于事者。如仁义礼智，“德”也。仁形于孝亲，义形于事君，礼形于长幼，智形于夫妇之类，皆“行”也。

【译文】“德”是行道有心得的表现，“行”是德在事务上的表现。像仁义礼智是“德”。仁表现为孝敬双亲，义表现为侍奉君主，礼表现为长幼相处，智表现在夫妇的相处，这些都是“行”。

治夷狄之法，只当谨守疆场，勿使侵轶而已。穷治不已，必为中国患，如秦皇、汉武是也。

【译文】惩处夷狄的办法，只要谨慎地守卫好边疆，不使他们侵略就行；穷追猛打，必然给中国带来祸患，像秦始皇、汉武帝一样。

二十三、四夜深时，月初出东方，其终魄[①]于东之光，比未望载魄[②]之光尤光明者，盖初升之日光尤甚西下之日色，故其光明如此。

【注释】①终魄：指农历每月十五之后的月光，下半夜时月亮出现于东方。②未望：望是农历每月十五，未望指十五之前。在月相上主要指初七八。载魄：开始光明，指农历初七八的月光。

【译文】农历二十三、四下半夜，月亮出现于东方，它的月光比十五之前出现在西边的月光要亮，早上初生的太阳也比傍晚落山的太阳要明亮，所以它们的光明就是这样。

舍《五经》《四书》与周、程、张、朱之书不读而读他书者，是犹恶睹泰山而喜丘垤也。

【译文】舍弃《五经》《四书》和周敦颐、二程、张载、朱熹的书不读而去读其他书，就像厌恶看到泰山而喜欢小土丘一样。

圣人不怨天，不尤人，心地多少洒落自在！常人才与人不合即尤人，才不得于天即怨天，其心忿忮劳扰，无一时之宁泰，与圣人之心何啻霄壤！

【译文】圣人不怨天尤人，心地多么潇洒自在！一般人刚与人相处不愉快就怨恨别人，不能从上天那里得到什么就怨恨天，他的心常愤怒忧虑，没有什么时候是安宁舒泰的，和圣人的心境相比何止是天壤之别啊！

必上达[①]乃有天知之妙。

【注释】①上达：通晓道德仁义。

【译文】一定要通晓道德仁义，才能够知道天的奇妙。

《中庸》言“知天地之化育”，是圣人之心与天为一。《论语》言“知我者其天乎”，是天与圣人之心为一。

【译文】《中庸》说“通晓天地化育万物的道理”，这说明圣人之心与天理相契合。《论语》说“了解我的，大概是天吧”，说明天理与圣人之心相契合。

“学者多以言语观圣人，而不察其天理流行之实，有不待言而显者。是以徒得其言，而不得其所以言。”[①]盖能得其所以言，则于圣人之言仁，便知圣人身上何者是仁；言义，便知圣人身上何者是义。以至圣人凡所言之理，皆于圣人身上求其实，则天理流行之实有不待言而著者，可默识矣。

【注释】①语出朱熹《论语集注·阳货第十七》。

【译文】“求学之人大多用言语来观察圣人，却不去观察天理在圣人身上体现的事实，有的地方不用说话也能够显示出来。所以只学得圣人的言论，而不了解他们为什么这样说。”大概能够知道圣人为什么这么说，那么对于圣人谈论仁，便知道圣人身上哪些是仁；谈论义，便会知道圣人身上哪些是义。一直到凡是圣人所说的道理，都从圣人身上来探求其事实，那么天理流行的事实有不通过语言也能显现的，就可以默然体会了。

宋儒亦有流于禅者，不可不察。

【译文】宋儒也有趋向于禅学的，不能不谨慎考察啊。

偶见一伶人，于三层桌上头顶一小童，可谓危矣。因笑自喻曰：此伶此童此际俱无邪心，何也？以恐惧之心胜也。贱技且然，君子学道，必常存戒惧之心，如处至危之地，斯无邪心矣。苟安于怠惰放肆，则无限之邪心窃从而生矣。

【译文】偶然见到一个戏子，在三层桌子上面头顶着一个小孩，可以说很危险了。因此我笑着自比说：这个戏子和小孩此时此刻都没有邪心，为什么呢？因为恐惧心占了上风。卑贱的杂技尚且如此，君子学习圣贤之道，必须要常常心存戒慎恐惧之心就像到了最危险的地方，这样就没有邪心了。一旦安于怠惰放肆，那么无穷的邪心就会偷偷地产生了。

处事识为先，断次之。

【译文】处理事情要先认识、辨析，然后再做决断。

当大任有一毫私心，人必见之。

【译文】肩负重任的人有一点点私心，人们一定会发现。

人不自知其过者，不明也。

【译文】人如果不能自觉地认识到自己的过失，可以说是不明智了。

作官常知不能尽其职，则过人远矣。

【译文】作为官员能够经常意识到自己没有尽职尽责，那么就超过别人很多了。

处大事不宜大厉声色，付之当然可也。

【译文】处理大事不要声色俱厉，依理而行就可以了。

以己之欲知人之欲亦犹是，以己之劳知人之劳亦犹是，当推以同之。

【译文】由自己的欲求去推想别人的欲求也会这样，由自己的辛劳去推想别人的辛劳也是这样，应当通过推想来感同身受。

省察存养，不可毫发间断。

【译文】反省检查、存养心性，不能有片刻的间断。

作官一事不可苟。

【译文】当官对于任何事情都不能马虎。

朱子曰：“观其始合之不正，知其终之有敝。”盖人之相交，始合不以正，欲其无隙于终者难矣。故交在谨始。

【译文】朱熹说：“看他们一开始交往的时候有不正当的地方，就知道他们最终会出问题。”人与人之间的交往，刚开始交往时有不正当的地方，想要最终没有嫌隙也是很难的。所以交往在开始的时候要谨慎。

人以说[①]而动，未有不失其正者。

【注释】①说：通“悦”，喜悦。

【译文】人因为喜悦而行动，没有不因此失去中正之道的。

础[①]润而天雨，霜降而钟鸣，气类相感也。

【注释】①础：柱子下面的石头。

【译文】柱子下面的石头湿润，天就会下雨；霜降时节，庙堂里的钟会鸣响，这就是气类相互感应的道理。

心无妄思，口无妄言，身无妄动，安得有差？故有差者皆妄也。“《无妄》之义大矣！”

【译文】心里面没有妄念，口中没有妄言，身上没有妄行，怎么会有差错呢？所以有差错的都是由妄念妄言妄行引起的。“《无妄》卦的意义很重大呀！”

道无待于言而著，无非道也，识者鲜矣。

【译文】大道不用语言也会显示出来，在在处处都是道的展现，能认识到的人很少啊！

人誉之，使无可誉之实，不可为之加喜；人毁之，使无可毁之实，不可为之加戚。惟笃于自信而已。

【译文】别人的夸奖，如果没有值得夸奖的事实，就不要为此喜悦；别人的诋毁，如果没有应该被诋毁的事实，也不要为此忧伤。只要笃定地相信自己就可以。

人之自立①当断于心。若实见得是，当决意为之，不可因人言以前却而易其守。

【注释】①自立：自己的主见。

【译文】人自己的主见应该在自己心中决断。如果确实看到是对的，就应该下决心去做，不能因为别人在跟前的议论就退却而改变自己的操守。

才呼即吸，才吸即呼，无纤毫之间。阴阳消息亦然。天人之理，一也。

【译文】刚刚呼气就要吸气，刚刚吸气就要呼气，没有丝毫的间隔。阴阳的消长变化也是这样。天和人的道理是一样的。

“察于安危，宁于祸福，谨于去就，莫之能害也。”[1]庄生之言亦可取。

【注释】①语出《庄子·秋水》。

【译文】“观察安全和危险，安于灾祸和福祉，谨慎地对待进退，那么就没有什么能够伤害他了。”庄子的话也是可取的。

轻言则人厌，故谨言为修身之要。

【译文】说话轻率就会惹人讨厌，所以谨慎说话是修身的关键。

静可以制动。

【译文】宁静可以克制躁动。

大者弗察，掇拾小者以为之，不知类甚矣！

【译文】大的方面不去考察，只拾取细枝末节去做事，真是太不知道轻重主次了！

人真实有命，不可以侥幸易其守。

【译文】人确实是有天命的，不能够心存侥幸去改变自己的操守。

心有开时，开时见是理无物不有，无时不然，塞时则不见矣。故为学要时时提醒此心，勿令昏塞。

【译文】心有开启的时候，开启时发现理存在于万事万物中，时时刻刻都在，但堵塞时就发现不了了。所以学习要时时提醒自己的心，不要使它昏愦堵塞。

孔子曰："死生有命，富贵在天。"是皆一定之理。君子知之，故行义以俟命；小人不知，故行险以侥幸。

【译文】孔子说："生死由命运决定，富贵由上天安排。"这些都是必然的道理。君子知道这个道理，所以做符合道义的事情来等待天命；小人不知道这个道理，所以做冒险的事情以企求意外的收获。

为治，远者大者不务而近小是急，众人之见也。

【译文】为政治国，不致力于长远、重大的事情而只急着做眼前、细小的事情，这是一般人的看法。

为政须通经有学术者。不学无术，虽有小能，不达大体，所为不过胥吏[①]法律之事尔。

【注释】①胥吏：旧时官府中办理文书的小官吏。

【译文】处理政事需要通达经典并在学术上有造诣的人。不学无术的人，虽然有小的才能，但不能认识关于全局的大道理，他们所做的不过是办理文书、处理刑狱之类的事罢了。

识量大，则毁誉、欣戚举不足以动其中。

【译文】见识长远、气量宏大，那么诋毁赞誉、高兴忧伤就不能够扰乱他的内心。

必能忍人不能忍之触忤，斯能为人不能为之事功。

【译文】一定要能够忍耐别人不能忍耐的触犯和忤逆，才能成就别人不能成就的事业功勋。

“人不知而不愠”最为难事。今人少被人侮慢，即有不平之意，是诚德之未至也。

【译文】“别人不了解自己而自己也不生气”是最难做的事情。现在的人稍微被人侮辱怠慢，就有不满的情绪，确实是德行还不够啊。

一念之善，景星庆云[1]；一念之恶，烈风疾雨。

【注释】①景星庆云：比喻吉祥的征兆。庆云：五色云，祥瑞之云。

【译文】一个善的念头，就会出现德星祥云的征兆。一个恶的念头，就会出现雷电风雨的征兆。

恒人[1]不可与言上，正犹徐无鬼、武侯之对[2]也。

【注释】①恒人：常人，一般的人。②徐无鬼、武侯之对：典出《庄子·徐无鬼》。徐无鬼并不给魏武侯讲圣贤经典，而是给他讲相狗相马的事情，武侯大为高兴。

【译文】一般的人不能给他们说高深的道理，正像徐无鬼与魏武侯的对话一样。

许鲁斋曰："世间巧拙俱相伴，不许区区[1]智力争。"此言宜念。

【注释】①区区：微小。

【译文】许衡说："世界上灵巧和笨拙是相伴随的，不允许人用微小的智力去竞争。"这句话应该被记住。

刘靖修[1]，高士也。百世之下，闻其风者莫不为之兴起，诚足以廉顽立懦[2]。

【注释】①刘靖修：即刘因（1249-1293年），字梦吉，号静修，元代理学家。②廉顽立懦：语出《孟子·万章下》："故闻伯夷之风者，顽夫廉，懦夫有立志。"意思是听说伯夷的节操使得贪婪的人变得廉洁，懦弱的人有坚强的意志。

【译文】刘因，是品行高尚的人。百代之后，听说他的节操的人都为他而感动奋起，实在是可以使贪婪的人变得廉洁，使懦弱的人有坚强的意志。

侧媚小人，惟得是务，不自知其可贱也。

【译文】阿谀谄媚的小人，只顾着得到自己的利益，没有意识到自己的卑劣。

刘靖修有凤凰翔于千仞[1]之气象。

【注释】①凤凰翔于千仞：出自贾谊《吊屈原赋》，意思是凤凰在千仞的高空翱翔。

【译文】刘因有凤凰在千仞的高空翱翔的气象。

未同而与言，古人所深耻。

【译文】道不同还要与之交谈，古人是深深地以此为耻辱的。

要当浑厚中有分辨者在，乃可。

【译文】做人要在浑厚质朴的品质中有分辨能力才可以。

真是天理民彝[①]不可泯灭。

【注释】①民彝：人伦。
【译文】天理人伦真是不能泯灭的。

立得脚定，却须宽和以处之。

【译文】脚跟站稳之后，就要用宽和的态度去处事。

但当自求其所未至者，知不知在人，我何与焉？

【译文】只应当追求自己没有达到的境界，被人了解与否是别人的事情，与我有什么关系呢？

法者，辅治之具，当以教化为先。

【译文】法律是辅佐治理的工具，治理国家应当以教化为先务。

习于见闻之久，则事之虽非者亦莫觉其非矣。

【译文】习惯于看到的、听到的时间长了，那么对于不正当的事情也不觉得错了。

所贵于智者，为能别贤否、分是非也。是非、贤否不能辨，乌足以言智？

【译文】之所以重视智慧，是因为它可以辨别善恶、区分是非。是非、善恶不能分辨，怎么能说是智慧呢？

举万物莫能尚，其过人远矣。

【译文】大凡万物都不能赶上他，那么他的境界就超过众人太远了。

昔周子惟程珦[①]知之，宜其生二程为道学之宗也。

【注释】①程珦：字伯温，号君玉，北宋大臣，程颢、程颐之父。

【译文】以前只有程珦真正地了解周敦颐，因此，他的两个儿子程颢和程颐成为道学宗师也就不足为怪了。

千万人一人，宜其识非常人所及。

【译文】把千万人看作和自己一样，大概他的见识不是一般人所能达到的。

止末作，禁游民，所以敦财利之源；省妄费，去冗食，所以裕财利之用。

【译文】限制工商业，禁止游民活动，可以丰厚财物货利的来源；节省不需要的花费，减少多余的开支，可以丰富财物货利的用途。

圣贤恶异端，为其陷人心，耗财用，贻害之大。

【译文】圣贤厌恶异端，因为他们迷惑人心，消耗财用，贻害无穷。

财出于民，费用广则财不足，财不足则赋敛重，赋敛重则民穷，民穷则力竭，力竭则本摇矣。

【译文】财政是取自于民众的，消费太多那么财政不足，财政不足那么赋税就加重，赋税加重那么民众就贫穷，民众贫穷那么劳动力就枯竭，劳动力枯竭那么国家的根本就动摇了。

伍举曰："私欲弘侈，则德义鲜少；德义不行，则近者骚离，远者违距。"[1]亦名言也。

【注释】①语出《国语·楚语上》。

【译文】伍举说："人的私欲膨胀，道德仁义就会缺少；道德仁义不能实行，就会使近处的人忧愁地离开，远方的人抗拒违命。"这也是名言啊。

无深远之虑，乐浅近之事者，恒人也。

【译文】没有深谋远虑，贪图眼前利益的，只是常人啊。

"其何能淑？载胥及溺。"[1]《诗》之意深远矣，非孟子孰能知之？

【注释】①语出《诗经·大雅·桑柔》。

【译文】"如何能做得好呢？不过是一起落水罢了。"《诗经》的意义深远，除了孟子还有谁能了解得这样深刻呢？

无妄语，入诚之门。深宜体此。

【译文】口不出妄语，这是进入诚的门径。应该深深地体会这句话。

与人言宜和气从容。气忿则不平，色厉则取怨。

【译文】与人说话应该心平气和、从容淡定。生气愤怒就会心情激动，脸色难看就会招来怨恨。

民至愚而神不可欺也，惟至诚足以动之。

【译文】民众十分朴厚而神明不可欺骗，只有至诚之心才能感化一方。

刘立之谓“从明道年久，未尝见其有暴厉之容”。宜观明道之气象。

【译文】刘立之说“跟随明道先生学习很多年了，没有见过他有暴躁愤怒的脸色”。大概可以看到明道先生的气象了。

德冠古今，功满天下，皆分内事，与人一毫殊不相干，何矜伐之有？

【译文】德行超越古今，功业天下皆知，这都是人的本分之事，和别人一丝一毫都不相关，有什么可夸耀的呢？

进[①]将有为，退必自修。君子出处[②]，惟此二事。

【注释】①进：特指上朝做官。②出处：出仕和退隐。

【译文】出仕就要有所作为，退隐就要修养身心。君子的出仕或退隐，只有这两件事情。

记曾点之言志[①]，独详其本末，亦见道之大意者与？

【注释】①曾点之言志：即《论语·先进》篇中孔子与几位弟子讨论志向的一段话，后世以曾点言志概括。

【译文】记录曾点谈论自己的志向，唯独把他的事迹本末始终记录得那么详细，也由此可以见到大道的大致内涵了吧？

《宋鉴》[①]取予、是非未当者多，读者宜自谨择。

【注释】①《宋鉴》：南宋杨仲良编的《皇宋通鉴长编纪事本末》。

【译文】《宋鉴》有很多地方的取舍、评价并不恰当，读者应该加以斟酌。

颜子为仁之效，天下归仁；仲弓[①]为仁之效，邦家无怨。其大小可见。

【注释】①仲弓：即冉雍，字仲弓，孔门弟子。

【译文】颜回行仁的功效，是天下人都称许他是仁人；冉雍行仁的功效，是无论在朝为官还是在家为人都没有怨恨。他们境界的高下由此可见。

汉初君臣大抵尚诈，如蹑足封信[①]，萧何贱市民田[②]，汉祖诈游云梦[③]之类，此其为杂霸之治。

【注释】①蹑足封信：指刘邦玩弄权术封韩信为齐王一事。②贱市民田：指萧何为消除刘邦对自己的怀疑，故意贱价强买民田惹民众怨恨。③诈游云梦：指刘邦为剥夺韩信兵权，假装游览云梦地区并逮捕韩信。

【译文】汉朝初年的君臣大都崇尚欺诈，像刘邦玩弄权术封韩信为齐王；萧何为消除刘邦对自己的怀疑，故意贱价强买民田惹民众怨恨；刘邦为剥夺韩信兵权，假装游览云梦地区并逮捕韩信之类的事情，这些都是掺杂了霸道的政治。

人有以自乐，则穷通为一。

【译文】人如果能够内心满足，那么困厄和显达都是一样的。

太史公作《屈平传》，有感而然也。

【译文】太史公写了《屈平传》，是因为深有同感才写的呀。

太史公作《贾谊传》，不载《治安疏》，载《吊屈原》《鹏鸟赋》，亦有感而然。

【译文】太史公写《贾谊传》，不附载他的《治安疏》，而附载《吊屈原赋》和《鹏鸟赋》，也是有感而写的啊。

汉法去秦无几，观武帝时可见。

【译文】汉代的法律和秦代的差别不大，看汉武帝时候的情况就可以了解了。

天地上下同流，是“乾道变化”；万物各得其所，是“各正性命”。

【译文】天地上下同运并行，这就是“乾道运行造成各种变化”；万物各如其所愿，这就是“各自获得相宜的性命”。

为学只要分“理”“欲”二字。

【译文】探求学问只要分清楚“理”和“欲”两个字。

程子言“恶亦不可不谓性也”，此指理在气中。荀子言“性恶”，则专主气言，故有不同。

【译文】程颢说“恶也不能不说是性”，这是指天理蕴含在气质之性中。荀子说的“性恶”，则专门指气质之性，所以是不同的。

孔子因尧、舜、三代之遗典，故得以删述赞修；朱子因濂、洛[1]诸儒之遗论，故得以折衷去取。

【注释】①濂、洛：即周敦颐和二程。

【译文】孔子沿袭尧、舜、夏商周三代遗留的经典，所以才得以修订六经；朱熹沿袭周敦颐、二程诸位儒者遗留的言论著作，所以得以调和取舍。

尧、舜之道，非孔子无以明；濂、洛之道，非朱子无以发。

【译文】尧、舜的大道，没有孔子就不能彰明它；周敦颐和二程的道学，没有朱熹就不能阐发它。

周子、程子、张子之学，非得朱子为之发明，后世纷纷莫知所定论矣。

【译文】周敦颐、二程、张载的学问，如果没有朱熹为他们阐发说明，后世的人都不知道什么是正确的论断。

“理无形也，假象以显义。”[①]《易》卦、《太极图》皆然。

【注释】①语出程颐的《周易程氏传》。

【译文】“理是没有形状的，借助于图像来显示其内涵。”《周易》的卦和《太极图》都是这样的。

使尧、舜、禹、汤、文、武、周、孔、颜、曾、思、孟、周、程、张子之道昭然明于万世，而异端邪说莫能杂者，朱子之功也。韩子谓“孟子之功不在禹下”，余亦谓朱子之功不在孟子下。

【译文】使得尧、舜、禹、商汤、周文王、周武王、周公、孔子、颜子、曾子、子思、孟子、周敦颐、二程、张载的道统彰明于后世，而且没有被异端邪说掺杂，这是朱熹的功劳。韩愈说“孟子的功劳不在大禹之下”，我也说朱熹的功劳不在孟子之下。

气有消息，理无穷尽。

【译文】气有盛衰增减，但理是没有穷尽的。

理无方体，无穷尽。

【译文】理没有具体的方位形体，也没有穷尽。

朱子门人陈北溪[1]论理切实。

【注释】①陈北溪：即陈淳（1159–1223），字安卿，亦称北溪先生，南宋理学家，朱熹晚年的得意弟子。

【译文】朱熹的门人陈淳讨论道理切实可行。

程子曰："在物为理，处物为义。"陈北溪曰："理是在物当然之理，义所以处此理。"

【译文】程颐说："事物存在的法则是理，按照此理去处置事物合于法则就是义。"陈淳说："理是存在于事物之中的当然之理，义是运用此理来处置事物的方法。"

行道而有得于心之谓"德"。不但动时如此，虽静而有得于心，即所谓"德"。

【译文】践行道理而在内心有所收获就是“德”。不但动的时候是这样，即使静的时候在内心也有所收获，这就是所说的“德”。

默而存之，有得于心，非所谓“德”乎？

【译文】默然存养，心中有所收获，难道不是所说的“德”吗？

非礼勿视、听、言、动，便是“克己”；视、听、言、动之合礼处，便是“复礼”。

【译文】不符合礼的不看、不听、不说、不做，就是“克己”；看、听、说、做符合礼的要求，就是“复礼”。

程子曰：“不仁者无所知觉，指知觉为仁则不可。”窃疑知觉之所以能知觉者，由生理之流行而无间也。生理是仁，知觉是智。如人一身，生理周流无间是仁，有是仁方能知觉痛痒；生理不周流则不仁，不仁则不知痛痒，所谓“手足痿痹不仁”也。

【译文】程子说：“不仁的人是没有知觉的，但把知觉当作仁也不可以。”我私下里认为知觉之所以能知觉，是因为生理机能流行没有间断。生理机能是仁，有知觉是智。就像人的身体，生理机能周遍全身没有间隔是仁，有了这个仁才能感觉到痛痒；生理机能不能遍布全身就是不仁，不仁就不能感知痛痒，这就是所说的“手足痿缩麻木是不仁”啊。

仁则“满腔子是恻隐之心”，故有知觉；不仁，则此心顽然无知觉矣。

【译文】仁就是“浑身上下都充满了恻隐之心”，因此有知觉；不仁，那么这颗心就会顽固而没有知觉了。

“知觉”不可训“仁”，所以能知觉者，仁也。

【译文】“知觉”不可以解释为“仁”，能够感知觉察的原因是仁。

“体”言理，“用”言象，“体用一源”，言理而象在其中；“显”言象，“微”言理，“显微无间”，以象言而理在其中。

【译文】“体”说的是理，“用”说的是象，“本体之理与发用之象是一体的”，说的是理但象也在其中；“显”说的是象，“微”说的是理，“外显之象与隐微之理没有间隔”，说的是象但理也在其中。

天以一理赋与万物，人得其全，物得其偏。于全之中又有气质昏明、强弱之不齐。惟生知上圣气得其清，于全者无所蔽；中人以下则气质昏浊，而全者不能无蔽，与物之偏者无异，此人有近于物者。物于偏之中，又有得其一端之明者，如雌雄有别，蜂蚁君臣之类，此物有近于人者。但物之气质之偏终为所拘，不能通乎理之全。惟人能变化气质，则有可通之理。故张子曰："善反之则天地之性存焉。气质之性，君子有弗性者焉。"

【译文】上天用同一个理赋予万物，人得到了全部，物只得到了部分。在完备的理中又有气质昏暗光明、强弱的不同。只有生而知之的圣人气质清明，对于完备的理无所遮蔽；中等之下的人的气质昏暗浑浊，而得到全部的理则不能不遮蔽，这就和其他生物得到部分的理没有差别了，这样的人接近于其他生物。动物在不完全的理之中，也有一部分光明的，像它们有雌雄之分，蜜蜂、蚂蚁也有君臣的差别，这些动物有和人有相似的地方。但是动物的气质始终被不完全的理所拘束，不能通晓完全的理。只有人能够改变自己的气质，使自己的理通达。所以张载说："善于恢复本性那么天地之性就能够保存。对于气质之性，君子不把它当作自己的本性。"

不知言则无以知人。盖知言则理明，于人之贤否无遁情，如鉴之照物。

【译文】不了解一个人的话语那么就无法了解一个人。大概了解一个人说的话那么道理就会彰明，对于人的贤明与否就没有隐情，像镜子照出物体一样。

临川吴氏[①]曰："太极无动静，故朱子释《太极图》曰：'太极之有动静，是天命之流行也。'此是为周子分解太极不当言动静，以天命有流行，故只得以动静言。"窃谓天命即天道也，天道非太极乎？天命既有流行，太极岂无动静乎？朱子曰："太极，本然之妙也；动静，所乘之机也。"是则动静虽属阴阳，而所以能动静者，实太极为之也。使太极无动静，则为枯寂无用之物，又焉能为"造化之枢纽，品汇之根柢"乎？以是而观，则太极能为动静也明矣。

【注释】①临川吴氏：元代理学家吴澄。

【译文】临川人吴澄说："太极没有动静，所以朱熹解释《太极图》说：'太极有动静，是天命的流行。'这是为周敦颐解释太极时不应当用动静来言说，只是因为天命是能流行的，故只能用动静来言说。"我私下里认为天命就是天道，天道不是太极吗？天命既然能流行，太极难道没有动静吗？朱熹说："太极，是动静的妙用发动；动静，是太极得以展现自身的机巧所在。"所以运动静止虽然是阴阳的属性，但所以导致运动静止的，是太极啊。假使太极不会运动静止，那么它就会是枯寂无用的事物，又怎么能够成为"造化的枢纽，万物的根源”呢？以此来看，那么太极能够运动静止就很明显了。

宋高宗中兴之主，陈少阳[①]、岳飞皆死于谗佞，信用汪、黄[②]、秦桧之奸邪，其不亡者幸而已！

【注释】①陈少阳：即陈东，北宋末年学生运动领袖，曾多次上疏要求惩治六奸。②汪、黄：即汪伯彦与黄潜善，南宋初年的奸臣。

【译文】宋高宗是中兴的君主，但陈东、岳飞都因为奸佞之人而冤死，信任重用汪伯彦、黄潜善与秦桧这样的奸邪小人，他在位没有灭亡不过是侥幸而已！

水、火、木、金、土五行虽各具一性，却总是一个太极之理，但五行之气各有所偏，故所得不全耳。如普照万物总是一个日光，而得其光者有偏全，由物有大小不同，而日光则本无不全也。朱子所谓“五行各一其性，而太极浑然之全体无不各具于一物之中，而性无不在”者，此也。

【译文】水、火、木、金、土五行虽然都有自己的性，但综合起来是同一个太极的理，但五行都有自己的偏狭，所以不能完备。就好像普照万物的只是一个日光，但是接受阳光有完全和不完全的区别，因为物体有大小不同，但是阳光则没有不完全的。朱熹所说的“五行都有一个性，但太极的混沌整体却也体现在每一个事物之中，性无处不在啊”，说的就是这个道理。

宋徽宗崇道教，真宗启之也，其效可见矣。

【译文】宋徽宗信奉道教，是宋真宗开了这个头，这个效果可以看到啊。

“语大，天下莫能载”，万物统体一太极也；“语小，天下莫能破”，万物各具一太极也。

【译文】“（君子）说起大事来，天下没有人能够承载”，万事万物的整体是一个太极；“（君子）说起小事来，天下没有人能够剖分”，万事万物都有一个太极。

战国之时，举世趋利，而孟子言仁义，是以所如不合。

【译文】战国时候，天下都在追逐功利，而孟子却讲仁义，因此不符合那些国家的需要。

性如水，水本清，被泥沙浊了便浊了，也只得谓之水；性本善，被气质夹杂恶了便恶了，也只得谓之性。故程子曰“恶亦不可不谓之性”者，此也。

【译文】性体像水一样，水本来清澈，被泥沙混淆了便会变得污浊，但也只能叫它是水；人性本来是善的，被气质掺杂了便会变得邪恶，但也只能称它是性。所以程颢说“恶也不能不说是性”，就是这样啊。

人心无一毫私意，便与天地万物之理相合为一。

【译文】人心没有一点自私的想法，就会与天地万物之理合而为一。

圣人教人，只是“文、行、忠、信”，未尝极论高远。

【译文】圣人教育人，只是“通文献、重德行、尚忠实、讲诚信”四个方面，并没有谈论幽远玄妙的东西。

教人言理太高，使人无可依据。圣人未尝轻以理之本原语人也。

【译文】教育人说的道理太高深，会使人的行动没有依据。圣人不曾轻易地给别人讲说理的本源。

读书录卷十

在天为命，在人为性，一而二，二而一者也。

【译文】道体现在天则为命，体现在人则为性，不过是从一到二，从二到一罢了。

理无空缺，与人心之性浑合无间。

【译文】理是没有空隙缺漏的，和人心中的善性浑然合一没有间隙。

“敬以直内”之语，自夫子始发之，至程、朱发明其义，无余蕴矣。

【译文】“恭敬不苟促使内心正直”这句话，从孔子开始说出，到二程、朱熹阐发它的义理，十分完备、毫无遗留了。

阳动之时太极在阳中，阴静之时太极在阴中，以至天地万物无所不在，此“理不杂乎气，亦不离乎气”也。

【译文】阳气运动的时候太极在阳气中，阴气静止的时候太极在阴气中，乃至天地万物中没有地方没有太极，这就是“理不和气掺杂，但也不离开气”啊。

《太极图》上一圈之中，冲漠无朕，而阴阳、五行、男女、万物之象已具，所谓“体用一源”也；阴阳、五行、男女、万物而太极之理随在，所谓“显微无间”也。

【译文】《太极图》最上面一个圆圈中，表示宇宙空寂无形，但是阴阳、五行、男女、万事万物的象已经具备了，所以说“本体之理与发用之象是一体的”；太极的理也在阴阳、五行、男女、万事万物中，所以说“外显之象与隐微之理没有间隔”啊。

程子曰：“以小人贪求不已之心移于进德，则何善如之？”此即孟子所谓“求有益于得者，求在己”者也。

【译文】程颐说：“把小人贪婪求利不知满足的心用来增进德行，将会达到什么样的善的境界呢？”这就是孟子所说的“追求有益于获得，是因为追求我自身固有的东西”。

董卓郿坞之金[1]亦愚矣哉！身行不义，自毙而已，其能有之乎？

【注释】①董卓郿坞之金：董卓迁都长安后，在郿地修建坞，坞中广聚珍宝，贮藏三十年的粮食。

【译文】董卓在郿坞贮藏金银粮食的做法也很愚蠢啊！自己做不道义的事情，是自寻死路而已，难道能保全吗？

治乱无不自微至大，看《复》《姤》初爻[1]可见。

【注释】①《复》《姤》初爻：《复》卦的初爻是“不远复，无祇悔，元吉”，《姤》卦的初爻是“系于金柅，贞吉。有攸往，见凶。羸豕孚蹢躅”。

【译文】太平和乱世没有不是从细微转变成巨大的，看一下《复》卦和《姤》卦的第一爻就知道了。

恶由微以至大，《坤》之初六[1]可见。

【注释】①《坤》之初六：《坤》卦的第一爻是“履霜，坚冰至”。

【译文】恶也是从微小到严重的，从《坤》卦的第一爻就可以看出。

尚义则道日长，尚利则道日消，天下治、忽[1]分焉。

【注释】①忽：灭亡。

【译文】崇尚道义那么大道就会日渐增长，崇尚功利那么大道就会日渐消弭，天下的太平与灭亡就区别开了。

朱子超然远引，当时小人方欲以利禄轻重之，是何异鸱鸮[1]得腐鼠而吓鹓鸾[2]也。

【注释】①鸱鸮：猫头鹰。②鹓鸾：传说中与鸾凤同类的鸟。

【译文】朱熹超然退隐，当时的小人正想要用财利荣禄来评价他，这和猫头鹰得到腐臭的老鼠而防范鹓鸾有什么两样呢？

滔滔趋利之势不已，必至于乱，非圣贤孰能救之？此《孟子》之书首言仁义以拔本塞源也。

【译文】像洪水一样追逐利益的势头不停止，必然导致天下大乱，除圣贤之外还有谁能济世呢？这就是《孟子》这本书开篇就提出"仁义"二字来正本清源的原因。

人、己一也，浚人之脂膏以自肥，何其不仁如是哉！

【译文】别人和自己是一体的，搜刮他人的财产来使自己富足，还有比这更不仁的吗?

《姤》一阴生于下,群阳不能自立,君子谨之!

【译文】《姤》卦的最下面是一个阴爻,那么上面的五个阳爻就不能自己独立了,君子对此应当谨慎啊!

夏月①阳气充盛,万物畅茂,嘉美之会也。

【注释】①夏月:夏历的四、五、六三个月,相当于现在公历的六、七、八三个月。

【译文】夏季阳气充满,万物茂盛,美好的事物都聚集在一起。

《春秋》最重民力,凡有兴作,小大必书。圣人仁民之意深矣!

【译文】《春秋》这本书最重视民众的人力、物力、财力,凡是有兴造制作等公共事务,无论大小都要写上。圣人爱护民众的思想很深厚啊!

秦恶闻其过而亡,汉好谋能听而兴,岂非千古之永鉴欤?

【译文】秦朝厌恶听到自己的过失而灭亡，汉朝善于谋划能听取意见而兴盛，这难道不是千年都应该借鉴的吗?

天理本顺，而自逆之，是故恶夫凿者。

【译文】天理本身是顺畅的，但自己违背它，所以讨厌穿凿附会的人。

鸟知择巢，人不知择所处，可以人而不如鸟乎?

【译文】鸟尚且知道选择巢穴，人不知道选择自己的处所，难道人还不如鸟吗?

南宋之君大抵无刚明者，虽朱子之贤不能用，群奸得志，终至偾国，岂非后世之鉴乎?

【译文】南宋的君主大多不够刚毅英明，即使有朱熹这样的贤人也不能任用，众多奸臣得道，最终败坏国家，这难道不是后世的借鉴吗?

昭烈、孔明[①]抑于史笔之不公，至朱子《纲目》，然后大义明于万世。

【注释】①昭烈、孔明：即刘备和诸葛亮。

【译文】刘备、诸葛亮被史书不公平地贬低，到了朱熹的《资治通鉴纲目》重新评价他们，然后大义才彰明于万世。

朱子《楚词集注》成于晚年，所感者深矣！

【译文】朱熹的《楚辞集注》晚年才写成，他的感触很深啊！

元刘靖修不屑就，其意微矣。

【译文】元代刘因不屑于做官，其中的意思很隐微。

司马公劝仁宗建储一事，可谓大忠。

【译文】司马光劝宋仁宗立太子的事情，可以说是大忠。

忠臣事君，视天下犹一家，非为身谋也。

【译文】忠臣侍奉君主，把天下看作像一家人，不是为了自身作打算。

圣贤之言，专务明理，不尚文彩，然理明字顺，自无不文；常人之言，专尚文彩，理苟未明，文亦何用？

【译文】圣贤说的话，专注于讲明道理，不崇尚文采，但是道理明白文字通顺后，自然就有文采；一般人说的话，专注于讲究文采，道理如果没有讲明，文采又有什么用呢？

万物美恶、精粗不齐者，皆气之为也。

【译文】万事万物有美丽和丑恶、精致和粗糙的差别，这都是气决定的。

耳、目、口、鼻，小体[①]也，皆能知声、色、臭、味；心，大体[②]也，反不能知义理、是非，惑莫大焉！

【注释】①小体：耳目之类的感觉器官。②大体：指心。作为思维器官，起到识别、统率的作用。

【译文】耳朵、眼睛、嘴巴、鼻子，是小体，都能够感知到声音、颜色、嗅觉、味道；心，是大体，反而不能知道义理、是非，那么迷惑就很大了！

或问"太虚"。程子曰："亦无虚。"遂指虚曰："皆是理，安得谓之虚？天下无实于理者。"朱子曰："天下之理，至虚之中有至实者存，至无之中有至有者存。夫理者，寓于至有之中，不可以目击而指数也。”观程、朱之言，可以知道矣。

【译文】有人问“太虚”是什么。程颐说：“也没有虚。”于是指着天空说：“都是理，哪里能叫虚呢？天下没有不充实的理。”朱熹说：“天下的理，至虚之中有至实的存在，大无的地方有大有的存在。理是存在于大有之中的，却不能够用眼睛数得出来。”看程颐和朱熹的话，可以知晓大道了。

万事差错，只是是非颠倒。

【译文】万事万物的过失，都只是是非颠倒所产生的结果。

人欲肆，而羞恶之心亡矣。

【译文】人的欲望发展到肆无忌惮，那么羞耻之心也就没有了。

人犹知论人之是非，而己之是非则不知也。

【译文】人们都知道评论别人的是非对错，但对于自己的是非对错则不了解。

“吮痈舐痔”[1]而得车多者，小人之无耻也。

【注释】①吮痈舐痔：典出《庄子·列御寇》，比喻卑劣地奉承别人。

【译文】因为吮吸脓疮、舔舐痔疮得到的车子多，这是小人的无耻行径。

朱子曰：“程子言仁，本末甚备，今撮其要，不过数言：盖曰仁者，生之性也；而爱，其情也；孝弟，其用也；公者，所以体仁，犹‘克己复礼为仁’也。学者于前之三言者，可以识仁之名义；于后一言，可以知用力之方矣。”

【译文】朱熹说：“程子讲仁，根本和末节都很完备，现在提取其中的要点，不过几句话：仁是人生而具有的本性；爱是仁的情感表达；孝悌，是仁的作用；公能够用来体会仁，就像‘克己复礼为仁’一样。学习的人对于前三句话，可以认识到仁的名义；对于最后一句话，可以知道用功的方法。”

因默念：“一阴一阳之谓道，继之者善也，成之者性也。”[1]窃以“继”“成”皆以气言，贴“阴”“阳”字说；“善”“性”皆以理言，贴“道”字说。及捡陈北溪《性理字义》，与鄙意合，因志之。

【注释】①语出《周易·系辞上》。

【译文】因为默默念诵："一阴一阳的矛盾变化就是道，传继此道的就是善，蔚成此道的就是性。"我私下里以为"继""成"都是说的气，切合"阴""阳"二字；"善""性"都是说的理，切合"道"这个字。等到翻阅陈淳的《性理字义》，它与我的想法相合，因此记下来。

朱子曰："'一阴一阳之谓道'，太极也。'继之者善'，生生不已之意，属阳；'成之者性'，各正性命之意，属阴。"

【译文】朱熹说："'一阴一阳的矛盾变化就是道'，这是指太极。'传继此道的就是善'，这是生生不已的意思，属于阳；'蔚成此道的就是性'，这是万物获得各自相宜的性命的意思，属于阴。"

阴阳之外无一物。

【译文】阴阳二气之外没有其他事物。

继善、成性，无须臾止息。

【译文】传继此道的是善、蔚成此道的是性，没有一刻停止。

往年在湖南，尝行沅州北涧谷中，雾雨蒸湿。及登高山绝顶，则日光晴霁。俯视沅州城郭及众山之低小者，云气浮绕，往来其间，驶如奔马，开阖万变，是时必雨于其下矣。以是知云气最低，方云合而雨之时，日在云上，未尝不光霁也。

【译文】以前我在湖南，曾经在沅州北部的山涧河谷中行走，雾雨蒸发、十分潮湿。等到登上高山山顶，则阳光明媚天色晴好。俯视沅州城区和众多小山，看到云雾缭绕，云彩像骏马一样奔腾来往，并且变化迅速，这个时候下面一定是下雨了。由此可知云气是最低的，当云层碰撞下雨的时候，太阳在云层上面，未尝不是晴空万里。

天最高，日月星辰次之，云气最低。凡云气皆在日月星辰之下，以是知其最低也。

【译文】天是最高的，日月星辰次之，云气是最低的。凡是云气都在日月星辰之下，由此可知它是最低的。

邵子曰："《乾》四十八[①]而四分之，一分为所克之阴也。"盖自《乾》至《泰》，《乾》《夬》《大有》《大壮》《小畜》《需》《大畜》《泰》，凡八卦共四十八爻，分作四分，每分十二爻，其三分三十六阳爻，其一分十二阴爻也。又曰："《坤》四十八而四分之，一分为所克之阳也。"盖自《坤》至《否》，《坤》《剥》《比》《观》《豫》《晋》《萃》《否》，凡八卦共四十八爻，分作四分，每分十二爻，其三分三十六阴爻，其一分十二阳爻也。

【注释】①《乾》四十八：《乾》卦所统八卦，共四十八爻。

【译文】邵雍说："《乾》卦所统八卦四十八爻分为四份，其中一份是阴爻。"从《乾》到《泰》，《乾》《夬》《大有》《大壮》《小畜》《需》《大畜》《泰》，这八卦共四十八爻，分为四份，每份十二爻，三份是三十六阳爻，一份是十二阴爻。邵雍又说："《坤》卦所统八卦四十八爻分为四份，其中一份是阳爻。"从《坤》到《否》，《坤》《剥》《比》《观》《豫》《晋》《萃》《否》，八卦共四十八爻，分为四份，每份十二爻，三份是三十六阴爻，一份是十二阳爻。

"忠"如水之源，"恕"如水之流，一个忠做出百千个恕来，一个源流出百千道水来，即忠恕而一贯之旨明矣。自然体立用行者，圣人之忠恕也；尽己推己者，学者之忠恕也。曾子言"夫子之道，忠恕而已矣"，非谓学者尽己为忠，推己为恕也，姑借"忠"以明"一"之体，借"恕"以明"贯"之用。故知尽己推己其施无穷，则知一贯之理无不尽矣。

【译文】"忠"像水的源头，"恕"像水的支流，一个忠能够产生千百个恕来，就像一个源头能够产生千百条水流来，即由忠恕而一以贯之的道理彰明了。自然而然地本体树立作用产生，这是圣人的忠恕；做好自己的本分并推己及人，这是学者的忠恕。曾子说"夫子的道，只是忠和恕罢了"，并不是说学习的人做好自己的本分就是忠，推己及人就是恕，只是借“忠”来彰明“一”这个本体，借“恕”来彰明“贯”的发用。所以知道做好本分推己及人的效果是无穷的，就会知道一以贯之的道理无穷无尽了。

《中庸》之“忠恕”，乃学者尽己推己之正名，即程子所谓“动以人”也；《论语》之“忠恕”，乃圣人自然之忠恕，程子所谓“动以天”也。

【译文】《中庸》讲的“忠恕”，是学者尽己本分并推己及人的正确名称，这就是程子所说的“依照人伦规范而行动”；《论语》讲的“忠恕”，是圣人自然而然的忠恕，程子称之为“依照天道法则而行动”。

《太极图》见天人合一之妙。

【译文】从《太极图》中可以看到天人合一的妙处。

太史公言汉武帝谴死钩弋夫人与凡有子之嫔御，为能杜绝后来之女乱。是则然矣，亦非仁者之心也。诚使家法严，伦理明，则后世之女乱非所忧也，如文王之修身齐家以及天下，欲使万物皆得其所，何至不仁如是乎？

【译文】太史公说汉武帝命令钩弋夫人和其他有儿子的妃嫔自尽，为了杜绝将来后宫干政。确实是这样，但并不是仁者的心肠啊。假如做到了家法严明，伦理分明，那么后世的后妃作乱就不用担心了，像周文王修身齐家到平治天下，想使万物各得其所，怎么还会像汉武帝一样不仁厚呢？

张子曰：“鬼神者，二气之良能也。”① “良能”是其自然能伸能屈之妙。朱子曰：“鬼者阴之灵，神者阳之灵。”“灵”即所谓“良能”也。

【注释】①语出张载《正蒙·太和》。

【译文】张载说：“鬼神是阴阳二气的自然本能。”“良能”是指能够自然伸屈的妙用。朱熹说：“鬼是阴气的神灵，神是阳气的神灵。”“灵”就是所谓的“良能”。

天地之开阖，世运之兴衰，日月之往来，昼夜之变化，寒暑之推迁，万物之始终，皆阴阳之气屈伸消息为之主，此鬼神所以“体物而不可遗”也。

【译文】天地的分散聚合，世运的兴衰更替，日月的往来运行，昼夜的变化，寒暑的推移变迁，万物的生长消灭，都是阴阳二气的往来屈伸消灭生发起主导作用，这就是鬼神之所以能够“在万物中体现而无所遗漏”的原因。

海水是众水之聚，与山泽通气有源之水不同。尝问海上居人，海水味咸，其海中山岛井泉之水却甘。以是知海水与有源之水不同。

【译文】海水是众多水流聚集到一起的，和山林湖泊中通风的有源头的水不一样。曾经问海边居民，海水味道咸，但海岛中的井水泉水却甘甜。由此知道海水与有源头的水不同。

阴阳不在五行外，太极亦岂在阴阳外？所谓精粗本末无彼此也。

【译文】阴阳二气不在五行外面，太极能在阴阳二气外面吗？这就是所说的精细和粗糙、根本和末节是没有彼此之分的。

周子言男女而万物在其中，言万物而男女在其内。互文也。

【译文】周敦颐说到男女而万物就在其中，说到万物而男女就在其内。这是互文的用法。

“魏公子无忌从车骑，虚左，迎侯生，生直上载公子上坐。”[①]此“载”字亦“加载”之意，与老子、屈子、扬子“载魄”之“载”字同义。

【注释】①典出司马迁《史记·魏公子列传》。

【译文】“魏公子无忌带着随从车队，把自己左边的座位空着，去迎接侯生，侯生径直坐在公子的贵宾座位上。”这个“载”字是“加载”的意思，和老子、屈原、扬雄的“载魄”的“载”字是同一个意思。

圣贤之言皆平易易知。后世儒者有作禅语以见于文辞者，虽曰明理，失平易之意矣。

【译文】圣贤说的话都是语气平和容易理解。后世的儒者有的用佛教禅宗的话来写文章，即使是为了讲明道理，但失去了平易近人的意义了。

陈平以金间楚，即战国之术。

【译文】陈平用黄金来离间楚国，这就是战国时候的手段。

有以释、老机巧之言解吾书者，幾何而不陷于异端乎？

【译文】有用佛教、道教的机智巧妙的话来解读儒家经典的多少人不陷入异端邪说呢?

文、武、成、康之治,一变而为春秋,再变而为战国,极矣!

【译文】周文王、周武王、周成王、周康王的太平之世,经过一次变乱而到了春秋时代,经过再次变乱而到了战国时代,真是到极点了啊!

朱子曰:“乾一而实,故以质言,而曰大;地二而虚,故以量言,而曰广。”

【译文】朱熹说:“天数从一开始而充实,因此从质地上讲,称之为大;地数从二开始而空虚,因此从容量上讲,称之为广。”

程子《易传》质悫精深,广大微妙,朱子《本义》亦有不能出其外者。

【译文】程颐的《程氏易传》内容平实精细深奥,博大微妙,朱熹的《周易本义》也有不能超越它的地方。

程子之《易》主孔子,多与《本义》不合。

【译文】程颐的《程氏易传》以孔子义理为宗，很多地方和《周易本义》不一样。

人之为学，当于性情上用功尤切。

【译文】人做学问，应该在性情方面切实用功。

知而不去为智，虽知不能固守而去之，焉得为智？

【译文】知道而不丧失是智慧，否则即使知道但不能保持却丧失了，怎么能称智慧呢？

四方上下，往来古今，实理实气，无丝毫之空隙，无一息之间断。

【译文】四方上下的空间，古往今来的时间，充满着理和气，没有一丝一毫的空隙，没有一呼一吸之间的间断。

《西铭》只是欲人存天理。

【译文】《西铭》只是想让人保存天理。

人、物皆得天地之气以成形，所谓“天地之塞，吾其体”；皆得天地之理以成性，所谓“天地之帅，吾其性”。体、性，人与物皆同，所谓“理一”也。然人得其气之正而理亦全，物得其气之偏而理亦偏。圣人尤得其气之最清最秀者，故性极其全，与天地合德。贤者禀气次乎圣人，故其德出乎凡民，皆“分殊”也。

【译文】人和万物都是得到天地之气才得以形成形体，所谓“天地之气构成我的身体”；都是得到天地的理才得以成就本性，所谓“天地的精神构成我的本性”。形体、本性，人与万物都一样，这就是所说的“理一”。但是人得到的气纯正而理也完备，物得到的气和理都有偏颇。圣人得到的气是最清秀的，所以性也最完备，与天地德性一致。贤良的人禀受气次于圣人，所以他的德性超出一般人，这都是“分殊”啊。

致知力行，惟在于实，一有不实，则不能造其极矣。

【译文】致知力行，只在于实践，一旦虚浮，就不能达到极致的状态啊。

夫子四教，忠、信为文、行之本。

【译文】在孔夫子的四种教育中，尚忠实、讲诚信是通文献、重德行的根本。

思量万事万理，不过一实。

【译文】思考万事万理，不超过一个“实”字。

为学不实，无可据之地。

【译文】求学不笃实，就没有可以立足的地方。

人之所为，一有不实即为妄矣。

【译文】人的所作所为，一旦缺乏笃实就成为虚妄了。

人而不实，无一而可。

【译文】人如果不笃实，那么没有一点可取的地方。

人于“实”之一字当念念不忘，随事随处省察于言动、居处、应事、接物之间，必使一念一事皆出于实，斯有进德之地。

【译文】人们对于“实”这个字应当时刻牢记，随时随地在言语行动、生活居处、应对事情、待人接物之间反省检查，一定要使每一个念头、每一件事情都能从诚实出发，这样才会进入品德高尚的境界。

千言万语只在实。

【译文】千言万语只在于实。

因读“天地之塞，吾其体”之“塞”字，益知上下四方气之充塞，无丝毫之空隙。

【译文】因为读到“天地之塞，吾其体”的“塞”字，更加知道上下四方的气充满，没有一丝一毫的空隙。

“天地之塞，吾其体”，得天地之气以成形也；“天地之帅，吾其性”，得天地之理以成性也。“践形”[①]则能全天赋我之体，“尽性”则能全天赋我之理。“知化穷神”[②]者，乐天而能践形尽性也；“无愧无忝”[③]者，畏天而求践形尽性也。

【注释】①践形：体现人所天赋的品质。②知化穷神：了解事物之变化，穷究事物之神妙。③无愧无忝：不玷辱，不羞愧。

【译文】“天地之气构成了我的身体”，得到天地之气才铸成形体；“天地的精神构成了我的本性”，得到天地的理成就本性。“践形”就能够保全上天赋予我的形体，“尽性”就能够保全上天赋予我的道理。“知化穷神”，就是顺应天命而体现天赋的品质、发挥天赋的个性；“无愧无忝”，就是畏惧上天而后尽力体现天赋的品质、发挥天赋的个性。

古语云：“天定能胜人，人定亦能胜天。”如古者无道之世，若秦、若隋、若武氏之流，方其势盛之时，虐焰如烈火不可近，此“人定胜天”也；及其罪盈恶稔，人怨天怒，剿绝覆亡之无遗育，此“天定胜人”也。善恶之报，岂不明甚？信古语之不诬。

【译文】古话说：“天定能胜过人，人定也能胜过天。”像古代一些暴虐的时代，如秦朝、隋朝、武则天时期，当他们势力强盛的时候，像烈火一样凶暴而不能亲近，这是“人定胜天”；到他们罪恶滔天，人怨天怒，被剿灭得连后代都没有时，这是“天定胜人”。善恶报应不是很明显吗？古语实在是不欺骗人啊。

“继之者善”，化育之始流行而未已，阳也；“成之者性”，人物禀受一定而不易，阴也。

【译文】“传继此道就是善”，化生养育开始流行而没有结束，这是阳；“蔚成此道就是性”，人和万物禀受确定的性而不可变易，这是阴。

“继之者善”，就造化流行上说；“成之者性”，就人物禀受上说。

【译文】“传继此道就是善”，是从宇宙创造演化运行上说的；“蔚成此道就是性”，是从人和万物禀受上来说的。

万物至大者皆有外，惟理之大无外；万物至小者皆有内，惟理之小无内。

【译文】万物中最大的都有外围，只有理广大而无外围；万物中最小的都有内核，只有理微小而无内核。

天地万物皆虚，惟理最实。

【译文】天地万物都是虚妄的，只有理最真实。

阴阳、五行、男女、万物，太极都在里许。

【译文】阴阳二气、五行、男女、万物，都有太极在里面。

朱子谓《河图》之数，不过一阴一阳，一奇一偶，以两其五行而已。盖《河图》一六水，二七火，三八木，四九金，五十土；皆两其五行也。自其著者观之，则动静不同时，阴阳不同位，而太极无不在焉，所谓“显微无间”也；自其微者而观之，则冲漠无朕之中，而动静阴阳之理已具于其中矣，所谓“体用一源”也。

【译文】朱熹说《河图》所示之数，不过是一个阴一个阳，一个奇数一个偶数，这是使五行两两相对罢了。《河图》在北方是一个白点六个黑点，表示玄武星象，五行为水；南方两个黑点七个白点，表示朱雀星象，五行为火；东方三个白点八个黑点，表示青龙星象，五行为木；西方四个黑点九个白点，表示白虎星象，五行为金；中央五个白点十个黑点，表示时空奇点，五行为土；都是使五行两两相对。从它显著的一方面来看，那么运动和静止是不同时的，阴阳也不在一个位置，而太极无处不在，这就是“显微无间”；从隐微的方面来看，那么在无边无际、无声无臭的宇宙中，运动静止、阴阳二气的道理已经在其中具备了，这就是所说的“体用一源”。

理、气、象、数，初不相离。如《乾》之健，理也；其象，天象也；其所以为象者，气也；气之有次第节限者，数也。

【译文】理、气、象、数，原本是不相分离的。像《乾》卦的刚健是理；它的象就是天象；之所以有这个象，是气决定的；气有排列顺序和限制，这就是数。

《豫》上六曰："冥豫，成有渝，无咎。"《复》六三："频复，厉，无咎。"皆广迁善之门也。

【译文】《豫》卦的上六爻说："昏昧地玩乐，若能自思改变，才会没有灾祸。"《复》卦六三爻说："频繁地返回开始，虽有危厉，但没有灾祸。"这些都是改过向善的门径啊。

以五乘十二，六十也；以十二乘五，亦六十也，即"参伍"①之义。

【注释】①参伍：指变化不定的数。

【译文】用五乘以十二，得数六十；用十二乘以五，得数也是六十，这就是"参伍"的意思。

《易》曰："忧悔吝者，存乎介。""介"即周子所谓"幾善恶"也。

【译文】《易传》说："忧愁悔恨在于细微处的分辨。""介"就是周敦颐说的“念头萌发时，便有了善恶的区分”。

朱子曰：“大概看《易》，须谨守《彖》《象》[1]之言，圣人自解得极精密平易。”窃观朱子解文王《彖辞》，惟主孔子。

【注释】①《彖》《象》：这里指《周易》中的《彖传》和《象传》。《彖传》解释卦名、卦辞及卦义。《象传》分为《大象传》和《小象传》，前者解释卦象，后者解释爻象。

【译文】朱熹说：“大致看《周易》，要把握《彖传》和《象传》的言论，圣人解释得非常精致严密、平和简易。”我私下里发现朱熹解释周文王的《彖辞》，主要尊崇孔子的解释。

能“艮其背”，便“不获其身，行其庭，不见其人”[1]。

【注释】①语出《周易·艮卦》。

【译文】能够“止于他的背部”，便能够“看不到他的身体，在他的庭院行走，见不到人”。

孔子“恶利口之覆邦家者”，千万世国家乱亡皆由于此。

【译文】孔子“厌恶那些靠伶牙利齿而颠覆国家的人”，千万代国家的祸乱灭亡都是因为这个原因啊！

“大人虎变，未占有孚。”[①]如成汤自其征伐之先，已有徯苏之望[②]，是“未占有孚”也。

【注释】①大人虎变，未占有孚：出自《周易·革》九五爻辞。意思是大人变出虎一般的文采，不用占卜，也会取得民众的信任。②徯苏之望：出自《尚书·仲虺之诰》：“徯予后，后来其苏。”意思是期待我们的君王，君王来了我们就能死而复生。

【译文】“大人变出虎一般的文采，不用占卜也会取得民众的信任。”就像商汤在征伐夏桀之前，就有了民众期待死而复生的盼望，这就是“不用占卜就取得民众的信任”啊。

朱子之《易》惟主卜筮，与程子异，其论亦有不出程《传》之外者。

【译文】朱熹的《周易本义》主要讲卜筮，和程颐不同，其中的论述也有不超出《程氏易传》的地方。

圣贤千言万语，只要人存天理，去人欲。

【译文】圣贤千句话万句话，都是要人们保存天理，去除人的私欲。

天之道，知也；地之道，仁也。圣人与天地相似者，知、仁而已。“知周乎万物”者，知也；“道济乎天下”者，仁也。“乐天知命，故不忧”，知也；“安土敦仁，故能爱”，仁也。天地之道，不外乎仁、知；圣人之道，亦不外乎仁、知。此圣人“与天地合德”也。

【译文】天的道是智慧；地的道是仁爱。圣人和天地相似的地方只是智慧和仁爱罢了。“知识周遍万物”，这是智慧；“道德普济天下”，这是仁爱。“顺应天命所以不忧愁”，这是智慧；“安于本土使民俗仁厚，所以能够爱人”，这是仁爱。天地的大道，不过就是仁爱和智慧；圣人的大道，也不过就是仁爱、智慧。这就是圣人“与天地的道德相合”。

《易》曰：“一阴一阳之谓道，继之者善也，成之者性也。”“继”“成”以气言，从“阴”“阳”字来；“善”“性”以理言，从“道”字来。

【译文】《周易》说：“一阴一阳的矛盾变化就是道，传继此道的就是善，蔚成此道的就是性。”“继”“成”都是说的气，是从“阴”“阳”二字阐发出来的；“善”“性”都是说的理，是从“道”这个字阐发出来的。

程复心《大学章句图》首画《太极图》，中间着一“气”字，是以气言太极。周子“无极而太极”，专以理言也。程说曰：

“太极未有象，惟一气耳。”是即汉儒异端之说，又岂识所谓太极哉！

【译文】程复心的《大学章句图》首先画的就是《太极图》，中间写了一个‘气’字，是用气来说明太极。周敦颐的“无极即是太极”，只从理的方面来说。程复心说：“太极没有形象，只是一个气罢了。”这就是汉代儒者的异端邪说，又怎么能认识所谓的太极呢！

《河图》之一奇一偶，造化之一动一静，人之一呼一吸，皆一阴阳也。

【译文】《河图》的一个奇数一个偶数，造化的运动静止，人的呼吸，都是阴阳的体现。

东汉之规模不如西汉者，政以光武好吏事，不如高祖得人君之体也。

【译文】东汉的事业及格局不如西汉那样宏大，因为在政治方面光武帝对刑狱之事感兴趣，比不上汉高祖掌握了作为君主的大体。

光武以谶纬①论学，何以为出治之本？

【注释】①谶纬：两汉时期一种把经学神学化的儒家学说。

【译文】光武帝喜欢谶纬之学，那么用什么作为实现天下太平的根本呢？

阴阳无时不相胜。阴退则阳胜阴，阳退则阴胜阳，一阴一阳，相胜而不已也。

【译文】阴阳二气没有一刻不是相继胜过对方。阴气消退那么阳气胜过阴气，阳气消退那么阴气胜过阳气，或者是阴气，或者是阳气，两者相继胜出而没有结束。

《剥》尽为《坤》，阳生为《复》；《夬》尽为《乾》，阴生为《姤》。圣人于阳曰“复”，于阴曰“姤”，扶阳抑阴之意也。

【译文】《剥》卦剥落到了尽头就是《坤》卦，《坤》卦生出阳爻就是《复》卦；《夬》卦把上面的口子补上就是《乾》卦，《乾》卦最下面生出阴爻就是《姤》卦。圣人把生出阳叫做“复”，把生出阴叫做“姤”，这是抬高阳而贬抑阴的意思啊。

东汉党锢[1]诸君子，正不知群阴并长之时，而欲力胜之。难矣！

【注释】①党锢：古代指禁止某一集团、派别及其有关的人担任官职并限制其活动。党，即朋党；锢，即终身不得做官。党锢之祸指中国古代东汉桓帝、灵帝时，士大夫、贵族等对宦官乱政的现象不满，与宦官发生党争的事件。

【译文】东汉党锢时期的诸位士人，当时不知道宦官们势头正盛，而想要用蛮力去战胜他们。很困难啊！

圣人之进退存亡，与造化消息盈虚之理为一，异乎汉末诸贤矣。

【译文】圣人的前进与后退、保存与灭亡，是和自然的创造化育、消灭生发、盛衰消长的道理一致的，与东汉末年诸位贤人的做法不一样。

汉末诸贤，先儒谓“一变则至于道”。

【译文】汉代末年的诸位贤人，以前的儒者说他们“经过一次改变就可以达到道了”。

后汉贤者刻意尚行，若不可及。概以中庸之道，则有不合者矣。

【译文】东汉的贤人磨砺心志崇尚品行，似乎高不可及。从中庸之道的角度来看，也有不合道的地方。

太极，理也，生物之本；阴阳五行，气也，生物之具。男女万物皆自此出，而理、气则浑融无间也。

【译文】太极是理，是生长万物的根本；阴阳五行是气，是生长万物的材料。男女万物都是从这里生出的，而理和气混合交融没有间隙。

至大者道也，圣人之门而道存焉，“游其门者难为言”[①]可知矣。

【注释】①语出《孟子·尽心上》。

【译文】天地间最大的就是道了，圣人门下保存了大道，“在圣人门下学习过就难以被其他言论所吸引”就由此可知了。

三代之后有汉，世道之大降也。

【译文】夏商周三代之后有汉朝，这是世道的巨大衰退啊。

地处天中而有尽，天包地外而无穷。

【译文】大地在天的内部而有尽头，天包围在大地的外面但没有穷尽。

三代圣人皆以道治天下，汉高不喜《诗》《书》，至溺儒冠，岂非世道之大降与？

【译文】夏商周三代的圣人都用大道治理天下，汉高祖不喜欢《诗经》《尚书》等经典，甚至在儒生的帽子里撒尿，这难道不是世道的巨大衰退吗？

汉高有功于天下固大矣。其修身无本，治家无法，以诈御臣下，视禹、汤、文、武为何如哉？

【译文】汉高祖对于天下国家有很大的功劳。但是他修身没有根本，治家也没有章法，用欺诈之术来统御臣下，和大禹、商汤、周文王、周武王相比他算什么呢？

上下四方，理气充塞，无穷尽，无方体。

【译文】上下左右四方的空间都被理和气所充满，理和气没有穷尽，没有方位形体。

无一时一事而无理，故当无一时一事而不习，此“学而时习之”也。今人特以执卷诵习为“习”，此特习所知之一端耳，又岂能尽“时习”之功哉？

【译文】任何时间任何事物都有理的存在，所以应当在任何时间任何事情上都要学习，这就是“学而时习之”啊。现在的人仅仅是把拿着书本背诵当成是“习”，这仅仅是学习的一个方面啊，怎么能够收到“时习”的功效呢？

时时皆道，处处皆道，事事皆道，道不可离。如此，存养省察之功，不可须臾或间也。

【译文】任何时候都有道，任何地方都有道，任何事情都有道，道是不可以离开的。这样，保存本心培养善性、检查反省的努力，就不能有顷刻的间断。

阴阳变易，自人身以至天地万物，无时不然，知此则知《易》矣。

【译文】从人到天地万物，每时每刻都有阴阳变化，了解这个就了解《易》的道理了。

人动作皆以天，则无妄；不以天，则妄矣。

【译文】人的行动都以天为法则，就是不妄为；不以天为法则，就是妄为。

“曾点见夫人欲尽处，天理流行”，“鸢飞鱼跃”之意。

【译文】“曾点看到人欲消灭的地方，天理得以盛行”，这是“苍鹰飞上天空，鱼儿跃进深渊”的意思。

蓍龟虽是卜筮之物，圣人却未必用，而神灵之理已具。如武虽是杀人事，圣人却存此神武而不杀。

【译文】蓍草大龟虽然是卜筮用的东西，但圣人却不一定使用，但神妙的道理已经具备了。就像神武虽然是用来杀人的，但是圣人却拥有神武而不嗜杀戮。

“不假卜筮而知吉凶”，所以说“神武而不杀”。

【译文】“不借助卜筮就能知道吉凶”，所以说是“有神武却不嗜杀戮”。

神武得其理而不假其物，犹蓍龟得其神之理而不假卜筮也。

【译文】得到神武的道理而不借助于神武之物，就像算命得到神妙的道理而不借助于卜筮一样。

颜子问仁，“专言之仁”[1]，朱子以“心之全德”释之，则仁、义、礼、智之德无不包矣。

【注释】①专言之仁：程颐在《周易程氏传》中指出：“四德之元犹五常之仁。偏言则一事，专言则包四者。”

【译文】对于颜渊问仁，朱熹用“心之全德”来解释程颐的“专言之仁”，那么仁、义、礼、智就都被包括了。

《论语》多“专言之仁”。

【译文】《论语》中的“仁”多是“专言之仁”。

“体用一源”是隐而费，“显微无间”是费而隐。

【译文】“体用一源”是隐微而博大，“显微无间”是博大而隐微。

程子曰：“予所传者辞也，由辞以得其意，则在人焉尔。”

读书之法，皆当由辞以得意。徒得其辞而不得其意，章句文字之学[①]也。

【注释】①章句文字之学：汉儒创立的研究儒家经典的学问，重在解释篇章字句。

【译文】程颐说："我所传授的是文字，从文字来获得其中的意蕴，就要看学习者自己了。"读书的方法，都是从文字来获得意蕴。仅仅获得文字而不懂其中的意蕴，那就只是研究篇章字句的学问罢了。

只是循天理便有序而和，故仁者礼乐之本也。

【译文】只要是根据天理行动就会有序和谐，所以仁是礼乐的根本。

实理皆在乎万物万事之间，圣贤之书不过模写其理耳。读书而不知实理之所在，徒滞于言辞之末，夫何益之有？

【译文】真实的道理都存在于万事万物之间，圣贤的书籍不过是在描写这些理。读书但不知道哪里有真实的道理，只是纠结于言语文辞的末节，有什么益处呢？

"大德敦化"，理一也；"小德川流"，分殊也。

【译文】“大的德行十分敦厚而能够化育万物”，这就是一个理；“小的德行就像江河一样川流不息”，这就是区别。

“维天之命，於穆不已”者，理一也；“乾道变化，各正性命”者，分殊也。

【译文】“只有天道的运行，庄严肃穆而没有止息”，这就是一个理；“大自然的运行变化，万物各自静定精神”，这就是区别。

读《西铭》，理明而心广。

【译文】读《西铭》，使人道理明白而心胸开阔。

统天地万物言之，一理也；天地万物各有一理，分殊也。就天言之，天，一理也；而天之风、云、雷、雨之属各有一理，其分殊也。就地言之，地，一理也；而地之山、川、草、木之类各有一理，其分殊也。就人一家言之，一理也；而人之父子、夫妇、长幼之类各有一理，分殊也。就人一身言之，一理也；而四肢、百骸各有一理，分殊也。就一国天下言之，莫不皆然。就一草一木言之，一理也；而枝干花叶之不同，分殊也。理一行乎分殊之中，分殊不在理一之外，“一本万殊，万殊一本”也。

【译文】综合天地万物来说，是一个理；天地万物又都有各自的理，这就是区别。就天来说，天是一个理；但天上的风、雨、雷电都有自己的理，这就是区别。就地来说，地是一个理；但地上的山、川、草、木都有各自的理，这就是区别。就一个家庭来说，是一个理；但人的父子、夫妇、长幼关系相处又有各自的理，这是区别。就一个人的身体来说，是一个理；但四肢和各种骨骼又有自己的理，这是区别。就一个国家和天下来说，也是这样的。就一草一木来说，是一个理；但枝干和花朵叶子是不同的，这就是区别。一个理在区别之中体现，区别并不在一个理之外，这就是“一个根本万种差别，万种差别一个根本”啊。

“一以贯之”，即“大德敦化”；“小德川流”，即“一理而分殊”也。

【译文】“用一个道理贯穿始终”，就是“大的德行十分敦厚而能够化育万物”；“小的德行就像江河一样川流不息”，就是“一个理而有区别”。

天地间游尘纷扰，无须臾止息，无毫发间断，是皆气机使然，观日射窗屋之间可见。因有诗曰：“日射屋山内，烟华几丈虹。游尘从此见，长满太虚中。”

【译文】天地之间漂动着微尘，没有一刻停止，没有一丝一毫间断，这都是气的运动决定的，在阳光透过窗户射向屋里的时候可以看到。因此我赋诗一首："日射屋山内，烟华几丈虹。游尘从此见，长满太虚中。"

为学第一功夫，立心为本。心存则读书穷理、躬行践履皆自此进。孟子曰："学问之道无他，求其放心而已。"程子曰："圣贤千言万语，只是欲人将已放之心，收之反入身来，自能寻向上去。"皆此意也。

【译文】为学的第一件事情，是把确立志向作为根本。心里有了志向，那么读书明理、躬行实践都以此为出发点。孟子说："人的学问没有其他的道路，把那颗放逸的心找回来就好。"程颢说："圣贤千言万语，都是为了让人把放逸的心收回体内，自然就能够寻求进步。"都是这个意思。

天地有动静之复，无善恶之复；人有善恶之复，有动静之复；圣人无复者，以善恶而言也。圣人之心，浑然至善，未尝间断，故不见其复。若动静之复，则亦有之。

【译文】天地有运动静止的反复，但是没有善恶的反复；人有善恶的反复，也有运动静止的反复；圣人没有反复，是就善恶来说的。圣人的心，完全是至善，从未有间断，所以见不到反复。至于运动静止的反复也是有的。

赵宋立国规模不如汉者，以封建之法不立，无藩屏根柢之固，故一遭变故，荡然不可维持也。

【译文】赵宋王朝建立国家的规模不如汉代，是因为封土建国的制度没有确立，失去藩国屏障，所以一旦遭遇变故，就全部毁灭而不能维持。

赵普自谓“以半部《论语》佐赵太祖定天下”。盖亦大言而已，其实未见行《论语》一言也。如伯夷、叔齐求仁而得仁，使赵普真知此理，其肯定陈桥之策乎？

【译文】赵普自己说“自己用半部《论语》辅佐宋太祖平定天下”。大概是说大话吧，从实际来看，他没有践行过《论语》的一句话。像伯夷、叔齐一样求取仁并得到仁，假如赵普知道这个道理，他还肯制定陈桥驿兵变的计策吗？

赵普克、伐、怨、欲必行，其功虽大，而德或未也。

【译文】赵普好胜、自夸、怨恨、贪心，他的功劳虽然大，但是德性却没有跟上。

尹和靖[1]谓“动静一理”。伊川曰：“试喻之。”适闻钟响，尹曰：“譬如未撞时，声固在也。”伊川喜曰：“且更涵养。”窃谓钟未撞时声固在，即心未感时理已存，阴未动时阳已具，皆“动静一理”也。

【注释】①尹和靖：即尹焞（1071年–1142年），字彦明，赐号和靖处士，为程颐直传弟子。

【译文】尹焞说“运动与静止是一个理”。程颐说：“请比喻一下。”正好听到钟响，尹焞说：“就像钟没有响的时候，声音也在。”程颐高兴地说：“更要努力地修养啊。”我私下里认为钟没有敲击时声音已经在，就像心没有感触时理就在了，阴气没有动时阳气就已经具备了，都是“动和静是一个理”啊！

读书录卷十一

扫码听谦德君为您导读

诚即五常之实理，非五常之外别有诚也。如实有是仁，实有是义，实有是礼，实有是智是也。

【译文】诚就是仁义礼智信这五常的实在的道理，不是在五常之外还有诚。如实有的仁，实有的义，实有的礼，实有的智即是如此。

即理而物在其中，即物而理无不在。如未有此宫室已有此宫室之理，及有此宫室而理即在宫室之中；如未有天地万物已有天地万物之理，及有天地万物而理即在天地万物之中。所谓“体用一源，显微无间”也。

【译文】就理来看，物在理之中；就物来说，理无处不在。就像没有这个宫殿就已经有了宫殿的理，等有了宫殿那么理就在宫殿中了；就像没有天地万物已经有了天地万物之理，等到有了天地万物那么理就在天地万物中了。这就是所说的“体用一源，显微无间”啊！

《名臣言行录》[①]载伊川为讲官[②]时，文士归其门者甚众，而伊川亦以天下自任，“论议褒贬，无所顾避”。窃疑此八字或记言者之过。伊川知《易》者，岂容信口议论褒贬而无顾避乎！

【注释】①《名臣言行录》：朱熹、李幼武撰写，汇编了散见于文集、传记中的宋代重要人物的事迹。②讲官：为皇帝经筵进讲的官员。

【译文】《名臣言行录》记载程颐当讲官时，文人学子归到他门下的有很多，而程颐也把国家的兴衰治乱作为自己的责任，“批评讨论夸奖贬低别人，没有顾及和回避”。我私下里怀疑这八个字可能是记录者言过其实。程颐是了解《周易》的，哪里能够随便开口批评讨论、夸奖贬低别人而没有顾忌和回避呢！

朱子曰：“无极而太极，所以明夫道之未始有物，而实为万物之根柢也。”

【译文】朱熹说：“无极即是太极，所以明白了道不曾拥有物，但实际上是万物的根本啊！”

人多于快意之事忘却道。

【译文】人大多在称心如意的事情上忘记了行道。

人为学至要，当于妄念起处即遏绝之。予每尝用力于此，故书以自励。

【译文】人学习最重要的事情，就是在虚妄的念头升起时立即遏制住。我经常在这方面努力，所以写下来自我勉励。

忘与助[①]，学者之通患。

【注释】①忘与助：这是孟子在讲如何培养浩然之气时指出的两种注意事项，忘是忘记，助就是人为助长。

【译文】忘记和人为地助长，是求学的人共同的毛病。

宋徽宗结金人攻辽之事，始于童贯[①]挟马植[②]来，小人之肇乱也如此。

【注释】①童贯：北宋末年的著名奸臣。②马植：辽国人，在童贯出使辽国时，献“联金灭辽”的计策。

【译文】宋徽宗联合金国攻打辽国的决策，肇始于童贯带领马植归服宋朝，小人开启祸乱就像这样啊。

太极只在乎动静而已。

【译文】太极只在于运动和静止之间而已。

朱子称周子曰：“先生之精，因《图》以示；先生之蕴，因《图》以发。”其曰“精”者，即无极而太极，阴阳、五行、男女、万物也；其曰“蕴”者，即包涵无穷之理也。

【译文】朱熹称颂周敦颐说：“先生的思想精华，通过《太极图》展示出来；先生的思想意蕴，通过《太极图》阐发出来。”朱熹所说的“精华”，就是太极无声无臭、无边无际，阴阳二气、五行、男女；朱熹说的“意蕴”，就是包含着无穷的道理。

太极者，合天地万物之理而一名之耳。

【译文】太极，就是统合了天物万物的理而用一个名字来概括。

“《易》有太极”，“易”即阴阳，“太极”即道也。

【译文】“《易》之原始有太极”，“易”就是阴阳二气，“太极”就是道。

“泽藏珠而川媚，石蕴玉而山辉。”有本之谓也。庄子曰：“圣人贵精。”此之谓与！

【译文】“水中藏着珍珠的话，江河也会柔美；石头中如果含有美玉的话，山也会变得有光辉。”这说的是有根本啊。庄子说：“圣人注重精神的完备。”说的就是这样啊！

《河图》《洛书》，万数、万象、万理之源。

【译文】《河图》《洛书》，是万数、万象、万理的根源。

天以至理示人者，《河图》《洛书》是也。

【译文】上天用《河图》《洛书》昭示给人最深刻的道理。

《太极图》用功之要，只在“君子修之吉，小人悖之凶”。修之者，修此“仁义中正”也；悖之者，悖此“仁义中正”也。故敬则欲寡而理明，寡之又寡，以至于无。则“静虚”者，正也，义也，太极之体以立；“动直”者，中也，仁也，太极之用以行，而圣可学矣。

【译文】《太极图》学习修练的关键，就在于“君子修习它就会有吉祥，小人违背它就会有灾祸”。修习它，就是修习“仁义中正”；违背它，就是违背“仁义中正”。所以严肃认真则欲望减少而道理彰明，减少又减少一直到没有。“静虚”是正，是义，太极的本体以此而树立。“动直”是中，是仁，太极的发用以此而产生，那么人们就可以学习成为圣贤了。

刘靖修叙学有博文之功，无约礼之实。或非其所作，或非其少作[①]也。

【注释】①少作：年轻时的作品。

【译文】刘因讲授学问有博学于文的功绩，但没有恪守礼义的笃实。有人或者不满他的行为，或者不满他年轻时的作品。

《河图》具五行之数，春夏秋冬、元亨利贞、仁义礼智无不在焉。

【译文】《河图》具备五行的数目，春夏秋冬、元亨利贞、仁义礼智也都包含在里面。

《河图》一六水，二七火，三八木，四九金[①]。奇数二十，偶数二十，中虚五以象太极。是即“五行一阴阳，阴阳一太极”也。

【注释】①一六水……四九金：指河图中东西南北四个方位的黑白点数目以及五行属性。

【译文】《河图》在北方是一个白点、六个黑点，五行为水；南方两个黑点、七个白点，五行为火；东方三个白点、八个黑点，五行为木；西方四个黑点、九个白点，五行为金。奇数加起来是二十，偶数加起来是二十，中间五个白点十个黑点象征太极。这就是“五行运转于阴阳之内，阴阳统合于太极之中”。

两仪、四象、八卦以至六十四卦，象数之理即太极也。象数、理气浑然无间，理虽不杂，亦不离也。

【译文】两仪、四象、八卦到六十四卦，象数的理就是太极。象数、理气完整而没有空隙，理既不混杂也不分离。

伊川为讲官，以三代之上望其君，从与否则在彼而已，其肯自贬其道以徇之哉！

【译文】程颐给皇帝讲课的时候，用夏商周三代的圣王来期待君主，但听从与否则是在君主而已，程颐愿意贬低自己的道而屈从于君主吗？

伊川、晦庵为讲官，时姑取以备故事资口耳而已。二子即以真知力行望其君，宜其不合也。

【译文】程颐、朱熹任皇帝的老师，当时通常的做法是准备一些古代的事迹让皇帝听听罢了。但是这两位先生却期望君主能够真知力行，这也难怪后来君臣不和谐啊。

《咸》九五："咸其脢，无悔。"脢，背肉，感所不见之地则无悔，"武王不忘远"当之。

【译文】《咸》卦的九五爻爻辞说："感应到背上，没有后悔。"脢是背上的肉，感应见不到的地方就不会后悔，"周武王不忘记远方的诸侯"就很符合。

《太极解》"未至此而修之""不知此而悖之"。"此"皆指"中正仁义"而言。

【译文】朱熹的《太极图说解》说"没有到此而修炼它""不知道此而违背它"。这个"此"指的是"中正仁义"。

孟子论"仁义礼智"，即太极也。

【译文】孟子论述的"仁义礼智"就是太极。

中正仁义，性也，性即太极也。夫岂性之外复有太极，太极之外又有所谓性哉！

【译文】中正仁义就是性，性就是太极。难道性之外还有太极，太极之外又有所谓的性吗！

太极之理，《中庸》备之。

【译文】太极的道理，《中庸》这本书都具备了。

《六经》《四书》之理，不出太极。

【译文】《六经》《四书》所讲的道理，不超出太极。

先儒曰："欲心一萌，便思理义以胜之。"即窒欲之要也。

【译文】以前的儒者说："欲望一产生，就要思考用理义来战胜它。"这就是消除欲望的关键。

古人有曰："不见可欲，使心不乱。"故"四勿"，"视"为先。

【译文】古人说过："不看引起欲望的事物，使内心不被扰乱。"所以在"四勿"之中，把"视"放在首位。

人只是有己，故不能与天地同其大。其要惟在克己。

【译文】人只因装着自己，所以不能与天地一样广大。其中的要领只在于克制自己。

《河图》一六、二七、三八、四九之数各相合，《洛书》一六、二七、三八、四九之数各相近。

【译文】《河图》东西南北方位的一六、二七、三八、四九的数目各自相合，《洛书》的一六、二七、三八、四九的数目各自相近。

发明《大易》象、数之原，始于邵子；继之者，朱子也。

【译文】阐明《周易》象、数原理的，开始于邵雍；后继者是朱熹。

作《易》本原，不过夫子"《易》有太极，是生两仪，两仪生四象，四象生八卦”数语，但诸儒不之察，独邵子、朱子能发明之。

【译文】推究《周易》的根源，就是孔子说的“《易》有太极，是生两仪，两仪生四象，四象生八卦”这些话，但是诸位儒生不去考察，只有邵雍、朱熹能够阐发它。

《河图》虚其中者，太极也；奇数二十、偶数二十者，两仪也；一六、二七、三八、四九者，四象也；四实、四空者，八卦也。夫子“《易》有太极，是生两仪，两仪生四象，四象生八卦”之言，盖本于此。

【译文】《河图》把中间空出来，因为那是太极；奇数相加是二十、偶数相加是二十，这是两仪；一六、二七、三八、四九这些数，是四象；四实和四空是八卦。孔夫子“《易》有太极，是生两仪，两仪生四象，四象生八卦”的话，大概就来源于这里吧！

朱子论《易》象、数，皆本于《大传》。

【译文】朱熹对《周易》象、数的论述都是以《易传》为依据的。

《启蒙》[1]见作《易》之原与卜筮之本义。

【注释】①《启蒙》：指朱熹的《易学启蒙》。

【译文】从《易学启蒙》可以看到创作《周易》的起源与卜筮最初的意思。

圣人方静之时，正也，义也，寂也，太极之体以立；方动之时，中也，仁也，感也，太极之用以行。此圣人之一动一静，无非妙道精义之发，有不待言而著者。

【译文】圣人安静的时候，表现得正直、恰当、寂静，太极的本体以此树立；当他活动的时候，表现得中和、仁厚、感动，太极的发用得以实行。这就是说圣人行动时或安静时，无不体现着奇妙的道与精要的义理，不用通过说话也很显著。

学《易》只在语、默、动、静之间，须时时学之。

【译文】学习《周易》就在说话、沉默、行动、安静的时候，需要时时刻刻学习。

圣人方静之时，百体收敛，一心湛然而万理咸具；及其动也，随感而应，动容周旋中礼。耳目有聪明之理，手足有恭重之理，以至人伦之间各有仁义礼智信之理，夫岂待言而后著哉?

【译文】圣人安静的时候，收敛肢体，心中清澈无暇而万种道理都具备；当他行动时，跟随感触而有反应，举止仪容和进退揖让都符合礼节。耳目视听有聪慧敏捷的理，举手投足有谦恭庄重的理，在人伦关系上有仁义礼智信的理，难道需要通过语言再表现出来吗?

天虽不言，而元、亨、利、贞循环无端，运而为春、夏、秋、冬之序，发而为温、热、凉、寒之气，万物生长遂成，各正性命，夫岂待言而后显哉?

【译文】天虽然不说话，但是元、亨、利、贞四德循环运转没有终点，在时间上运行表现为春、夏、秋、冬的次序，生发出温、热、寒、凉的气息，万物的生育成长得以完成，获得各自相宜的性命，难道需要通过语言才能表现出来吗?

圣人发无言之教以示学者，当求圣人之道于一身动静应事接物之间，不可专求圣人之道于言语文字之际也。

【译文】圣人把不说话的教育展示给求学的人，应该在圣人的行动坐卧以及待人接物之间学习圣人之道，不能够仅仅在言语和文字上求取圣人之道。

学须“切问近思”，方可见“道不远人”。

【译文】学习需要“恳切地发问，多考虑当前的事”，才可以看到“道并不是远离人的”。

《易》不外动静。

【译文】《周易》的道理不超出动和静之外。

人之一动一静，而太极无不在焉。“太极者，本然之妙也；动静者，所乘之机也。”阴阳动静亦如此。

【译文】人在动静之间，都有太极存在。“太极，是奇妙的本体；动静，是所乘载的关键。”阴阳二气和动静也是这样。

朱子论“喜怒未发之中”曰：“盖当至静之时，但有能知觉者，而未有所知觉也。故以为静中有物则可，而便以为才思即是已发为《比》则未可；以为《坤》卦纯阴而不能无阳则可，而便以《复》之一阳已动为《比》则未可也。”

【译文】朱熹论述“喜怒等感情没有表露出来的时候为中”时

说："大概在极为安静的时候，人有知觉的能力，但没有事物引起知觉。所以认为安静中有物是对的，但是认为只要思考就是已经发动成为《比》卦则不可；认为《坤》卦是纯阴的而没有阳是对的，但认为《复》卦的一个阳爻变动而成为《比》卦则是不对的。"

朱子曰："程子言'才思即是已发'，能发明子思言外之意。盖言不待喜怒之发，但有所思即是已发。此意已极精微，说到未发界至十分尽头，不可以有加矣。"

【译文】朱熹说："程颐说'只要思考就是已经发动'，这句话能够阐发子思的言外之意。大概是说等不到喜怒等感情表露，但只要有所思考就是已经发动。其中的意思已经非常精微，把没有表露的界限推向了极点，不能再增加了。"

"庖丁解牛"，人处常变之道备焉。

【译文】"庖丁解牛"说明人能掌握不变和变动的道理很完备了。

《夬》[①]之上六不言阴有复生之理，独于《剥》[②]之上九言阳有复生之理，圣人扶阳抑阴之意也。

【注释】①《夬》：乾下兑上。上六爻辞是"无号，终有凶"。意思是不用号叫，最终会有凶。②《剥》：上九爻辞为“硕果不食。君子得舆，小人剥庐”。意思是君子受到民众拥戴，小人不能善终。

【译文】《夬》卦的上六爻辞不说阴有恢复生机的道理，但是在《剥》卦的上九爻辞中说阳有恢复生机的道理，这是圣人抬高阳而贬抑阴的用意啊。

“庖丁解牛”，顺其自然之理而行之，如“技经肯綮之未尝”[①]，逆理则“大軱”[②]矣。

【注释】①②均出自《庄子·养生主》。前者意思是即便是经络相连、筋骨交错的地方也没有碰到。后者是大骨头，比喻大的障碍。

【译文】“庖丁解牛”，是顺从自然的道理而行动，像“即便是经络相连、筋骨交错的地方也没有碰到”，违背自然之理去行动就会遇到大的障碍。

“庖丁解牛”，只是顺理。

【译文】“庖丁解牛”，仅仅是顺从天理。

谢氏[①]曰：“明道先生善言《诗》，未尝章解句释，但优游玩味，吟哦上下，便使人有得处。”又曰：“明道先生谈《诗》，并不曾下一字训诂，只转却一两字，点缀念过，便教人省悟。”窃观朱子《诗传》，只转一两字，点缀念过，盖得明道谈《诗》

意也。

【注释】①谢氏：即谢良佐，二程门人。

【译文】谢良佐说："程颢先生喜欢谈论《诗经》，没有对每章每句进行解释，但悠闲地研习，反复地吟诵，就能够使人有所收获。"他又说："程颢先生谈论《诗经》，没有写过一个字的字词解释，只是转变一两个字，点缀一下读过去，就使人觉悟。"我私下里看朱熹的《诗集传》，也只是转变一两个字，点缀一下然后读过去，大概得到了程颢先生谈论《诗经》的意思了。

孔子教人，不语以未至者。

【译文】孔子教育别人，不说他不知道的。

朱子《文集》[①]有未为定说者，如"尽心知性"一段，与《孟子》"尽心知性"集注不同，当以《集注》为定说。

【注释】①朱子《文集》：即《晦庵先生朱文公文集》。

【译文】朱熹的《文集》依然有没有下定论的地方，像"尽心知性"这一段，和《孟子》"尽心知性"集注不一样，应该以《孟子集注》作为定论。

道体至《中庸》，发明显著矣。

【译文】大道的本体到了《中庸》那里，就已经阐释得很详细明显了。

《复》之卦辞言造化之复，爻辞言人心之复。

【译文】《复》卦的卦辞讲的是造化的回复，爻辞说的是人心的回复。

知时识势，学《易》之大方也。

【译文】了解时代明白运势，这是学习《周易》的重要方法。

朱子《与皇甫文仲帖》曰："《本义》义理不能出程《传》，但节得差简略耳。"

【译文】朱熹的《与皇甫文仲帖》说："《周易本义》的义理没有超出程颐的《程氏易传》，但是比《程氏易传》简略一些。"

朱子曰："'感'是事来感我，'通'是自家受他感处之义。"

【译文】朱熹说："'感'是事物来感触我，'通'是我自己受到其他事物感触的意思。"

外圣贤之学，便是异端机权世俗之学。

【译文】圣贤之学之外的，都是些异端邪说和技巧权诈的世俗学问。

许鲁斋曰："吾道大公至正，以天下公道大义行之，故其法度森然，明以示人。"窃谓异端正与吾道相反。

【译文】许衡说："我的道是大公至正的道，用天下的公道与大义来践行，因此其中的法度严整，光明正大以示众人。"我私下里说异端恰好与我们儒家的道相反。

朱子曰："孔子只说'义之和为利'，不去利上求利，只义之和处便是利。"又曰："义者得宜之谓，处物得其宜，不逆万物，即所谓利。"

【译文】朱熹说："孔子只说'使物各得其宜而和同为利'，不在财利上求取利益，只在与道义合一的地方就是利。"又说："义说的就是得当适宜，对待事物恰当，不违背万物，就是利。"

程子曰："敬义夹持，直上达天德自此。"为学之要也。

【译文】程颢说："用敬和义来匡正帮助自己，从这里可以与天德相通。"这是做学问的关键。

张旭[①]见担夫与公主争道及公孙大娘舞剑，而草书进，乃心尝思念至此而感发。程子曰："须是思方有感悟处，若不思，怎生得如此！然可惜张旭留心于书，若移此思道，何所不至！"此即"无忘"之意。

【注释】①张旭：唐代草书书法家。

【译文】张旭见到挑担的人和公主抢道以及公孙大娘舞剑，因此草书大有长进，这是内心念念不忘而触境感通的结果。程颐说："需要思考才能有感触的地方，如果不思考，怎么会有这样的长进！可惜张旭留心的只是书法，如果用这颗心去思考大道，那什么境界达不到呢！"这就是"无忘"的意思。

《师》初六爻辞曰："师出以律，不臧凶。"《象》曰："'师出以律'，失律凶也。"失律即不臧也。

【译文】《师》卦的初六爻辞说："军队出动要按照军纪，否则的话就有凶兆。"《象》说："'军队出动要按照军纪'，破坏军纪会有凶兆。"破坏军纪就不好了。

君子行有不得，皆反诸己，而无责人之心。

【译文】君子行动如果没有达到预期的效果，就要对自己进行反省，而没有责备他人的想法。

“鸢飞鱼跃”，是道理无一毫之空缺处；“逝者如斯，不舍昼夜”，是道理无一息间断处。

【译文】“苍鹰飞翔，鱼儿跳跃”，说的是道理没有一丝一毫的空缺之处；“消逝的时光像河水一样，日夜不停地流去”，说的是道理没有一刻是间断的。

张子曰：“无天下国家皆非之理，学至于不责人，其德进矣。”

【译文】张载说：“没有天下国家一切事物都不对的道理，精研学问到了不随意责备别人的地步，那么德性就有进步了。”

春夏之阳，木火之气也；秋冬之阴，金水之气也。此五行阴阳无余欠也。

【译文】春夏两季的阳气，是五行中的木和火之气；秋冬两季的阴气，是五行中的金和水之气。这说明五行和阴阳没有多余和亏欠的。

阴阳不在五行外，太极不在阴阳外。

【译文】阴阳二气不在五行之外，太极不在阴阳之外。

公孙支言“夷吾[①]忌克”。“忌”，猜疑；“克”，好胜。二者人之大病也，不可不去。

【注释】①夷吾：即晋惠公，名夷吾，春秋时期晋国君主。

【译文】公孙支说“晋国公子夷吾好猜疑别人，争强好胜”。“忌”，猜疑的意思；“克”，好胜的意思。这两者是人的大毛病，不能不去除。

“知至至之。”[①]上“至”字是至处，下“至”字是到那至处；“知终”是终处，“终之”是终而不去。

【注释】①知至至之：出自《周易·乾·文言》：“知至至之，可与言几也；知终终之，可与存义也。”

【译文】“知至至之。”上面那个“至”字是到的地方，下面的“至”字是到那个地方；“知终”是终点，“终之”是终结它而不离开。

夫“刚”“立”之称，见《比》卦传。[1]

【注释】①见《周易程氏传》，原文是“虽刚强之至，未有能独立者也”。

【译文】“刚强”与“独立”的说法，可以参见《周易程氏传》中的《比》卦传。

自古作史者，苟非大公至正之人，爱憎取舍之间失其实者多矣。孟子曰：“尽信书，不如无书。”庄周曰：“儒者伪辞。”刘靖修诗曰：“纪录纷纷已失真，语言轻重在词臣。若将字字求心术，恐有无边受屈人。”数子之言，曲尽作史之弊。

【译文】自古以来写史书的人，如果不是大公至正的人，受自己的主观爱憎影响而造成的不合史实的情况很多啊。孟子说：“尽信书，不如无书。”庄子说：“儒者所说的是虚伪的言辞。”刘因写诗说：“纪录纷纷已失真，语言轻重在词臣。若将字字求心术，恐有无边受屈人。”多位先生的话，说尽了编写史书的弊病。

蠹生木中，枝叶从之颠仆。《诗》曰：“颠沛之揭，枝叶未有害，本实先拨。”故王者以治内为本，内不治而末虽安，不足恃也。汉元、成、哀、平之世可见矣。

【译文】木头中生虫，树枝和叶子也跟着跌落。《诗经》说：

“大树拔倒后，枝叶虽然暂时没有伤害，但树根已经坏了也难以久长。”所以君王把治理国家内部作为根本，内部得不到治理而末节即使安定，也不足以依靠。在汉代的元帝、成帝、哀帝、平帝的时候就可以看到这种现象啊。

《列子》曰：“运转亡已，天地密移[①]，畴[②]觉之哉！”是天地之化，无一息之间。如人之自少而老，物之自盛而衰，无须臾之不变，但人自不察耳。

【注释】①密移：暗中迁移。②畴：谁。

【译文】《列子》说：“万物运动流转没有停止，天地也在暗中迁移变化，谁能觉察到呢！”所以天地间的变化，没有一瞬间的间隔。像人从少年到老年，事物从兴盛到衰败，没有顷刻之间是不变的，只是人自己觉察不到罢了。

“无卜筮而知吉凶”，最宜详玩。人所为顺理，即所谓“惠迪，吉”[①]，又何必卜筮而后知吉乎！所为悖理，即所谓“从逆，凶”，又何必卜筮而后知凶乎！

【注释】①惠迪，吉：出自《尚书·大禹谟》。惠：顺。迪：道。

【译文】“不通过卜筮就知道吉凶”，这是最值得仔细玩味的事情。人做事情顺从理，就是所说的“顺从善道就吉祥”，又何必通过卜筮来知道吉祥呢！所做的事情违背理，就是所说的“顺从恶道就凶险”，又何必通过卜筮来知道凶险呢！

无行可悔，最为难事。

【译文】不要做让自己后悔的事，这是最难的事情了。

雷击而为斧，星陨而为石，是皆气结而成者。以是知土石之类，皆天地之初气凝结而成，但刚为阳，柔为阴耳。

【译文】雷电击打变为斧头，星星陨落成为石头，这都是气凝结而形成的。由此知道土和石头这类事物，都是天地最初的气凝结而成的，只不过刚强的是阳性物质，柔软的是阴性物质罢了。

五行固有阴阳，就水、木、火、金、土上又各有阴阳，如水阴也，其质属阴，其气属阳之类。

【译文】五行原本就有阴阳，水、木、火、金、土上又各有自己的阴阳，像水是阴，它的性质是阴，但是其气是属于阳的。

谦德国学文库丛书

（已出书目）

弟子规·感应篇·十善业道经
三字经·百家姓·千字文·德育启蒙
千家诗
幼学琼林
龙文鞭影
女四书
了凡四训
孝经·女孝经
增广贤文
格言联璧
大学·中庸
论语
孟子
周易
礼记
左传
尚书
诗经
史记
汉书
后汉书
三国志
道德经
庄子
世说新语
墨子
荀子
韩非子
鬼谷子
山海经
孙子兵法·三十六计
素书·黄帝阴符经
近思录
传习录
洗冤集录
颜氏家训
列子
心经·金刚经
六祖坛经

茶经·续茶经
唐诗三百首
宋词三百首
元曲三百首
小窗幽记
菜根谭
围炉夜话
呻吟语
人间词话
古文观止
黄帝内经
五种遗规
一梦漫言
楚辞
说文解字
资治通鉴
智囊全集
酉阳杂俎
商君书
读书录
战国策
吕氏春秋
淮南子
营造法式
韩诗外传
长短经

虞初新志
迪吉录
浮生六记
文心雕龙
幽梦影
东京梦华录
阅微草堂笔记
说苑
竹窗随笔
国语
日知录
帝京景物略
子不语
水经注
徐霞客游记
聊斋志异
清代三大尺牍：小仓山房尺牍
清代三大尺牍：秋水轩尺牍
清代三大尺牍：雪鸿轩尺牍
孔子家语
贤母录
张岱文集：陶庵梦忆
张岱文集：西湖梦寻
张岱文集：快园道古
群书类编故事
管子

安士全书
感应篇汇编
天工开物
梦溪笔谈

古今谭概
劝戒录全集
曾国藩家书